Leonardo Boff

Tugenden für eine bessere Welt

Leonardo Boff

Tugenden für eine bessere Welt

Aus dem Portugiesischen übersetzt
von Bruno Kern

Butzon & Bercker
Publik-Forum Edition

Originalausgabe:
Leonardo Boff
Virtudes para um mundo possível
Vol. I: Hospitalidade: Direitos e deveres de todos
Vol. II: Convivência, Respeito e Tolerância
Vol. III: Comer e Beber Juntos e Viver em Paz
Petrópolis 2006

Bibliografische Information der Deutschen Nationalbibliothek

Die Deutsche Nationalbibliothek verzeichnet diese Publikation in der Deutschen Nationalbibliografie; detaillierte bibliografische Daten sind im Internet über http://dnb.d-nb.de abrufbar.

Das Gesamtprogramm von Butzon & Bercker finden Sie im Internet unter www.bube.de

ISBN 978-3-7666-1285-4
E-BOOK ISBN 978-3-7666-4107-6
EPUB ISBN 978-3-7666-4108-3

www.religioeses-sachbuch.de
In Gemeinschaft mit Publik-Forum Verlagsgesellschaft mbH, Oberusel

Umschlaggestaltung: Christoph Kemkes, Geldern
Umschlagfoto: © Doug Olson – Fotolia.com
Satz: Schröder Media GbR, Dernbach

Inhalt

ZWEITER TEIL
ZUSAMMENLEBEN, RESPEKT UND TOLERANZ

Einleitung

Welche Tugenden sind unbedingt erforderlich, wenn wir gewährleisten wollen, dass die Globalisierung ein menschliches Antlitz bekommt?

Wir gehen von der Voraussetzung aus, dass wir uns in einer Situation der Krise, nicht aber der Tragödie befinden. Krise bedeutet immer Läuterung, und sie setzt konstruktive Energien frei. Krise heißt Übergang und Überschreitung. Wir vollziehen gerade den Übergang von einer Geschichtsauffassung, die mit Nationalstaaten, sozialen Klassen und einzelnen Persönlichkeiten verbunden ist, hin zu einer Geschichte der planetarischen Gemeinschaft der Gattung Mensch. Um diesen Übergang angemessen zu verstehen, müssen wir ihn in die Evolutionsgeschichte, die Entstehungsgeschichte des Lebens, des Menschen und des Planeten (Biogenese, Anthropogenese, Planetogenese) einordnen.

Jeder Übergang birgt Risiken, aber ebenso Chancen in sich. Es gibt die echte Chance, dass – als eine verheißungsvolle Zukunft für alle – eine erdumspannende menschliche Gesellschaft entsteht, die in ihrem Wesen eins ist, aber eine Vielfalt von Ausdrucksformen kennt. Es gibt aber auch das Risiko, dass jedes Volk nur für sich selbst lebt und sich in sich selbst abkapselt und dabei aus dem Auge verliert, dass wir alle eine einzige große Familie bilden – die Menschheitsfamilie innerhalb der Familie des Lebens, der wir – als ein Glied einer Kette – angehören. Die Gefahr ist noch nicht gebannt, dass die bereits existierenden Massenvernichtungswaffen der Biosphäre schweren Schaden zufügen können und das Projekt einer planetarischen Menschheit scheitern lassen.

Abgesehen von den Risiken und Chancen hat jeder Übergang zwei Seiten: Kontinuität und Erneuerung. Er setzt etwas fort, was von früher herstammt, und darin ist er mit der Tradition verbunden, mit all ihren Werten und Unwerten, die sie in sich trägt. Doch der Übergang bedeutet auch einen Bruch mit der Tradition und einen Neubeginn. Kontinuität und Erneuerung sind immer zugleich vorhanden, und das macht die Dramatik der Übergangssituation aus. Was wird letztlich überwiegen: die Kontinuität oder die Erneuerung? Wenn die Kontinuität die Oberhand gewinnt, dann verschärft sich die Krise und es entstehen zerstörerische Kräfte. Wenn sich dagegen die Erneuerung durchsetzt, dann entsteht Hoffnung und es erschließt sich ein neuer Weg.

Konkret gesprochen: Wir befinden uns schon inmitten einer neuen Situation, der planetarischen Phase. Es kommt nun darauf an, ihr Beständigkeit zu verleihen, damit sie die Vergangenheit hinter sich lassen kann und tatsächlich das Neue ins Werk setzt, den Sprung nach vorne und nach oben vollzieht und damit den Prozess unumkehrbar macht.

Wir müssen uns an die Vorstellung gewöhnen, dass wir Passagiere eines besonderen Raumschiffes sind, eines weißen und blauen Raumschiffes, das unser gemeinsames Haus, die Erde, bildet. Sie ist mit begrenzten Ressourcen ausgestattet, sie ist überbevölkert und sie ist bedrohlichen Gefahren ausgesetzt. Diese Gefahren werden nur dann gebannt, wenn wir unser Handeln an Tugenden orientieren, die wir in diesem Buch unter den Stichworten Gastfreundschaft, Zusammenleben, Toleranz, Respekt vor dem Anderen, Tischgemeinschaft und Kultur des Friedens behandeln werden. Sie müssen einhergehen mit den Tugenden des ökologischen Zeitalters: der Fürsorge, der gemeinsamen Verantwortung, der Kooperation und der

Ehrfurcht. Auf diese Weise werden die Bedingungen dafür geschaffen, dass das Neue entstehen kann.

Andererseits wächst das Bewusstsein dafür, dass Wissenschaft, Technik, Ökonomie und Finanzmärkte, so unverzichtbar sie auch sind, nicht genügen, um der Globalisierung ein menschliches Antlitz zu verleihen. Der Prozess der Globalisierung selbst verlangt nach einer spirituellen, ethischen und ästhetischen Dimension, die den übrigen Dimensionen die Richtung weist und Sinn verleiht. Diese Dimensionen sind einander nicht entgegengesetzt, sondern vielmehr miteinander verflochten und voneinander abhängig. Unsere ökologischen, ökonomischen, politischen, sozialen, ethischen und spirituellen Herausforderungen, vor denen wir stehen, sind unauflösbar miteinander verbunden. Deshalb wird nur eine ganzheitliche Sichtweise und werden nur umfassende Lösungsvorschläge dieser komplexen planetarischen Realität gerecht.

Wir wissen, dass wir mit dieser Komplexität nur richtig umgehen können, wenn wir die folgende Ordnung berücksichtigen: Das Wohl des Einzelnen ordnet sich dem Gemeinwohl unter, die Wirtschaft ordnet sich der Politik unter, die Politik orientiert sich an der Ethik und die Ethik bezieht ihre Inspiration aus einer Spiritualität, das heißt aus einer neuen Sichtweise des Universums von dem Standort aus, den der Mensch in ihm einnimmt, und vom Geheimnis des Lebens aus.

Seit Jahrhunderten schon haben wir die Bereiche der Wirtschaft und der Politik überbetont, während die Sphären der Ethik und Spiritualität blass und blutleer blieben. Dieses Ungleichgewicht ist eine der Ursachen für die zivilisatorische Krise und für den Verlust der utopischen Sinngebung und des utopischen Horizontes der menschlichen Geschichte.

Unser Engagement in Theorie und Praxis will die Ethik und die Spiritualität als das Fundament wiedergewinnen, auf dem eine planetarische Zivilisation errichtet werden kann, die nachhaltig ist und für die Biosphäre, die Gemeinschaft des Lebens, und die gesamte Menschheit eine wirklich lebenswerte Zukunft bereithält.

Wir rücken vier Tugenden in das Blickfeld, ohne die unserer Meinung nach kein Zusammenleben wirklich menschlich und keine Globalisierung wirklich gemeinwohlfördernd und verheißungsvoll ist: die Gastfreundschaft, das Zusammenleben, die Toleranz und die Tischgemeinschaft.

Der erste Teil behandelt die Gastfreundschaft im dramatischen Kontext der weltweiten Migrationsbewegungen: Die geographischen Grenzen von Nationalstaaten geraten unter Druck von Seiten der Menschen, die im Allgemeinen bessere Lebensbedingungen suchen oder denen es bloß um das nackte Überleben geht.

Der zweite Teil wird sich den Fragen des Zusammenlebens und der Toleranz widmen und dabei die verschiedenen zeitgenössischen Theorien besprechen, die sich der veränderten weltweiten Situation stellen, die von Angst, Bedrohung durch den Fundamentalismus und Terrorismus gekennzeichnet ist.

Der dritte Teil behandelt die beunruhigende Situation der Tischgemeinschaft: Dazu gehören die Themen des weltweiten Hungers, der kommerziellen Kontrolle des Saatgutes und der gentechnischen Manipulation des Lebens.

Das Ziel dieser drei Kardinaltugenden ist die Errichtung der ersehnten Kultur der aktiven Gewaltlosigkeit und des Friedens.

Die Tugenden bilden die Welt der Vorbilder und Werte. Als solche beinhalten sie unübersehbar ein utopisches Element. Es liegt im Wesen der Utopie, dass sie uns vor immer weitere und offenere Horizonte stellt. Wie schon gesagt, besteht ihre Aufgabe darin, uns dazuzuveranlassen, uns vom Fleck zu bewegen und vorwärtszuschreiten. Die Tugenden gleichen den Sternen: Wir erreichen sie niemals, doch sie geben den Steuermännern Orientierung und erleuchten unsere Nächte. Sie können uns zu immer neuen schöpferischen Handlungsweisen inspirieren, damit die Utopie nicht nur Utopie bleibt. Wir können stets wachsen und besser werden.

Die Herausforderung besteht nun darin, inspiriert von diesen Tugenden die historischen Vermittlungen und die besten gesellschaftlichen und juridischen Voraussetzungen dafür zu finden, dass sie innerhalb der von der gegebenen Situation vorgegebenen Grenzen und Bedingungen nicht verleugnet und verraten, sondern auf die bestmögliche Weise in die Tat umgesetzt werden.

In diesem Sinne werden wir uns sehr bemühen, dass unser ethisch-spiritueller Diskurs stets konkrete Vermittlungsschritte, Haltungen und klare Positionen thematisiert, damit aus dem Traum ein Prozess der stetigen Veränderung wird.

Diese Kardinaltugenden für eine Globalisierung mit ethischen Mindeststandards stellen nicht nur eine Sehnsucht und ein Projekt dar. Sie werden von Gruppen reflektiert und in die Tat umgesetzt, die nach Alternativen zur herrschenden Weltordnung suchen, von internationalen Bewegungen, denen es um die Ökologie, die Erhaltung der Natur, die Verteidigung und Förderung der sozialen und ökologischen Menschenrechte geht, von Bewegungen, die von den Grundsätzen der Erdcharta inspiriert sind, von weltweiten Bewegungen wie etwa dem Weltsozialforum und dem Bündnis für eine verantwortliche, plurale und vereinte Welt.

Innerhalb dieser Bewegungen entsteht – bei all ihren Grenzen und Widersprüchen – ein Ethos der Fürsorge, der Akzeptanz von Unterschieden, der Toleranz, des Teilens und der solidarischen Produktionsformen sowie des solidarischen Konsumverhaltens. Die Werte nehmen historische Gestalt an und vermitteln uns die Hoffnung, dass tatsächlich ein anderes Modell der Welt und der Globalisierung möglich ist. In Anlehnung an den Dichter Fernando Pessoa können wir sagen: „Wir wollen uns die Welt so vorstellen können, wie sie niemals war."

Wir alle müssen die Gastfreundschaft füreinander pflegen, denn wir sind alle Gäste auf dieser Erde und haben hier keine ständige Bleibe, wie es die jüdisch-christlichen Schriften zum Ausdruck bringen. Wir müssen verstärkt das Zusammenleben pflegen, weil wir dasselbe gemeinsame Haus bewohnen und kein anderes haben. Wir müssen die Toleranz füreinander gerade hinsichtlich der Dinge pflegen, die wir schwer verstehen und ertragen können. Es kommt darauf an, Respekt vor der Andersheit der Anderen zu haben. Es ist notwendig, dass es Tischgemeinschaft gibt, das heißt, dass wir uns gemeinsam zu Tisch setzen und miteinander die Freude teilen, dass wir als Familie, als Geschwister, zusammen sind und die Großzügigkeit der Mutter Erde genießen. Was wären denn Gastfreundschaft, Zusammenleben, Respekt und Toleranz wert ohne Tischgemeinschaft, wenn wir vor Hunger und Durst sterben würden und keinen gemeinsamen Tisch hätten, an dem wir in Solidarität miteinander satt werden könnten?

Wenn aus diesen Tugenden Grundhaltungen werden und daraus eine kulturelle Atmosphäre entsteht, dann schafft dies die Bedingungen für eine notwendige und heilsame Globalisierung, für eine Globalisierung, die die zerstreuten Stämme vereint, die verlorenen Söhne zurückbringt, die Mutter Erde auf die beste Weise bewahrt und uns die Quelle erschließt, aus der alle Gaben für uns entspringen, aus der die Seligkeit und das Glück des Lebens selbst, das kein Ende haben will, hervorgehen.

Petrópolis, Ostern 2005

Erster Teil
Gastfreundschaft: Recht und Pflicht aller

I. Die planetarische Phase der Erde und der Menschheit

Wir treten gerade in eine neue Phase des Evolutionsprozesses der Erde und der Menschheit ein, in die planetarische Phase. Die auf die Kontinente zerstreuten und auf ihre jeweiligen Nationalstaaten begrenzten Völker beginnen sich nun innerhalb des Gemeinsamen Hauses, des Planeten Erde, zu bewegen.

Es wächst das Bewusstsein, dass wir nur diesen einen, kleinen und mit begrenzten Ressourcen ausgestatteten Planeten haben, auf dem wir leben können. Wir müssen ihn mit Sorgfalt behandeln, damit er alle Menschen, die gesamte Kette des Lebens und aller Lebewesen beherbergen kann. Wir möchten, dass er noch einer langen Geschichte entgegensieht.

Wir entdecken auch etwas, was uns zutiefst bewegen kann: die Perspektive der Astronauten von ihrem Raumschiff aus. Aus dieser Perspektive ist es nicht mehr möglich, Erde und Menschheit, Erde und Biosphäre zu unterscheiden. Sie bilden eine einzige, große und komplexe Wirklichkeit. Wir haben denselben Ursprung und dasselbe Schicksal. Deshalb begreifen wir uns als ein einziges Subjekt angesichts der Zukunft.

Dieses Faktum führt nach und nach zu einem neuen Bewusstsein. Vom ethnisch und durch soziale Klassen bestimmten Bewusstsein gelangen wir zum Bewusstsein der Gattung *homo sapiens et demens*. Wir entdecken uns selbst als Mitglieder der großen Menschheitsfamilie und der Gemeinschaft des Lebens, Brüder und Schwestern, Cousins und Cousinen anderer Vertreter der immensen Vielfalt des Lebens: von Pflanzen und Tieren, aus denen die Biosphäre besteht – jene feine Schicht, die die Erde umhüllt und das System Leben bildet. Sie ist nur der am deutlichsten sichtbare Teil des Planeten Erde selbst, der als lebendiger Großorganismus verstanden werden muss, als Große Mutter, Pachamama und Gaia.

Von diesem neuen Moment unserer gemeinsamen Geschichte fühlen sich alle berührt. Wir alle beginnen uns zu fragen: Worin besteht die Rolle einer jeden einzelnen menschlichen Person, der Kulturen, der Nationen und Religionen? Konkret gesprochen: Werden unsere Traditionen, unsere regionalen Kulturen, unsere Überzeugungen, unsere Künste und unsere Religionen, mit einem Wort: all das, was unsere Identität ausmacht, noch in irgendeiner Weise zählen? In welcher Weise müssen wir uns verändern, um auf der Höhe der Zeit zu sein und mit dieser neuen Phase mithalten zu können, die jetzt heraufkommt? Was müssen wir sein?

Der immer schneller werdende Prozess der Globalisierung kann eine dramatische Weichenstellung für die Menschheit bedeuten. Er kann die Gelegenheit für eine Begegnung aller mit allen aus den unterschiedlichsten Kulturen und Traditionen schaffen. Dabei handelt es sich um die erfreuliche Erfahrung der Entdeckung von Unterschieden, die uns neue Formen der Teilhabe und des Zusammenlebens ermöglichen.

Auf der anderen Seite kann diese Globalisierung zu einer Erfahrung der Fremdheit führen, die Misstrauen, Ressentiment, ja sogar Angst vor dem Anderen weckt. Und das Näher-Zusammenrücken kann alten Hass, Spannungen, Verbitterungen und Vorurteile, die sich über die Jahrhunderte angesammelt haben, zwischen Regionen und Völkern neu entflammen.

Jetzt ist die Gastfreundschaft, die gegenseitige Annahme, die großzügige Offenheit als Voraussetzung für die Beseitigung von Verurteilungen und Vorurteilen dringlicher denn je. Nur auf diese Weise können wir die Andersheit als Andersheit und nicht als Ungleichheit und Unterlegenheit bzw. als bloße Verlängerung dessen, was uns selbst eignet, begreifen. Und dann bedarf es des Willens, im selben Gemeinsamen Haus zusammenleben zu wollen. Wir haben keine Alternative. Wir bedürfen auch der Toleranz, ohne die sich das Freund-Feind-Schema, die Logik des Krieges und der Ausgrenzung fortsetzen. Am Ende steht die Tischgemeinschaft als letzter Sinn der Globalisierung, wenn wir alle, endlich vereint, am selben Tisch Platz nehmen, um miteinander zu essen und die Großzügigkeit der Gaben der Natur zu feiern. Es gibt also vier Tugenden einer wohlverstandenen Globalisierung: Gastfreundschaft, Zusammenleben, Toleranz und Tischgemeinschaft. Diesen werden wir uns im Folgenden widmen.

Dieser ganze Prozess, in dem es unvermeidlich ein Auf und Ab, Erfolg und Irrtum gibt, wird die Grundlage der Übereinstimmungen festigen und erweitern und so eine gemeinsame Basis schaffen. Diese bietet die Bedingungen für ein neues kollektives Bewusstsein und eine neue Erdenbürgerschaft. Daraus erwächst eine gemeinsame Identität, die Identität der Gattung Mensch. Die nationalen und regionalen Identitäten der Vergangenheit, die so viele Spannungen und Konflikte hervorgebracht haben, werden weiter bestehen, aber sie werden nicht für sich die Zukunft bestimmen. Die Zukunft wird von allen und aus den gemeinsamen Elementen geschaffen, die man entdecken und sich aneignen wird.

Wir werden als Erdenbürger neu entstehen: unterschiedlich, aber alle zusammen in der einen gemeinsamen Menschheit verankert. Wie niemals zuvor wird dieser alte und grundlegende Gedanke der *humanitas* zentrale Bedeutung als der gemeinsame Wert, auf den man sich bezieht, gewinnen. Von nun an werden wir als Gäste und Tischgenossen auf der Erde, unserem gemeinsamen Vater- und Mutterland, zusammenleben.

Um diesen komplexen Prozess mit all seinen Übergängen, die er voraussetzt, zu verstehen, müssen wir zwei Grundhaltungen innerhalb der Globalisierung in den Blick nehmen und beurteilen: eine, die sich an der Vergangenheit orientiert, und eine, die sich der Zukunft zuwendet. Sie stellen zwei unterschiedliche Paradigmen dar. Jedes von ihnen gestaltet den Prozess der Globalisierung je auf seine Weise und bringt eine je andere Zukunft hervor.

1. Der Blick zurück: das Paradigma des Feindes und der Konfrontation

Um angesichts der neu entstehenden Wirklichkeiten Orientierung zu finden, richtet ein großer Teil der Gesellschaften und Personen den Blick zurück auf die Vergangenheit ihres Volkes. Um ihre Identität neu zu definieren, nehmen sie Zuflucht bei den Traditionen, der Sprache, den Religionen, den Sitten, den Ruhmestaten ihrer Kultur, den Nationalhelden, den typischen Werten und Festen, den literarischen und aus Stein und Metall bestehenden Denkmälern, den die Zeiten überdauernden Institutionen und den Ökosystemen in ihrer Einmaligkeit und Schönheit. Gleichzeitig beziehen sie sich auf ihnen nahestehende Völker und Kulturen, deren Schicksal sie teilen, und andere, denen gegenüber sie ein spannungsreiches, ja sogar feindliches Verhältnis haben.

Wenn man sich der eigenen Identität mit Hilfe der Vergangenheit vergewissert, dann betont man den Unterschied zu anderen Identitäten. Freund und Feind sind hier klar definiert. Einer der modernen politischen Philosophen, Carl Schmitt (1888–1985), analysierte diesen Prozess in seiner berühmten Arbeit *Der Begriff des Politischen*:

„Solange ein Volk in der Sphäre des Politischen existiert, muss es ... die Unterscheidung von Freund und Feind ... bestimmen. Darin liegt das Wesen seiner politischen Existenz." (Schmitt 1933, 32)

Wer ist ein Feind?

„Der Feind ist in einem besonders intensiven Sinne *existentiell* ein Anderer und Fremder, mit dem im extremem Fall *existentielle Konflikte* möglich sind. ... Den extremen Konfliktsfall können daher nur die Beteiligten *selbst* unter sich ausmachen; insbesondere kann jeder von ihnen nur *selbst* entscheiden, ob das Anderssein des Fremden im konkret vorliegenden Konfliktsfall die Negation der eigenen Art Existenz bedeutet und deshalb abgewehrt oder bekämpft werden muss, um die eigene, seinsmäßige Art von Leben zu retten. In der psychologischen Wirklichkeit wird der Feind leicht als böse und hässlich behandelt ..." (Schmitt 1933, 8).

Ein anderer bekannter zeitgenössischer politischer Philosoph, der sich dem Thema der Globalisierung widmet, Samuel P. Huntington, behauptet in seinem Buch *Der Kampf der Kulturen* Ähnliches: „Für Menschen, die ihre Identität suchen und ihre Ethnizität neu erfinden, sind Feinde unabdingbar ... Wir wissen, wer wir sind, wenn wir wissen, wer wir nicht sind und gegen wen wir sind." (Huntington, 1996, 19 und 21).

Diese Sichtweise ist, wie man unschwer erkennen kann, mit Risiken behaftet. Sie orientiert sich nämlich am Paradigma des Feindes und an der Bereitschaft zum Konflikt bis hin zum Krieg. Die Zeit nach dem Kalten Krieg ist tatsächlich durch viele Kriege in den verschiedenen Teilen der Welt geprägt. Sie gingen von Gruppierungen aus, die ihre jeweilige Identität verteidigen wollten – entweder, weil sie diese von traditionellen Feinden oder vom herrschenden gleichmacherischen Globalisierungsprozess bedroht sahen. Dieser ist durch eine Verwestlichung der Welt, die viele als Vergiftung durch den Westen anprangern, durch Vereinheitlichung der Wirtschaftsräume und durch das Monopol eines einzigen politischen Denkens geprägt, welches die Hegemonie des Westens zum Ausdruck bringt. Zeitgleich zum Prozess der Globalisierung muss man bedauernswerterweise einen Prozess der Balkanisierung und der Fragmentierung des sozialen Zusammenhaltes der Menschheit feststellen.

Wir müssen ernsthaft bedenken: Wie können wir die anderen als Feinde betrachten, gegen die man Krieg führen muss, wenn wir nun gezwungen sind, auf dem kleinen Raum, den unser Planet darstellt, zusammenzuleben? Für wie realistisch dieses Freund-Feind-Schema sich auch immer selbst darstellen mag: Wir müssen uns seiner entledigen, wenn wir den einzigen Lebensraum miteinander teilen wollen, denn wir haben keinen anderen Ort als unser Gemeinsames Haus, die Erde. Das Freund-Feind-Denken ist das Fortbestehen von etwas, das der Vergangenheit angehört und keine Zukunft hat. Die Behauptung der ethnischen Identität in Abgrenzung von anderen, die es unterlässt, gemeinsame Brücken zu suchen, ist eine von vornherein verlorene Schlacht angesichts der einzigen gemeinsamen Identität, die zwangsläufig aus der Globalisierung der Gattung Mensch hervorgeht. Ein Krieg mit den Mitteln der modernen Technik könnte die biologische Zukunft der Gattung Mensch aufs Spiel setzen.

Genau diese reduktionistische Sichtweise ist es, die die Weltpolitik nach dem traurigen Anschlag vom 11. September 2001 in den Vereinigten Staaten bestimmt. Man hält mit den Worten nicht hinter den Berg: Es handle sich um einen Krieg zwischen „den Ländern der Ordnung und des Chaos", um einen Krieg gegen Länder, die als „Schurkenstaaten" beschimpft werden, um einen Krieg zwischen der „Achse des Bösen" und der „Achse des Guten". Präsident George W. Bush wollte in seinem politisch-religiösen Fundamentalismus einen unerbittlichen, einen „Krieg ohne Grenzen" gegen den Terrorismus und gegen alle, die ihn strategisch unterstützen, führen. Die hegemoniale Supermacht stellt alle Länder vor folgende düstere Alternative: Entweder sie sind für die USA und damit für die Zivilisation, oder sie sind für die Terroristen und damit für die Barbarei. Es gibt keine Ausflucht. Eigenartigerweise folgen die muslimischen Fundamentalisten derselben Logik, sie tauschen nur die Begriffe aus: Man muss das Reich des Bösen, die westliche Überheblichkeit, den Atheismus, den Materialismus der westlichen Kultur bekämpfen, die unter der Vorherrschaft der USA steht, und man muss sich für das Reich des Guten entscheiden, das heißt für die Religion und Kultur des Islam. Diese stellt alles unter die Herrschaft des einzigen und wahren Gottes, Allahs, und deshalb ist die Trennung zwischen Politik und Religion und zwischen Heilig und Profan hinfällig. Er stiftet die Brüderlichkeit zwischen allen Völkern.

Wie man leicht erkennen kann, sind wir hier mit zwei Formen des Fundamentalismus konfrontiert, die beide gleichermaßen auf Krieg bedacht sind und eine menschliche Globalisierung bedrohen.

Aufgrund dieser neuen Konfliktkonstellation vertreten Analytiker des Weltgeschehens wie Thomas L. Friedmann, ein Kolumnist der *New York Times*, oder Ephraim Halevi, der ehemalige Chef des israelischen Geheimdienstes Mossad und jetzt Präsident des nationalen Sicherheitsrates, die These, dass der 11. September 2001 der Beginn des Dritten Weltkriegs war – eines Krieges, der zwischen der Welt der Ordnung und des Chaos entfesselt wurde. Die Frage lautet: Um welche Art von Krieg handelt es sich? Werden darin alle Zerstörungspotentiale, über die man verfügt, genutzt, oder kommt es auf eine bewusste Selbstbegrenzung an? Denn wenn der Westen tatsächlich eine militärische Offensive mit Massenvernichtungswaffen startet, dann wird das Ergebnis so furchtbar sein, dass die zivilen Opfer, die einem Völkermord gleichkommen, in krassem Widerspruch zu den Werten genau dieser westlichen und demokratischen Zivilisation stehen, deretwegen man Krieg geführt hat. Wie man sieht, besteht das Paradigma des Feindes und der Konfrontation fort.

Wenn wir mit der Menschheitsfamilie weiterhin im Sinne dieses alten Paradigmas umgehen wollen, dann werden wir mit dramatischen Szenarien, wie etwa der ernsthaften Gefahr der Zerstörung des Projektes Mensch auf dem Planeten, konfrontiert werden. Was dieses Paradigma am Leben erhält, ist die zerstörerische Dialektik von Freund und Feind, die die Vergangenheit für die meisten Völker in so dramatischer Weise geprägt hat.

Innerhalb der Koordinaten der neuen planetarischen Phase, in der wir uns befinden, erscheint dieses Paradigma umso mehr simplifizierend, eindimensional und reduktionistisch. Es enthält nichts, was für die Zukunft einen Horizont der Hoffnung erschließen könnte. Deshalb ist die scharfe Ermahnung von Eric Hobsbawm am Platz, der am Ende seiner Bilanz des 20. Jahrhunderts in seinem Buch *Das Zeitalter der Extreme* sagt: „Unsere Welt riskiert sowohl eine Explosion als auch eine Implosion. Sie muss sich ändern ... die Alternative zu einer umgewandelten Gesellschaft ist Finsternis.“ (Hobsbawm 1998, 720) Eine ähnliche Auffassung äußerte der große Historiker Arnold Toynbee (gest. 1975) am Ende seines Lebens, nachdem er zwölf Bände über die großen Zivilisationen der Geschichte verfasst hatte. In seinem autobiographischen Buch *Erlebnisse und Erfahrungen* sagt er in düsterer Weise: „Ich habe zu meinen Lebzeiten mitangesehen, dass die Gewissheit über das Kommen der ‚Letzten Dinge‘

in der Welt des Westens verblasste und das Ende der Menschheitsgeschichte in den Bereich der irdischen Möglichkeiten rückte, die nicht von der Hand Gottes, sondern von Menschenhand herbeigeführt werden." (Toynbee 1970, 373–374)

Das Äußerste, was dieses Modell zustande bringt, ist eine unipolare Welt, entworfen von der Herrschermentalität einer einzigen Hegemonialmacht, die mit allen Mitteln ihre Vorherrschaft sichert. Es ist eine Macht, die nicht zögert, konventionelle Kriege und Präventivkriege zu führen und im Zweifelsfall Massenvernichtungswaffen einzusetzen. Sie unterwirft die Märkte und die Geldwirtschaft ihrer Kontrolle und zwingt die Länder ins Korsett einer einzigen weltweiten Strategie, die unter anderem die Produktion von Information durch einige wenige weltweite Konzerne beinhaltet, die mit der politisch-ökonomisch-militärischen Macht verbunden sind. Diese Macht rechtfertigt die Kultur der materiellen Güter, fördert eine verarmte Sichtweise der Realität, zielt auf die Gleichschaltung der bewusst erzeugten mentalen Vorstellungen und sorgt für die Durchsetzung standardisierter Verhaltensweisen und die künstliche Erzeugung von Geschmäckern.

Dies ist kein gangbarer Weg. Wir müssen dringend neue Durchbrüche finden.

2. Der Blick nach vorn: das Paradigma des Gastes und des Bundes

Eine andere Haltung angesichts der Globalisierung wendet sich der Zukunft und den Chancen zu, die sie in sich birgt. Dabei müssen wir uns dessen bewusst sein, dass wir es mit einzigartigen und neuen Phänomenen zu tun haben. Ein neuer Wein bedarf auch neuer Schläuche, eine andere Musik erfordert auch ein anderes Gehör. Die Protagonisten eines neuen Weltverständnisses wie Albert Einstein,

Max Planck, Werner Heisenberg, Mme. Curie, Ilya Prigogine, D. Zohar, Edgar Morin, Sigmund Freud, Carl Gustav Jung, Pierre Teilhard de Chardin, Gandhi, Martin Luther King, Nelson Mandela und Dom Hélder Câmara brachten jeweils zu ihrer Zeit klar das Bewusstsein zum Ausdruck, dass die verfügbaren Denkraster die neu auftauchenden Fakten nicht erfassen konnten. Sie brauchten neue wissenschaftliche Theorien oder neue soziale Kategorien, um die der Realität entspringenden neuen Fakten verstehen zu können. Mit imaginärer Kraft und Anstrengung des Denkens schufen sie bessere Instrumente der Erkenntnis und der sozialen Beziehung. Sie bereicherten unser Weltbild mit Theorien, von denen wir heute noch zehren.

Der Wissenschaftstheoretiker Thomas Kuhn und der Quantenphysiker Fritjhof Capra reflektierten diesen schöpferischen Prozess und warfen die Frage nach dem Paradigmenwechsel auf. Grundlegende Veränderungen im Bewusstsein und in der Gesellschaft setzen einen Paradigmenwechsel voraus. Damit wollen wir sagen (und auf diese Weise erklären wir bereits den Begriff „Paradigma"), dass eine neue Weise der Wahrnehmung der Wirklichkeit entsteht, die neue Werte, neue Träume, eine neue Weise, das Wissen in ein organisches Gebäude zu integrieren, eine neue Art gesellschaftlicher Verhältnisse, eine neue Form der Beziehung zur Natur, eine neue Weise, die letzte Wirklichkeit schlechthin zu verstehen, ein neues Selbstverständnis und eine neue Verortung innerhalb der Welt des Lebendigen mit sich bringt.

Das neu entstehende Paradigma entfaltet sich in aufeinander folgenden Übergängen: Wir gehen vom Teil zum Ganzen über, vom Einfachen zum Komplexen, vom Lokalen zum Globalen, von Nationalen zum Planetarischen, vom Planetarischen zum Kosmos und vom Kosmos zum Mysterium und schließlich vom Mysterium zu Gott.

Dieses neue Paradigma begreift die Erde nicht mehr als bloß äußerliche Addition der Bereiche des Physischen, des Lebendigen, des Geistigen und des Spirituellen. Es verwirklicht vielmehr zugleich all diese Dimensionen und bildet so eine komplexe Ganzheit und ein System, das offen ist, Neues zu integrieren. Alle Lebewesen sind miteinander in Netzwerken innerhalb dieser komplexen kosmischen, irdischen, biologischen, anthropologischen und spirituellen Ganzheit nach allen Richtungen verbunden. Weder die Erde noch der Mensch sind einfach fertig. Sie entwickeln sich weiter und befinden sich in Prozessen ständiger Ausdehnung und Neuwerdung.

Für die Entstehung und Etablierung dieses neuen Paradigmas ist der auf die Zukunft gerichtete Blick entscheidend. Es kommt darauf an, eine in sich abgeschlossene Metaphysik zu überwinden, die unsere Sicht der Wirklichkeit mit dieser selbst gleichsetzt. Die Wirklichkeit übersteigt unsere Vorstellungen von ihr, denn sie steckt voller Möglichkeiten und Verheißungen, die ans Licht drängen. Deshalb gibt es inmitten dieser Übergangssituation und Krise unendlich viele Chancen. Für uns besteht die Herausforderung darin, ihnen Gestalt zu geben.

Hier treten die Visionäre, die Idealisten, die Propheten und die Theoretiker neuer Utopien auf den Plan. Ihre Vorstellungen sind zwar idealistisch, aber keineswegs in die Irre führend. Sie geben das wieder, was sein soll oder was wir tatsächlich brauchen. Doch es kommt darauf an, das, was sie sagen, angemessen zu verstehen. Es geht um Leitbilder und Landkarten, die uns auf unserer Suche Orientierung anbieten, uns zu klaren Entscheidungen verhelfen und ein neues Bewusstsein entstehen lassen.

Diese notwendigen Visionen vermitteln uns das Bewusstsein von der Besonderheit unserer historischen Situation. Unsere Wahrnehmung hat sich grundlegend verändert. Wir sind alle abhängig voneinander. Wir können nicht allein für uns leben und überleben, nicht ohne die Gemeinschaft des Lebens und die übrigen Kräfte des Universums. Das gemeinsame Geschick wurde globalisiert.

Entweder wir gehen fürsorglich mit der Menschheit und dem Planeten Erde um, oder wir haben überhaupt keine Zukunft. Wir sind endgültig aneinander gebunden.

Bis heute konnten wir konsumieren, ohne uns um die Erschöpfung der natürlichen Ressourcen zu kümmern. Wir konnten Trinkwasser benutzen, ohne uns dessen extreme Knappheit bewusst zu machen. Wir konnten Kinder haben, ohne an die Überbevölkerung zu denken. Wir konnten Kriege führen, ohne Angst vor einer Katastrophe haben zu müssen, die die gesamte Biosphäre und die Zukunft der Gattung Mensch betrifft. Heute können wir uns diese Naivität und Unbekümmertheit nicht mehr leisten. Wir müssen unsere Gewohnheiten ändern, damit wir nicht für schwerwiegende Krisen und beklagenswerte Katastrophen verantwortlich werden. Wir müssen uns ändern, und das ist die Bedingung für unser Überleben und die Erhaltung der Biosphäre.

Andererseits kann eine solche Gefahr sowohl eine totale Katastrophe als auch eine einzigartige Chance für die Menschen bedeuten. Wir sind dringend dazu aufgefordert, als Einzelne und als Gemeinschaft, die Verantwortung für die gemeinsame Zukunft der Menschheit und der Erde zu übernehmen, ein neues Paradigma für die Zivilisation zu erfinden. Wir müssen schöpferisch sein. Die Kreativität ist in unserem genetischen und kulturellen Code verankert, denn wir wurden als Schöpfer und Mitgestalter des Evolutionsprozesses geschaffen. Deshalb entfalten wir unsere Kreativität nur, wenn wir eher nach vorn als nach hinten schauen. Wir lernen aus der Vergangenheit, aber es ist uns nicht gestattet, sie zu wiederholen.

Dem Paradigma des Feindes und der Konfrontation müssen wir das Paradigma des Bündnispartners, des Gastes und des Tischgenossen entgegensetzen. Von der Konfrontation müssen wir zur Versöhnung gelangen, von der Versöhnung müssen wir zum Zusammenleben weiterschreiten, vom Zusammenleben zur Gemeinschaft und von der Gemeinschaft zur Tischgemeinschaft. Die Völker, die aus dem großen Exil zurückkehren, finden sich im selben Gemeinsamen Haus, auf dem Planeten Erde, wieder. Wie miteinander umgehen? Wie eine gemeinsame Zukunft aufbauen? Wie auf poetische und prosaische Weise dieselbe Welt bewohnen? Was ist die gemeinsame Basis, die das gegenseitige Verstehen und die Realisierung gemeinsamer globaler Ziele möglich macht?

Hier erweisen sich die Tugenden der Gastfreundschaft, des Zusammenlebens, der Toleranz und der Tischgemeinschaft, die wir bereits weiter oben ansprachen, als unverzichtbar. Die Praktizierung dieser Tugenden wird uns den Boden für eine hoffnungsvolle Zukunft für alle bereiten.

3. Der leidenschaftliche Ruf der Propheten und Visionäre

Es gab Propheten und Visionäre, die die Vorzeichen dieser Art von Globalisierung erkannt haben. Einer von ihnen ist ohne Zweifel Dom Hélder Câmara, der größte Prophet der Dritten Welt. Voller Mitleid und voller Entrüstung angesichts der arm gemachten Bevölkerungsmassen der Dritten Welt forderte er eine weltweite ethische Mobilisierung auf der Grundlage der Verwirklichung des Minimums an Gerechtigkeit und der natürlichen Großzügigkeit der Menschen, um eine Welt zu schaffen, in der nicht der Reichtum dominiert, der auf Kosten der Armen entstanden ist, sondern in der die Solidarität uneingeschränkt gedeihen kann und in der alle all das aktiv mitbestimmen können, was für alle wichtig ist, wo die gesellschaftliche Gerechtigkeit herrscht und die universale Geschwisterlichkeit gedeiht. Dieser Traum müsste von der Hölle der Armut aus, von den Söhnen und Töchtern des Chaos aus, in Angriff genommen werden, um dann alle am Aufbau des Himmels auf Erden zu beteiligen, der den Menschen möglich ist. Zu diesem Pantheon zählen Mahatma Gandhi, Martin Luther King, Paulo Freire, Desmond Tutu, Nelson Mandela, Mutter Teresa von Kalkutta und Robert Müller.

Ein anderer Prophet und Visionär war ohne Zweifel Pierre Teilhard de Chardin (gest. 1955). Er beobachtete den Evolutionsprozess und die Tendenzen der gegenseitigen Verständigung zwischen den Völkern und ihres entsprechenden Bewusstseins. Noch in den 30er-Jahren des 20. Jahrhunderts entdeckte er die Samenkörner der neuen Epoche, von ihm Noosphäre genannt. Ihm zufolge bewegen wir uns auf eine neue Phase der Geschichte der Erde und der Menschheit zu, in der es Möglichkeiten der Konvergenz von Verstand und Herz (das bedeutet das griechische Wort *nous/noos*) im Sinne einer größeren Harmonie innerhalb des einen großen Bogens einer einzigen Geschichte der Gattung Mensch unter dem Dach eines einzigen Gemeinsamen Hauses gibt.

In jüngerer Zeit träumte Robert Müller, der älteste Beamte der UNO und Gründer der Universität des Friedens in Costa Rica (deren Rektor er ist) von der „Geburt einer globalen Zivilisation" (so lautet auch der Titel seines 1993 erschienenen Hauptwerkes) auf der Grundlage einer spirituellen und ökokosmischen Vision, einer Verschwisterung unter allen Völkern, die wie eine einzige Familie das Gemeinsame Haus, die Erde bewohnen. Nach dem Vorbild von Paulo Freire entwickelte er eine Pädagogik und ein Netzwerk von Schulen auf der ganzen Welt. Dieser Pädagogik zufolge beginnen die Erzieher und Schüler von Kindheit an auf das Universum, auf die Erde und den Menschen im Sinne von Globalisierung und Ökologie als Ausdruck eines gewaltigen Prozesses, der bereits 15 Milliarden Jahre in Gang ist, zu schauen.

Und in jüngster Zeit wurde nach Jahren intensiver Arbeit, an der sich eine Vielfalt von Völkern beteiligte, die (von der Unesco angenommene) *Erdcharta* formuliert, eines der wichtigsten Dokumente innerhalb des neuen

Paradigmas der gegenseitigen Integration und Verbindung von allem mit allem. Ihr Ziel ist es, die notwendige Sorgfalt im Umgang mit dem Planeten und eine neue nachhaltige Lebensweise zu fördern.

Vor diesem Hintergrund wollen wir die Frage nach Gastfreundschaft, Zusammenleben, Toleranz und Tischgemeinschaft stellen. Entweder fühlen wir uns, wie es der Psalmist ausdrückt, als Gäste auf dieser Welt, gewähren uns deshalb gegenseitig Gastfreundschaft und lernen, wie Bundesgenossen, die ein gemeinsames Anliegen teilen, zusammenzuleben und am selben Tisch zu essen, oder wir können uns wie Feinde benehmen und verheerende Konflikte miteinander austragen, wie man sie auf Erden noch nicht erlebt hat.

Es wird eine Erde geben, die eine Vielfalt von Zivilisationen vereint, die bunt ist, weil sie alle möglichen kulturellen Werte, verschiedene Produktionsweisen, Gesellschaftsformen, unzählige Musikstile, unterschiedlichste kulinarische Geschmäcker und symbolische Ausdrucksformen, Religionen und spirituelle Wege kennt. Doch sie alle werden als legitime Ausdrucksformen des Menschseins akzeptiert und innerhalb der großen Konföderation von Stämmen und Völkern der Erde ihre Berechtigung haben.

Deshalb müssen wir kreativ sein, nach vorne schauen und aufmerksam auf alle Zeichen achten, die auf einen glücklichen Ausgang unseres gefährlichen Übergangs verweisen, und eine Atmosphäre des Wohlwollens und der geschwisterlichen Verbundenheit schaffen, die uns ein bescheidenes Maß an Lebensglück auf diesem kleinen Planeten ermöglicht, eines Planeten, der in einem abgelegenen Winkel einer mittelgroßen Galaxie innerhalb eines Sonnensystems, das nur einen winzigen Bruchteil ihrer Größe hat, verborgen liegt, der aber unter dem Regenbogen des guten Willens des Menschen und der göttlichen Güte steht.

Unser Traum findet seine Bestätigung in den erleuchteten Worten des Präsidenten der tschechischen Republik, Václav Havel, eines Schriftstellers und Menschenrechtsaktivisten, die er in Philadelphia anlässlich der Verleihung der Freiheitsmedaille gesprochen hat: „Die zentrale politische Aufgabe der nächsten Jahre ist die Schaffung eines neuen Modells des Zusammenlebens der verschiedenen Kulturen, Völker, Ethnien und Religionen, die alle eine einzige Zivilisation in gegenseitiger Verknüpfung bilden." Diese Zivilisation wird ohne die Tugenden der Gastfreundschaft, des Zusammenlebens, der Toleranz und der Tischgemeinschaft nicht entstehen.

Diese Tugenden könnten nach und nach eine gemeinsame Basis für eine einige Zivilisation schaffen, die Zivilisation der Gattung Mensch. Es wird weiterhin unzählige Unterschiede in ihrem Inneren geben, doch alle werden sie auf dem von allen geteilten Konsens aufruhen, sich gegenseitig jederzeit als Menschheit zu behandeln, mit den Geschwistern friedlich zusammenzuleben, mit der Erde fürsorglich umzugehen und die Integrität und Schönheit der Natur zu bewahren, das Notwendige für alle zu garantieren und die Bedingungen dafür zu schaffen, dass sich alle menschlich und spirituell immer mehr entwickeln können.

So wird sich die Flamme in lohendes Feuer verwandeln, das sein Licht ausstrahlt und Wärme spendet.

II. Die Rückkehr aus der großen Zerstreuung

Der zentrale Kern der neuen Phase der Geschichte ist die unauflösliche Einheit von Erde und Menschheit. Um diese Einheit zu begreifen, kommt es darauf an, die Erde neu zu entdecken, unsere gemeinsamen Wurzeln – kosmische, planetarische, biologische, anthropologische, soziale und spirituelle – zu identifizieren. Es sind Wurzeln, die im Reden und Handeln der vorgeblichen Lenker der heutigen Welt in Vergessenheit geraten sind. Ihr Reden und Tun dreht sich nur um Macht, die als Beherrschung der Anderen und der Natur ausgeübt wird. Sie sind die Geiseln einer Art von reduktionistischem und verarmtem Verständnis vom Menschen, von der Kultur, der Produktionsweise und dem Verhältnis zur Natur.

Unsere wirkliche Lage stellt sich folgendermaßen dar: Ob wir wollen oder nicht, wir sind Teil eines universalen Prozesses, der schon viele Milliarden Jahre im Gange ist. Die aktuelle Globalisierung hat ihre Grundlagen in dieser vorgängigen Dynamik, in der wir uns alle entwickeln: Universum, Erde und Menschheit. Wir sind und waren niemals einander entgegengesetzt. Wir waren immer miteinander verknüpft und bildeten einen einzigen, komplexen, in sich spannungsreichen und einander ergänzende Elemente in sich bergenden Organismus. Rufen wir uns die wichtigsten Schritte in Erinnerung, die den Weg aus der Vergangenheit bis in unsere Gegenwart markieren.

Alles hat seinen Ursprung in einem grundlegenden energetischen Zustand, der von den Quantenphysikern und zeitgenössischen Astronomen Quantenvakuum genannt wird. Dies ist ein Vakuum, das nichts mit Leere schlechthin zu tun hat. Es ist die Quelle von allem, was existiert. Denn es ist von einer ursprünglichen, geheimnisvollen und schöpferischen Energie geprägt. Deshalb nennen es einige vorzugsweise fruchtbares Vakuum, leere Fülle oder erfüllte Leere oder einfach ursprüngliche Quelle, aus der alles hervorgeht.

Plötzlich, ohne dass wir wissen, warum, dehnt sich dieser kleinste Punkt bis zur Größe eines Apfels aus. Und er explodiert mit einem unvorstellbaren Knall. Energien und Elementarteilchen werden nach allen Seiten hin geschleudert. Das ist der Urknall, der Big Bang, wie er sich vor etwa 15 Milliarden Jahren ereignet hat.

Nun beginnt der Prozess der Ausdehnung, wobei sich alle Faktoren in einem fein austarierten Gleichgewicht befinden. Wenn die Gravitation (Anziehungskraft) etwas stärker gewesen wäre, dann hätte sie die Ausdehnung verhindert, und es hätte eine Folge von Explosionen gegeben. Wenn sie etwas schwächer gewesen wäre, dann hätte sich alles verflüchtigt, ohne dass sich Körper mit einer bestimmten Dichte gebildet hätten, aus denen das Universum entstand. Unmittelbar nach der großen Explosion bildeten sich Gaswolken voller Elementarteilchen, besonders Wasserstoff und Helium, die einfachsten und häufigsten Elemente des Universums.

Dann verdichtete sich das Gas. Es entstanden die großen roten Sterne. Sie funktionierten wie riesige Atomreaktoren, die in ihrem Inneren im Laufe von Milliarden Jahren die 92 chemischen Elemente herstellten, aus denen das Universum bis hin zum Menschen selbst besteht, z.B. Silizium, Stickstoff, Kalium, Magnesium, Eisen, Phosphor, Uran und später Kohlenstoff.

Die atomaren Reaktionen im Inneren waren so heftig, dass sie diese Sterne zur Explosion brachten. Gott sei Dank passierte das, denn ohne die Selbstaufopferung dieser Sterne wären wir nicht hier und lebendig und könnten über diese Sache nicht sprechen. Materie breitete sich über das ganze Universum aus. Aus diesen Materialien – kosmischem Abfall, könnte man sagen – entstanden die Nebel, die Konglomerate von Galaxien, die Galaxien selbst wie etwa unsere Milchstraße, die Sterne wie die Sonne, die Planeten wie unsere Erde und unser körperliches Leben. Aber wie entstand nun genau die Erde, unser Gemeinsames Haus?

1. Ein Stern stirbt, und die Erde entsteht

Die Erde entstand nicht in dem fertigen Zustand, wie wir sie heute kennen. Sie hat eine Vorgeschichte von Millionen Jahren, bis sie zur Erde wurde, zum dritten Planeten der

Sonne. Die Astronomen haben die Ereigniskette folgendermaßen rekonstruiert:

Zunächst war der „Großvater" der Erde ein Stern, der vor fünf Milliarden Jahren zu einer Supernova wurde und explodierte. Eine Supernova ist ein Stern, dessen Glanz plötzlich unheimlich stark wird. Dies geht auf Explosionen in seinem Inneren zurück, die Teilchen herausschleudern und so einen Nebel und Sternentrümmer erzeugen. Die Wissenschaftler nennen diesen Stern *Tiamat*. Dies ist der Name jener Gottheit aus dem Mittleren Osten, aus deren Teilen dem Mythos zufolge Himmel und Erde entstanden. Dieser Vorfahr Tiamat starb also in einer großen Abschiedsvorstellung voller Glanz und Schönheit, und aus seinem Tod ging ein riesiger Nebel hervor. Elemente aus dem Inneren des Sterns breiteten sich im Raum aus und bildeten die Basis unserer Welt und unseres Lebens.

Diese Elemente waren bei den ersten Verdichtungsprozessen der Gase und Elementarteilchen ausgehend vom Higgs-Feld (das sind die ersten Kristallisationen von Energie in Form von Materieteilchen wie etwa den Top-Quarks) noch nicht vorhanden. Es war Tiamat, der sie in seinem Inneren erzeugte. Unter vielen anderen war auch Phosphor darunter, das Element, das die Photosynthese ermöglichte. Tiamat schleuderte Sauerstoff und Schwefel heraus, die zur Grundlage des Lebens gehören. Bei seinem Tod setzte er Kohlenstoff und Stickstoff frei. Beide Elemente sind grundlegend für die Verbindungen, die das Leben, den genetischen Code, das Gedächtnis und das Selbstbewusstsein formten. Ohne seine Selbstaufopferung in einer unvorstellbaren Explosion wäre nichts von der Geschichte unserer Intelligenz, Schöpferkraft, unserer Liebe und Ehrfurcht vor der Wirklichkeit entstanden.

Neben diesen ersten Elementen gingen aus Tiamat auch Bruchstücke hervor, aus denen sich die künftigen Planeten bildeten (*Planetoiden*). Sie sind von unterschiedlicher Größe: Ihr Radius kann von zehn Metern bis zu zweitausend Kilometern groß sein. Diese Planeten im Embryonalzustand befinden sich mitten im Nebel; sie stoßen aufeinander und bilden durch die Schwerkraft und die Rotation Anhäufungen. Während eines Zeitraums von einer Million Jahren hat sich der Nebel verdichtet, bis in seinem Zentrum plötzlich ein strahlender Stern, die Sonne, entstand. Nun beginnt eine neue Geschichte. Die Mutter oder – wenn man so will – der Vater der Erde betritt die Szene: Es ist ein Stern, die Sonne. Dank ihrer Gravitation organisierte die Sonne die Bewegung der Planetoiden in Umlaufbahnen um sie selbst. Die überaus heißen Sonnenstrahlen erhitzten uns und ließen die flüchtigen Elemente verdampfen. Dieser von den Solarwinden ausgehende Prozess führte zur Entstehung der größeren Planeten wie Jupiter, der massenreich genug war, um diese Gase um sich anzuhäufen. Im Laufe von hundert Millionen Jahren bildeten sich die übrigen Planeten als Ergebnis der zunehmenden Anhäufung (Aggregation) der Planetoiden. Zuerst entstand der Merkur, dann entstanden der Mars und die Venus. In der Folge ballten sich andere große Planetoiden zusammen. Aus ihnen entstand im Verlauf eines Prozesses, der noch einmal hundert Millionen Jahre dauerte, schließlich die Erde – unsere Erde, unser kosmisches Haus.

Die Erde stellt im Vergleich zu den übrigen Planeten des Sonnensystems eine Besonderheit dar. Sie weist optimale Bedingungen dafür auf, das zu sein, was sie heute ist. Sie hat einen idealen Abstand zur Sonne, der es ihr ermöglicht, viele flüchtige chemische Elemente festzuhalten und zu bewahren und zu verhindern, dass das Wasser verdampft. Wenn sie, wie die Venus, der Sonne sehr nahe wäre, dann hätten sie die Solarwinde verbrannt. Wenn sie, wie der Jupiter und der Saturn, sehr weit entfernt von der Sonne wäre, dann würde sie im Wesentlichen aus Gasen wie Wasserstoff und Helium bestehen. Es gäbe nicht die für die Bildung einer Atmosphäre, der Ozeane, der Flüsse und schließlich des Lebens notwendige Dichte von physikalisch-chemischen Elementen. Aber um so weit zu kommen, machte die Erde dramatische Entwicklungen durch. 800 Millionen Jahre lang blieb ihre Oberfläche aufgrund der immensen Hitze, die auf ihren stellaren Ursprung zurückging, aber auch aufgrund des Einflusses von Asteroiden und Meteoriten in einem Schmelzzustand. Als sich die Erdkruste abkühlte, entwickelten sich dank dem richtigen Abstand zur Sonne die Bedingungen, die einen herrlichen Garten entstehen ließen – die behagliche Wiege für das Leben in seiner immensen Vielfalt.

Das Leben ist ein Bestandteil der Evolution des Kosmos, und es fügt sich in die Gesetzmäßigkeiten der Physik und Chemie ein. Wenn es dieses Gleichgewicht der Gravitation, von der wir weiter oben bereits sprachen, nicht gegeben hätte und die Gesetze der Physik und Chemie nur ein wenig anders wären, hätte diese Form von Leben niemals entstehen können. Computersimulationen sprechen für die Wahrscheinlichkeit, dass das Leben spontan entsteht, wenn eine gewisse Anhäufung von Aminosäuren, Proteinen und phosphorisierten Basen ein gewisses Maß an Interaktion und einen gewissen Grad an Komplexität erreicht.

Sobald nun das Leben entstanden war, schuf es die am besten geeigneten Bedingungen für seine Entwicklung. So können wir entsprechend der Gaia-Hypothese von James Lovelock sagen, dass die Biosphäre eine Schöpfung des Lebens selbst ist. Das Leben entwickelte sich vorwärts, es erreichte immer höhere Stufen der Komplexität, und so brach innerhalb unserer Galaxie, innerhalb unseres Sonnensystems und auf unserem Planeten Erde das Leben als menschliches, mit Bewusstsein ausgestattetes, zur Liebe, Fürsorge, Synergie und Wahrnehmung Gottes fähiges Leben hervor.

Vor 4,44 Milliarden Jahren bildete sich die Erde als ein ganzer Körper mit den Ausmaßen von heute: mit einem

Radius von 6400 Kilometern und einem Umfang von 40.000 Kilometern. Ihr Aufbau weist eine Reihe von Schichten auf, die in konzentrischen Kreisen angeordnet sind. Die äußere Schicht bildet die Atmosphäre; sie ist dünn und voller Gase. Auf der Oberfläche stoßen wir auf die Hydrosphäre, die von den Ozeanen, Meeren und kontinentalen Flüssen gebildet wird. Dann folgen die oberen Erdschichten, die aus der kontinentalen und ozeanischen Erdkruste gebildet werden. Dann kommt der Erdmantel, der 70 % des Gesamtvolumens der Erde ausmacht. 2900 Kilometer unter uns beginnt der Erdkern, der hauptsächlich aus flüssigem Eisen und festem Nickel besteht.

Im Lauf ihrer gesamten langen Geschichte war die Erde geologisch sehr aktiv. Von Zeit zu Zeit brachen Vulkane aus, oder die Erde war Meteoriteneinschlägen ausgesetzt, die riesige Krater hinterließen, die ihr aber auch beträchtliche Mengen an Wasser und an Metallen lieferten, und einige meinen auch, dass auf sie die Basismoleküle zurückgehen, aus denen sich das Leben formte.

2. Bruchstücke vereinigen und trennen sich

Die Geologen und Paläontologen sagen uns, dass es während der Epoche des Archaikums, die von der Entstehung der Erde vor 4,44 Milliarden Jahren 2,7 Milliarden Jahre dauerte, noch keine Kontinente gab. Wasser bedeckte den gesamten Erdball, und aus ihm tauchten immer wieder riesige Vulkaninseln auf.

Nach etwa 3,8 Milliarden Jahren tauchten große Landflächen auf, da und dort verstreut und immer in Bewegung. Sie vereinigten sich, was immer mit großen Reibungen, Seebeben und Verheerungen verbunden war, so dass sich eine Milliarde Jahre später bereits die Kontinente bildeten. Sie trieben auf einer Basaltschicht und veränderten ihre Lage, bis sie sich zu einem einzigen großen Kontinent vereinigten, der *Pangäa* genannt wird. Fünfzig Millionen Jahre lang bewegte sich dieser Urkontinent über den Erdball. Millionen Jahre später spaltete sich Pangäa in Bruchstücke auf, und langsam entstanden die Kontinente, wie wir sie heute kennen.

Unter ihnen sind die tektonischen Platten ständig aktiv; sie stoßen aufeinander (und erzeugen so die Gebirge), sie überlagern sich oder rücken voneinander ab – diese Bewegung nennt man Kontinentalverschiebung oder Kontinentaldrift. Immer, wenn sie aufeinanderstoßen, erzeugen sie ungeheure Katastrophen (Kataklysmen), wie es vor 245 Millionen Jahren der Fall war, als Pangäa auseinanderbrach. Dieses Ereignis war so verheerend, dass 75–99 % der damals existierenden Lebewesen vernichtet wurden.

Die Erde erlebte fünfzehn große massenhafte Auslöschungen von Leben. Zwei davon zeichnen sich dadurch aus, dass sie zu einer völligen Neuorganisation der Ökosysteme auf dem Land und im Wasser führten.

Die erste ist die oben bereits erwähnte. Die zweite geschah vor 65 Millionen Jahren. Ihre Ursachen waren Klimaveränderungen, Veränderungen des Meeresspiegels und der Einschlag eines Meteoriten von 9,6 km Durchmesser in Zentralamerika. Er löste infernalische Brände und ungeheure Seebeben aus, produzierte viele giftige Gase und verursachte eine lang andauernde Verdunkelung des Sonnenlichts. Pflanzen und Tiere, die von ihm lebten, starben. Die Dinosaurier, die 130 Millionen Jahre lang die Erde unangefochten beherrscht hatten, verschwanden völlig, genauso wie insgesamt die Hälfte aller lebendigen Arten. Die Erde brauchte zehn Millionen Jahre, um sich in ihrer unüberschaubaren Vielfalt der Arten zu erholen.

Geologen und Biologen behaupten, dass nun eine dritte große Dezimierung im Gange ist. Sie begann vor 2,5 Millionen Jahren, als ausgedehnte Eisflächen einen Teil des Planeten zu bedecken begannen. Genau zu dieser Zeit tauchte auch der *homo habilis* auf, der den Werkzeuggebrauch erfand (ein Stein, ein Stück Holz), um effizienter in das Naturgeschehen einzugreifen. Später, als er sich schon zum *homo sapiens sapiens* entwickelt hatte, legte er eine solche Zerstörungskraft an den Tag, dass man ihn mit einem Meteoriten vergleichen könnte. Heutzutage hat er um eines unverantwortlichen Konsums willen und ohne jede Rücksicht eine Praxis des systematischen Raubbaus an den Ökosystemen etabliert. Als Konsequenz davon setzt sich der Prozess der massenhaften Auslöschung von Arten beschleunigt fort, in einem Tempo, das die Natur selbst bei Weitem übertrifft.

Wir sind also von Kräften abhängig, die wir nicht kontrollieren können und die unsere Gattung vernichten können, so wie sie so viele vor uns ausgelöscht haben. Das Leben selbst hingegen wurde niemals vernichtet. Nach jeder Auslöschung kam es zu einer Neuentstehung. Da die Intelligenz zuerst im Universum vorhanden ist und erst dann in uns, können wir annehmen, dass sie in anderen Lebewesen fortleben wird – Lebewesen, die hoffentlich ein besseres Verhalten an den Tag legen als wir. Peter Ward, der Geologe von der Universität Washington, hat bereits festgestellt: „Was spricht dagegen, dass einige Arten, die heute unbedeutend sind, zu Vorläufern irgendeiner großen Intelligenz werden, die Größeres vollbringt und mehr Weisheit und Weitsicht an den Tag legt als wir? Wer hätte es denn vorhergesehen, dass die kleinen auf Bäumen lebenden Säugetiere, die vor 75 Millionen Jahren vor den Dinosauriern aus Furcht zitterten, eines Tages uns hervorbringen würden?" (Ward, 289). Hier liegt ein Grund dafür, warum wir alle Arten erhalten sollten: nicht, weil sie wirtschaftlich, medizinisch und wissenschaftlich für uns wertvoll sind, sondern wegen ihres evolutiven Potentials, das sie möglicherweise enthalten. Die Zukunft der Intelligenz und des Bewusstseins kann anfanghaft in ihnen vorhanden sein.

Schließlich haben wir hier unsere bereits zur Reife gelangte Erde vor uns, wie wir sie heute kennen – mit ihren Ozeanen, Flüssen, Vulkanen, ihrer Atmosphäre, ihrer Flora und Fauna und der immensen Artenvielfalt. Die verschiedenen Elemente, Felsen, Berge, Wasser, Pflanzen, Tiere, Menschen und Mikroorganismen sind hier nicht – wie wir bereits sagten – einander entgegengesetzt, sondern sie sind miteinander verbunden und voneinander abhängig, sodass sie gemeinsam ein höchst komplexes lebendiges System bilden. Es ist das System Gaia, die Erde als lebendiger Superorganismus, das mit einem so fein austarierten Gleichgewicht der einzelnen Elemente ausgestattet ist – des Sauerstoffs in der Luft, des Stickstoffs in den Böden, des Salzes in den Ozeanen –, wie es nur einem lebendigen Wesen zugesprochen werden kann. Innerhalb dieses komplexen und sich vorwärtsentwickelnden Prozesses ist das Leben das spektakulärste Phänomen auf unserem Planeten.

3. Das schönste Kind: das Leben

Bis vor einiger Zeit hat man sich das Leben als etwas außerhalb des Entstehungsprozesses des Kosmos vorgestellt, als etwas Mirakulöses, das direkt von Gott kommt. Doch seit 1950, als man den genetischen Code entdeckte, wie er in der DNA von Zellen lebendiger Organismen vorhanden ist, änderte sich unsere Auffassung von der Entstehung des Lebens radikal. Es befindet sich nicht außerhalb des universalen Prozesses der Entstehung des Kosmos. Ganz im Gegenteil, es ist seine höchste Ausdrucksform. Die Forschung hat gezeigt, dass das Leben aus denselben physikalisch-chemischen Elementen besteht wie alle anderen Entitäten des Universums; sie organisieren sich in hochkomplexen Beziehungen zueinander. Alle lebenden Organismen verfügen über dasselbe grundlegende Alphabet: zwanzig Aminosäuren und vier in den „Nukleotiden“

enthaltenen Basen als Grundstoffe: Adenin, Cytosin, Guanin und Thymin. Wir alle sind Brüder und Schwestern, Cousins und Cousinen. Wir unterscheiden uns jedoch durch unterschiedliche Silbenkombinationen dieses lebendigen Alphabets.

Zu Beginn der 1970er-Jahre begriff man im Zuge der thermodynamischen und physikalischen Chaosforschung (wir erinnern an dieser Stelle nur an einen bedeutenden Wissenschaftler dieser Richtung, an den im Jahr 2003 verstorbenen russisch-belgischen Wissenschaftler Ilya Prigogine), dass das Leben auf einer sehr hohen Komplexitätsstufe der Materie und im Zusammenhang mit Turbulenzen und chaotischen Verhältnissen der Erde selbst entsteht. Das Chaos ist niemals nur chaotisch. Von Anfang an erweist es sich als produktiv. Das Leben ist eine Ausdrucksform dieser Organisation des Chaos. Es stellt die Selbstorganisation der Materie dar, wenn diese sich in einem Zustand außerhalb ihres Gleichgewichts befindet. Durch das Leben überwindet die Materie das Chaos, findet zu einem neuen dynamischen, sich selbst organisierenden und sich selbst regenerierenden Gleichgewicht. Sobald ein bestimmter Grad an Komplexität erreicht ist, entsteht das Leben als kosmischer Imperativ. Dies geschieht überall im Universum, wo diese Komplexitätsstufe erreicht ist. Das Leben ist die schönste uns bekannte Kreatur des Universums, das entzückendste Kind, das die Evolution jemals hervorgebracht hat, es ist stark und zärtlich zugleich, zerbrechlich und dennoch bis heute unzerstörbar.

Es geschah vor ungefähr 3,8 Millionen Jahren, möglicherweise in den Tiefen eines Urozeans oder in einem der alten Sümpfe auf diesem winzigen Planeten Erde innerhalb eines Sonnensystems von nur einem winzigen Bruchteil der Größe in einem Winkel der Galaxie (29.000 Lichtjahre von seinem Zentrum entfernt, im Inneren des Orion-Spiralnebels): Die erste lebendige Zelle brach hervor, ein Urbakterium, das *Aries* genannt wurde. Es ist die

Mutter aller Lebenden, die wahre Eva, denn von ihm ausgehend entwickelten sich alle Lebewesen, auch die Menschen.

Mit dem Entstehen dieses Neuen beginnt ein äußerst intensiver Dialog zwischen dem Leben, der Sonne, der Erde mit all ihren Elementen und mit dem ganzen Universum. Die Erde arbeitet ebenso mit dem Leben zusammen wie umgekehrt. Wie James Lovelock mit seiner Gaia-Theorie aufzeigte, ist die Atmosphäre zum großen Teil eine Schöpfung des Lebens selbst, das sich die geeigneten Bedingungen dafür schuf, dass sich sein Umfeld reproduzieren und erweitern kann. Langsam hörte die Erde auf, Erde zu sein, und wurde zu Gaia. James Lovelock definiert sie folgendermaßen:

„Gaia ist ein evolvierendes System, bestehend aus allem Lebendigen und seiner Oberflächenumwelt, den Meeren, der Atmosphäre, dem Krustengestein ... ein System, das aus der gemeinsamen und wechselseitigen Evolution der Organismen und ihrer Umwelt im Laufe der Entwicklungszeitalter des Lebens auf der Erde hervorgegangen ist. In diesem System geschieht die Regulation von Klima und chemischer Zusammensetzung völlig selbsttätig. Die Selbstregulation bildet sich mit der Evolution des Systems heraus ... Das Leben oder die Biosphäre regelt oder stabilisiert das Klima und die Zusammensetzung der Atmosphäre so, wie sie für den eigenen Bestand optimal sind." (Lovelock 1991, 11).

Ausgehend von den Studien des deutschen Physikers Winfried Otto Schumann stellte man auch fest, dass die Erde von einem komplexen System elektromagnetischer Wellen umgeben ist. Es entsteht aus der Interaktion zwischen der Sonne, der Erde (ihren Böden, dem Magma, den Gewässern, den Ökosystemen) und dem unteren Teil der Ionosphäre in etwa 55 km Höhe. Sie produziert – von einigen Abweichungen abgesehen – eine mehr oder weniger konstante Resonanz von 7,8 Hertz, die auch

Schumann-Resonanz genannt wird. Dies entspricht der Frequenz, die vom Gehirn von Säugetieren, auch des Menschen, ausgeht. Es ist, als würde der Herzschlag der Erde als Schrittmacher alle Verhältnisse ins Gleichgewicht bringen, die das Leben aufrechterhält. Dieses Gleichgewicht ist von grundlegender Bedeutung für die Meteorologie, für die Folge der Jahreszeiten, das Leben der Vulkane, den Rhythmus der Ozeane und die Bewegung der tektonischen Platten. Es gibt nicht wenige Wissenschaftler, die in Übereinstimmung mit diesen Tatsachen behaupten, dass das Gleichgewicht der Herztätigkeit und das emotionale Gleichgewicht der Lebewesen, besonders der Menschen, von der Schumann-Resonanz abhängig wäre. Wir haben es hier jedenfalls mit einem Hinweis mehr darauf zu tun, dass die Erde tatsächlich einen lebenden Gesamtorganismus bildet: Gaia. Doch zu Beginn der 80er-Jahre des 20. Jahrhunderts passierte es, dass sich dieser Rhythmus änderte. Von 7,8 Hertz beschleunigte er sich auf 11 und bis zu 13 Hertz. Das Herz der Erde begann zu rasen. Möglicherweise ist die Veränderung der Magnetresonanz eine der Ursachen für Naturkatastrophen, Klimaveränderungen, ja sogar der Zunahme von gesellschaftlichen Konflikten auf der ganzen Welt.

Innerhalb von mehr als drei Milliarden Jahren brachte die Erde eine riesige Vielzahl von Viren, Bakterien, Protozoen, Pilzen, Pflanzen und Tieren hervor. Aufgrund der zahlreichen Krisen, die sie durchmachte und die zu Massenvernichtungen führten, verschwand der größere Teil dieser Arten wieder. Vielleicht blieb nur 1 % erhalten. Und selbst das ist noch viel. Man schätzt, dass es 5000 Arten von Bakterien, 100.000 Arten von Pilzen, 300.000 verschiedene Baumarten und 850.000 verschiedene Arten von Insekten gibt. Niemand weiß das genau. Die Biologen vermuten 30 Millionen verschiedener Arten insgesamt.

Mit dem Auftreten des Menschen nach dem Verschwinden der Dinosaurier gab es eine Vermehrung der Arten wie niemals zuvor in der Evolutionsgeschichte. Die Erde glich tatsächlich einem Paradies und einer wunderbaren Wiege. Plötzlich, ohne dass wir wissen, warum, wurde der Planet, der durch das Chlorophyll völlig grün war, bunt. Ein Frühling voller bunter Blüten brach herein.

Genau zu diesem Zeitpunkt erschien auf der Welt das komplexeste, das zerbrechlichste, das am stärksten auf andere bezogene und deshalb das Lebewesen, das mit der größten Fähigkeit zu widerstehen ausgestattet ist: der Mensch, Mann und Frau. Niemand fasste dieses Wunder des Universums besser in Worte als die alte Weisheit der Mayas, eines der Ursprungsvölker Mexikos: „Dass es hell werde, dass das Morgenrot erstrahle im Himmel und auf Erden! Es wird weder Ruhm noch Größe geben, bis die menschliche Kreatur, der gestaltete Mensch ins Leben tritt." (Popol Vuh)

4. Die Trockenheit: Geburtsstätte des Menschen

Gleichsam als ein Unterkapitel des Lebens tauchten vor etwa 75 Millionen Jahren, als Nordamerika, Grönland und Europa noch einen einzigen Kontinent bildeten, die ersten Affen auf, entfernte Vorfahren des Menschen. Diese kleinen Tiere, die etwa so groß waren wie Ratten, ernährten sich von Blütenpflanzen, und nicht mehr nur von Insekten wie ihre Vorfahren. Da sie die Bäume hinauf- und hinunterklettern mussten, entwickelten sie die oberen Gliedmaßen. Die Pfote wies einen Finger auf, der in Opposition zu den anderen stand (den Daumen), was es diesen Tieren ermöglichte, etwas zu ergreifen, zum Beispiel eine Frucht oder einen Stein.

Als sich diese Affen weiterentwickelten, tauchten vor etwa 35 Millionen Jahren die ersten Primaten auf, die gemeinsamen Vorfahren der Menschen und der großen Menschenaffen. Sie sind immer noch recht klein und haben etwa die Größe einer Katze. Sie lebten isoliert in Afrika, wo sie sich den klimatischen Veränderungen – zum einen der großen Trockenheit und zum anderen den vermehrten Niederschlägen und der Ausdehnung der Wälder – anpassten.

Diese Primaten entwickelten sich und wurden größer. Es tauchten die großen afrikanischen Affen auf, die Schimpansen und Gorillas. Vor etwa 7 Millionen Jahren vollzog sich eine Aufspaltung von entscheidender Konsequenz: Auf der einen Seite gab es weiterhin die Schimpansen (sie haben mit uns 99 % der Gene gemeinsam), und auf der anderen Seite entstand der Australopithecus, ein Primat auf dem Weg zur Menschwerdung. Diese Aufspaltung verdankt sich einem geologischen Unfall. Das Gebiet des heutigen ostafrikanischen Grabensystems (Great Rift Valley) stürzte ein: Es entstand ein riesiger Spalt von 6000 Kilometern. Auf der einen Seite befanden sich die tropischen Regenwälder, die gut bewässert waren und wo die höheren Primaten einen angenehmen Lebensraum hatten. Auf der anderen Seite regierten die Trockenheit und die Savanne, und dort befand sich der Australopithecus.

Diese Veränderung der Umwelt bewirkte zwei Evolutionstypen. Im Regenwald existierten nach wie vor die Primaten, Gorillas und Schimpansen. Sie mussten sich kaum anpassen, denn sie lebten in ihrer Umwelt in einer biologischen Siesta. Die anderen waren zur Trockenheit verdammt und mussten Fertigkeiten für das Überleben entwickeln. Sie bedurften der Intelligenz und der Strategie. Die biologische Basis ihrer Arterhaltung war ein höher entwickeltes Gehirn. Sie gingen auf ihren Füßen, um weiter sehen zu können, und sie zwangen sich, alles zu essen, was sich ihnen darbot (sie sind Allesfresser). Wie man aus den Knochen von Lucy, einer jungen Frau, die 1974 in Äthiopien entdeckt wurde, ersehen kann, wiesen sie bereits vor drei bis vier Millionen Jahren die Merkmale der Humanoiden auf.

Im Verlauf der Evolution fand ein in höchstem Maß beschleunigter Prozess der Entwicklung des Gehirns statt. Ab einem Zeitpunkt von vor 2,2 Millionen Jahren tauchten nach und nach der *homo habilis, erectus* und *sapiens* auf, der bereits in vollem Sinne Mensch war. Es handelte sich um soziale Lebewesen, die sich kooperativ verhielten und sprachen. Wenn sie jagten, aßen sie die Beute nie allein, sondern teilten sie mit Ihresgleichen. Im Verlauf von einer Million Jahren verdoppelte sich die Gehirnmasse dieser drei Menschentypen. In den darauf folgenden eine Million Jahren, in denen der *homo sapiens* herrschte, wuchs das Gehirn nicht mehr. Das war nicht mehr nötig, denn es wuchs das äußere Gehirn, die künstliche Intelligenz, das heißt die Fähigkeit, zu wissen, Werkzeuge und Kunstgegenstände herzustellen, die Welt zu verändern und Kultur zu schaffen: Dieses Merkmal zeichnet einzig und allein den *homo sapiens* aus. Er besitzt kein spezialisiertes Organ. Er muss den Austausch mit der Natur vollziehen und in diese eingreifen, um sein Überleben zu gewährleisten. Er verlängert seine Sinne mit Hilfe von Techniken, selbst wenn es sich um die rudimentärste handelt, und auf diese Weise entsteht die Sphäre der Kultur. Die Kultur ist das Ergebnis der Aktivität des Menschen in Bezug auf die Natur und in Bezug auf sich selbst, entweder, indem er sich ihr anpasst, oder, indem er die Natur seinen Bedürfnissen entsprechend gestaltet. Dies vollzieht sich immer in einem spannungsreichen Dialog, der nicht immer ausgewogen ist.

5. Die Zerstreuung der Menschen und die Entstehung der Zivilisationen

Kaum waren die Menschen aus der Evolutionsgeschichte hervorgegangen, begann ihre Zerstreuung. Von Afrika aus breiteten sie sich über Eurasien, in den Orient und nach

Amerika aus und kamen schließlich nach Ozeanien und Polynesien. Zu Ende der Altsteinzeit vor etwa 40.000 Jahren bewohnten sie bereits den gesamten Planeten. Die Bevölkerung erreichte eine Größe von einer Million Menschen.

In der Jungsteinzeit, zwischen 10.000 und 5000 v. Chr., fand die Revolution des Ackerbaus statt, eine der größten Umwälzungen in der Geschichte der Menschheit. Die Menschen zähmten Tiere, züchteten Saatgut, führten Bewässerungen durch und schufen die ersten Siedlungen. Zu dieser Zeit gab es etwa fünf bis zehn Millionen Menschen auf dem Planeten.

Seit etwa 3500 v. Chr. entstanden die großen klassischen Zivilisationen der Sumerer in Mesopotamien und zur gleichen Zeit am Nil in Ägypten und der Hindus in Indien. Es entstanden die Kulturen Chinas, der Olmeken und Tolteken in Mittelamerika, der Griechen und Römer in Europa und viele andere. Um 1500 v. Chr., als diese Periode zu einem Abschluss kam, gab es 500 bis 600 Millionen Menschen auf der Welt.

Ab dem 15. Jahrhundert unserer Zeitrechnung bildeten sich die modernen Nationalstaaten, die mittels Grenzen voneinander getrennt sind und sich häufig bekriegen. Es beginnt die industrielle Revolution, die das Verhältnis des Menschen zur Natur veränderte, denn nun unterwirft er sie seinen Interessen ohne Rücksicht auf den Eigenwert der unterschiedlichen Lebewesen und deren Verhältnis zueinander. Die industrielle Revolution findet ihren Höhepunkt in der Informationsgesellschaft mit ihrer technischen Durchdringung der gesellschaftlichen Beziehungen, mit der atomaren und kybernetischen Revolution und mit der Eroberung des Weltraums zur Erforschung unseres Sonnensystems und der Weiten des Kosmos.

In dieser Phase brachte der Mensch das Prinzip der Selbstzerstörung hervor. Er erweist sich nicht nur als *homo sapiens sapiens*. Er kommt einem ebenso wie ein *demens demens* vor. Er besitzt bereits 83 % der Erdoberfläche, bedroht alle Gleichgewichte und alle Arten und führt sich in einigen Fällen wie der Satan des Lebens auf. Er verschaffte sich die Mittel, um die Biosphäre schwer zu verletzen und sich selbst zu zerstören.

Zur gleichen Zeit aber setzt er dieser Unvernunft das Prinzip der Fürsorge, der Mitverantwortlichkeit und des Mitleids entgegen. Mit Hilfe dieser Qualitäten nimmt er sein eigenes Geschick, das mit dem der Erde untrennbar verbunden ist, in einer Perspektive der Selbstbeschränkung und der Kontrolle der Zerstörungsmechanismen an. Vom möglichen Satan der Erde verwandelt er sich in deren Schutzengel, einem dem Leben gegenüber guten und wohltuenden Engel. Seine Aufgabe ist es, der Hüter der Natur und der Gärtner des irdischen Paradiesgartens Eden zu sein.

Zum Schluss dieses Abschnittes möchten wir folgende Grunddaten festhalten:

Der Evolutionsprozess ist ein dynamisches, organisches, sich in Gegensätzen vollziehendes (mit Ordnung und Unordnung) und aus sich ergänzenden Elementen bestehendes Ganzes, und der Mensch ist ein Teil davon. Es dauerte 15 Milliarden Jahre, bis schließlich der Mensch (als Mann und Frau) entstand. Vermittels des Menschen, seines Gehirns, seines Auges, seines Denkens, seiner Schwingung, seiner Spiritualität und seiner Ehrfurcht sieht sich das Universum selbst, bewundert es seine strahlende Schönheit, liebt es seine eigene Wirklichkeit und verehrt es das Mysterium, das es in sich birgt und zugleich offenbart. Der Mensch als ein Teil des Ganzen macht es möglich, dass das Ganze zum reflexiven Bewusstsein seiner selbst und zu seiner wesenhaften Liebe gelangt. Er entstammt der Erde, dem fruchtbaren *Humus.* Deshalb nennt er sich *Homo*/Mensch. Doch sein Horizont übersteigt die Erde, denn er ist auf die Sterne hin ausgerichtet, von wo er herkommt und wohin er stets zurückkehren will.

6. Die Rückkehr aus dem Exil: die Globalisierung

Trotz ihrer irdischen Verwurzelung in ihren jeweiligen Kulturen und Nationalstaaten unternahmen die Menschen unablässig Expeditionen über den gesamten Planeten. Und mit ihnen zogen ihre Bazillen, ihre Krankheiten, ihr Saatgut, ihre Tiere, ihre Bräuche und Weltanschauungen. Unter den Menschen fand immer eine große Vermischung statt. Es gibt keine Rassen, schon gar keine reinen Rassen. Die Gene jeglicher Herkunft vermischten sich, ohne zu verschmelzen. Alle Menschen sind Mischlinge. Dies ist das ständige Ferment einer Globalisierung, wie sie immer stattfindet.

a) Das Eisenzeitalter der Globalisierung

Doch von 1492 an begann ausgehend vom Westen ein überaus großer Expansionsprozess. Columbus (1492) brachte den Europäern Kenntnis von der Existenz anderer bewohnter Kontinente mit völlig anderen Kulturen. Fernaõ de Magalhães trat den Beweis dafür an, dass die Erde tatsächlich rund ist und dass jeder beliebige Ort von jedem beliebigen anderen Ort aus erreicht werden kann. Die Hegemonialmächte des 16. Jahrhunderts, Spanien und Portugal, entwickelten zum ersten Mal ein Projekt von weltweiter Dimension. Sie streckten sich nach Afrika, Asien und Amerika aus. Sie verwestlichten die Welt.

Dieser Prozess fand seine Fortsetzung im 19. Jahrhundert mit dem westlichen Kolonialismus, der mit Feuer und Schwert die gesamte bekannte Welt den kulturellen, religiösen und vor allem kommerziellen Interessen der Kolonialmächte unterwarf. Dies alles wurde unter extremer Gewaltausübung und unter Verbreitung von Terror unter den unterlegenen Völkern vorangetrieben. Das Gewehr und die Kanone sprachen lauter als Vernunft und

Religion. Der europäische Westen erwies sich als die Hyäne der Völker. Wir, die wir im äußersten Westen leben, sind schon in einer globalisierten Welt geboren und wissen aus eigener Erfahrung, was Globalisierung bedeutet, die als Globokolonialisierung empfunden und erlitten wird.

Dieser Prozess erreichte seinen Höhepunkt in der Mitte des 20. Jahrhunderts mit der hegemonialen Ausbreitung der USA. Technik und Wissenschaft, die so viele Erleichterungen mit sich brachten, werden nun als Instrument der Beherrschung und Bereicherung eingesetzt. Die transnationalen Konzerne kontrollieren die nationalen Märkte. Eine westliche Einheitskultur löst die regionalen Kulturen auf. Eine einzige Produktionsweise, nämlich die kapitalistische, gewinnt die Oberhand. Ihre Grundlage ist das Konkurrenzprinzip, und so zerstört sie die gesellschaftlichen Bindungen und die Formen der Kooperation. Das einzig gültige, neoliberale Denken breitet sich über alle Teile der Welt aus. Das Schlimmste daran ist, dass aus der Erde eine Handelsbank gemacht wird, die alles zur Ware macht. Metalle, Pflanzen, Saatgut, Wasser, Gene – alles wird verkauft und zu etwas gemacht, aus dem man Profit schlagen kann. Die Eigenständigkeit und Subjektivität Gaias wird nicht respektiert. Unsere eigenen irdischen Wurzeln und unser Ursprung werden verleugnet, denn als Menschen kommen wir aus der Erde, aus dem Humus, der fruchtbaren Erde. Als Söhne und Töchter Adams (der Name Adam bedeutet Sohn der Erde) entstammen wir dem fruchtbaren Ackerboden (auf hebräisch *adamah*).

Dies ist das Eisenzeitalter der Globalisierung, das wir auch nach dem Tyrannosaurus benennen können. Wir bezeichnen es als solches, weil es in seiner Vernichtungstendenz eine Analogie zum Tyrannosaurus aufweist, dem gefräßigsten aller Dinosaurier. Tatsächlich prägt die Wettbewerbslogik des Marktes ohne jede Spur von Kooperation dem herrschenden Globalisierungsprozess den

Stempel der Gnadenlosigkeit auf. Sie grenzt etwa die Hälfte der Menschheit aus. Sie saugt das Blut der Ökonomien der schwachen und rückständigen Länder aus und gibt Abermillionen von Menschen dem Hunger und der Kraftlosigkeit preis. Sie richtet ökologischen Schaden in solchem Maße an, dass sie die Biosphäre gefährdet, denn sie verschmutzt die Luft, vergiftet die Böden, kontaminiert die Gewässer und durchsetzt die Lebensmittel mit Chemikalien. Sie legt ihrer dinosauriergleichen Gefräßigkeit keine Zügel an und stellt sich nicht der realistischen Möglichkeit, dass das Projekt Mensch auf dem Planeten nicht mehr möglich sein wird. Sie nimmt lieber das Risiko des Todes in Kauf als den Rückgang ihres materiellen Gewinns. Der französische Genetiker Albert Jaquard hat dies treffend angeprangert: „Das Ziel einer Gesellschaft ist der Austausch. Eine Gesellschaft, deren Hauptantriebskraft der Wettbewerb ist, ist eine Gesellschaft, die mir den Selbstmord nahelegt. Wenn ich gegen den anderen in Wettbewerb trete, kann ich mich mit ihm nicht austauschen, ich muss ihn eliminieren, zerstören.“ (2004).

Dieses auf Ausgrenzung beruhende Modell von Globalisierung läuft Gefahr, die Menschen in zwei Teile aufzuspalten: Auf der einen Seite sind die Nationen, die im Überfluss leben, im materiellen Konsum ersticken und gleichzeitig im spirituellen und menschlichen Sinne erschreckend arm sind. Sie nehmen alle Wohltaten der Technik und Wissenschaft für sich in Anspruch. Auf der anderen Seite gibt es die großen Massen, die ihrem eigenen Schicksal überlassen und der Barbarei ausgeliefert werden. Sie dienen der Produktionsmaschine als Brennstoff, sind zu einem Tod vor der Zeit verdammt, leiden unter chronischem Hunger, unter den Krankheiten der Armen und unter der allgemeinen Verschlechterung des Zustandes der Erde. Es gibt tausend Gründe, uns dieser Art von Globalisierung zu widersetzen. Sie darf nicht von Dauer sein, wenn es uns um die Zukunft der Gattung Mensch geht.

b) Das menschliche Zeitalter der Globalisierung

Trotz der aufgezeigten Widersprüche leistet die Globalisierung des Eisenzeitalters einen unverzichtbaren Beitrag zur Globalisierung in einem weiteren Sinne. Sie schafft die Infrastruktur und die materiellen Voraussetzungen für die anderen Formen der Globalisierung: Sie hat die großen weltweiten Kommunikationskanäle hervorgebracht, sie hat das Netz von Handels- und Finanzbeziehungen geschaffen, sie hat den Austausch zwischen allen Völkern, Kontinenten und Nationen gefördert. Ohne diese Voraussetzungen wäre es unmöglich, von Globalisierungen ganz anderer Art zu träumen. Sie gingen immer mit der Ökonomie einher, ohne jedoch die Hegemonie zu haben.

Nun, nachdem die materielle Globalisierung vollendet ist, muss sich die menschliche Globalisierung ihrer innerhalb eines größeren und umfassenderen Rahmens bedienen und die Vorherrschaft anstreben. Sie vollzieht sich gleichzeitig auf mehreren Ebenen: der anthropologischen, der politischen, der ethischen und der spirituellen.

Die Einheit der menschlichen Gattung, des *homo sapiens et demens*, verankert sich mehr und mehr im kollektiven Bewusstsein. Wie groß die kulturellen Unterschiede auch immer sein mögen: Bestimmend bleibt eine grundlegende genetische Einheit. Wir haben dieselben anatomischen Voraussetzungen, wir verfügen über dieselben psychischen Mechanismen, dieselben spirituellen Impulse, dieselben archetypischen Sehnsüchte. Wenn auch die Ausdrucksweisen unterschiedlich sind, so verfügen wir doch alle über Emotionalität, Intelligenz, Freiheit, Kreativität, die Fähigkeit zur Fürsorge, zum Mitleid, zur Liebe, über Witz, Humor und Musikalität, über künstlerische Ausdrucksfähigkeit und spirituelle Erfahrung. Zugleich zeichnen uns auch Kleinlichkeit, die Tendenz zur Ausgrenzung des Anderen, Gewalt gegen die Natur, Zerstörung, Rache und Tod aus. Wir sind die komplexe Einheit dieser Widersprüche.

Immer mehr breitet sich die – vom Westen ausgehende, aber keineswegs ausschließlich westliche – Überzeugung aus, dass jede Person, sofern sie Mensch ist, heilig und mit Würde ausgestattet ist (*res sacra homo*). Sie ist ein Zweck an sich und kann niemals zum bloßen Mittel für irgendetwas degradiert werden. Sie stellt ein unendliches Projekt dar, das sichtbare Antlitz des Mysteriums der Welt, Sohn und Tochter Gottes. Im Namen dieser Würde wurden die grundlegenden Menschenrechte, die Rechte der Person und die sozialen Rechte, kodifiziert. Sie wurden präziser gefasst als Rechte der Völker, der Minderheiten, der Frauen, der Homosexuellen, der Kinder, der Alten und der Kranken. Zuletzt wurde die *dignitas terrae* explizit ausformuliert. Sie umfasst die Rechte der Erde als eines lebendigen Superorganismus, der Ökosysteme, der Tiere und alles dessen, was lebt.

Die Demokratie als universaler gelebter Wert auf allen Ebenen – in den Familien, den Schulen, den Gemeinden, den sozialen Bewegungen und Regierungsformen – durchdringt nach und nach die politischen Vorstellungen weltweit. Das heißt, jeder Mensch hat das Recht zur Teilhabe an der gesellschaftlichen Wirklichkeit, der er angehört und die er mit seiner Persönlichkeit und Arbeitskraft mitzugestalten hilft. Die Macht muss der Kontrolle unterworfen werden, damit sie nicht zur Tyrannei verkommt. Der Weg zu dauerhaften Lösungen ist der unermüdliche Dialog, die beständige Toleranz und die permanente Suche nach Übereinstimmungen in den Unterschieden, und nicht die Gewalt. Der Friede ist zugleich Methode (der Imperativ, stets friedliche oder die am wenigsten zerstörerischen Mittel zu gebrauchen) als auch Ziel. Er ist die Frucht der Fürsorge eines jeden für alle, für das Gemeinsame Haus und für die unverzichtbare gesellschaftliche Gerechtigkeit. Die Institutionen, so sehr sie sich auch voneinander unterscheiden mögen, müssen ein Mindestmaß an Gerechtigkeit, Gleichheit und Transparenz verwirklichen.

Ein Minimalkonsens für eine globale Ethik konzentriert sich auf die *humanitas* (Humanität); wir alle und jeder Einzelne von uns sind deren Träger. Die *humanitas* ist mehr als ein Begriff; sie ist das tiefe Empfinden dessen, dass wir Brüder und Schwestern sind, denselben Ursprung haben, dieselbe natürliche Ausstattung in physikalisch-chemischer, biologischer, soziokultureller und spiritueller Hinsicht haben und dasselbe Schicksal miteinander teilen. Wir müssen alle der Goldenen Regel entsprechend menschlich behandeln: „Handle am anderen so, wie du selbst von ihm behandelt werden willst.“

Die Ehrfurcht vor dem Leben, die unbedingte Achtung den Unschuldigen gegenüber, die Wahrung der physischen und psychischen Integrität der Personen und aller Schöpfung, die Anerkennung des Rechtes des Anderen, in seiner jeweiligen Besonderheit zu leben – das sind die Grundpfeiler, auf denen die Gesellschaftsfähigkeit des Menschen, die Werte und der Sinn unserer kurzen Reise auf diesem Planeten ruhen.

Es begegnen einander die spirituellen Erfahrungen aus Ost und West, der Ureinwohner und der heutigen Kulturen, und es kommt zu einem gegenseitigen Austausch der jeweiligen Weltsichten. Durch sie macht sich der Mensch von Neuem fest an der ursprünglichen Quelle allen Seins, er knüpft ein geheimnisvolles Band, das das gesamte Universum durchläuft und alle untereinander verbundenen Dinge wieder vereint in einem dynamischen, nach oben und vorne offenen Ganzen. Diese spirituellen Erfahrungen, die sich in unterschiedlichen Religionen und Wegen konkretisieren, sind es, die des Menschen Innerlichkeit bilden und die weitesten Horizonte entwerfen, die dieses Universum überschreiten und sich dem Unendlichen öffnen. Nur in dieser Dimension der Überschreitung und Überwindung eines jeden Maßes, von aller Raum-Zeit und aller Sehnsucht empfindet sich der Mensch wahrhaft als Mensch. Diese Lektion haben uns bereits die griechischen Meister gelehrt, als sie sagten, dass der Mensch nur im Raum des Göttlichen in vollem Sinne Mensch sei.

Das menschliche Zeitalter der Globalisierung hat sich noch nicht durchgesetzt. Doch man kann bereits seine Elemente erkennen, die bereits wie ein Sauerteig Geschichte und Bewusstsein durchdringen. Dieses Zeitalter wird eines Tages ruhmreich anbrechen. Es wird die neue Geschichte der Menschheitsfamilie einleiten, die so lange ihre gemeinsamen Ursprünge und ihr Mutterhaus gesucht hat.

c) Das ökologische Zeitalter der Globalisierung

Zeitgenössische Kosmologen und Anthropologen wie Brian Swimm und Thomas Berry bezeichnen unsere Zeit als das Ökozoikum. Es ist das Zeitalter, das dem Känozoikum folgt, das vor 65 Millionen Jahren begann, nachdem die Dinosaurier durch eine Katastrophe ausgerottet worden waren und die Säugetiere eine bis dahin einmalige Entwicklung durchmachten. Wir, die Menschen, tauchten als komplexe und hoch entwickelte Säugetiere im Verlauf des Känozoikums auf.

Nach und nach bricht eine neue Ära an, die sich durch eine neue gemeinsame Hochachtung, Verehrung und Zusammenarbeit zwischen Erde und Mensch auszeichnet. Es handelt sich um die Ära der ganzheitlichen Ökologie: daher auch der Name Ökozoikum. Die Menschen nehmen die Tatsache ernst, ein Moment innerhalb eines Gesamtprozesses von Abermilliarden anderen Momenten zu sein. Sie werden sich dessen bewusst, dass sie ein Netz von lebendigen Beziehungen bilden, für welche sie mitverantwortlich sind. Sie können das Leben, die Ökosysteme und die Zukunft Gaias entweder stärken oder sie weiterhin bedrohen, sie können das Scheitern heraufbeschwören und die Biosphäre vernichten.

Nach so vielen Eingriffen in die Rhythmen der Natur werden wir uns dessen bewusst, dass wir das, was von der Natur noch übrig ist, erhalten müssen und dass wir sie von den Wunden heilen müssen, die wir ihr zugefügt haben.

Diese Sorge muss alle betreffen und die neue Ära der Globalisierung begründen. Der utopische Traum dieser Phase ist es, den Menschen zu humanisieren zu versuchen – den Menschen, der vor der Herausforderung steht, ausgehend von seiner Besonderheit als gemeinschaftsfähiges, kooperatives, zum Mitleid fähiges und ethisches Wesen zu leben, das in seinem Handeln die Verantwortung dafür übernimmt, dass es dem Ganzen zum Wohl gereicht. Diese Utopie muss innerhalb der Widersprüche, wie sie für jeden historischen Prozess unvermeidlich sind oder wie sie aus Interessenskonflikten hervorgehen, konkrete Gestalt annehmen. Doch sie wird einen neuen Horizont der Hoffnung erschließen, der den Weg der Menschheit in die Zukunft ermöglicht.

Aus dieser Sichtweise geht eine neue Ethik hervor. Von allen Richtungen her werden anfanghaft Kräfte sichtbar, die ein neues menschliches und ökologisches Verhaltensmuster anstreben oder bereits ausprobieren. So groß die Schwierigkeiten auch sein mögen: Es wird immer stärker werden und schließlich die Oberhand gewinnen. Es wird das werden, was Teilhard de Chardin die *Noosphäre* nannte. Es wird jene Sphäre sein, innerhalb derer das Denken und die Herzen der Menschen eine neue, fein abgestimmte Harmonie bilden, die sich durch zunehmende Durchdringung von Liebe, durch Fürsorge, durch gegenseitige Anerkennung aller, durch eine zunehmende spirituelle Sinngebung der gemeinsamen Vorhaben auszeichnen wird. Die Menschen werden in ihrem Planen zusammenwirken, um den Frieden sicherzustellen, um die Integrität der Schöpfung zu gewährleisten und um die ausreichende und sogar im Überfluss vorhandene materielle Basis für die gesamte Gemeinschaft des Lebens zu sichern. Befreit von den Fesseln unserer konsumistischen und überheblichen Zivilisation, können wir in wahrhaft menschlicher Weise als Brüder und Schwestern zusammenleben, und wir werden imstande sein, das Lokale mit dem Globalen, die Teile mit dem Ganzen zu verknüpfen, Arbeit mit Poesie zu verbinden, Effizienz mit Großzügigkeit in Einklang zu bringen und die Subjektivität wiederherzustellen; wir werden als Söhne und Töchter zusammen im Hause zu spielen und zu loben verstehen.

Dieses Bewusstsein von der Zusammengehörigkeit von Erde und Menschheit wird auf eindrucksvolle Weise von jenem Blick auf den Planeten gestärkt, den uns die Astronauten ermöglicht haben. Von ihren Raumschiffen oder vom Mond aus teilten sie uns ihren tief empfundenen Eindruck mit, wie wir es der Aussage des Astronauten Gene Cernan entnehmen können:

„Ich war im Dezember 1972 der letzte Mensch, der den Mond betrat. Von der Oberfläche des Mondes aus schaute ich mit ehrfurchtsvollem Schauder auf die Erde in einem sehr dunklen Blau. Was ich sah, war zu schön, als dass man es begreifen könnte, zu logisch, sinnerfüllt, als dass es bloß das Ergebnis eines kosmischen Unfalls sein könnte. Man fühlte sich innerlich dazu gedrängt, Gott zu loben. Gott muss existieren, weil er das geschaffen hat, was ich betrachten durfte." Sigmund Jähn, ein anderer Astronaut (der erste Deutsche, aus der damaligen DDR, im Weltraum, im Jahr 1978; d. Übers.), brachte nach seiner Rückkehr zur Erde den Bewusstseinswandel, den er vollzogen hat, folgendermaßen zum Ausdruck: „Die politischen Grenzen sind in gewisser Weise bereits überwunden. Auch die Grenzen zwischen den Staaten sind überwunden. Wir bilden ein einziges Volk, und jeder Einzelne trägt Verantwortung für die Erhaltung des fragilen Gleichgewichts der Erde. Wir sind ihre Hüter und müssen für die gemeinsame Zukunft Sorge tragen."

Diese Wahrnehmung der Erde von außerhalb der Erde lässt eine neue Sakralität entstehen. Das Gefühl der Ehrfurcht und des Respekts wird erweckt. Vielleicht war das der geheime, tiefere Sinn der Reisen ins Weltall, was mit einem feinen Gespür von J. P. Allen zum Ausdruck gebracht wurde:

„Das Für und Wider der Expeditionen zum Mond wurde heftig diskutiert. Ich habe dabei niemanden sagen hören, dass wir zum Mond aufbrechen müssen, um die Erde von dort aus sehen zu können. Alles in allem war dies sicherlich der wahre Grund dafür, dass wir die Reise zum Mond unternommen haben."

Und vom Mond aus betrachtet gibt es keinen Unterschied zwischen Erde und Menschheit, zwischen Schwarzen und Weißen, Einfältigen und Klugen. Wir alle bilden eine Einheit, die Menschheitsfamilie. Die Menschheit befindet sich nicht nur auf der Erde, sie ist vielmehr selbst Erde, die, wie wir bereits sagten, empfindet, die sich um sich selbst bewegt, die liebt, die sich sorgt und die verehrt.

Wenn dieses Bewusstsein Dauerhaftigkeit gewinnt, stets vorhanden ist, ohne dass wir explizit daran denken müssen, dann bedeutet das, dass wir bereits im Ökozoikum leben. Wir müssen uns noch sehr entwickeln, damit dieses Bewusstsein zum Allgemeingut wird. Doch die ersten Schritte sind bereits getan. Allmählich, nach und nach, wird es uns durchdringen und alles erfüllen. Dann werden wir eine neue Stufe unserer Entwicklung erklommen haben.

Die Erdcharta ist von der Sichtweise des Ökozoikums geprägt. In der Einleitung heißt es: „Die Menschheit ist Teil eines sich ständig fortentwickelnden Universums. Unsere Heimat Erde bietet Lebensraum für eine einzigartige und vielfältige Gemeinschaft von Lebewesen ... Der Geist menschlicher Solidarität und die Einsicht in die Verwandtschaft alles Lebendigen werden gestärkt, wenn wir in Ehrfurcht vor dem Geheimnis des Seins, in Dankbarkeit für das Geschenk des Lebens und in Bescheidenheit hinsichtlich des Platzes der Menschen in der Natur leben … Unsere ökologischen, sozialen und spirituellen Herausforderungen sind miteinander verknüpft, und nur zusammen können wir umfassende Lösungen entwickeln … Wir haben die Wahl: Entweder bilden wir eine globale Partnerschaft, um für die Erde und füreinander zu sorgen, oder wir riskieren, uns selbst und die Vielfalt des Lebens zugrunde zu richten. Notwendig sind grundlegende Änderungen unserer Werte, Institutionen und Lebensweise." (Erdcharta 2001, 7–8)

Trotz aller Hindernisse aus dem Eisenzeitalter der Globalisierung vollziehen sich diese Veränderungen im Schoß der Menschheit, unter den Jugendlichen, bei den Studenten, bei den Arbeitern, Technikern, Forschern, Ordensleuten und schließlich bei so vielen Menschen, die nicht länger die Geiseln eines entmenschlichenden und den Horizont des Glücks zerstörenden Paradigmas sein wollen. In alternativer Weise engagieren sie sich dafür, ausgehend von sich selbst, Revolutionen im Kleinen anzuzetteln, die auf die Gesamtentwicklung der Gesellschaft ausstrahlen.

Damit diese menschliche Globalisierung, diese Globalisierung des Ökozoikums sich durchsetzen und Fuß fassen kann, brauchen wir einige grundlegende Tugenden, die alle mit der Gastfreundschaft, dem Zusammenleben, der Toleranz und der Tischgemeinschaft mit den Anderen, dem Andersartigen und Fremden, zu tun haben. Darum geht es uns in unseren Überlegungen.

Die Zeit des Exils ist nun vorbei. Jetzt finden sich alle Stämme der Erde in der großen Gemeinschaft zusammen, unter einem gemeinsamen Dach, im Schoß der großen und großzügigen Mutter Erde. Endlich …

III. Der Mythos der Gastfreundschaft

In den bisherigen Kapiteln haben wir die kosmologischen, biologischen, anthropologischen und historischen Grundlagen des aktuellen Globalisierungsprozesses erörtert. Wir haben die Sackgassen gesehen, in die er führt, und haben die wahrhaften Dramen und Tragödien gesehen, die bestimmte Entwicklungen darstellen könnten. Doch wir haben auch auf die Chancen hingewiesen, die nicht verpasst werden dürfen, wenn uns der Sprung auf eine höhere Ebene des Menschseins und des Planeten Erde selbst gelingen soll.

Damit sich eine Globalisierung im wohlverstandenen Sinne ereignen kann, bedarf es einiger Tugenden als Impulsgeber. Sie allein reichen nicht aus. Sie bedürfen technischer und politisch-sozialer Vermittlungen. Es verhält sich wie mit einem Flugzeug, das nach dem neuesten Stand der Technik konstruiert ist. Wenn sich die Antriebsturbinen nicht in perfektem Zustand befinden, wird das Flugzeug nicht abheben können. Diese Tugenden sind wie der steuernde Antrieb für das neue Paradigma der Globalisierung. Ohne sie würde der jetzige Kurs beibehalten und könnte zu einem tragischen Ende von Menschheit und Planet führen. Deshalb ist es so wichtig, jede einzelne dieser Tugenden genau zu studieren und dafür zu sorgen, dass sie schon jetzt als die bestimmenden Prinzipien der Zukunft gelebt werden, und zwar auf persönlicher, gemeinschaftlicher und kollektiver Ebene.

Wir beginnen mit der ersten dieser Tugenden, mit der Gastfreundschaft als Grundhabitus. Wir werden sie im Lichte eines Mythos aus der griechischen Tradition betrachten, dem Mythos von Philemon und Baukis. Dieser Mythos wurde uns vom römischen Dichter Publius Ovidius Naso (43–34 v. Chr.) überliefert. Er schrieb ein Werk, das fünfzehn Bücher umfasst, die Metamorphosen. Hier behandelt er die Verwandlung von Menschen in Tiere, Pflanzen, Felsen und, wie wir noch sehen werden, in Tempel. Darin erzählt er auch den Mythos von Philemon und Baukis. Wir geben ihn hier in freier Form wieder, um ihn für heute besser verständlich zu machen:

Eines Tages beschlossen Jupiter, der Vater und Schöpfer von Himmel und Erde, und sein Sohn Hermes, der Ursprung aller Kommunikation (von ihm kommt das Wort „Hermeneutik"), sich als arme Leute zu verkleiden. Sie wollten in diesem Aufzug ins Reich der Sterblichen gehen, um zu sehen, wie es mit der Schöpfung bestellt sei, die sie in Gang gesetzt hatten. Jupiter legte all seine Herrlichkeit ab, und Hermes entledigte sich seiner beiden Flügel (seines wichtigsten Symbols) und all seines übrigen Schmucks. Sie sahen tatsächlich wie arme Wanderer aus.

Sie durchstreiften weite Landstriche und trafen viele Leute. Die einen oder anderen baten sie um Hilfe. Niemand streckte ihnen die Hand entgegen. Sie wurden schlecht behandelt und bekamen Beleidigungen zu hören. Des Öfteren wurden sie mit Gewalt von der Schwelle gewiesen. Viele sahen sie nicht einmal an. Was sie am meisten schmerzte: nicht einmal angeschaut zu werden, als wären sie räudige Hunde aus verlassenen Häusern. Deshalb litten sie Hunger und ertrugen allerlei Entbehrungen.

Nachdem sie schon viel gewandert waren und sich von allen verlassen fühlten, ersehnten sie nichts so sehr wie frisches Wasser zum Trinken, eine warme Mahlzeit, ein lauwarmes Bad für die Füße und ein Bett zum Ausruhen. Sie träumten von einem Mindestmaß an Gastfreundschaft!

Eines Tages kamen sie nach Phrygien, eine der entlegensten und ärmsten Provinzen des Römischen Reiches, wohin man Aufrührer und Verbrecher verbannte. Dort lebte ein sehr armes Ehepaar. Er hieß Philemon, was auf Griechisch so viel bedeutet wie „Freund und liebenswert", und sie hieß Baukis, das heißt „empfindsam und zärtlich".

Auf einer kleinen Anhöhe hatten sie ihre Hütte erbaut, in ländlichem Stil, aber dennoch sehr sauber. Hier hatten ihre

Herzen, als sie noch jung waren, zueinandergefunden. Die innige Liebe machte das Leid leicht. Sie lebten in großem Frieden und in Harmonie, denn sie machten alles gemeinsam, und stets halfen sie einander. Der befahl, war gleichzeitig der, der gehorchte. Sie waren schon in die Jahre gekommen und müde von der Arbeit und der Last des Tages.

Jupiter und Hermes, als arme Sterbliche verkleidet, kamen also zu dieser Hütte. Sie klopften an die Tür. Der gute alte Philemon erschien – zu ihrer Überraschung – lachend an der Tür, und ohne lange nachzufragen, sagte er: „Ihr Fremden müsst sehr müde und hungrig sein. Kommt herein in unser Haus. Es ist armselig, aber es ist alles da, um euch aufzunehmen."

Die Unsterblichen mussten sich bücken, um einzutreten. Drinnen spürten sie die wohltuende Ausstrahlung der herzlichen Aufnahme und der Gastfreundschaft. Baukis, die „empfindsame und zärtliche", beeilte sich, ihnen zwei Stühle anzubieten, das heißt vielmehr zwei Hocker aus rustikalem Holz. Und sie holte frisches Wasser von der Quelle hinter der Hütte.

Philemon seinerseits schickte sich an, das fast erloschene Feuer für die Nacht wieder zu entfachen. Er blies in die Asche. Er nahm dünne Zweige und größere Holzscheite, schichtete sie über der Glut auf und setzte den Topf mit Wasser auf, um ihn zu erwärmen. Binnen kurzer Zeit schon war das Wasser lauwarm.

Baukis legte ihre geflickte Schürze an und begann, Jupiter und Hermes die Füße zu waschen, indem sie lauwarmes Wasser über ihre Beine bis fast zum Knie hoch goss, damit sie sich wirklich erholen konnten.

Philemon ging in den Garten hinter der Hütte und sammelte einige Blätter und Gemüse ein, während Baukis ins Obergeschoss ging, wo auf einer Stange das letzte Stück Speck hing, das noch übrig war. Sie dachten sogar daran, die einzige Gans, die sie besaßen, zu opfern – die Gans, die auch die Hütte bewachte. Doch die Unsterbli-

chen hinderten sie mit Entschlossenheit daran. Ihre Augen füllten sich indessen mit Tränen der Rührung.

In einem recht alten irdenen Topf kochten sie das Gemüse mit dem Speck. Ein guter Duft von Hausmannskost breitete sich in der Hütte aus und ließ Jupiter und Hermes, die großen Hunger hatten, das Wasser im Mund zusammenlaufen.

Baukis nahm von dem trüben und fetten Öl, das sie selbst herstellten, und träufelte es auf die Suppe. Große Fettaugen bildeten sich an der Oberfläche. Nachdem sie den Topf von der Feuerstelle genommen hatte, nahm sie einige Eier und legte sie auf die heiße Asche. Philemon erinnerte sich an den Wein, den er in einer dunklen und verstaubten Flasche in einem Winkel des Hauses als Medizin aufbewahrte. Es waren auch noch einige Stücke Brot vom Vortag übrig. Sie wärmten sie am Feuer auf.

Die Gastfreundschaft und die Atmosphäre des Wohlwollens, die von den beiden Alten ausging, ließ die Wartezeit vergessen. Und plötzlich stand alles auf sauberen Tellern auf dem Tisch.

„Liebe Gäste, lasst uns essen, denn nach all den Mühen habt ihr es verdient. Entschuldigt die schlichte und armselige Kost."

Und obwohl Philemon und Baukis schon gegessen hatten, setzten auch sie sich an den Tisch, um mit ihnen Mahl zu halten und sie nicht zu beschämen. Alle aßen sich satt bei einem angeregten Gespräch voller gegenseitiger Hochachtung.

Dann erhoben sich Philemon und Baukis und holten Nüsse, trockene Feigen und Datteln aus einer Truhe hervor, wo sie die Teller und Kerzen aufbewahrten, und servierten sie als Nachtisch.

Schließlich boten die beiden alten Leute den Gästen ihr eigenes Bett an, das einzige, das es in der Hütte gab. Zusammen machten sie sich daran, es vorzubereiten. Sie bezogen es mit frischen, wenn auch sichtlich abgenutzten

Laken. Über das Bett breiteten sie eine besondere Decke, einen alten Teppich, den sie für die Feste aufbewahrten. Jupiter und Hermes konnten ihre Rührung nicht verbergen. Tränen stiegen in ihre Augen.

Jupiter und Hermes wollten sich zur Ruhe begeben und gingen auf das Bett zu. Da plötzlich brach ein schweres, überraschendes Gewitter los. Blitze erleuchteten die Hütte, und Donner rollte durch das Tal draußen. Mit einem Mal stieg das Wasser an und bedrohte Mensch und Tier.

Philemon und Baukis entschuldigten sich bei den Unsterblichen und erhoben sich schnell, um den Nachbarn zu Hilfe zu eilen.

Und genau da vollzog sich nun die große Verwandlung. Das Gewitter war auf einmal vorbei. Und in einem Augenblick wurde die Hütte in einen leuchtenden Tempel aus Marmor verwandelt. Säulen in ionischem Baustil schmückten den Eingang. Das Dach aus Gold glänzte in der Sonne, die gerade erst die Wolkendecke durchbrochen hatte. Schließlich offenbarten Jupiter und Hermes, wer sie waren, und zeigten sich als Götter im vollen Glanze ihrer Herrlichkeit.

Philemon und Baukis erstarrten; sie waren voller Freude und zugleich von ehrfurchtsvollem Schauder erfüllt. Sie warfen sich auf die Knie und neigten das Haupt bis zum Boden zum Zeichen der Anbetung.

Jupiter, der Herr des Himmels und der Erde, der Sonne und der Winde, sagte, nachdem er das Gewitter besänftigt hatte, voller Güte:

„Freund und Liebenswerter, Philemon, und du, seine Frau, Empfindsame und Zärtliche, Baukis, sprecht eine Bitte aus, die ich, Jupiter, euch zum Dank gewähren kann."

Baukis neigte sich zu Philemon und legte ihr ergrautes Haupt an seine Brust. Und als ob sie es vorher abgesprochen hätten, sagten sie gleichzeitig:

„Unser Wunsch ist es, euch in diesem Tempel für den Rest unserer Tage zu dienen."

Und Hermes fügte hinzu:

„Auch ich will, dass ihr eine Bitte äußert, dass ich, Hermes, sie euch erfüllen kann."

Und wieder flüsterten sie gemeinsam, als hätten sie es zuvor abgesprochen:

„Nachdem wir so lange in Liebe und so großer Eintracht verbunden waren, möchten wir gerne zusammen sterben. Auf diese Weise muss sich der eine nicht um das Grab des anderen kümmern."

Ihre Wünsche wurden gehört, und sie erhielten das Versprechen, dass sie erfüllt würden.

Tatsächlich dienten Philemon und Baukis, das gastfreundliche Ehepaar, viele Jahre lang im Tempel, solange sie am Leben waren.

Eines Tages saßen sie am frühen Abend im Hof, dachten an die Geschichte jenes Ortes und daran, wie sie, ohne es zu wissen, die Götter in ihrer Hütte als Gäste beherbergt hatten. In diesem Augenblick sah Philemon, wie sich der Leib von Baukis mit Zweigen und Blüten schmückte, vom Kopf bis zu den Füßen. Und auch Baukis sah, dass der Leib Philemons ganz und gar von grünen Blättern bedeckt wurde. Sie konnten kaum zusammen den letzten Abschiedsgruß hervorstammeln, denn die große Verwandlung wurde vollendet. Philemon wurde in eine riesige Eiche verwandelt, und Baukis in eine Linde mit dichtem Blätterschmuck. Ihre Kronen und Zweige umschlangen sich in der Höhe. Und in dieser Umarmung blieben sie für immer vereint.

Wer in diese Gegend (Phrygien, in der heutigen Türkei gelegen) kommt, wird auch heute noch diese phantastische Geschichte hören, die von Generation zu Generation weitererzählt wird. Man kann die beiden jahrhundertealten Bäume Seite an Seite mit ineinander verschlungenen Kronen und Zweigen sehen. Sie erinnern an Philemon und Baukis, dieses gastfreundliche Paar, und die Verwandlung, die ihnen aufgrund ihrer Gastfreundschaft zuteil wurde.

Und die ganz Alten wiederholen die daraus zu ziehende Lehre bis auf den heutigen Tag: Wer den Pilger, den Fremden und den Armen aufnimmt, der nimmt Gott selbst auf. Wer Gott aufnimmt, der wird zum Tempel Gottes. Wer die Fremden zu seinen Tischgenossen macht, dessen Erbe wird selige Unsterblichkeit sein.

IV. Auslegung des Mythos von der Gastfreundschaft

Nachdem wir nun den Mythos nacherzählt haben, müssen wir ihn deuten, damit seine Lehren unsere Suche nach einer neuen Art von Globalisierung orientieren können. Doch zuvor noch ist es notwendig, sich über die Natur des Mythos selbst vertieft Gedanken zu machen. Was ist ein Mythos, was macht seine Sprache aus und was will er vermitteln? Bis heute hilft er uns, tiefe Dimensionen des menschlichen Lebens, sowohl der Einzelnen als auch der Menschheit insgesamt, zu verstehen.

1. Ursprüngliche Erfahrungen und Mythos

Im Griechischen bedeutet Mythos Erzählung und Handlung. Die Erzählung ist normalerweise lebendig und voller Emotionen. Sie weist eine Handlung auf, die den Sinn der erzählten Ereignisse offenbart. Sie ist nicht einfach in Begriffen zu fassen, obwohl sie auch Begriffe benutzt. Sie ist affektiv und folgt der Logik der Gefühle.

Warum werden Erzählungen erfunden? Weil die Menschen im Lauf ihres Lebens grundlegende Erfahrungen durchmachen, die die Struktur und den Sinn des Lebens bestimmen. Sie erweisen sich als so bedeutsam, dass sie in einfachen Worten oder abstrakten Begriffen nicht angemessen zum Ausdruck gebracht werden können. Deshalb erzählt man Geschichten. Sie enthalten das ganze Spektrum der ursprünglichen Erfahrungen. Wenn sie immer wieder von Neuem erzählt oder gelesen werden – Mythos und Literatur sind eng miteinander verbunden –, dann entdeckt man an ihnen immer mehr Facetten und Bedeutungen, die den Weg zu ständigen Aktualisierungen öffnen. Mit einem Wort: Die Mythen sind die Auskristallisierung dieser ursprünglichen Erfahrungen. Deshalb sind sie zeitlos und zugleich für alle Zeiten gültig, vor allem für unsere Zeit.

Mircea Eliade, einer der großen Mythenforscher, sagte in einem seiner Bücher (Eliade, 1963), dass der Mythos im Wesentlichen drei Funktionen erfülle: erzählen, erklären und offenbaren.

Der Mythos *erzählt*.

Die grundlegenden Fragen, die unserer Erfahrung entspringen, werden im Mythos weder in einer Abhandlung noch in einer rationalen Diskussion behandelt. Er bedient sich nicht der begrifflichen Logik, sondern vielmehr der Logik der Bilder. Mehr als bloße Gedanken bringt er das Herz zum Schwingen. In den Mythen wird das erzählt, was uns zutiefst betrifft und von großer Bedeutung für das Leben ist. Deshalb gelingt es allen Mythen, zu bewegen, mitzureißen und jeden Hörer oder Leser in seinem tiefsten Inneren anzusprechen.

Der Mythos *erklärt*.

Was von Bedeutung ist, ist auch die Antwort auf Fragen, die uns ständig umtreiben. Woher kommt dieser unergründliche Himmel mit seinen unzähligen Sternen über uns? Welche Beziehung haben wir zur Erde, aus der wir kommen und zu der wir zurückkehren? Wie können wir in Beziehung treten zu den Anderen und zu den Fremden? Wer ist imstande, die ekstatische Anziehung zwischen zwei Liebenden zu deuten? Warum trüben das Leid und die Angst um die geliebte Person unsere Lebensfreude? Warum sind wir untröstlich und versinken im Leid angesichts des Todes eines geliebten Menschen? Was bedeutet das personale Ich innerhalb der Gesamtheit der Lebewesen? Und schließlich: Wohin gehen wir?

Diese Fragen sind bei uns Menschen ständig auf der Tagesordnung. Wie soll man über diese uns so persönlich angehenden und tiefen Fragen sprechen? Theorien und rationale Sätze, so wichtig sie auch immer sind, erfassen die Dimensionen nicht, die in diesen existentiellen Fragen mit enthalten sind. Alles in allem sind wir darauf angewiesen, Lebensgeschichten zu erzählen, die Gefühle wecken, welche in der Lage sind, uns den Zugang zu Erklärungen zu verschaffen, die uns erleuchten und die Geschichte nach oben und nach vorne öffnen.

Der Mythos *offenbart.*

Die mythische Erzählung enthüllt tiefe Dimensionen des Menschseins und des Geheimnisses des Universums. Wir haben nicht nur einen objektiven und wissenschaftlichen Blick auf die Dinge. Wir verfügen auch über einen subjektiven und symbolischen Blick für die Resonanz, die die Dinge in uns auslösen. Die Sonne zum Beispiel ist nicht nur etwas am empirisch wahrnehmbaren Himmel. Sie bewohnt auch unsere Seele und erfüllt diese mit Licht und Wärme. Mit Recht schrieb einst der nordamerikanische Psychoanalytiker James Hollis, der über die Funktion der Mythen im heutigen Leben forscht:

„Der Mythos bringt uns bis zum Grund der psychischen Reserven der Menschheit. Was immer unsere kulturellen und religiösen Wurzeln oder unsere persönliche psychische Verfasstheit sein mag: Die Vertrautheit mit dem Mythos stellt ein lebendiges Verbindungsglied zum Sinn dar. In vielen Fällen ist das Fehlen dieser Vertrautheit der Hintergrund für individuelle und kollektive Neurosen unserer Zeit. Alles in allem: Wenn wir uns mit dem Mythos beschäftigen, dann suchen wir nach dem, was uns auf die tiefste Weise mit unserer eigenen Natur und unserem Ort im Kosmos verbindet." (Hollis, 1988, 10)

Diese geheimnisvolle Tiefe unserer Psyche verlangt nach den Kategorien des Göttlichen, nach den heiligsten, die uns in allen Kulturen zur Verfügung stehen. Sie allein erweisen sich als den Erfahrungen im innersten Mark unseres Seins als angemessen und sachgemäß. Dies ist der Grund, warum die Götter und Göttinnen unablässig auf der Bühne unserer Geschichte erschienen.

Wir müssen jedoch gut verstehen, welche Funktion diese in den Mythen vorkommenden Gottheiten haben. Sonst entgeht uns ihre geheime Botschaft.

Die traditionelle Auslegung ist substantialistisch. Sie begreift die Götter als Wesen an sich, die tatsächlich, außerhalb unseres Verstandes, existieren. Das wurde Polytheismus genannt, als ob es tatsächlich eine Fülle verschiedener Götter gäbe.

Die moderne und anthropologische Interpretation dagegen ist transpersonal. Bei den Gottheiten handelt es sich um Ausdrucksformen, sprachliche Mittel, um die in uns wirkenden Energien konkret darzustellen, besonders jene in den tiefen Schichten des menschlichen Wesens. Deshalb sind die Götter psychische Realitäten und stellen einen allgemeinen grundlegenden anthropologischen Befund dar. Sie sind die fleischgewordene Gestalt und die Übersetzung von mächtigen Energien in uns, aber auch außerhalb von uns, die ans Universum heranreichen. In uns bilden sich psychische Zentren von großer Ausstrahlungskraft, die für den Sinn unserer Existenz verantwortlich sind. In der Sprache C. G. Jungs sind die Götter gleichbedeutend mit Archetypen, das heißt mit dynamischen Verhaltensmustern, deren Wurzeln sich ins kollektive und transkulturelle Unbewusste der Menschheit erstrecken und mit deren Hilfe wir unsere bedeutendsten Erfahrungen strukturieren können.

Da es viele dieser Archetypen und Zentren gibt, stellen wir sie uns mittels einer Vielzahl von göttlichen Gestalten vor, was den Eindruck des Polytheismus hervorruft. Doch in Wahrheit geht es nicht darum, das Göttliche zu vervielfachen, sondern nur darum, seine vielen Erscheinungsformen in der Geschichte der Menschheit, der Natur und des Kosmos zu betonen.

Jennifer und Roger Woolger, das Forscherehepaar, das sich den weiblichen Mythen widmet, stellen mit Recht fest:

„Mit *Göttin* bezeichnen wir einen komplexen weiblichen Charaktertypus, den wir intuitiv in uns selbst und in den Frauen unserer unmittelbaren Umgebung erkennen sowie in den Bildern und Zeichen, die uns in unserer Kultur in Hülle und Fülle begegnen. So ist die schick gekleidete, intelligente junge Karrierefrau, der wir allerorten in unseren Städten begegnen, der Inbegriff des Göttinnen-Typus, den wir als *Athene-Frau* bezeichnen. Den Namen hat ihr die griechische Göttin verliehen, die Schutzherrin des antiken Athens. Gerade weil der Figur der Athene heute eine so große Bedeutung zukommt, wird sie in unseren Zeitschriften, Filmen und Romanen stereotyp reproduziert. Dennoch ist ein Göttinnen-Typus wie Athene weit mehr als nur ein von den Medien geschaffenes Stereotyp oder Klischee. Athene verkörpert auch ein komplexes, hoch entwickeltes Bewusstsein, das alles Denken, Fühlen und Handeln dieses Frauentypus kennzeichnet." (Woolger/Woolger, 14)

Im Mythos von der Gastfreundschaft, den wir hier analysieren, stehen Jupiter und Hermes für diese transzendente Energie, die in den Gestalten armer Wanderer verborgen liegt. Doch es kommt der Augenblick, an dem sie die Masken fallen lassen und sich diese Energie in ihrer Fülle zeigt. Das Göttliche bricht herein. Und bei Philemon und Baukis weckt es das Gefühl der Verehrung, der Hochachtung und des Willens, für den Rest ihrer Tage im Tempel dieser Gottheiten zu dienen. Der Mythos offenbart diese tiefen Dimensionen des Menschseins.

2. Menschliche Existenz und Mythos

Es versteht sich also, dass dem Mythos eine anthropologische Dichte von universaler Dimension eignet. Der nordamerikanische Anthropologe Joseph Campbell, ein bedeutender Erforscher der kulturübergreifenden Mythen der Menschheit, zeigte, wie diese Mythen konkret am Aufbau der menschlichen Existenz im individuellen und im kollektiven Sinne beteiligt sind. Campbell unterscheidet vier Funktionen des Mythos:

„Die erste Funktion nenne ich die *mystische*. Sie erweckt und erhält im Individuum einen Sinn für Ehrfurcht und Dankbarkeit angesichts der geheimnisvollen Seite des Universums, nicht, damit es in Angst davor lebe, sondern damit es seine Teilhabe daran erkenne, da das Geheimnis des Universums gleichzeitig auch das Geheimnis seines eigenen Seins ausmacht.

Die zweite Funktion des Mythos besteht darin, eine *Kosmologie* bereitzustellen, ein Bild vom Universum, das mit den Erkenntnissen der jeweiligen Zeit, den Wissenschaften und den Handlungsfeldern der Menschen, an die sich der Mythos wendet, in Einklang steht.

Die dritte Funkion des Mythos ist eine *ethische*. Er stärkt und rechtfertigt die moralischen Normen einer bestimmten Gesellschaft, in der der Einzelne lebt.

Schließlich ist die vierte Dimension zu nennen, die *pädagogische*. Er inspiriert und lenkt Schritt für Schritt die Wege der Gesundheit, der Kraft und der spirituellen Harmonie im Verlauf der gesamten vorhersehbaren Entwicklung eines gelungenen Lebens.“ (Campbell 1972, 214–215)

Um so hochgesteckte Ziele im Zusammenhang mit dem Sinn des Lebens, der Gesellschaft und dem Universum zu erreichen, gibt es nichts Besseres, als auf den Mythos in seiner unvergleichlichen Anschaulichkeit zurückzugreifen. Die Zivilisationen verdanken sich in viel höherem Maße Gründungsmythen, als sie historisch verbürgt sind. Selbst die historischen Fakten und Personen behalten nur dann ihre Ausstrahlungskraft, wenn sie zu Helden und somit zu kollektiven Mythen gemacht werden. So war es zum Beispiel bei den Gründungsvätern der USA, Lincoln, Jefferson und anderen, und so war es auch bei unseren Rebellen wie Tiradentes, Tomás Antonio Gonzaga und seinen Gefährten, die von der Unabhängigkeit Brasiliens träumten.

Die wichtigsten Tugenden für die Gesellschaftsfähigkeit des Menschen wie etwa die der Gastfreundschaft, des Zusammenlebens und der Tischgemeinschaft, die auf archetypische Weise bei Philemon und Baukis verwirklicht sind, wurden mit Hilfe des Mythos formuliert.

3. Gastfreundschaft, Zusammenleben, Tischgemeinschaft und Mythos

Wenden wir nun die gewonnenen Erkenntnisse auf den Mythos von Philemon und Baukis an, um ihn zu verstehen.

In erster Linie *erzählt* der Mythos eine wunderschöne und bewegende Geschichte, ganz abgesehen von der präzisen und stilistisch gewählten Sprache Ovids. Wir haben diese Geschichte etwas vereinfacht, damit der heutige Leser Zugang zu ihr findet. Die Erzählung weist ganz deutlich ein *Crescendo* auf, das sich bis hin zum *großen Finale* steigert. Dieses Finale ist überraschend, wunderbar und glücklich: die Offenbarung der Gottheit.

Der Mythos *erklärt* die Geschichte der Gastfreundschaft, des Zusammenlebens und der Tischgemeinschaft. Darin folgt sie einer klaren Linie, deren einzelne Momente wir hier herausarbeiten wollen.

Zunächst erklärt der Mythos, *wo* sich Gastfreundschaft, Zusammenleben und Tischgemeinschaft ereignen: in den widrigsten Verhältnissen. Deshalb spielt die Geschichte in

Phrygien, einer abgelegenen römischen Provinz, die berüchtigt war wegen der Grobheit und Wildheit ihrer Bewohner. Diese Gegend liegt im Nordwesten Kleinasiens zwischen dem ägäischen Meer und dem Hellespont (den Dardanellen) in der heutigen Türkei. Vor diesem dunklen und menschenfeindlichen Hintergrund ereignet sich diese zutiefst menschliche Geste, den Notleidenden aufzunehmen.

Dann erklärt der Mythos, *wer* die Gastgeber sind: ein altes und armes Ehepaar, das in einer Hütte lebt. Es handelt sich um arme Landarbeiter, die jedoch nicht im Elend leben, weil sie das Nötige zum Leben haben. Und sie leben in großer Harmonie zusammen, ohne die patriarchalische Herrschaft, die die Beziehungen asymmetrisch und deshalb strukturell spannungsreich macht. Ovid kommentiert: „Derjenige, der befahl, war zugleich derjenige, der gehorchte (*idem parentque iubentque*).“ Arme nehmen andere Arme auf.

Drittens erklärt der Mythos, *wer* um Gastfreundschaft bittet. Unbekannte, Wanderer, Arme, Müde und Ausgehungerte. Die Gastfreundschaft wird immer ausgehend vom Anderen definiert. Wie wir später genauer sehen werden, gibt es viele Andere. Wir können das hier schon teilweise vorwegnehmen und feststellen, dass hier verschiedene Kategorien von Anderen auftauchen: 1. Der Andere als Unbekannter, der an die Tür klopft; 2. der Andere als Fremder von auswärts, aus einem anderen Land mit einer anderen Sprache, anderen Sitten und einer anderen Kultur; 3. der Andere im Sinne der sozialen Klasse, ein im wirtschaftlichen Sinne Armer; 4. der Andere, der vom gesellschaftlichen Leben ausgeschlossen ist, jemand in extremer Not, müde und hungrig; 5. der Andere im Sinne des radikal Anderen des in der Gestalt zweier Wanderer verborgenen Gottes. Die Gastfreundschaft gilt unbedingt und erstreckt sich auf all diese Anderen.

Viertens erklärt der Mythos die *Haltung* der Wanderer: Geduldig mussten sie den Mangel an Solidarität und Mitleid ertragen; das ging sogar so weit, dass sie mit verbaler Gewalt und entsprechenden Gesten hinausgeworfen wurden. Was sie am meisten schmerzte, war die Tatsache, dass sie nicht einmal angesehen wurden. Der Blick bedeutet immer eine Anerkennung der Gegenwart des Anderen und von Seiten des Armen die stumme Bitte um eine mögliche Begegnung.

Niemand widersteht dem bittenden Blick, ohne in seinem Menschsein betroffen zu sein. Den Blick zu leugnen bedeutet, so zu tun, als ob der, der existiert und schreit, nicht da wäre. Es heißt zuzulassen, dass der Andere in seiner Not untergeht. Die beiden Wanderer ertrugen demütig, dass man sich ihnen verschloss und sie nicht als bedürftige und ausgegrenzte Menschen anerkannte. Sie wurden zu räudigen, herumstreunenden Hunden herabgestuft. Diese Haltung ruft stets ein nach Innen gekehrtes, stummes Leid hervor, das umso stärker schmerzt, je weniger Mitleid es findet.

Fünftens erklärt der Mythos die *Haltung* derer, die Gastfreundschaft gewähren, die Haltung von Philemon und Baukis also. Gastfreundschaft und Zusammenleben setzen von ihrem Wesen her Großzügigkeit, herzliche Offenheit, ein Gespür für die Schutzbedürftigkeit des Anderen voraus. Das bedeutet auch die Überwindung einer Einstellung, die voller Vorbehalte und Vorurteile ist, wie man sie bei Leuten findet, die allzu vorsichtig und misstrauisch sind: „Wer sind diese Leute? Könnten es nicht Räuber, Gelegenheitsdiebe, schlecht beleumdete Leute sein?" Wer so urteilt, der wird sich nur schwer der Gastfreundschaft und dem Zusammenleben öffnen. Er findet immer irgendwelche Rechtfertigungen oder Ausreden dafür, Bedürftige nicht aufzunehmen. Die Gastfreundschaft setzt die Überwindung von Vorurteilen und ein fast naives Vertrauen voraus – naiv, aber doch unabdingbar, damit die Gastfreundschaft und das Zusammenleben tatsächlich diesen Namen verdienen und ohne Einschränkungen gewährt werden. Wie wir noch sehen werden, muss die Gastfreundschaft bedingungslos und ohne Vorbehalte gelten. Genau das haben Philemon und Baukis unter Beweis gestellt. Sie stellen keine Fragen und holen keine Erkundungen ein. Sie zeigen einfach eine herzliche Aufnahmebereitschaft ohne Ansehen der äußeren Erscheinung. Sie haben ein Gespür für die Bedürftigkeit der Wanderer. Sie sind darauf bedacht, Aufnahme zu gewähren und alles anzubieten, was sie haben.

Eine hohe Beamtin der peruanischen Regierung, die früher im von Indios bewohnten Amazonasgebiet als Sozialassistentin gearbeitet hatte, besuchte eine Gemeinde des Volkes der Achuar und wurde mit folgendem Lied der Gastfreundschaft empfangen, das sie mir persönlich wiedergegeben hat:

„Taube, die du dein Nest verlassen hast und von so weit her kommst, sei nicht traurig. Unsere Gemeinschaft ist ein großer Baum, der seine Äste ausbreitet und dich in seinem Nest aufnimmt. Taube, bleib bei uns.“ Sie war gerührt und blieb länger, als eigentlich nötig gewesen wäre, und kehrte, sooft sie konnte, in diese Gemeinde zurück. Und jedes Mal hörte sie dasselbe bewegende Lied.

Sechstens erklärt der Mythos, *wie* die Gastfreundschaft, das Zusammenleben und die Tischgemeinschaft konkret aussehen. In dieser Hinsicht ist die Erzählung überaus reichhaltig und detailfreudig.

Die Erzählung des Mythos stellt klar, dass die Gastfreundschaft mit den bescheidensten und grundlegendsten menschlichen Ansprüchen zu tun hat: ohne Vorbehalte aufgenommen zu werden, ein Dach über dem Kopf zu haben, zu essen, zu trinken und auszuruhen. Ohne diese Mindestvoraussetzungen kann niemand leben und überleben. Aber die materiellen Mindestvoraussetzungen verweisen in tieferem Sinne auf ein spirituelles Minimum, das mit dem zu tun hat, was uns im eigentlichen Sinne zu

Menschen macht: auf die Fähigkeit, bedingungslos aufzunehmen, solidarisch, kooperativ und zum Zusammenleben fähig zu sein. Genau diese Haltung war es, die uns am Anfang des Humanisierungsprozesses den Sprung vom Tierreich zum Menschsein ermöglichte. Dort waren Konkurrenz und Unterwerfung bestimmend, im Reich des Menschen sind es gegenseitige Fürsorge, Kooperation, Gleichheit und Durchdringung der gegenseitigen Beziehungen mit Liebe.

Die gastfreundliche Aufnahme erhellt die grundlegende Struktur des Menschseins. Wir existieren, weil wir ohne Vorbehalte von der Mutter Erde aufgenommen wurden, deren Söhne und Töchter wir sind, weil wir vom Strom des Lebens aufgenommen wurden, der uns Anteil an ihm gab, weil wir von der Natur aufgenommen wurden, die sich uns gegenüber als wohlwollend erwies, weil wir von den Eltern angenommen wurden, die wir uns nicht ausgesucht haben, vor allem von der Mutter, die uns in ihrer Großzügigkeit ohne Vorbehalte in ihre Arme nahm, weil wir von den Verwandten und Freunden aufgenommen wurden, die uns eine Familie gaben, weil wir von der Gesellschaft aufgenommen wurden, die uns als ihre Mitglieder akzeptierte. Wir existieren, weil wir auf die eine oder andere Weise aufgenommen wurden. Das schlimmste Gefühl ist es, sich als zurückgewiesen und ausgegrenzt zu empfinden, wie es die beiden Wanderer waren. In diesem Fall macht man psychologisch die Erfahrung des Todes. Die Aufnahme durch Baukis und Philemon bedeutete für die Wanderer die Garantie des Lebens.

4. Die Dimensionen der Gastfreundschaft

Und nun wird die Gastfreundschaft konkret. Sie weist viele Dimensionen auf, die in der Erzählung des Mythos sehr klar dargestellt werden.

Das Gespür, die *Sensibilität*, für das, was den Wanderern fehlt und was sie ertragen, kommt in den Worten zum Ausdruck: „Ihr müsst sehr müde und hungrig sein.“ Ohne dieses Gespür gibt es keinen Anstoß, um auf den Anderen zuzugehen und ihm zu Hilfe zu kommen. Diese Sensibilität entstammt nicht der Struktur des *Logos*, das heißt, der Fähigkeit des Menschen, rational zu denken und zu rechnen. Das ist nachrangig. Sie leitet sich aus etwas Vorgängigem und Ursprünglicherem her: der Fähigkeit, den Anderen in seiner Bedürftigkeit unmittelbar zu empfinden und wahrzunehmen. Es ist das *Pathos*, das den Logos in Dienst nimmt. Das Pathos oder die Affektivität ist die grundlegende Erfahrung des Menschen; es wird in moderner Sprache auch *emotionale Intelligenz* genannt.

Mitleid, das ist die Fähigkeit, sich selbst zu vergessen und dem Anderen zu begegnen, mit dem Impuls, ihn anzunehmen und für ihn zu sorgen. Philemon erscheint sehr bald an der Tür und wendet sich lächelnd den Wanderern zu. Das Mitleid ist die höchste Tugend im Buddhismus. Es meint nicht das geringe Gefühl, am anderen Schmerz zu empfinden. Es ist vielmehr die Fähigkeit, von sich selbst abzusehen, um den Anderen in seiner konkreten Situation wahrzunehmen und sich anzuschicken, ihm beizustehen, sich mit ihm zu freuen, mit ihm zu leiden und ihn in seinem Schmerz niemals allein zu lassen. Mit einem Wort: Mitleid haben bedeutet, das Leid des Anderen zu teilen.

Die *Aufnahme* ist die Frucht der Sensibilität und des Mitleids. Philemon spricht dies unmittelbar aus: „Kommt herein ins Haus.“ Diese einladende Haltung durchdringt die Hütte und schafft eine Atmosphäre des Wohlwollens, die die beiden Wanderer sehr schnell bemerken. Diese Haltung der Aufnahme konkretisiert sich in einer großen Folge von einzelnen Gesten.

Einladung, sich zu setzen: Wenn wir müde sind, ist das Erste, was wir suchen, ein Platz, um uns zu setzen oder uns anzulehnen. Baukis bietet gleich die beiden Hocker aus Holz an. Nun leben sie auf menschliche Art zusammen.

Frisches Wasser anbieten: Wasser ist Leben. Frisches Wasser stillt den Durst, steigert das Wohlbefinden und erinnert an das Sprudeln der Quelle – ein mit dem Haus verbundener Archetyp.

Feuer machen: Das Feuer ist nicht nur ein Hilfsmittel für uns, um unsere Speisen zuzubereiten. Es hat etwas Intimes, Behagliches an sich, denn es steht für Licht und Wärme: typische Charakterzüge des Hauses, das zum Heim wird. Deshalb stellt es einen der ältesten Archetypen der Menschheit dar. Wo das Feuer brennt und die Lampe leuchtet, da wird signalisiert, dass es Leben im Haus gibt und dass man aufgenommen werden kann. Es versteht sich deshalb, dass Philemon, nachdem er es den Fremden bequem gemacht hat, als erstes die Glut entfacht und Feuer macht.

Die Füße waschen: Nach einem langen Marsch gibt es nichts Wohltuenderes, als die schmerzenden Füße in frischem Wasser zu kühlen oder sie über Nacht in lauwarmes Wasser zu tauchen. Die Füße des Anderen zu waschen stellt die höchste Form der Aufnahme und des Dienstes dar. Es ist ein Sklavendienst. Jesus wollte, bevor er aus dieser Welt zum Vater heimging, seinen Jüngern die Füße waschen. Diese waren verwirrt. Es war der höchste Ausdruck der „Liebe bis um Ende“ (Joh 13,1). Und er gab ihnen die Erklärung für diese archetypische Geste: „Wenn ich als Meister und Herr euch die Füße wasche, dann müsst auch ihr einander die Füße waschen.“ (Joh 13,14) Baukis wäscht zwei Leuten die Füße, die sie nicht kennt. Ich erinnere mich an meine Kindheit, als wir Kinder reihum unseren Eltern die Füße waschen mussten. Und wir machten das mit Ehrfurcht, als ob es eine heilige Handlung wäre. Wenn hoher Besuch kam, wuschen wir ihm auch die Füße. Es war ein Zeichen der völligen Gastfreundschaft und der Einladung zu offenem Zusammenleben.

Zu essen geben: Gastfreundschaft und Zusammenleben nehmen die konkreteste Gestalt in der Tischgemeinschaft an. Baukis und Philemon bereiten das Mahl mit dem Besten, was sie haben, vor: dem Brot, dem Gemüse, den Eiern, dem Öl, dem Wein und dem letzten Stück Speck für die Suppe, und schließlich mit den getrockneten Datteln und Feigen als Nachtisch. Die Zubereitung ist keine mechanische Angelegenheit. Es ist ein Ritual, denn in unserem Unterbewusstsein ist uns klar, dass essen mehr ist als essen. Es ist Teilhabe an den Energien, die dem Universum und uns allen Leben verleihen, und es ist Gemeinschaft der Tischgenossen. Es ist niemals bloß Nahrungsaufnahme, sondern das Genießen von Beziehung und Zusammenleben.

Wein zu trinken geben ist eine andere grundlegende, mit der Tischgemeinschaft verbundene Geste. Sie nehmen den alten und als Medizin vorgesehenen Wein. Der Wein ist ein anderes starkes Symbol für das Leben, das Fest und die Freude, zusammen zu sein.

Einen reichlich gedeckten Tisch anbieten: Die Armen wollen nicht, dass ihre Gäste ärmlich bewirtet werden. Der Tisch muss reichlich gedeckt sein. Der Nachtisch steht für dieses Übermaß. Er ist etwas Besonderes, das es nicht jeden Tag gibt. Er verleiht dem Mahl eine besondere Note. Baukis und Philemon bieten trockene Datteln und Feigen an, die sie für besondere Gelegenheiten wie diese beiseitegelegt hatten.

Alles anbieten: Der Prüfstein der Gastfreundschaft ist die Unbedingtheit. Die Gastfreundschaft muss bedingungslos sein, um wahrhaft menschlich zu sein. Baukis und Philemon hatten bereits das letzte Stück Speck hergegeben. Nun waren sie auch bereit, die einzige Gans zu opfern, die sie hatten – eine Gans, die nach antikem Brauch als Wache für das Haus diente. Dies ist dieselbe

Bereitschaft, die Abraham an den Tag legte, der befahl, das einzige Lamm, das er hatte, zu schlachten, um es seinen Gästen anzubieten.

Alles wird vorbehaltlos den Gästen zur Verfügung gestellt, nichts wird für später zurückbehalten. Dies ist die höchstmögliche Loslösung vom eigenen Ich und die höchstmögliche Hinwendung zum Anderen. Es ist die unbegrenzte und vorbehaltlose Gastfreundschaft. Die beiden Wanderer wehren entschlossen ab. Aber sie sind voller Bewunderung, denn die guten alten Leute haben den entscheidenden Test der Gastfreundschaft bestanden. Ihre Augen fließen über vor Rührung.

Tischgemeinschaft miteinander halten: Als die Fremden eingeladen werden, sich an denselben Tisch zu setzen wie die Gastgeber, entsteht Tischgemeinschaft. Sie ist der höchste Ausdruck des Zusammenlebens. Sie stellt die Überwindung jeglicher Distanz, jeglichen Verdachts und jeglicher Feindseligkeit dar. Nur wirkliche Freunde oder solche, die Freundschaft geschlossen haben, können wirklich Tischgenossen sein. Dies ist Ausdruck der Gemeinschaft, des Zusammenlebens, des Teilens nicht nur der Speisen allein, sondern auch der Seelen und Herzen. Obwohl Baukis und Philemon schon gegessen haben, setzen sie sich mit an den Tisch und essen zusammen mit ihren Gästen, um sie nicht zu beschämen. Eine solche Geste ruft uns die schöne Tradition des Franziskanerordens, das geheiligte Erbe des Franziskus von Assisi in Erinnerung. Dieser Tradition zufolge darf man den Gast nie allein essen lassen. Selbst wenn man schon gegessen hat, isst der für die Gäste zuständige Bruder oder der Guardian (Hausoberer eines Franziskanerklosters) selbst zusammen mit dem Gast, damit er sich völlig willkommen, zu Hause und ungezwungen fühlt.

Das eigene Bett anbieten: Ebenso ausdrucksstark wie das Waschen der Füße sowie das reichliche Essen und Trinken ist das Anbieten des eigenen Bettes für die Nachtruhe der Fremden. Und es handelte sich um das einzige Bett, das sie besaßen. Das eigene Bett anbieten bedeutet, sich in seiner eigenen Privatsphäre völlig zu öffnen. Es bedeutet, sich zum Zeichen des Wohlwollens und des Vertrauens dem Anderen gegenüber voll zu entblößen. Hier erreichen Gastfreundschaft und Zusammenleben ihren unüberbietbaren Höhepunkt.

Schließlich *offenbart* der Mythos. Wenn Gastfreundschaft und Zusammenleben in ihrem vollen Sinn verwirklicht werden, dann offenbaren sie etwas, was in ihnen verborgen liegt: die Logik des Universums und des Lebens. Die Fremden und Bedürftigen aufzunehmen und – wenn auch nur für kurze Zeit – mit ihnen zusammenzuleben heißt, die grundlegende Struktur des Universums darzustellen. Sie setzt sich aus Netzwerken gegenseitiger Beziehungen nach allen Richtungen und Banden der integrierenden Solidarität zusammen. Weil alle Lebewesen füreinander Gastgeber waren, konnten alle so weit kommen. Das Universum dehnt sich weiter aus und schafft immer komplexere, schönere und sinnerfülltere Ordnungen, weil sich alle wie Gastgeber verhalten, koexistieren, zusammenleben und kooperativ zu diesem Ergebnis beitragen.

Hier ist Gott am Werk, die Quelle, aus der alles Sein und Werden entspringt. In den armen, müden und hungrigen Wanderern war Gott verborgen, der sich nun in all seiner Herrlichkeit vollkommen offenbart. Er zeigte seine Macht, die nicht erdrückt, sondern wohltuend wirkt. Er veränderte die Wirklichkeit. Die guten Gastgeber wurden in Priester für den Tempeldienst verwandelt.

Alles, was von der Gottheit berührt wird, wird auch verewigt. Damit sie der Geschichte als Archetypen der Gastfreundschaft, des Zusammenlebens und der Tischgemeinschaft erhalten blieben, wurden Baukis und Philemon in kräftige Bäume verwandelt, deren Zweige und Kronen sich in unendlicher Zärtlichkeit, in einer Liebe, die für immer bleibt, ineinander verschlangen.

Weil das so ist und weil es die Wahrheit ist, spricht dieser Mythos bis heute zu uns und inspiriert uns mit Ideen und grundlegenden Werten, damit wir das Gemeinsame Haus errichten, in dem alle Platz haben können, auch die Natur, in der sich alle als Gäste der jeweils anderen fühlen können und sich als Brüder und Schwestern einer unvorstellbar großen Familie, der einen Menschheitsfamilie, betrachten können.

V. Die Gastfreundschaft in den modernen Gesellschaften

Der grundlegende Mythos der Gastfreundschaft und unsere Erläuterungen dazu vermittelten uns das Ideal der Gastfreundschaft. Darin ist alles klar und wunderbar, wie es eben dem Wesen des Ideals entspricht. Es ist die Gastfreundschaft in Reinkultur, unbedingt und ohne Vorbehalte.

Doch das Ideal ist noch nicht die Wirklichkeit, obwohl es potentiell in ihr enthalten ist. Die Wirklichkeit ist voller Widersprüche, die zuweilen unüberwindbar zu sein scheinen. Doch das heißt nicht, dass wir das Ideal deshalb aufgeben müssten. Wie könnten wir ohne es die konkreten Formen der Gastfreundschaft, denen wir begegnen, fördern und verbessern und neue Formen anregen?

Das Ideal wird nie vollständig Wirklichkeit. Dies ist auch nicht sein Sinn. Seine Aufgabe ist es vielmehr, die Anregung zu ständiger Verbesserung zu geben und uns die Richtung für praktische Initiativen zu weisen, die die herrschenden Konventionen und eingefahrenen Routinen überwinden. Der brasilianische Dichter Mário Quintana hat dies sehr schön zum Ausdruck gebracht:

Sind die Dinge unerreichbar – was soll's!
Das soll uns nicht daran hindern, sie nicht zu wollen.
Wie traurig wären unsere Wege
ohne das magische Licht der Sterne!

Die Sterne stehen hier für die größten Ideen und Utopien der Menschheit.

Es gibt Beschränkungen jeglicher Art, besonders die Tatsache, dass wir in komplexen und unpersönlichen Industriegesellschaften leben, die sich so sehr von denen der Vergangenheit unterscheiden, in denen die Menschen einander kannten und Gemeinschaften des Zusammenlebens bildeten.

Jacques Derrida betonte in seiner Studie über die Gastfreundschaft (1977), dass unsere Häuser heute so viele Fenster und Türen besäßen, über die wir mit Fremden und Anderen jeglichen Typs in Kontakt kämen: das Fernsehen, interaktive Programme, das Telefon, das Handy, das Faxgerät, E-Mail und Internet. Wie kann man Gastfreundschaft angesichts dieser virtuellen Personen, unseren Gefährten des Abenteuers Mensch, leben?

Wir wissen das noch nicht, denn diese Wirklichkeit ist erst vor Kurzem entstanden, und wir konnten diesbezüglich noch keine Erfahrungen sammeln. Fest steht jedenfalls, dass die unbedingte Gastfreundschaft die bedingte, die von der Gesellschaft und der Politik der Regierung organisierte, inspirieren muss. Letztere schuf Verordnungen und Gesetze mit dem Ziel, die eigene Gesellschaft nicht zu sehr zu belasten und den Arbeitsmarkt, die Wirtschaft und die Sozialsysteme nicht zu destabilisieren. Wir können uns nicht vorstellen, wie Europa aussehen würde, wenn die Grenzen völlig offen wären und Abertausende, vielleicht sogar Millionen Menschen aus Osteuropa und Afrika hereinkämen.

1. Unbedingte und bedingte Gastfreundschaft

Zwischen der unbedingten und der bedingten Gastfreundschaft muss es immer eine dynamische Verbindung geben, damit die eine nicht zugunsten der anderen geopfert wird.

Das Ideal der Gastfreundschaft kann helfen, gute Gesetze zu formulieren und eine großzügige Politik anzuregen, die die Aufnahme der Fremden, der Emigranten, der Flüchtlinge und der Anderen ermöglicht. Sonst bleibt es eine Utopie ohne konkreten Inhalt.

Die unbedingte Gastfreundschaft bedarf jedoch der bedingten, um effektiv zu werden.

Die bedingte Gastfreundschaft braucht ihrerseits die unbedingte, um nicht bürokratisch zu werden und um den Geist der Offenheit nicht zu verlieren, der eine wesentliche Vorbedingung für jede Aufnahme ist. Unabhängig davon, wie wir konkret die eine mit der anderen verknüpfen, müssen wir stets die Frage beantworten: Was kann ich persönlich, was kann die Gesellschaft und was kann der Staat dafür tun, um den Fremden und Anderen aufzunehmen? Die Gastfreundschaft ist die humane und zivilisierte Antwort auf diese heute so dringliche Frage angesichts von Millionen von Menschen, die auf diese Geste minimaler Humanität hoffen. Nicht ohne Grund hat Immanuel Kant die Gastfreundschaft an die erste Stelle der Tugenden der Globalisierung, verstanden als Konföderation freier Republiken, gesetzt. (Kant, 1964)

Im Mythos von Philemon und Baukis bleiben die beiden Formen der Gastfreundschaft stets miteinander verknüpft: die unbedingte, die die zwei armen Wanderer ohne Vorbehalte aufnimmt, und die bedingte, die alles tut, um ihrem Bedürfnis nach Obdach, Essen und Erholung entgegenzukommen. Gerade wegen dieser glücklichen Verbindung behält der Mythos seine bleibende Aktualität.

Wie kann man diese Verbindung in einer Situation aufrechterhalten, in der 70 % der Menschheit in Städten und in komplexen, höchst rationalisierten und funktionalen Industriegesellschaften leben?

Dazu kommt noch, dass die herrschende Kultur dem Individuum und den „Prominenten“, den in der Gesellschaft sichtbar präsenten oder auf den verschiedenen Gebieten erfolgreichen Leuten, einen hohen Stellenwert einräumt. Die heute globalisierte Produktionsweise ist kapitalistisch. Das heißt, sie schätzt das Kapital von Wenigen höher als die Arbeit von vielen, sie gibt den Privatunternehmen den Vorrang vor Unternehmen mit sozialem Charakter. Die Anhäufung des Reichtums und der Profite vollzieht sich auf der Seite von privaten Gruppen, die die wirtschaftliche Macht kontrollieren, die wiederum eng verflochten ist mit der politischen, intellektuellen, militärischen und Medienmacht. Das geht inzwischen so weit, dass weniger als hundert weltweit operierende Konzerne praktisch mehr als 80 % des Reichtums des gesamten Planeten kontrollieren.

Die städtische Industriegesellschaft ist auch eine unpersönliche Massengesellschaft. Das Individuum in seiner Besonderheit und Andersartigkeit geht in der Menge unter. Die Beziehungen verlieren ihren direkten Charakter, und das Lebensschicksal der einfachen Leute wird belanglos.

In der Massengesellschaft ist praktisch alles standardisiert: das Essen (Fastfood), die Mode, die Unterhaltung, das Handy, das Fax, die E-Mail, die Sprache, die durch die Massenmedien wie das Fernsehen geprägt wird, die musikalischen Massenevents, die Konsumgewohnheiten (nur wer sich im Fitnessstudio quält, nur, wer bei dieser oder jener Diät mitmacht, wird lange leben, nur wer sich einer bestimmten Form der Spiritualität verschreibt, ist glücklich, nur wer dieses oder jenes Produkt konsumiert, gilt etwas in der Gesellschaft ...).

Andererseits muss man auch anerkennen, dass sich dem Individuum innerhalb dieser anonymisierten Gesellschaft Möglichkeiten eröffnen, die es früher nicht gab: sich selbst als Individuum zu begreifen, seine gesellschaftlichen Bindungen und Beziehungen selbst auszuwählen und sein Anderssein deutlich zu machen, indem man zum Beispiel im Internet seine E-Mail-Adresse, seinen Blog oder die Teilnahme an Internetforen dazu benutzt. Die Fülle von

Informationen, die uns über vielfältige Wege erreichen, ermöglichen es uns, unseren Horizont zu erweitern, unser Wissen zu vermehren und mehr zu sein. Die Ausdehnung der Bildung auf alle, die offenen Universitäten, die angebotenen Kurse und die Erweiterung der individuellen Rechte schafft Mittel und Wege für das Individuum, sich selbst als autonom zu erleben und zu begreifen. Dies war und bleibt nach wie vor eine der Ideen der Moderne, die die heutigen Gesellschaften hervorgebracht hat: die Selbstständigkeit des Individuums und die Verallgemeinerung des Wissens und der Bildung. (Melucci 2002, 43–61).

Wie kann man unter diesen Umständen die Gastfreundschaft so leben, wie wir sie oben beschrieben haben? Wie kann man die unbedingte mit der bedingten Gastfreundschaft verknüpfen? Es ist überflüssig, daran zu erinnern, dass die Gastfreundschaft von ihrem ureigenen Wesen her Gegenseitigkeit voraussetzt. Sie ist eine *Pflicht*, die alle praktizieren müssen, und sie ist andererseits ein *Recht*, dessen sich alle erfreuen.

Im Normalfall üben wir Gastfreundschaft unseresgleichen gegenüber, denen gegenüber, die uns nahestehen, die mit uns die Arbeit teilen, die in derselben Gemeinde wohnen, sich in derselben gesellschaftlichen Position befinden, sich zur selben Anhängerschaft eines Sportteams zählen oder derselben örtlichen Gemeinschaft einer bestimmten Religion angehören. Gastfreundschaft wird hier konkret bei Besuchen, Familienfesten, Gebetstreffen und bei Gelegenheiten gelebt, in denen sie nötig wird. Diese Art von Gastfreundschaft bereitet uns keinerlei Probleme, denn sie entspringt dem minimalen menschlichen Empfinden und dem gemeinsamen Gefühl der Solidarität.

Schwieriger ist dic Gastfreundschaft gegenüber den Andersartigen und uns Fernstehenden. Die Industrie- und Massengesellschaft ist zutiefst pluralistisch und setzt sich aus den unterschiedlichsten Persönlichkeiten, Ethnien, Religionen, kulturellen Traditionen und Berufsständen zusammen. Gleichzeitig ist es eine in höchstem Maß mobile Gesellschaft.

Heute gibt es Millionen von Wirtschaftsflüchtlingen, Kriegsflüchtlingen, Flüchtlingen aus politischen und religiösen Gründen. Es handelt sich um all jene, die dort, von wo sie vertrieben wurden, keinen Platz mehr fanden. Zur Zeit gibt es ca. 50 Millionen Kriegsflüchtlinge, davon sind 20 Millionen Flüchtlinge im eigenen Land und 30 Millionen, die die Landesgrenzen überschreiten. Dazu muss man jene 175 Millionen hinzuzählen, die aus den unterschiedlichsten Gründen emigrieren, um ein anders Land zu finden, wo sie leben können. Das Drama, das damit einhergeht, besteht in der Verlassenheit und im allgemeinen Mangel an einer Atmosphäre der gastlichen Aufnahme, die ihre unmenschliche Situation erleichtern könnte.

Marx, Lenin, Einstein, Freud, Brecht, Thomas und Heinrich Mann, Walter Benjamin, Antonio Machado, Paul Tilllich, fast alle Meister der Frankfurter Schule, die spanischen Intellektuellen, die das Haus Spaniens und dann das Kolleg von Mexiko gegründet haben, das zu einem Quell der geistigen und politischen Erneuerung des modernen Mexiko wurde, waren Flüchtlinge. Pablo Neruda, Paulo Freire, Josué de Castro, Celso Furtado, Betinho, Leonel Brizola, Fernando Henrique Cardoso (ehemaliger brasilianische Präsident) und viele unserer besten Intellektuellen und Politiker waren ebenfalls Flüchtlinge. Die Pilgerväter, die die USA begründeten, waren Flüchtlinge.

Meine vier italo-venetischen Großeltern (aus den Familien Fontana, Poletto, Rech und Boff) waren Wirtschaftsflüchtlinge, denn mit dem Industrialisierungsprozess Norditaliens wurden sie zu überflüssigen Armen. Damit sie die Gesellschaft nicht destabilisieren und um dem vorzubeugen, was Marx mit der Revolution des Proletariats vorhergesehen hatte, wurden sie außer Landes geschickt: in die USA, nach Brasilien und nach Argentinien. Sie alle haben zu spüren bekommen, was die Gastfreundschaft im guten Sinne bedeuten kann, als sie aufgenommen wurden und Land erwerben konnten, um darauf zu leben und zu arbeiten, und in einem fremden Land leben konnten, ohne sich wie Fremdlinge zu fühlen.

2. *Grenzen der Nationalstaaten – Grenzen der Gastfreundschaft?*

Angesichts von Millionen Flüchtlingen und angesichts der Bevölkerungsmassen aus armen Ländern, die den Einlass in reiche und hoch entwickelte Länder begehren, stellen sich schwierige Fragen. Dabei geht es nicht nur um ein persönliches, sondern auch um ein gesellschaftliches und politisches Problem. Es geht um ganze Gesellschaften und um viele Staaten, die vor der Herausforderung stehen, einen minimalen Geist der Humanität zu beweisen und diese Menschenmengen, die heimatlosen Söhne und Töchter der Erde, aufzunehmen.

Die Dimension dieses weltweiten Problems übersteigt die Möglichkeiten des Nationalstaates und verlangt nach einer durchdachten und wirkungsvollen Lösung von Seiten einer Regierungsinstanz auf Weltebene. Doch eine solche Instanz wurde noch nicht geschaffen, so dringend notwendig sie auch sein mag. Es gibt Kräfte, die daran interessiert sind, sie zu verhindern, denn sie wollen nicht auf ihre Macht über wichtige Teile der globalisierten Wirtschaft verzichten oder die politische Kontrolle über Regionen behalten, die ihnen wirtschaftliche oder geopolitische Vorteile verschafft.

Später werden wir über die Grundhaltungen und über die Gesellschaftspolitik sprechen, die man stärken muss, um auf der Höhe dieser weltweiten Herausforderung zu sein.

Wenn es uns darum geht, alternative und bessere Formen der Gastfreundschaft für diese Anderen innerhalb der aktuellen weltweiten Situation der Menschheit zu finden, dann tun wir gut daran, eine kurze Bestandsaufnahme zu dieser Frage und vor allem eine Selbstkritik in Angriff zu nehmen. Die diesbezügliche Bilanz der herrschenden und heute weltweit durchgesetzten westlichen Kultur ist äußerst negativ. Wir können den Mangel an Gastfreundschaft und die unmenschlichen Verhaltensweisen der Vergangenheit nicht weiter fortschreiben.

VI. Der Mangel an Gastfreundschaft in der Geschichte

Allgemein stellen wir fest, dass im Verlauf unserer Geschichte der Westen schon seit den Griechen bis in unsere heutigen Tage immer Schwierigkeiten mit dem Thema des Anderen hatte. Es handelt sich um eine sehr stark auf die eigene Identität konzentrierte Kultur. Das geht so weit, dass fast kein Raum mehr bleibt für das, was sich von ihr unterscheidet.

Diese Tendenz spiegelt sich heute noch in der Präambel des Verfassungsentwurfs für die Europäische Union wider. Hier wird schlichtweg behauptet:

„Schöpfend aus dem kulturellen, religiösen und humanistischen Erbe Europas, aus dem sich die unverletzlichen und unveräußerlichen Rechte des Menschen, Demokratie, Gleichheit, Freiheit und Rechtsstaatlichkeit als universelle Werte entwickelt haben ...“

Diese Sichtweise ist sicherlich richtig, aber sie ist nicht dialektisch. Sie nimmt die häufigen Verletzungen dieser Werte und die Katastrophen nicht mit auf, die die europäische Kultur mit totalitären Ideologien, Kriegen, Verwüstungen, mit dem Kolonialismus und dem Imperialismus, die ganze Nationen – im krassen Widerspruch zu diesen Werten – dezimiert haben, heraufbeschworen hat. Der dramatische aktuelle Zustand der Welt ist zu einem großen Teil auf den Typ von Globalisierung zurückzuführen, der sich zur Zeit durchsetzt. Er stellt konkret eine Art späte Verwestlichung der Welt dar.

Diese tragische Gesamtsituation wurde nur deshalb möglich, weil der Andere faktisch niemals anerkannt und der Andersartige niemals konsequent respektiert wurde. Betrachten wir im Folgenden genauer, wie der Westen mit der Frage des Anderen umging und wie er die vielen Anderen stets definierte. Dies wird für uns hilfreich sein, wenn wir dieses Paradigma nicht länger fortschreiben wollen.

1. Die vielen Anderen

An erster Stelle und unmittelbar sind wir mit dem Anderen der eigenen Art konfrontiert, mit der *Frau.* Innerhalb der westlichen Kultur standen genauso wie in anderen Kulturen das Patriarchat und der Machismo im Mittelpunkt. Die zentralen Werte wurden männlich definiert. Aufgrund dieser Vorherrschaft wurde die Frau unterworfen, an den Rand gedrängt und gesellschaftlich unsichtbar gemacht. Für diese Unterordnung wurde eine rechtfertigende Ideologie geschaffen. Man fand sie bei Aristoteles, der ein mit Vorurteilen behaftetes Verständnis von der Frau prägte. Es findet seinen Widerhall bei Thomas von Aquin, und sein entferntes Echo ist auch noch bei Freud und Lacan vernehmbar. Aristoteles behauptete, dass die Frau ein Mensch sei, der „auf halbem Wege stehengeblieben" sei, ein nicht vollständig entwickeltes Wesen von niedrigerer Seinsart.

In traditionalistischen Teilen der Kirche finden sich immer noch kulturelle Bastionen, die diese Unterordnung am Leben erhalten und weiter fortschreiben. Für sie sind die Frauen noch keine vollwertigen Mitglieder der Kirche. Ihnen werden viele Verbote auferlegt, wie zum Beispiel der Ausschluss vom Priesteramt und von der Teilhabe an den die Kirche betreffenden Entscheidungen, und es wird ihnen unter anderem das Recht versagt, in Freiheit über Empfängnis und Empfängnisverhütung zu entscheiden.

Diese Unterwerfung der Frau spaltet die Gesellschaft durchgängig in zwei Hälften. Sie gewährt dem Mann zu viel Macht. Dieser verliert, da er die Andersheit und Gleichheit der Frau nicht anerkennt, die Gesprächspartnerin, die die Natur und Gott ihm gegeben haben, damit sie sich beide in kooperativer Weise entwickeln. Er verliert damit auch jemanden, der seiner Macht eine Grenze setzen und damit verhindern könnte, dass sie zur Herrschaft entartet. Ohne die Frau entfaltet der Mann seine physische Stärke im Sinne des Konkurrenzkampfes, in dessen Logik nur einer gewinnt und alle anderen verlieren. Er verhindert dadurch die Kooperation, durch die alle gewinnen. Dies schafft Raum für die Entstehung von Strukturen der Macht, die Hierarchie und Ausgrenzung beinhalten. Dem Patriarchat und dem Machismo verdanken wir den Typ des zentralisierten Staates, den wir haben, die Entstehung von Krieg und die Durchsetzung machistischer gesellschaftlicher Umgangsformen sowie diskriminierender Gesetze.

Doch dank des historischen Kampfes der Frauen vollzieht sich nun ein systematischer Abbau der falschen Grundlagen der patriarchalischen Gesellschaft. Sie haben eine stärker ganzheitliche Sicht von Mann und Frau und deren Rolle in der Geschichte entwickelt, in der es darum geht, Partnerbeziehungen zu schaffen, die vom Respekt vor der Andersheit geprägt sind, was eine integrativere und weniger konfliktreiche Sichtweise der Geschlechterrollen beinhaltet und den politischen und religiösen Frieden zwischen den Völkern fördert.

Zweitens ist der Andere derjenige, der eine andere *sexuelle Orientierung* hat als die, welche die Gesellschaft für sakrosankt erklärt hat. Es sind die Homosexuellen

(Männer wie Frauen). Sie werden nach wie vor diskriminiert und sind Opfer von Gewalt. Die Deutung dieses Phänomens, die in allen Religionen bestimmend ist, besagt, dass die Homosexuellen eine Laune der Natur darstellen. In den meisten Ländern wird ihnen das Recht verwehrt, stabile, rechtlich abgesicherte Partnerschaften einzugehen.

Unabhängig von den vorgeblich wissenschaftlichen, den offensichtlich pseudowissenschaftlichen und religiösen Deutungen der Homosexualität muss man die homosexuellen Menschen so annehmen, wie sie sind, ihre Fähigkeit anerkennen, von echter Liebe geprägte Beziehungen einzugehen, und ihnen das Recht zugestehen, ihre Lebenswelt zu gestalten. Dies ist die konkrete Art und Weise, wie sich die Gesellschaft den Homosexuellen gegenüber als gastfreundlich erweisen kann. Niemand hat das Recht, dem Leid aufgrund der erduldeten gesellschaftlichen Diskriminierung noch mehr Leid hinzuzufügen.

Drittens kann der Andere derjenige sein, der unter einer bestimmten *Krankheit*, wie zum Beispiel HIV, dem Down-Syndrom, der Alzheimer-Demenz und anderen oder, in einem tieferen Sinn, an einer schweren psychischen Störung leidet. Die Gesellschaft versucht sich dieser Menschen zu entledigen, indem sie Einrichtungen schafft, in denen diese Menschen untergebracht und so aus dem menschlichen Miteinander entfernt werden, auch wenn das schwierig ist. Schwierige, aber dennoch notwendige Formen gelebter Gastfreundschaft diesen Menschen gegenüber wären: sich in ihre Welt hineinzuversetzen; zu versuchen, die Welt mit ihren Augen zu betrachten; ihnen die nötige Geduld und Aufmerksamkeit entgegenzubringen, um sich etwa den langen Monolog eines unter einer Neurose oder sogar Psychose leidenden Menschen anzuhören; ihnen Mut zu machen und ihnen andere Lebensbereiche zu erschließen, mit Fingerspitzengefühl und sprachlicher Sensibilität.

Viertens kann es sich bei dem Anderen um jemanden aus einer *anderen Generation*, einen Jungen oder Alten, handeln. Innerhalb der weltweit dominierenden Kultur gibt es eine übertriebene einseitige Orientierung auf die Jugendlichen, ihre Kraft, ihre physische Schönheit, ihre Fähigkeit zur Sexualität, ihre Möglichkeiten, zu konsumieren und die Zukunft zu gestalten. Die Alten hingegen werden als solche gesehen, deren Arbeitskraft bereits verbraucht ist, die nur über beschränkte Konsummöglichkeiten verfügen, und nicht selten werden sie als historischer Ballast betrachtet. Ihrer Erfahrung und ihrer Lebensgeschichte, die oftmals beispielhaft sind, wird von Seiten der herrschenden, vom Jugendkult geprägten Kultur kein Interesse entgegengebracht. Den Alten innerhalb der Gesellschaft Gastfreundschaft zu gewähren würde bedeuten: sie anzunehmen, ihrem Leben, ihren Kämpfen und Erfolgen Wertschätzung entgegenzubringen, Zentren zu schaffen, die ihre Erinnerung bewahren, Universitäten für den dritten Lebensabschnitt zu schaffen, etc.

Fünftens ist der Andere der *Ungebildete* im Vergleich zum Gebildeten. Alle Gesellschaften sind verschult und geprägt von Verständigungscodes in Schriftform. Wer sich außerhalb dieses Bereichs befindet, wird diskriminiert, als dumm und zurückgeblieben betrachtet. Die Gesellschaften haben sich in dem Maß entwickelt, in dem es ihnen gelang, alle in die Welt der schriftlichen Verständigung und Kommunikation zu integrieren. Doch dieser Prozess ist noch nicht zum Abschluss gekommen. Dennoch ist dieser „kulturell Andere" Träger einer anderen Form von Kultur, einer Kultur der mündlichen Überlieferung und der Weisheit aufgrund von „gelebter Erfahrung" (Camões) und aufgrund des konkret Erlebten in allen seinen Erscheinungsformen. Zu diesen Ungebildeten zählen heute auch diejenigen, die keinen Zugang zu unserer digitalisierten Welt gefunden und das neue Alphabet des Computerzeitalters nicht erlernt haben.

Sechstens ist der Andere derjenige, der einer anderen *sozialen Klasse* angehört, besonders die Angehörigen der so genannten Unterschicht. Es gibt Abermillionen von Menschen, die von niedrigen Löhnen leben, die in prekären Beschäftigungsverhältnissen ihr Auskommen finden müssen, die arbeitslos und an den Rand der Gesellschaft gedrängt sind, obwohl sie andererseits der Welt der Werbung, des Konsums und der Unterhaltung ausgesetzt und Opfer der Manipulation von Seiten der politischen Demagogie sind. An ihnen haftet der Makel der Rohheit, des Mangels an Bildung, der Gewalt und der allgemeinen Dummheit.

Diese diskriminierende Haltung verdeckt die echten, spezifischen Werte der unteren Volksschichten, ihre Kultur, ihre Traditionen, ihr Wissen, das ihrer Erfahrung mit dem Leben und der Natur entspringt, ihre Religiosität und vor allem ihre Lebenskunst und Kreativität im Überlebenskampf und ihre schöpferische Fähigkeit, einen Lebenssinn inmitten einer Welt hervorzubringen, die sie erniedrigt und sie krassem sozialem Unrecht aussetzt.

Wenn wir es recht sehen, ist die Kultur der niedrigen Volksschichten die Quelle der Themen, des Forschungsmaterials und der Inspiration für einen großen Teil der herrschenden Kultur. Das gilt für die Musik, für die bildende Kunst, für die Literatur und sogar für die Forschung im Bereich der Humanwissenschaften. Sie macht sie zum Gegenstand von Verhandlungen, häuft auf ihrer Grundlage akademische Grade und Berühmtheit an, doch nur selten gibt sie ihr etwas zurück in Form von Anerkennung, Wertschätzung und Dank.

Siebentens ist der Andere der gesellschaftlich *Ausgegrenzte*. Der aktuelle Globalisierungsprozess mit seiner ökonomisch-finanziellen Schlagseite produziert aufgrund seiner inneren Logik, die auf Wettbewerb und nicht auf Kooperation beruht, eine perverse soziale Ausgrenzung. Praktisch zwei Drittel der Gesellschaft leben unter Bedingungen der Ausgrenzung, leiden an chronischem Hunger oder an allen möglichen Krankheiten, verdienen unvorstellbar niedrige Löhne, haben unsichere Arbeitsplätze, sind Opfer der Gier des Marktes und der beschleunigten industriellen Produktion.

Heute können wir sagen, dass die Menschheit zweigeteilt ist: 20 % haben die Kontrolle über 80 % der Reichtümer und natürlichen Ressourcen und geben sich einem verschwenderischen Konsum hin. Sie betrachten sich als integriert in das weltweite System. Und 80 % der Weltbevölkerung müssen sich mit den restlichen 20 % der zum Leben nötigen Ressourcen begnügen. Sie sind von den Vorteilen der modernen Informations- und Wissensgesellschaft ausgeschlossen.

Eine solche Situation stellt eine verallgemeinerte Barbarei dar, wie sie in der uns bekannten Geschichte der Menschheit einmalig ist. Dieser leidende Teil der Menschheit schreit zum Himmel und bittet um Gerechtigkeit und Würde, die ihm von keiner Seite zuteil werden.

Wenn wir uns den Atlas des Elends und des Reichtums anschauen, dann entdecken wir ein perverses Verhältnis zwischen dem reichen, aber an natürlichen Ressourcen armen Norden und dem armen bzw. armgemachten Süden, der gleichzeitig reich an natürlichen Ressourcen ist. Vom weltweiten entwickelten System aus gesehen sind die im Süden die Anderen. Sie gelten als unterentwickelt und zurückgeblieben, als Menschen und Länder, die, wie sie sagen, die technisch-wissenschaftliche Modernität nicht integriert haben und sich der Schocktherapie der Moderne und des Kapitalismus entziehen, die sie retten könnte.

Diese Interpretation ist ein einziger Schwindel, denn in Wahrheit sind diese Abermillionen Anderer die Opfer des Überfalls, den die reichen Länder mit Hilfe eines riesigen militärischen, technologischen, finanziellen, politischen und ideologischen Machtpotentials begehen. Es handelt sich um einen Überfall, der es auf die Ressourcen des Südens abgesehen hat und die Bevölkerung für seine Reichtumsproduktion verheizt.

Diese perverse Situation wird heute von immer besser miteinander vernetzten Gruppierungen im Süden bewusst reflektiert und nicht länger passiv hingenommen. Diese Gruppierungen gewannen im Weltsozialforum sichtbare Gestalt. Bedauernswerterweise bildete dieses rebellische Bewusstsein einen der Faktoren, die auch den Terrorismus des Südens gegen den Norden förderten. Dabei ist es wichtig, nicht zu vergessen, dass es jahrhundertelang der Norden war, der die von ihm kolonisierten oder abhängig gemachten Völker des Südens mit Terror überzog. Heute ist es der Norden, der den Terror der Opfer zu spüren bekommt, die mit den Waffen ihrer Unterdrücker Vergeltung üben.

Die Terroristen halten heute nicht das physische Territorium Nordamerikas besetzt, wie es durch Krieg oder von Seiten einer Guerilla der Fall wäre, sondern sie haben sich des Denkens und Empfindens der Menschen bemächtigt. Die Mitglieder der Regierung machten sich den Patriotismus zunutze und verhängten im Namen der nationalen Sicherheit klare Freiheitsbeschränkungen und Einschränkungen der Menschenrechte (im bekannten *Patriot Act*). Sie ließen dabei außer Acht, dass diese Rechte unbedingt gelten und nicht verhandelbar sind. Der islamische Terrorismus hat den nordamerikanischen Staatsterrorismus und repressive Elemente in den Sicherheitssystemen vieler, vor allem europäischer Länder hervorgebracht.

Gastfreundschaft unter diesen dramatischen Bedingungen zu leben bedeutet, sich das politische Anliegen dieser armen, gedemütigten und verachteten Mehrheiten zu eigen zu machen, damit sie gehört und integriert werden; damit ihnen Gerechtigkeit widerfahre und sie wieder in die Menschheitsfamilie aufgenommen werden. Eine solche Veränderung ist innerhalb der aktuellen weltpolitischen Konstellation und der Globalisierung nach dem Modell des Tyrannosaurus nicht möglich. Es bedarf eines neuen Paradigmas der globalen Beziehungen, das die Ungleichheit, die Unterordnung und die Ungerechtigkeit gegenüber dem Süden, wo die Mehrheit der Menschheit lebt, überwindet. Widrigenfalls wird der Terrorismus an Stärke gewinnen und möglicherweise die Fähigkeit zum Einsatz von (chemischen, biologischen oder nuklearen, z.B. kleinen sog. schmutzigen Bomben) Massenvernichtungswaffen erlangen und so die Entstehung einer neuen politischen Weltordnung, und – wer weiß – die menschliche Phase der Globalisierung erzwingen. Wann endlich werden die Herren über Leben und Tod der aktuellen planetarischen Phase der Menschheit dies verstehen?

Achtens begegnen wir dem Anderen in Form des *Außenseiters*. Ein Außenseiter ist jeder, der sich nicht in das Raster der gemeinsamen Kriterien eines bestimmten gesellschaftlichen Lebenszusammenhanges fügt. Diese Fremdartigkeit kann von einem auffälligen Verhalten einer Person herrühren, von der Zugehörigkeit zu einer anderen Ethnie, die in dieser Gesellschaft nicht vorkommt, von einer fremdartigen Sprache, von für diese kulturelle Gruppe ungewöhnlichen Ideen und Weltanschauungen. Jeder Außenseiter erzeugt das Gefühl der Fremdartigkeit, das normalerweise mit Ressentiment und Angst einhergeht. Um sich selbst zu verteidigen, kann eine Gesellschaft den Außenseiter aus ihrer Mitte verstoßen wollen, und zwar entweder durch Überredung oder mit Hilfe von Gewalt.

Die Evangelien geben Zeugnis davon, dass Jesus von vielen, sogar von seinen eigenen Verwandten, als Außenseiter angesehen wurde. Nur weil er von zu Hause fortgegangen war und zu verkündigen begonnen hatte, schämten sie sich seiner und wollten ihn ergreifen, denn sie sagten: „Er ist verrückt.“ (Mk 3,21) Der Satz des Johannes „Er kam in sein Eigentum, doch die Seinen nahmen ihn nicht auf“ (Joh 1,11) ruft dieses Gefühl der Fremdartigkeit in Erinnerung, das Jesus bei seinen Zuhörern hervorgerufen hat; daraus entstand die Zurückweisung.

Der Außenseiter kann Neugierde und den Wunsch wecken, in Kontakt mit ihm zu treten, um ihn kennenzulernen und etwas von seinem Leben und seiner Geschichte zu erfahren. Diese Beziehung kann in dem Maße fruchtbar sein, in dem der Außenseiter eine andere Welt oder verborgene Dimensionen der Realität erschließt, die wir nicht sehen. In dem Maße, in dem er bekannt wird und sich Austauschbeziehungen entwickeln, hört der Außenseiter auf, weiterhin ein solcher zu sein; er wird einer, der sich zwar von den Anderen unterscheidet, aber dennoch Mitglied der Gemeinschaft ist.

Wenn sich jemand zur Zeit der Urkirche bekehrte und Christ wurde, war er kein Außenseiter mehr. Seine ethnische und soziale Herkunft spielte kaum eine Rolle. Wohin er auch ging, er wurde aufgenommen und als Bruder bzw. Schwester beherbergt.

Gastfreundschaft für den Außenseiter setzt Offenheit und Mut voraus, sich dem Fremdartigen auszusetzen und es zu überwinden, da es zu Furcht, Misstrauen, zur Distanz bis hin zur Zurückweisung des Anderen führt. Gastfreundschaft meint, den Außenseiter so anzunehmen, wie er ist, ohne ihn möglichst bald in die Schemata hineinzuzwingen, die innerhalb unserer Gemeinschaft Gültigkeit haben.

Neuntens ist der Andere der *Fremde*, der Angehörige einer anderen Kultur als der unsrigen. Dieses Thema ist mit einer Tragik weltweiten Ausmaßes verbunden, die durch die koloniale, neokoloniale und im Zuge der Globalisierung sich vollziehende Expansion des Westens ausgelöst wurde. Genau auf diesem Gebiet hat der Westen all seine Beschränktheit und all seine Zerstörungskraft gezeigt. Sehen wir uns die unterschiedlichen Fremden an und sehen wir, wie sie von den Vertretern der westlichen Kultur misshandelt wurden.

2. Die Vernichtung der kulturell Anderen

Die erste Konfrontation richtete sich gegen die islamische Kultur und Religion. Seit dem achten Jahrhundert bekämpften sich Christen und Muslime militärisch; es gab Siege und Niederlagen auf beiden Seiten.

Zunächst ist es wichtig, die außergewöhnliche Kultur in Erinnerung zu rufen, die der Islam in den ersten Jahrhunderten seiner Herrschaft überall dort schuf, wo er Fuß fasste. Für uns Angehörige der okzidentalen Welt war die Präsenz des Islam in Spanien bedeutsam, die sieben Jahrhunderte lang währte und in deren Verlauf die großen kulturellen Zentren wie Granada, Sevilla und Córdoba entstanden. Dort entdeckten die christlichen Gelehrten die Quellen der antiken griechischen Philosophie und Wissenschaft, deren schriftliche Zeugnisse in den christlichen Ländern wie Frankreich, Italien, Deutschland und England völlig verschwunden waren. Thomas von Aquin, Duns Scotus, Albertus Magnus, Roger Bacon und andere fanden in den arabischen Gelehrten wie Avicenna und Averroes ihre großen Gesprächspartner, denen sie mit großem Respekt begegneten.

Doch die religiösen Unterschiede und die Tatsache, dass der Islam ganz Palästina und damit die für die Christen heiligen biblischen Stätten beherrschte, führten zu einer Reihe von Kreuzzügen und einer langen und schmerzhaften militärischen Auseinandersetzung mit den Muslimen.

Die mittelalterlichen Gelehrten versuchten, die religiöse Botschaft des Islam bloßzustellen und zu diskreditieren. Sie verbreiteten im Volk höchst beleidigende Schriften und gaben Vademecums für Reisende heraus, die versuchten, Muhammad als falschen Propheten und seine Texte als Fabeln darzustellen, die einem grobschlächtigen, ignoranten und ungläubigen Volk entsprächen. (Jelloun 1990, 115–116)

Die Muslime ihrerseits betrachteten damals (und noch heute) den Westen als arrogant, kriegslüstern, intolerant, areligiös, materialistisch und notorisch wortbrüchig. (Maalouf 1983)

Diese Vorurteile auf beiden Seiten lebten hier wie dort im kollektiven Unbewussten fort. Anlässlich eines jeden neuen Konflikts kommen sie erneut an die Oberfläche. Das militärische Engagement im Irak und in Afghanistan und die dauerhafte Präsenz von nordamerikanischen Militärstützpunkten in Saudi-Arabien kommen einer wahren Besetzung gleich. Die Kontrolle, die die großen Ölgesellschaften aus dem Westen über die Länder des Mittleren Ostens ausüben, geben diesen Vorurteilen nur neue Nahrung; zu ihnen gesellen sich Verbitterung, Zorn und Aufruhr als Nährboden des islamischen Terrorismus, der die Weltbühne beherrscht.

Bedenkt man die aktuelle Demütigung und Unterwerfung der muslimischen Welt, dann ist man geneigt anzunehmen, dass solche Vorurteile niemals beseitigt werden können. Das ist eine brennende Lunte am Pulverfass immer neuen Terrors und neuer Verwüstungen.

Hier gibt es überhaupt keine Bereitschaft zur Gastfreundschaft. Trotz alledem hebt sich davon im 12. Jahrhundert die unvergleichliche Gestalt des Franziskus von Assisi ab, der sich einem Kreuzzug anschloss und in den Orient ging, um die Christen davon abzuhalten, gegen ihre muslimischen Geschwister zu kämpfen. Er überwand den Graben zwischen beiden und sprach mit dem Sultan, der ihn überaus gastfreundlich behandelte. Sie verstanden einander auf der Grundlage des Gebetes und des Sinnes für menschliche Beziehungen zwischen Christen und Muslimen. Das ging sogar so weit, dass der Sultan einige heilige Stätten der Obhut der Franziskaner anvertraute, was bis auf den heutigen Tag so geblieben ist.

Die zweite Konfrontation betraf Schwarzafrika. Hier stand die direkte Versklavung im Vordergrund. Ganze afrikanische Nationen wurden zur Ware gemacht und an die Zuckerrohrplantagen Brasiliens, der Karibik und Nordamerikas verkauft. Millionen wurden zu Objekten degradiert, wie Tiere behandelt und als „Stück“ bezeichnet, das auf den Sklavenmärkten feilgeboten wurde. Das ist ein unauslöschlicher Makel, der am Westen haftet. Jahrhunderte lang war der Westen Sklavenhalter. Niemals leistete er für diese historische Schuld irgendeine Entschädigung. Stets lehnte er es ab, sich dafür zu entschuldigen und irgendeine Art von Kompensation für den Jahrhunderte ohne Unterbrechung fortdauernden Völkermord anzubieten. Es ist erstaunlich, dass die französischen Truppen, während man in Frankreich die Revolution ausrief, die schwarze Bevölkerung in Afrika wie Fliegen ausrotteten, ohne jeden Anflug von Humanität.

Die dritte Konfrontation war die mit den indigenen Kulturen der Neuen Welt, das heißt Lateinamerikas, der Karibik und Nordamerikas. Die Spanier und Portugiesen, die den Kontinent besetzten und kolonisierten, fanden dort hoch entwickelte Kulturen wie etwa die der Azteken, der Mayas und der Inkas vor, die über einen hohen Wissensstand und eine komplexe Organisationsstruktur ihrer Städte verfügten. In Mexiko reichten siebzig Jahre militärischer Konfrontation, Zwangsarbeit und Infektion mit Krankheiten der Weißen aus, um die indigene Bevölkerung von etwa 22 Millionen auf kaum 1,7 Millionen zu dezimieren. Dies war der größte Völkermord in der Geschichte der Menschheit. Der Schrei der Opfer steigt bis heute zum Himmel empor und fordert ein Minimum an Gerechtigkeit ein; dies bezeugen viele schriftliche Dokumente der Opfer aus jener Zeit (vgl. Leon-Portilla 1992).

In Brasilien war die Ankunft von Pedro Cabral am 22. April 1500 von großer gegenseitiger Gastfreundlichkeit zwischen den Portugiesen und den Indios vom Volk der Tupi geprägt. Das bezeugen die Berichte von Pero Vaz de Caminha (vgl. Cortesão 1943). Die ersten beiden

Tupi, die das Schiff von Cabral betraten, wurden „mit viel Freude und festlich“ empfangen. Die Portugiesen gaben ihnen Brot und gekochten Fisch, Konfekt, Honig und getrocknete Feigen zu essen. Dann legten sich die beiden „auf den Teppichboden (einer Pritsche), um zu schlafen“. Cabral gab den Befehl, beiden ein Kopfkissen und einen Mantel zum Zudecken zu geben. Und sie „willigten ein, blieben und schliefen“. Einer der Steuermänner Cabrals hinterließ anonym einen Bericht, der in Italien zum ersten Mal im Jahr 1507 von Montalboddo veröffentlicht wurde. Er erzählt, wie die Tupi nach der ersten Messe „tanzten und auf ihren Hörnern musizierten“, die Besatzung in Richtung Meer hinaus begleiteten „und dabei sangen, spielten und feierten“. Auch die Portugiesen tanzten und spielten mit ihnen am Strand. Dann fanden sich die Indios fröhlich zusammen, um den Portugiesen zu helfen, Holz und Wasser für die Schiffe herbeizuschaffen. Wie man sehen kann, war die Begegnung von gegenseitiger Gastfreundschaft geprägt und stellte ein wahres Idyll dar. (vgl. Leonardi 1996, 3812–384).

Aber später, als die politische Ökonomie und mit ihr die grenzenlose Gier ins Spiel kamen, breitete sich die Gewalt aus. Warum wurde dieser Bruch ausgerechnet von den Christen der alten Christenheit Europas vollzogen, von denen man aufgrund ihres Glaubens gegenseitige Annahme, Zusammenleben und Liebe erwartet hätte? Weil sie den Indio als Nicht-Person auffassten, dessen niedrigerer Status es rechtfertigte, ihn zu versklaven. Hier ist eher Aristoteles und nicht so sehr Jesus Christus am Werk. In Übereinstimmung mit diesem Philosophen, der das europäische Denken geprägt hat, wurde der Indio als „Sklave von Natur aus“ begriffen, der für den Dienst am freien Mann bestimmt war. Dieser war dafür geschaffen, die Welt nach dem Maß der weißen und christlichen Kultur des Westens zu beherrschen und zu gestalten (vgl. Todorov 1985).

Dieser Auffassung schlossen sich die große Mehrheit der Kolonisatoren und sogar Missionare an. Um zu zeigen, wie schwerwiegend diese „Vernichtung der Westindischen Länder", das heißt die Auslöschung des kulturell Anderen war, wie sie Bartolomé de las Casas, der große Verteidiger der Indios zu Beginn der Kolonisierung Mittelamerikas, systematisch anklagte (vgl. Las Casas 1966), wollen wir uns das berühmte „Streitgespräch von Valladolid" in Erinnerung rufen. Im Jahr 1550 trafen Juan Ginés de Sepúlveda, ein Humanist und Erzieher der königlichen Familie, und Bartolomé de las Casas, ein Missionar aus dem Dominikanerorden in Mexiko, vor dem spanischen König Karl V. aufeinander.

Die Frage, um die es in diesem Streitgespräch ging, lautete: Ist es erlaubt, gegen die Indios einen gerechten Krieg zu führen, weil sie sich dem christlichen Glauben widersetzten und es ablehnten, sich dem von Gott als Herrn der Welt eingesetzten König zu unterwerfen?

Sepúlveda wiederholt ohne irgendwelche Skrupel die traditionelle Lehre. Die Indios seien von Natur aus minderwertig, dumm und „von Natur aus" als Sklaven anzusehen. Sie seien nur mit geringem Verstand ausgestattet und würden Religionen ausüben, die Werke des Teufels wären; aus diesem Grund widersetzten sie sich dem Christentum. Sie müssten zu ihrem eigenen Wohl mit Gewalt in die Gemeinschaft der Christen integriert werden. Falls sie dauerhaft Widerstand leisteten, ist es erlaubt, einen gerechten Krieg gegen sie zu führen und sie, wenn es sein muss, auszurotten. Ein solches Vorgehen sei nicht als Mord oder mangelnde Liebe zu beurteilen, denn die Indios wären schuld an ihrer eigenen Vernichtung, wenn sie den christlichen Glauben und die Unterwerfung unter den König nicht akzeptieren würden. (vgl. Eggensperger/Engel 1991, 95–102) Sepúlveda argumentierte *a priori*, ohne jemals einen Indio gesehen oder mit ihm zusammengelebt zu haben.

Las Casas war zuvor selbst Kolonialherr gewesen. Nach seiner Bekehrung wurde er Dominikanermönch. Er zeichnete sich durch seine Missionsmethode des Zusammenlebens mit den Indios aus, das auf Respekt und Dialog beruhte und sich der Gewalt widersetzte, mit der die Kolonialherren sie behandelten. Er bildet den Gegenpol zu Sepúlveda. Die Indios seien vernunftbegabte Wesen mit einer Kultur und mit Institutionen, die wohlorganisiert seien, mit einer Religion und beachtlichen Traditionen. Sie müssen respektiert werden. Es läge an uns, mit ihnen ins Gespräch zu kommen und sie mit friedlichen und sanften Mitteln, die jede Form von Gewalt absolut ausschließen, einzuladen, sich dem christlichen Glauben anzuschließen.

Man muss dabei bedenken, dass Papst Paul III. dreizehn Jahre zuvor, im Jahr 1537, das erste offizielle Dokument, das Lateinamerika gewidmet war, nämlich die Bulle *Sublimis Deus* unterzeichnet hatte, um zu bekräftigen, dass die Indios „wirkliche Menschen sind, die weder ihrer Freiheit noch der Verfügungsgewalt über ihr Eigentum beraubt und nicht zu Sklaven gemacht werden dürfen".

Diese Bulle wurde in Lateinamerika nie veröffentlicht, denn der König hatte es in der Hand, ihre Verbreitung zu untersagen. Deshalb wurde sie auch niemals in die Praxis umgesetzt. Die Meinung Sepúlvedas setzte sich politisch durch und rechtfertigte die herrschende koloniale Praxis: die überaus brutale Herrschaft über die Indios aufgrund ihres Widerstandes gegen den christlichen Glauben, der die Gründe dafür lieferte, sie zu versklaven und sie ihrer Reichtümer an Gold und Silber zu berauben. Dieses Gold und Silber wurde tonnenweise nach Europa verschifft und bildete die materielle Grundlage für die Entstehung des Kapitalismus. Dies war die erste Erscheinungsform des weltweiten Projektes mit all seinen perversen Konsequenzen für die Länder der Peripherie bis auf den heutigen Tag.

In Brasilien machte die Kolonialherrschaft die Indios in gleicher Weise zu Märtyrern. Man nimmt an, dass es zum Zeitpunkt der Ankunft der portugiesischen Schiffe im Jahr 1500 etwa sechs Millionen Indios gegeben habe. Die Dezimierung, die auf tausendfache Weise stattfand, war so gewaltsam, dass heute nicht mehr als 300.000 überlebt haben. Besonders pervers war die koloniale Durchdringung in Minas Gerais. Im Jahr 1808 erklärte Johannes VI. den sich widersetzenden Indios, die Herren dieses Territoriums waren, den offenen Vernichtungskrieg gegen sie und ihre Gemeinschaften zwischen den Flussbetten des Rio Doce, des Macuri und des Jequitinhonha. Man jagte die Indios wie die wilden Tiere. Sie wurden zur Zielscheibe für die Schrotflinten und Gewehre der Soldaten. Der Krieg wurde als ein „gerechter" angesehen, weil die Indios sich den königlichen Befehlen widersetzt hatten und weil dieser Krieg als unabdingbares Mittel zur Wiederherstellung der Sicherheit derer angesehen wurde, die im Land eine „Zivilisation" errichten wollten.

Es war eine brutale und fast vollständige Vernichtung. Der Schrei der Opfer erschallt noch immer in diesen Tälern und Bergen und fordert vom Himmel Gerechtigkeit ein, bis zum Tag des künftigen Gerichts. (vgl. Moreno 2001, 92–127).

Eigenartigerweise war dieser Wille, den kulturell Anderen auszulöschen, bis in die jüngste Kolonisierung hinein vorhanden, die von Seiten von Italienern und Deutschen von der Mitte des 19. Jahrhunderts an bis ins 20. Jahrhundert hinein im Süden Brasiliens erfolgte. Die Siedler drangen in die Regionen ein, in denen die Indios vom Volk der Kaigang und der Xokleng lebten. Sie waren Nomaden und schlichen sich an die Häuser heran, um sich Kochtöpfe, Hacken, Sensen und zum Trocknen aufgehängte Kleidung zu nehmen. Sie kannten den Begriff des Privateigentums nicht und eigneten sich diese Dinge in einer völlig unschuldigen Haltung zu ihrem Gebrauch an. Die

Siedler fassten das als Raub auf und fühlten sich bedroht. Die Kolonialgesellschaften gründeten mit Unterstützung der Regierung Vernichtungskommandos gegen die „Wilden". Sie machten sie skrupellos nieder, als wären sie keine Menschen, sondern wilde Tiere. Dies berichten Piero Brunello und Sílvio Coelho dos Santos in ihren Studien (1994; eine gute Zusammenfassung findet sich auch bei Spedicato 2004, 2–3). Einer der Indio-Jäger berichtet in einem Interview: „Der Überfall fand im Morgengrauen statt. Zuerst wurden einige Schüsse abgegeben. Danach wurden die Übrigen mit dem Buschmesser niedergemacht. Man schnitt ihnen die Ohren ab. Jedes Paar Ohren hatte seinen Preis. Man musste ausnahmslos alle töten. Wenn einer überlebt hätte, hätte er Rache üben können." (vgl. dos Santos 1997).

Auf diese Weise wurde das Land für die italienischen und deutschen Siedler „gesäubert". Wir haben es hier mit derselben Mentalität zu tun, die die ersten Kolonisatoren aus der iberischen Halbinsel in ihrer Eroberungswut angesichts der Reichtümer Amerindias an den Tag legten. Es ist dieselbe mörderische Haltung, die der *homo sapiens* tausende Jahre zuvor gegen den Neandertaler bewies. Dieser lebte jahrtausendelang in Europa. Er hatte ein Bewusstsein vom Tod und von der Unsterblichkeit und führte Begräbnisriten durch, was als Zeichen seines Menschseins gelten kann. Vor 40.000 Jahren drang unser Vorfahr, der *homo sapiens*, in sein Territorium ein, jagte ihn und vernichtete ihn. 10.000 Jahre später gab es von den Neandertalern keine Spur mehr.

Lateinamerika ist bis heute das Objekt der Gier der Globokolonialisierung. Im Amazonasgebiet, das an mehrere andere Länder grenzt, wird in großem Stil Biopiraterie betrieben. Früher gab es den Wettlauf um das Gold, und heute ist es der Wettlauf um die genetischen und pharmazeutischen Ressourcen, die für die Zukunft des Weltmarktes strategische Bedeutung haben.

In diesem Zusammenhang systematischer Gewalt ist die Gastfreundschaft ein toter Buchstabe oder bloße Utopie. Demaskiert ist die anhaltende Barbarei des Westens, die sich hartnäckig weigert, den Anderen anzuerkennen. Sie maßt sich immer noch an, die höchste Stufe des Weltgeistes und den Sinn der historisch-gesellschaftlichen Entwicklung zu repräsentieren, wie dies der deutsche Philosoph Friedrich Wilhelm Hegel zum Ausdruck gebracht hat (vgl. Hegel 1986, bes. 105–141).

Schließlich zeigt sich die vierte Trennungslinie zwischen West und Ost. Der Osten war und ist nach wie vor der große Rivale für den Westen. Der Osten stellte nicht nur den Haupthandelsplatz für Seide, Gewürze und exotische Dinge dar, die es im Westen nicht gab. Im Orient gab es eine hoch entwickelte Weisheit, die älter ist als das Christentum. Mit Berufung auf diese lehnten es die Chinesen selbstbewusst ab, den Glauben der christlichen Missionare anzunehmen.

Im Gegenzug diffamierte der Westen den Osten systematisch. Er nannte die Orientalen Despoten und gottlos, um auf diese Weise ihre Kulturen zu diskreditieren und ihre hervorragenden Weisheitslehren herabzustufen, die die Jesuitenmissionare wie Mateo Ricci und seine Gefährten im China des 16. Jahrhunderts so sehr fasziniert hatten.

Heute wächst allmählich das Bewusstsein dafür, dass sich die Zukunft der Menschheit im Orient, insbesondere in China entscheiden wird. China stellt die große „gelbe Gefahr“ dar. Analytiker des Weltgeschehens sehen für die absehbare Zukunft eine große Konfrontation zwischen China und den USA als zweier zentraler Zivilisationen im Streit um die Weltordnung und Globalisierung vorher. Der Krieg wird vorzugsweise wirtschaftlicher Natur sein, er kann sich aber mit einem Mal zu einem militärischen Konflikt von solcher Zerstörungskraft entwickeln, dass die gesamte Menschheit auf diesem Planeten in Gefahr gerät, denn beide Seiten verfügen über Massenvernichtungswaffen.

Welche Art von Gastfreundschaft kann man von Nationen fordern, die immer noch dem alten Paradigma von Freund und Feind verhaftet sind? Diese Strategie zerstört die Voraussetzungen einer jeden Form von Gastfreundschaft und kann sogar die gesamte Menschheit vernichten.

Vor diesem Hintergrund erscheint die Gastfreundschaft wie die Verwirklichung eines alten Traums der Besten der Menschheit: der Begegnung von Ost und West. Es könnten zwei Brüder sein, die einander umarmen und sich gegenseitig ergänzen, ein jeder von den jeweiligen weisheitlichen und spirituellen Traditionen her. Das Tao und das Kreuz könnten einen heiligen und unvergänglichen Bund schließen.

Dies würde den Globalisierungsprozess enorm bereichern und die Möglichkeit eröffnen, dass er zu einer menschlichen Globalisierung würde.

3. Die neuen Anderen

Heute sind verschiedene neue „Andere" aufgetaucht, was zum Teil dramatische Dimensionen annehmen kann. Der auf eine schreckliche Art Andere ist derjenige, der über *Massenvernichtungswaffen* jeglichen Typs verfügt, die in der Lage sind, die Gattung Mensch zu vernichten und der Biosphäre sowie allen anderen, die keine solchen Waffen haben, schweren Schaden zuzufügen. Diejenigen, die über eine solche Zerstörungsgewalt verfügen, maßen sich das Recht an, über den internationalen Vereinbarungen und Institutionen wie der UNO und dem Internationalen Gerichtshof von Den Haag, der Verbrechen gegen die Menschlichkeit richtet, zu stehen. Sie diktieren einfach anderen ihren Willen und bestimmen den Kurs der Globalisierung und der Menschheit ihren Interessen entsprechend.

Diese neuartige Machtfülle bestärkt den Willen, ein weltweites Imperium zu schaffen, dessen Grundlage die Überzeugung bildet, dass die westliche Zivilisation die am höchsten entwickelte und die rationalste der Geschichte ist. Deshalb muss sie als einzig mögliche Option bis in den letzten Winkel der Erde gebracht werden und die Globalisierung ihren Vorgaben entsprechend gestalten.

Die Behauptung des allgemeingültigen Charakters der westlichen Kultur kann, wie wir oben bereits angedeutet haben, zu einer schrecklichen Konfrontation des Westens mit allen anderen führen. Wenn das passiert, dann besteht die Gefahr, dass die menschliche Gattung ausgelöscht oder dass sie auf archaische Lebensformen inmitten einer verwüsteten Natur zurückgeworfen wird.

Es gibt noch ein Anderes, das immer vorhanden war, das aber nun mehr und mehr das kollektive Unbewusste durchdringt: die *Natur* und die *Erde*. Innerhalb der Geschichte der Menschheit wurde die Erde lange Zeit hindurch als etwas Lebendiges betrachtet, deren Söhne und Töchter die Menschen sind, oder die Menschen wurden selbst als der Teil der Erde betrachtet, der fühlt, denkt, liebt, verehrt und sich sorgt. Die Beziehung zwischen Menschen und Erde war von Ehrfurcht und Respekt geprägt, denn der Mensch empfand sich selbst als Teil der Natur und der Erde.

Mit dem Entstehen der instrumentellen Vernunft und der technischen Wissenschaften nahm die Fähigkeit des Menschen beträchtlich zu, in die Rhythmen der Natur einzugreifen. Die Erde wurde nur noch als *res extensa* (Descartes), als ein Objekt unter anderen und ein Reservoir unerschöpflicher Ressourcen angesehen, die dazu da sind, die Wünsche des Menschen nach Bequemlichkeit und Konsum zu befriedigen. Die Erde wurde nicht als das große Andere respektiert. Sie wurde aggressiv behandelt und verschmutzt, ganz wie es die Theoretiker der neuzeitlichen Wissenschaften wie Francis Bacon vorschlugen:

Man müsse – so Bacon – die Natur so auf die Folter spannen, wie es der Folterknecht der Inquisition mit seinem Delinquenten tut, bis sie all ihre Geheimnisse preisgibt, oder man müsse sie ins Prokrustes-Bett zwängen.

Diese Auffassung von der Erde als dem Anderen, das man unterwerfen muss, zerstörte das natürliche Bündnis zwischen Mensch und Erde. Wir haben diesen natürlichen Pakt gebrochen und uns über sie gestellt, anstatt an ihre Seite zu treten oder in ihr unseren Platz zu finden. Wir haben die Erde ins Exil geschickt und uns von der Gemeinschaft des Lebens losgesagt, der wir als ein Glied und ein Repräsentant unter anderen angehören.

Unter dem Einfluss des Neoliberalismus, der alles privatisiert und dessen Marktlogik zufolge alles zur Ware und zum potentiellen Profit wird, ist etwas Dramatisches passiert. Die Menschenrechte werden in menschliche Bedürfnisse verwandelt, für deren Befriedigung bezahlt werden muss. So wird das Trinkwasser nicht mehr als natürliches, Leben spendendes und für jeden Menschen und alle Lebewesen unverzichtbares Gut betrachtet. Es gilt nun vielmehr als Hydro-Ressource, als Ware, die privatisiert werden muss, die auf dem Markt gehandelt werden muss und mit der man viel Geld verdienen kann. Wer die Kontrolle über das Wasser innehat, kontrolliert auch das Leben, und wer das Leben kontrolliert, hat alle Macht in Händen. Er hat die Macht, Zugang zum Wasser zu gewähren oder ihn zu verweigern, er hat die Macht über Leben und Tod von Millionen und über den Strom des Lebens selbst, der des Wassers bedarf. Hinter diesem perversen kommerziellen Vorgehen ist eine materialistische Weltsicht am Werk, die blind ist für Werte und die jedes soziale, kulturelle, spirituelle und ökologische Empfinden für das Leben zerstört. Das Wasser erhält das Leben, und deshalb ist der Zugang zum Trinkwasser ein Menschenrecht. Darüber hinaus ist es eine kostenlose und sich zyklisch erneuernde Gabe der Natur an das Leben. Es bildet sich durch die Verdunstung der Meere, es verdichtet sich in Wolken, es durchzieht die Lüfte und fällt in Form von Regen auf die Erde, wo es den Boden durchdringt, unseren Körper mit Flüssigkeit versorgt und uns vom Durst befreit und auf diese Weise die Weitergabe des Lebens garantiert.

Darüber hinaus ist unsere Haltung der Macht und Herrschaft über die Erde dafür verantwortlich, dass wir die Fähigkeit der Bewunderung und des Staunens über ihre Großzügigkeit verlieren und dass wir taub werden für die Botschaften, die sie für uns ständig bereithält. So verarmen und vereinsamen wir. Wir sind zum Anthropozentrismus und zur Illusion verdammt, dass wir der Mittelpunkt von allem wären und dass die Schöpfung nur dann Sinn hätte, wenn sie uns zu Diensten ist. So vergessen wir, dass wir ein Moment des großen Ganzen sind. So betrachtet liegt viel Wahrheit in dem, was die Quantenphysikerin Danah Zohar (2001) beschrieben hat: In Wahrheit sind wir und die Anderen ein Einziges, in dem es keine Trennung gibt; wir und das „Fremde" sind zwei Aspekte des einen und selben Lebens.

Das Ergebnis dieses Prozesses des Bruchs mit der Natur war schließlich die Entstehung der modernen Industriegesellschaften, die die natürlichen Ressourcen ausbeuteten, die Ökosysteme zerstörten und die Zukunft der Erde insgesamt aufs Spiel setzten. Heute sind wir uns dessen bewusst, dass die Fortsetzung dieser Gewaltausübung für uns das Schicksal der Dinosaurier bedeuten könnte.

Wie wir im zweiten Kapitel gesehen haben, können wir den Menschen nicht ohne seine enge Verbundenheit mit der Erde denken. Die menschlichen Initiativen, ja selbst die Demokratie, dürfen nicht nur die Interessen des Menschen allein im Blick haben. Sie müssen den gesamten Strom des Lebens und die Beziehungen gegenseitiger Abhängigkeit aller Lebewesen berücksichtigen, um eine gemeinsame Zukunft zu gewährleisten. Die Erde ist viel mehr als bloß eine Quelle von Ressourcen, die allesamt begrenzt sind und von denen einige nicht erneuerbar sind. Sie ist ein lebendiger Großorganismus, ein Anderes in irreduzibler Unterschiedenheit und gleichzeitig ein Anderes, das uns am nächsten steht, weil wir ein Teil davon sind.

Ihre Andersheit anzuerkennen macht es uns möglich, Nähe herzustellen und Beziehungen des wohlwollenden Zusammenlebens zu knüpfen. Die politischen Übereinkünfte zwischen den Völkern und die gesellschaftlichen Verträge müssen den Pakt mit der Natur zur Grundlage haben. Ohne die Garantie von Bestand und Dauer der Natur und der Erde fehlt allen übrigen Verträgen die Basis, und sie erweisen sich als unmöglich.

Diese Situation ist neu für die Menschheit. Früher konnten wir die Erde als ständig vorhanden und als garantierte Grundlage aller menschlichen Vorhaben voraussetzen. Heute ist das nicht mehr so, denn die Zukunft der Erde ist dank der Zerstörungskraft des *homo sapiens et demens* nicht garantiert.

Zum Schluss dieses Abschnittes stellen wir eine höchst negative Bilanz des Westens in Bezug auf die vielen Anderen fest. Die Kultur der westlichen Identität hatte immer überaus große Schwierigkeiten, sich dem Anderen gegenüber als wohlwollend zu erweisen. Ihre Strategie war immer mehr oder weniger die folgende: Entweder nahm sie den Anderen als untergeordnete Größe in sich auf und leugnete auf diese Weise seine Identität, oder sie versklavte ihn, grenzte ihn aus, drängte ihn an den Rand oder vernichtete ihn einfach.

Diese Strategie macht die Pathologie ihrer Identität aus, und sie muss tatsächlich als Krankheit betrachtet werden, denn sie bedarf dringend einer Therapie. Wie wir weiter unten sehen werden, findet sich im Westen selbst das Heilmittel für diese Erkrankung.

VII. Die Befreiung des Anderen: Grundlage für die Gastfreundschaft

Wenn wir im Westen das Gift vorfinden, das die Gastfreundschaft abtötet, so finden wir dort aber auch gleichzeitig das Gegengift: die Zentralität des Anderen, wie sie von der biblischen Tradition ständig eingefordert wird.

1. Die zentrale Stellung des Anderen in der jüdisch-christlichen Tradition

Innerhalb dieser Tradition ist der Andere ohne Zweifel Gott als der ganz Andere. Eine Botschaft, die sowohl das Erste als auch das Zweite Testament wie ein roter Faden durchzieht, lautet: „Übe Gerechtigkeit der Waise und der Witwe gegenüber, liebe den Fremden, gib ihm zu essen und Kleidung. Liebt auch ihr den Fremden, denn ihr selber wart Fremde in Ägypten." (Dtn 10,18–19; Ex 22,20; 23,9). Der Fremde muss aufgenommen und beherbergt werden wie ein Israelit (Lev 17,8.10.13; 19,34).

Der Schöpfungsglaube besagt, dass alle Dinge aus dem Wort Gottes hervorgingen. Deshalb ist er der einzige Herr. Wir sind nicht die Herren der Erde, die Erde gehört Gott, und wir sind seine Gäste und Pilger (Lev 25,23). Wenn wir Gäste sind, dann müssen auch wir unsererseits andere gastlich aufnehmen, und zwar ohne Vorbedingungen und Einschränkungen. In jedem Gast kann sich Gott selbst oder einer seiner Boten, ein Engel, verbergen (Gen 19,1 ff). Deshalb sagt der höchste Richter am Ende der Geschichte beim letzten Gericht: „Ich war fremd und obdachlos, und ihr habt mich aufgenommen." (Mt 25, 35–36)

Die Liebe zu Gott und zum Nächsten sind so untrennbar miteinander verbunden, dass sie ein einziges Gebot bilden, das Liebesgebot (Mt 22,34–40). Paulus wird später sagen, dass in diesem Gebot alle anderen enthalten sind

(Röm 13,8 ff) und das ganze Gesetz darin erfüllt ist (Gal 5,14). Es ist ganz einfach das „königliche Gesetz“, das wichtigste der gesamten Schrift (Jak 2,8).

Der Bund ist die zentrale Kategorie des biblischen Gesetzes. Dieser Bund wird mit Gott und mit allen Lebewesen geschlossen. Deshalb ist der Andere grundsätzlich kein Fremder, sondern Bundesgenosse.

Der Bund mit Gott ist nur dann gültig, wenn ihm der Bundesschluss mit dem Nächsten vorausgeht. Mit Recht sagt Jesus. „Wenn du deine Opfergabe zum Altar bringst und dir dabei einfällt, dass dein Bruder etwas gegen dich hat, so lass deine Gabe dort vor dem Altar liegen; geh und versöhne dich zuerst mit deinem Bruder, dann komm und opfere deine Gabe.“ (Mt 5,24) Der Andere hat absolut Vorrang.

Das Zweite Testament bezeugt, dass Gott selbst in seiner Menschwerdung in Jesus ein Anderer geworden ist. Er ist im Anderen, also finden wir im Anderen die dichteste Form der Gegenwart Gottes. Dieser auf diese Weise uns so nahe Gott wollte sich mit den in extremster Form Anderen identifizieren: den Nackten, den Hungernden, den Dürstenden und den Fremden, die er seine „geringsten Brüder“ nennt. „Was ihr ihnen getan oder was ihr an ihnen versäumt habt, das habt ihr mir getan oder an mir zu tun versäumt.“ (Mt 25,31 – 46) Alles vollzieht sich über den Anderen, ohne ihn gibt es keine Erlösung. Die Hölle sind nicht die Anderen, wie das Jean Paul Sartre einmal formulierte, die Anderen sind vielmehr der Weg zum Himmel.

Selbst für diejenigen, die den biblischen Glauben nicht teilen, hat diese Tradition einen Wert an sich, und deshalb ist sie ein bedeutender zivilisatorischer Faktor, denn sie gesteht dem Anderen, insbesondere dem Notleidenden, den zentralen Platz zu. Wir dürfen nicht vergessen, dass die Ausgrenzung des Anderen einer der Faktoren ist, die zum Terror der heutigen Zeit geführt haben, ob er sich nun wirtschaftlich, militärisch oder in Form von Anschlägen wie dem vom 11. September 2001 gegen die USA äußert.

Die Beziehung zum Anderen weckt das Verantwortungsbewusstsein. Es ist die ewige Frage Kains, des Mörders Abels: „Bin ich denn der Hüter meines Bruders?" (Gen 4,9) Ja, wenn wir vor dem Anderen stehen, vor seinem Angesicht und vor seinen flehenden Händen, dann können wir uns dem nicht entziehen, wir müssen antworten. Das ist mit dem Wort Ver-Antwortung gemeint: dem Anderen antworten.

Der Andere ruft in uns das ethische Bewusstsein wach. Er fordert uns zur Stellungnahme auf, zur Entscheidung für die Aufnahme oder Zurückweisung. Die Ethik ist – dem Philosophen Emmanuel Lévinas zufolge – die Erste Philosophie.

Die Mehrheit der Philosophen des Westens stellt nicht die Alterität, den Anderen, in den Mittelpunkt ihres Denkens, sondern die Identität, das „an sich". Deshalb kommt die Ethik immer zu kurz. Dieser Mangel hat zum Beispiel beim bekannten Philosophen Martin Heidegger tragische Züge angenommen. Bei ihm kann man einen bedauernswerten kompletten Ausfall einer Ethik feststellen. Für ihn ist der Mensch der „Hirt des Seins" und nicht mehr der „Hüter des Bruders". Als Rektor der Universität Freiburg war er ein Anhänger der Nazis, und später, als er deswegen verurteilt wurde, sagte er nur: „Früher habe ich das braune Hemd der Nazis getragen, aber das war ein Irrtum." Nichts als ein Irrtum?

Eine solche Feststellung scheint jedes Verantwortungsgefühls und deshalb jeder ethischen Ernsthaftigkeit verlustig gegangen zu sein. In Wahrheit ging es um mehr als einen Irrtum, es war ein grundlegender Fehler, die Entfernung der jüdischen Professoren von ihren Lehrstühlen hinzunehmen. Er tat wenig oder nichts, um seinen Lehrer und sein Vorbild Edmund Husserl zu retten, wiewohl er es hätte tun können.

Die Welt besteht nicht nur aus Menschen, die sich irren und täuschen. Tragischerweise besteht sie auch aus antiethischen und schuldigen Menschen, die sich weigern, angesichts des Anderen eine Antwort zu geben und sich verantwortlich zu zeigen.

Dieses Erbe, das dem Westen aus der jüdisch-christlichen Tradition erwachsen ist, bietet uns eine solide Grundlage für eine mögliche und dringend notwendige Gastfreundschaft in der Phase der Erdgeschichte, in der sich nun so viele unterschiedliche Kulturen und so viele Menschen befinden, die der gegenseitigen Annahme bedürfen.

Überall auf der Erde gibt es Konflikte ohne Zahl. Wie kann man sie lösen? Die Zahl der Analytiker und Denker nimmt immer mehr zu, die sagen: Diese Konflikte werden nicht mittels politischer Übereinkünfte gelöst, sondern durch die Verständigung auf einen ethischen Minimalkonsens, dem alle zustimmen. Dieser wird seine Grundlage in der unbedingten Verteidigung des Lebens, der Erhaltung der Unversehrtheit des Planeten Erde und seiner Ökosysteme, in der Garantie der Grundbedingungen für die Erhaltung des Lebens aller und im Entschluss finden, Gewalt als Mittel der Konfliktlösung unter den Völkern endgültig zu ächten.

Dieser ethische Minimalkonsens setzt die Annahme des Anderen als Anderen, den Respekt vor seiner Besonderheit und die Bereitschaft zu einem dauerhaften Bündnis mit ihm voraus. Diese Vorschläge beinhaltet die Idee einer offenen Gastfreundschaft ohne Einschränkungen.

Der jüdisch-deutsche Philosoph Martin Buber (gest. 1965) hat uns eine der besten philosophischen Formulierungen einer solchen Ethik des Anderen und des ständigen Dialogs mit ihm geliefert. Sein Buch *Ich und Du* zeigt auf, dass die gesamte Existenz des Menschen Dialog ist und wie das Ich an einem Du allererst entsteht. Die Ich-Du-Beziehungen sind Grundlage für die gemeinschaftliche und gesellschaftliche Wir-Beziehung.

Berühmt ist seine Formulierung: Wenn wir *nebeneinander* leben, dann werden wir schließlich *gegeneinander* leben, deshalb bedürfen wir des ständigen *Miteinanders*, wir müssen uns auf eine Weise des Zusammenseins einlassen, um miteinander zu leben.

Die Kirche der Befreiung, wie wir sie heute in Lateinamerika, Afrika und Asien vorfinden, hat sich zu einer Option für die in extremster Form Anderen verpflichtet, für die Armen, Ausgegrenzten und gegen deren Armut und Ausgrenzung. Es ist eine konkrete Form, das jüdisch-christliche Erbe des Bundesschlusses und der Gastfreundschaft zeitgemäß zu verwirklichen. Sie tut es nicht in einer paternalistischen Haltung von oben herab, die nur *für* die Anderen da wäre, sondern sie ist *mit* den Anderen und lebt auch, wann immer dies möglich ist, mit ihnen. Dies ist die Haltung der Befreiung.

Die Reflexion, die in dieser Praxis ihren Ausgangspunkt hat, ist gleichzeitig Theologie und Ethik der Befreiung. Ihr kategorischer Imperativ, wie er vom argentinischen Philosophen Enrique Dussel formuliert wurde, lautet: „Befreie den Armen“.

2. *Die Menschenrechte und die Kultur des Friedens*

Es gibt eine andere westliche Tradition, die die vorher besprochene ergänzt und sich entschlossen der Verteidigung der Würde des Menschen widmet. Es ist dies der edle Kampf für die Menschenrechte, besonders für die Rechte der Erniedrigten und Gedemütigten unserer Geschichte.

Das Rechtsbewusstsein ist ein Topos, der sich nur innerhalb der westlichen Kultur findet. Es entwickelte sich unter dem starken Einfluss des jüdisch-christlichen Denkens, das wir zuvor erörtert haben. Bereits die Magna Charta aus dem England des Jahres 1215 und die amerikanische Unabhängigkeitserklärung von 1776 machen diese Sichtweise deutlich.

Die gesamte Neuzeit betont auf politischer Ebene den Bereich der Freiheit und der Rechte, obwohl sie in der Praxis nicht immer die Bedingungen zu deren Verwirklichung für alle geschaffen hat.

Die Hauptdokumente zu den Menschenrechten wie die Erklärung der Rechte des Menschen durch die Französische Revolution aus dem Jahr 1789 oder die Allgemeine Erklärung der Menschenrechte durch die UNO aus dem Jahr 1948 und die übrigen Dokumente über Rechte bestimmter Personengruppen (der Armen, der Minderheiten, der Kinder, der Kulturen etc.) gehen von der ethischen und politischen Voraussetzung aus, dass der Mensch ein Zweck an sich sei und niemals zum Mittel für irgendein anderes Vorhaben werden darf.

Solche Erklärungen dienen als Bollwerk gegen die Missachtung der Person von Seiten tyrannischer Mächte oder autoritärer Gewalt oder gegen den Willen derer, die sich, um des eigenen Vorteils willen oder um sich Privilegien zu sichern, über das Recht der Anderen und der Kulturen hinwegsetzen. Die Berufung auf die Menschenrechte setzt diesen Anmaßungen Grenzen und bestraft Verstöße dagegen als Verbrechen.

Dass ein solcher Grad an Bewusstsein von der Würde des Anderen erreicht worden ist, stellt einen großen zivilisatorischen Fortschritt für alle Gesellschaften dar. Dieses Bewusstsein wächst in dem Maß, als man der verschiedenen Dimensionen des Anderen gewahr wird. Der Andere ist nicht nur der Mensch im Unterschied zu mir. Der Andere kann jedes Geschöpf sein: eine Pflanze, ein Tier, ein Ökosystem und der Planet Erde selbst. Ihnen gegenüber gilt dieselbe Haltung der Anerkennung und des Respekts.

Dies ist die Grundlage, die es uns ermöglicht, immer wieder auftauchende Konflikte zwischen Macht und Anerkennung der Rechte zu überwinden. Häufig ist es der

Fall, dass die Interessen der dominierenden Macht die Oberhand über den Respekt vor dem Anderen und seinen Rechten gewinnen. Man findet ideologische Rechtfertigungen, um solche Verstöße zu legitimieren: Die Frau sei eher gefühls- als vernunftbetont, der Indio sei ein Wilder, der Schwarze habe eine andere Hautfarbe, der Muslim sei ein potentieller Terrorist. Auf diese Weise hält man an der Unterscheidung zwischen dem Menschlichen und dem Pseudomenschlichen fest, um ohne schlechtes Gewissen Unterdrückung ausüben zu können. Im Kosovo-Krieg in den Neunzigerjahren des letzten Jahrhunderts schnitten Serben gefangenen Muslimen den Penis ab, um auf diese Weise deutlich zu machen, dass sie keine vollwertigen Männer sind, sondern Pseudo-Männer, gegen die ethnische Säuberungen gerechtfertigt sind, ohne dass man dabei gegen die Menschenrechte verstößt.

Diesen Knäuel können wir nur dann entwirren, wenn wir vom bedingungslosen Respekt vor jedem Lebewesen, jedem Anderen, jeder Lebensform und jedem Menschen ausgehen, unabhängig von seinem gesellschaftlichen, moralischen oder kulturellen Status.

Dieser Respekt hat seine Grundlage in der Tatsache, dass alle Lebewesen zu einem großen Ganzen gehören, das sich seit Milliarden von Jahren in einem Prozess der Evolution befindet. Alle sind voneinander abhängig. Jedes Lebewesen stellt ein Glied in der Kette des Lebens dar und verdient es, weiter zu existieren und zu leben.

Die Achtung der Menschenrechte muss also mit der Achtung vor jeder Andersheit beginnen, angefangen vom Stein, von der Pflanze, dem Tier, dem Ökosystem, den Kulturen bis hin zu jeder einzelnen Person. Wir werden das Leben von Unseresgleichen nicht achten, wenn wir nicht das Leben in seiner ganzen Vielfalt, jedes Lebewesen, achten.

Wenn wir die Achtung vor dem Anderen verlieren und wenn wir gegen die Lebewesen Gewalt ausüben, dann wird sich diese Gewalt früher oder später gegen uns selbst wenden.

Die Kultur des Respekts zeigt sich also in Form der Kultur der Fürsorge füreinander und für das Gemeinsame Haus. Sie wird sichtbar als Kultur der Mitverantwortlichkeit für die gemeinsame Zukunft der Menschheit und der Erde. Sie entsteht als Kultur des Mitleids mit allen, die leiden; sie zeigt sich als Kultur der Kooperation und der weltweiten Solidarität, denn diese ermöglicht es uns allen, im selben blau-weißen Raumschiff, unserer Erde, zusammenzuleben.

3. Die uneingeschränkte Demokratie als Integration des Anderen

Ein anderer Wert, der im Westen entstanden ist und heute in der ganzen Welt Verbreitung findet, ist die Demokratie. Sie ist ein Heilmittel gegen alle Formen der Ausgrenzung und jeden Mangel an Gastfreundschaft.

Die Demokratie ist Ideal und Wirklichkeit zugleich. Sie ist ein *Ideal* mit den Kennzeichen der Utopie und deshalb immer nach oben und nach vorne offen; so umfasst sie alle Bereiche, in denen sich der Andere findet: die Beziehung zwischen Mann und Frau, die Familie, die Schule, die Gemeinde, die Gewerkschaft, die soziale Bewegung, die Regierung einer Gesellschaft. Es geht um Demokratie als universalen Wert, um uneingeschränkte Demokratie, die immer wieder hergestellt werden muss. Als Utopie bleibt sie stets unerreichbar, doch sie muss immer durch Prozesse der Vervollkommnung angestrebt werden.

Die Demokratie ist immer auch eine historische *Realität* und deshalb immer begrenzt und bedingt durch das, was gesellschaftlich möglich ist. Zwischen Ideal und Wirklichkeit findet ein Prozess des kontinuierlichen Aufbaus der uneingeschränkten Demokratie in dem Maße statt, als sich die Teilhabe der Bürger erweitert, als sich die Integration und die Ausstattung aller Mitglieder der Gesellschaft mit Macht *(Empowerment)* verstärken. Je stärker diese Werte gefördert werden, umso mehr Demokratie wird verwirklicht und umso eher ist deren Bestand gewährleistet.

Die unabdingbare Grundlage jeder Demokratie ist folgende: Was alle betrifft, muss auch von allen entschieden werden, sei es direkt oder durch Repräsentanten. Die erste Ausdrucksform der Demokratie ist die Wahl der Regierenden mittels freier Wahlen.

In einer Demokratie zählen alle und haben alle einen Stellenwert. Deshalb kann sie nicht gleichzeitig mit der Ausgrenzung des Anderen existieren. In einem Land wie Brasilien mit 50 Millionen Ausgegrenzten weist die Demokratie Züge des Irrealen auf. Dennoch versucht man eine reichhaltige Demokratie zu schaffen, nicht bloß eine repräsentative Demokratie, sondern eine Demokratie, die echte Teilhabe ermöglicht, eine partizipative Demokratie. Die sozialen Basisbewegungen fordern dieses Ideal ein: *eine Gesellschaft, in der alle Platz haben können, auch die Natur.* Es geht also um eine inklusive Demokratie als universalen Wert, um eine uneingeschränkte Demokratie, wie es der portugiesische politische Denker Boaventura de Souza Santos formuliert.

In ein Verständnis von Demokratie in diesem erweiterten Sinne muss der ökologische Aspekt mit aufgenommen werden. Sie darf sich nicht nur auf die Menschen beschränken und bloß anthropozentrisch sein. Der Anthropozentrismus ist eine Täuschung, denn der Mensch ist kein Zentrum für sich, als ob alle übrigen Lebewesen nur einen Sinn verwirklichen würden, wenn sie auf ihn hingeordnet sind. Er ist ein wichtiges Element neben anderen im Strom des Lebens. Er ist nie isoliert, sondern steht immer in Beziehung zum Ganzen. Ohne seine Beziehungen zur Biosphäre, zur Umwelt und zu den physikalisch-chemischen Vorbedingungen würde er nicht einmal existieren. So wichtige Elemente müssen in unser Verständnis von Demokratie heute mit aufgenommen werden, da ja das ökologische Bewusstsein die Rechte der Tiere, der Pflanzen und der Erde selbst garantiert. Den Gesellschaftsvertrag kann man nicht mehr isoliert vom Vertrag mit der Natur betrachten. Diese beiden Verträge müssen in Verbindung miteinander angenommen werden.

Vertrag mit der Natur bedeutet eine Beziehung gegenseitiger Abhängigkeit, des Zusammenlebens und der Zusammenarbeit zwischen Mensch und Natur. Heute kommt es entscheidend darauf an, dass wir einen solchen Pakt garantieren, denn die Ökosysteme und die Erde selbst werden systematisch in ihren Rechten und in ihrer Andersheit verletzt. Wenn wir den Erhalt der Natur nicht garantieren, hat kein anderer Vertrag irgendeinen Sinn.

Der Gesellschaftsvertrag muss den Pakt mit der Natur als konstitutiven Bestandteil in sich aufnehmen. Bürger sind nicht nur die Menschen, sondern auch die Tiere, die Bäume, die Vögel, die Landschaften, die Flüsse, die Berge und die Ökosysteme. Was wäre denn eine Stadt, wenn sie ihren Grüngürtel, ihre klaren Flüsse, ihre saubere Luft, ihre geschützten Tiere, ihre gepflegten Landschaften und Berge nicht hätte? Es wäre keine menschliche Stadt.

Die Demokratie muss den Stellenwert einer juristischen Person allen Lebewesen zugestehen, denn sie sind Inhaber von Rechten und müssen in ihrer Andersheit und in ihrem Zusammenleben mit uns respektiert werden. Sie sind Bürger, Mitglieder einer soziokosmischen Demokratie. Sie sind die Anderen, denen innerhalb unseres gesellschaftlichen Zusammenlebens Respekt entgegengebracht wird und die integriert werden. Der Friede bekommt dadurch eine neue Dimension; er ist nicht mehr nur Friede zwischen den Menschen, Völkern und Kulturen, sondern auch Friede mit der Erde, die frei von Verwüstungen sein soll, denen sie Jahrhunderte lang ausgesetzt wurde. Allein dies wäre jener ewige Friede, von dem der große Philosoph Immanuel Kant (gest. 1804) geträumt hat (vgl. Kant 1964).

VIII. Die Gastfreundschaft im Kontext der Globalisierung

Die Dilemmata, in denen sich die Gastfreundschaft heute befindet, wiegen schwer. Wir wissen nicht einmal genau, wie wir auf gastfreundliche Art mit den schweren weltweiten Problemen der Migration – besonders der kriegs- und wirtschaftlich bedingten und auf die natürliche Mobilität zwischen Völkern und Kulturen zurückzuführenden – umgehen können. Wir dürfen jedoch deshalb das Ideal der Gastfreundschaft nicht aufgeben; sie bildet die Grundlage unserer Humanität und eines zivilisierten Zusammenlebens. Ohne sie würden wir uns zu einer barbarischen Gesellschaft von Wölfen, zu dem, was „Naturzustand" genannt wurde, zurückentwickeln.

Wenn wir auch nicht wissen, welche politischen Maßnahmen wir konkret auf Weltebene ergreifen müssen, so können wir wenigstens Grundhaltungen und Verhaltensweisen fördern, die die Gastfreundschaft festigen und unter den Menschen eine neue Subjektivität begründen können.

Trotz dieser Einschränkungen muss man für alle Bereiche menschlichen Handelns unter dem Vorzeichen der Globalisierung einige mögliche politische Wege skizzieren.

1. Grundhaltungen und Verhaltensweisen im Sinne der Gastfreundschaft

Die Grundzüge der Gastfreundschaft, wie sie im Mythos von Philemon und Baukis sichtbar wurden, können uns als Orientierung dienen. Wir greifen einige von ihnen als

Wege auf, die uns zu einer wahrhaft menschlichen Globalisierung hinführen.

a) Der unbedingte gute Wille

Wenn dieser gute Wille nicht die Haltung ist, die allem, was wir denken und tun, vorausliegt, dann ist es unmöglich, eine allen gemeinsame Basis herzustellen. Wenn ich alles schlecht mache, beargwöhne und niemandem mehr vertraue, wie können wir dann gemeinsam etwas schaffen, was alle zusammenführt?

Positiv gesprochen: Nur wenn wir den guten Willen aller voraussetzen, können wir etwas schaffen, was für alle gut ist. In Krisenzeiten ist der gute Wille der wichtigste Faktor, der alle vereint, um eine Lösung zu finden. Immanuel Kant (1724–1804), der die Ethik der Neuzeit im Westen am präzisesten denkerisch begründet hat, hat in seiner *Grundlegung zur Metaphysik der Sitten* (1785) eine Aussage von enormer Tragweite getroffen:

„Es ist überall nichts in der Welt, ja überhaupt auch außer derselben zu denken möglich, was ohne Einschränkung für gut könnte gehalten werden, als allein ein guter Wille ...“ (Kant 1974, 18)

Wenn man diese schwierige Ausdrucksweise in etwas verständlichere Weise übersetzt, dann heißt das: Der gute Wille ist das einzige Gut, das nur gut ist, ohne jede Einschränkung. Der gute Wille ist entweder gut oder gar nicht. Wir haben es hier mit einer Aussage zu tun, die beträchtliche praktische Konsequenzen nach sich zieht.

Diese Überlegungen gelten für jede Initiative menschlicher Zusammenarbeit, besonders für den Prozess der Globalisierung, der so sehr vom Wettbewerb geprägt ist. Ohne den guten Willen der großen Mehrheit der Menschen auf der Welt werden wir weder einen Ausweg aus der verzweifelten sozialen Krise finden, die die Gesellschaften in den Ländern der Peripherie zerreißt, noch aus der alarmierenden ökologischen Situation, die das System Erde aufs Spiel setzt. Nichts und niemand, weder eine Regierung noch charismatische Regierungschefs wären fähig, eine verheißungsvolle Alternative angesichts der weltweiten sozialen und ökologischen Probleme anzubieten.

Der gute Wille ist der letzte Rettungsanker, der uns noch verbleibt. Die weltweite Situation ist katastrophal. Wir leben in einer Situation ständigen weltweiten Bürgerkriegs. Niemand ist da – weder einer der beiden Heiligkeiten, Papst und Dalai Lama, noch die intellektuellen und moralischen Eliten, noch die Technologie –, der einen Schlüssel anbieten könnte, um einen globalen Ausweg zu eröffnen. In Wahrheit sind wir ganz auf uns selbst gestellt. Denken wir an das, was Dostojewskij in seiner phantastischen Erzählung *Der Traum eines lächerlichen Menschen* geschrieben hat: „Wenn alle wollten, würde sich alles auf der Erde in einem Augenblick verändern."

Brasilien spiegelt die dramatische Situation der Welt im Kleinen wider. Die soziale Wunde, die aufgrund einer fünfhundert Jahre währenden Missachtung der Sache des Volkes entstanden ist, verursacht einen ständigen Blutverlust. Ein großer Teil unserer Eliten dachte nie daran, für Brasilien insgesamt eine Lösung zu finden; ihnen ging es allein um sich selbst. Sie sind viel mehr damit beschäftigt, ihre Privilegien abzusichern als die Rechte aller zu gewährleisten. Durch unzählige politische Manöver bis hin zu Staatsstreichen ist es ihnen gelungen, die demokratisch gewählten Regierungen für ihre Interessen zu manipulieren und die nötigen sozialen Veränderungen zu hintertreiben oder hinauszuzögern. Im Gegensatz zum großen Teil des brasilianischen Volkes, das immer einen guten Willen in großem Maße an den Tag legte, weigert sich ein guter Teil der Eliten, die Hypothek des guten Willens abzutragen, die sie dem Land schuldet.

Wenn der gute Wille so entscheidend ist, dann ist es dringend nötig, ihn in allen zu wecken. Im Augenblick der Gefahr, wie eben jetzt, da die Erde der untergehenden Titanic gleicht, können alle, sogar die Hauptverantwortlichen für die aktuelle Krise, mit einem Minimum an gutem Willen zusammenarbeiten. Dies ist die Grundbedingung unseres Überlebens. Die Klassenkonflikte sind weiter vorhanden und müssen ernst genommen werden, doch in einer Extremsituation muss man sie relativieren. In allen ist ein Mindestkapital an gutem Willen vorhanden. Wenn ein jeder wirklich will, dass es mit der Menschheit gut ausgeht, dann wird es durch den guten Willen aller auch gut ausgehen.

b) Großherzige Aufnahme

Großherzige Aufnahme heißt, den Anderen als Anderen in seiner Unterschiedenheit ohne Vorurteile und mit Freude anzunehmen. Wir leben heute in einer unumkehrbaren Situation: Wir sind alle Passagiere im selben Raumschiff Erde. Wir können einander nicht feindlich begegnen. Wir müssen zusammenleben und uns gegenseitig tolerieren, ob wir wollen oder nicht. Es gibt keinen Ort, an den man sich, wie früher, zurückziehen könnte, um nicht mit dem zusammenleben zu müssen, mit dem man dies nicht will. Es ist unmöglich, dass sich ein Land völlig selbst genügt, ohne Beziehung zu den anderen Ländern. Die Globalisierung hat diesen Ausweg ein für allemal verschlossen.

Die Annahme darf aber nicht wie ein Verhängnis gelebt werden, da uns nun einmal nichts anderes übrig bleibt. Wir müssen diese Annahme freudig leben, indem wir im Anderen den Nächsten, den Weggefährten, einen Bruder oder eine Schwester sehen, die alle zur großen Menschheitsfamilie gehören, die früher zerstreut war, nun aber im Gemeinsamen Haus zusammen ist.

c) Aufmerksam zuhören

Man muss zuhören, aber mehr mit dem Herzen als mit dem Gehör. Es geht darum, sein Herz zu öffnen und das zu fühlen, was der Andere fühlt, ihn mit seinen Augen zu sehen versuchen und nicht von unseren Begriffen und kulturellen Vorurteilen aus. Wir halten die Auffassung einiger für illusorisch, die meinen, dass man aufgrund der unbedingten Gastfreundschaft nicht einmal nach dem Namen und der Herkunft fragen solle. Die Menschen sind keine Nummern. Sie sind eben Personen, die einen Namen und eine Herkunft haben. Ohne uns von Vorurteilen anstecken zu lassen, die eventuell mit bestimmten Namen oder einer bestimmten Herkunft verbunden sind, sollten wir die Person sehr wohl mit ihrem Namen ansprechen und um ihre Herkunft wissen.

Gleichzeitig sind wir uns dessen bewusst, dass jede Person etwas zu sagen hat. Sie sagt dies allein schon durch ihre Anwesenheit, durch ihren Gesichtsausdruck, durch ihren Blick, ihre Hände, ihre Worte und ihre Kleidung. Zuhören heißt, empfänglich zu werden für Aspekte der Realität, die uns unzugänglich sind, die uns aber der Andere von sich aus offenbaren kann. Wie viel Weisheit, wie viel Schönheit, wie viele Beispiele von Heldentum, wie viel Kreativität haben die unterschiedlichen Völker und Kulturen gezeigt! Wie viele Kämpfe, Leiden, Dramen und Tragödien mussten sie aber andererseits im Lauf der Zeit durchmachen! Durch das Zuhören können wir lernen, können wir uns dem Anderen aussetzen, etwas in uns aufnehmen, betrachten und unsere eigene Identität bereichern, die niemals etwas endgültig Feststehendes ist, sondern vielmehr eine Matrix, die sich in der Begegnung mit dem Anderen erneuern und wachsen kann.

d) Offen miteinander reden

Miteinander reden heißt, sich in eine Beziehung der Gegenseitigkeit hineinzubegeben und sich auszutauschen. Jeder Mensch ist ein Wesen des Dialogs, denn seine Existenz ist immer Koexistenz und gegenseitige Abhängigkeit. Deshalb brauchen wir einander, um Mensch zu sein. Heute steht die Frage des Dialogs zwischen den Kulturen, die Interkulturalität, im Vordergrund.

Jede Kultur zeigt – mit ihren Grenzen und ihren reichhaltigen Möglichkeiten – eine andere Art, wie man Mensch sein kann. Im interkulturellen Dialog werden die vielen Möglichkeiten der Identitätsbildung, die unterschiedlichen Weisen des Austauschs mit der Natur, die unterschiedlichen Arten, das Göttliche und Heilige zu benennen, zu beten, Feste zu feiern, Kunst und Musik zu machen, deutlich. Gleichzeitig werden die Gemeinsamkeiten sichtbar, die uns als Menschen, als Angehörige der Gattung *homo sapiens et demens*, auszeichnen.

Die Würde, der Respekt, die Solidarität, die Fürsorge, die Teilhabe, die Transparenz, die gute Leitung, die Gewaltfreiheit und die Ehrfurcht sind Werte, die in den einzelnen regionalen Kulturen und in der neuen Kultur präsent sind, die als Ausdruck der Globalisierung des Phänomens Mensch entstehen wird. All diese Werte werden sich langsam durchsetzen und das kollektive Zusammenwachsen der globalisierten Geschichte der Menschheit bewirken.

Die große Gefahr besteht nun darin, dass die Beziehungen des Dialogs verdinglicht werden, dass es mehr darum geht, Produkte auszutauschen und Handelstransaktionen vorzunehmen als darum, die Menschen und Völker miteinander in Kontakt zu bringen, damit sie sich als die große Menschheitsfamilie in ihrer unausschöpflichen Vielfalt und in ihrem Reichtum der Werte entdecken können.

In dieser sozialen und biologischen Vielfalt stellt sich der Planet Erde wie ein komplexes Mosaik aus den unterschiedlichsten Öko- und Gesellschaftssystemen dar, die in ihrer gegenseitigen Vernetzung den Gesamtleib der Menschheit bilden. Jeder Teil davon muss in seiner Unterschiedenheit und seiner jeweiligen unverwechselbaren Identität anerkannt werden in dem Bewusstsein, dass es sich um einen Teil eines einzigen, in sich vielfältigen Ganzen handelt.

e) Ehrlich verhandeln

Wo es widerstreitende Interessen gibt, müssen wir den Willen und die Fähigkeit entwickeln, Verhandlungen zu führen, das rechte Maß und mögliche Übereinstimmungen innerhalb einer *Win-win-Logik,* einer Logik also, derzufolge beide Seiten gewinnen, zu finden. Jede Partei muss den Mut aufbringen, Kompromisse zu akzeptieren, die ihren Interessen zuwiderlaufen und die immer das Gemeinwohl im Blick haben.

Das Phänomen der planetarischen Ausweitung der *Conditio humana* und des Entstehens einer Weltgesellschaft verpflichtet uns dazu, dem Gemeinwohl den Vorrang vor partikularen Interessen einzuräumen. Andernfalls werden die Spannungen und Konflikte weiterhin Stolpersteine auf dem Weg zu einer wahrhaft menschlichen Globalisierung sein.

Diese Perspektive offener und ehrlicher Verhandlungen muss insbesondere über die Mechanismen und die Macht der hegemonialen Länder und der herrschenden Klassen die Oberhand gewinnen, die alle Mittel dafür benutzen, um ihre privilegierte Stellung und wirkliche Herrschaft über andere Länder oder die Gesellschaft zu behaupten. Für einen Großteil von ihnen ist die Globalisierung nach wie vor die Verwestlichung der Welt und die Durchsetzung des westlichen Lebensstils und seiner Vorstellungen von Kultur und Zivilisation.

f) Die eigenen Interessen zurückstellen

Auf die Eigeninteressen mit Blick auf das Wohl aller zu verzichten ist eine Vorbedingung für jede Suche nach einem Konsens. Verzicht bedeutet hier die politische Fähigkeit, dem die Priorität einzuräumen, was wirklich für alle wichtig ist. Auf diese Weise gibt man nichts auf, man verzichtet vielmehr, um an Frieden, Nachhaltigkeit und Einigkeit im Blick auf ein gemeinsames Ziel zu gewinnen: auf eine menschliche Weise im Gemeinsamen Haus zusammenzuleben.

Unsere gemeinsame Verantwortung nimmt im selben Maß zu wie die Gefahren, denen wir unser Überleben und den Fortbestand des Lebens auf dem Planeten aussetzen. Um dieses höchsten Wertes willen, der die Grundlage aller anderen Werte bildet, ist der Verzicht auf Sonderinteressen, um das Universale zu retten, unabdingbar.

g) Bewusst Verantwortung übernehmen

Es geht nicht darum, die jeweilige eigene Position und Identität zu leugnen. Erforderlich ist es aber, bewusst die Verantwortung dafür zu übernehmen, dass die Besonderheit eines Volkes oder einzelner Menschen nicht zum Hindernis für die Verfolgung des gemeinsamen Wohls wird. Die eigene Unterschiedenheit kann, wenn sie in ein kollektives Projekt integriert wird, zur bunten Vielfalt des menschlichen Zusammenlebens beitragen. Die Behauptung der eigenen Unterschiedenheit muss nicht zwangsläufig die Vermehrung von Konflikten bedeuten. Wenn man sich der Relativität dieser Unterschiedlichkeit bewusst ist und sie stets innerhalb der Perspektive des Aufbaus des Ganzen sieht, ist sie legitim und bereichert die Globalisierung in ihrer Komplexität.

Die Gefahr besteht in einem eindimensionalen Denken, in einer kulturellen Vereinheitlichung, im Plattwalzen der

Unterschiede und im Verzicht auf die guten Erfahrungen der einzelnen Völker.

Solches Handeln ist es, das Unzufriedenheit, Aufruhr und Verbitterung hervorruft und lediglich zu Spannungen und Konflikten führt, die dem Aufbau eines gemeinsamen Gutes schaden.

h) Mutig die eigene Position relativieren

Die eigene Position und die eigene Unterschiedenheit relativieren heißt nicht, auf die eigenen Werte verzichten. Es erfordert von uns den Mut, sie nicht länger als die einzig gültigen und absolut zu nehmenden zu verstehen, was sie in Konflikt mit den anderen bringen müsste. Es bedeutet, sie in Relation zu den anderen und zum Ganzen zu setzen. Dann werden sie als eine Möglichkeit unter anderen, das Humanum zu verwirklichen, sichtbar. So tragen sie dazu bei, das bunte Mosaik der Unterschiede zusammenzusetzen, die sich gegenseitig annehmen, zusammenleben, sich tolerieren und gemeinsam die große Konföderation der Völker der Erde schaffen, wie sie als großer Traum dem politischen Philosophen Immanuel Kant und den besten der zeitgenössischen Denker vorschwebte und vorschwebt.

i) Auf kluge Weise Veränderungen herbeiführen

Da wir auch *demens* sind, also aggressive Seiten an uns haben, neigen wir auch stets zur Gewalt, die so viele Opfer fordert. Die Herausforderung für uns besteht nun nicht darin, diese Seiten radikal abzutöten, sondern sie vielmehr zu verwandeln. Das heißt, dafür zu sorgen, dass sie nicht destruktiv sind. Das Konkurrenzprinzip zum Beispiel, das so viele schwächere Menschen, Klassen und Nationen an den Rand drängt und ausgrenzt, muss durch wohltuende Formen wie sportliche, künstlerische, kulturelle und andere Wettbewerbe verwandelt werden. Mittels dieser Verwandlungen werden die Kräfte der Konkurrenz und des Gegeneinanders auf akzeptable und nicht destruktive Ziele hin kanalisiert; auf diese Weise bleibt das Gefüge menschlicher Beziehungen intakt.

Wenn wir es recht sehen, dann war genau dies über Jahrhunderte hinweg die Strategie der Menschheit bei der Suche nach guten Lösungen für Konflikte und Spannungen. Dies bedeutete den Übergang vom „Naturzustand“, in dem das Recht des Stärkeren vorherrscht, zur „Zivilisation“, in der die Macht des Rechtes etabliert wird.

Diese zivilisierte Strategie wird von den sozialen Bewegungen angewandt, für die die Gewalt prinzipiell keine Option ist; sie verwandeln das Gewaltpotential im Allgemeinen in symbolische Ausdrucksformen, indem sie auf die Gesellschaft und den Staat Druck ausüben zugunsten der Rechte von Frauen, Schwarzen, ethnischen Minderheiten, diskriminierten Menschen, Umwelt- und Friedens- bzw. Antikriegsbewegungen. Die Mittel zur Erreichung dieser Ziele sind friedlich. Man bedient sich demokratischer Formen der Druckausübung, öffentlicher Debatten, Massendemonstrationen und Volksabstimmungen.

Die planetarische Phase der Menschheit wird nur dann an Stabilität gewinnen, wenn die Kultur des Friedens und des Verzichts auf jegliche physische Gewalt kollektiv angeeignet und zu einem Gemeingut der Völkergemeinschaft wird. Dann sind die Bedingungen für einen dauerhaften Frieden zwischen allen Stämmen der Erde geschaffen.

2. *Politik möglicher Formen von Gastfreundschaft*

Die Grundhaltungen und Verhaltensweisen sind entscheidend, denn sie schaffen aktive und neue Bürger. Auf dieser Ebene sind immer Veränderungen möglich, denn sie hängen einzig und allein vom persönlichen Engagement und dem Willen des Einzelnen ab, seine Verhaltensmuster zu ändern. Doch das reicht nicht aus. Es kommt darauf an, dass gesellschaftliche Veränderungen passieren, und zwar entweder im Sinne von Verbesserungen (Reformen) oder im Sinne eines strukturellen Wandels (Alternativen).

a) Ein Mindestmaß an Gerechtigkeit auf allen Ebenen

Auf allen Gebieten herrscht Ungleichheit, besonders in wirtschaftlicher Hinsicht, obwohl es auch kulturelle und religiöse Ungleichheit gibt. Samir Amin, einem weltbekannten Wirtschaftswissenschaftler aus Tansania, zufolge, kontrolliert eine kleine Gruppe des globalisierten Bürgertums fünf Oligopole: das technologische, das Oligopol der Finanzmärkte, das des Zugangs zu den natürlichen Ressourcen des Planeten, das der Massenmedien und das der Massenvernichtungswaffen (Amin 1997). Diese Gruppen eignen sich 83 % des weltweiten Bruttosozialprodukts an, was die soziale Ungleichheit auf der Welt gravierend verschlimmert. Die Kluft zwischen Arm und Reich vergrößerte sich im Zeitraum von 1960 bis 1990 vom Dreißigfachen auf das Sechzigfache. Das stellt eine perverse soziale Ungerechtigkeit dar, eine wahre Barbarei.

Das Weltwirtschaftssystem funktioniert nur für ein Drittel der Menschheit gut. Die anderen zwei Drittel (was in absoluten Zahlen ungefähr 4 Milliarden Menschen bedeutet) leben in Leid und Elend. Ein solches System besitzt nicht die physischen und ökologischen Voraussetzungen, um auf alle Menschen ausgedehnt zu werden. Rechnungen von Biologen wie etwa Edward Wilson zufolge wären dafür noch einmal vier Planeten wie der unsere erforderlich, was schlicht unmöglich ist (Wilson 2002, 170).

Es gibt nur sehr wenig Solidarität unter den Menschen. Das hat dazu geführt, dass Ungerechtigkeit und Ungleichheit zu den herausragendsten und skandalösesten Merkmalen unserer Zeit geworden sind. Und es deutet nichts darauf hin, dass sie überwunden werden. Im Gegenteil, sie tendieren dazu, sich aufgrund der Gier jenes Typs von ausgrenzender Globalisierung, die weder ökologische noch ethische Grenzen kennt, zu verschlimmern. Ihr Ziel ist die endlose Kapitalakkumulation zugunsten derer, die immer schon für ihren eigenen Profit Kapital angehäuft haben.

Das, was innerhalb der derzeitigen Weltordnung zählt und entscheidet, sind die ökonomischen Instanzen. Die Politik ist zur Geisel der Ökonomie geworden. Diese wird vom Konkurrenzdenken und nicht von der Kooperation bestimmt. Deshalb ist sie von einem Grundkonflikt zwischen Starken und Schwachen, Schuldnern und Gläubigern, Herrschenden und Abhängigen geprägt. Die Starken behaupten sich auf dem Markt, die Schwachen verschwinden. Innerhalb eines so perversen Gesamtrahmens gibt es wenig Spielraum für gerechte Verhältnisse. Ein Mindestmaß an Gerechtigkeit hängt von der Politik der drei weltweiten Organisationen ab, die das aktuelle Weltwirtschaftssystem bestimmen: dem Internationalen Währungsfonds (IWF), der Weltbank und der Welthandelsorganisation (WTO).

Internationaler Währungsfonds und Weltbank bemühen sich eifrig darum zu vermeiden, dass das System ins Chaos stürzt. Sie unterwerfen deshalb die schwachen Ökonomien oder Länder, die sich in einer Krise befinden, ihren Vorgaben (sog. Strukturanpassungsmaßnahmen; d. Übers.), die so gestaltet sind, dass sie den Gläubigern die Bezahlung der Auslandsschuld garantieren oder dem Establishment die Hauptgewinnanteile aus dem weltweiten Finanz- und Wirtschaftssystem sichern.

Die Welthandelsorganisation (WTO) wurde so gestaltet, dass der Löwenanteil aus den Handelsbeziehungen und Verträgen den Ökonomien der Länder des Zentrums zufällt, die die Preise, Zölle, Subventionen und den Verkehr von Gütern und Dienstleistungen kontrollieren.

Die soziale Ungerechtigkeit setzt sich im Inneren der einzelnen Länder, vor allem an der Peripherie, fort. Diese Ungerechtigkeit hat ihre Wurzeln in der Geschichte dieser Länder selbst, da sie einst Kolonien waren und jahrhundertelang Sklaverei betrieben. Solche brutalen Tatsachen verhinderten eine eigenständige Entwicklung und verfestigten Abhängigkeitsbeziehungen zu den Ländern des Zentrums, die bis heute andauern. Die Gesellschaften sind im Allgemeinen so organisiert, dass die Eliten die Macht im Staat innehaben und die Bevölkerung zur Geisel ihrer Interessen und Privilegien gemacht wird. Viele dieser Länder wurden den Auflagen des Internationalen Währungsfonds unterworfen, der immer die wirtschaftlichen Interessen des Status quo weltweit schützt. Nicht selten wurden Kredite nur unter der Bedingung gewährt, dass man Klauseln akzeptierte, die zur Privatisierung von Staatsunternehmen bis hin zu lebenswichtigen und unersetzbaren natürlichen Ressourcen wie etwa Trinkwasser akzeptierte.

Da es bei diesen Institutionen nicht den geringsten Sinn für Gleichheit und gleichberechtigte Teilhabe an den weltweiten Organisationen gibt, kann die heute herrschende Ungerechtigkeit nur sehr schwer überwunden werden. Gerechtigkeit, die diesen Namen verdient, muss für die Umverteilung des Reichtums und der technologischen Errungenschaften unter allen Völkern sorgen. Die UNO wäre von ihrem Wesen her jene Organisation, die Strategien zur Schaffung von gerechter Teilhabe und Gleichheit als Grundlage weltweiter sozialer Gerechtigkeit in die Praxis umsetzen könnte. Doch die fünf einflussreichsten Mächte der Welt, die ein antidemokratisches Vetorecht besitzen, schwächen diese Organisation so sehr, dass sie allein ihre Aufgabe nicht erfüllen kann.

Die weltweiten Zusammenschlüsse rund um das Motto „Eine gerechte und verantwortungsvolle Welt“ streben politische Regulierungen auf Weltebene an („global governance“) und orientieren sich dabei an der Suche nach dem nötigen Mindestmaß an sozialer Gerechtigkeit.

Eine solche Weltpolitik erfordert ein anderes Paradigma von Gesellschaft als das heute herrschende, das mit so vielen Widersprüchen behaftet ist. Die neue Weltgesellschaft muss – wir haben es bereits öfters betont – zusammen mit anderen Werten die Gastfreundschaft als Recht und Pflicht aller Völker und einzelnen Menschen in Kraft setzen. Sie schafft die Grundlage für ein Mindestmaß an weltweiter Gerechtigkeit und das Fundament für einen möglichen, dauerhaften Frieden.

b) Menschenrechte ausgehend von der Mehrheit der Weltbevölkerung

Wir haben weiter oben bereits die Frage der Menschenrechte als einen Weg angesprochen, alle zu integrieren und in ihrer Unterschiedlichkeit anzuerkennen. Wir laden die Leser und Leserinnen an dieser Stelle ein, sich auf das zurückzubesinnen, was dort besonders bezüglich der Ausweitung dieser Rechte auf die Natur, auf die Ökosysteme und auf den ganzen Planeten Erde gesagt wurde.

Hier wollen wir nur einen sehr entscheidenden Punkt betonen: die Rechte der arm gemachten Bevölkerungsmehrheiten der Menschheit. Wenn wir den Rechten dieser Mehrheiten nicht absolute Priorität einräumen, dann bleiben die Menschenrechte nichts anderes als das Vorrecht einiger Länder oder vom nationalen und weltweiten System privilegierter Schichten. Wenn wir den Bevölkerungsmehrheiten den Vorrang einräumen, dann ist es klar, dass wir eine Hierarchie der Rechte aufstellen müssen. An erster Stelle kommt die Garantie des Rechts auf Leben und auf die notwendigen Mittel zum Leben. Danach kommen die übrigen Rechte, wie das auf Freizügigkeit, auf Meinungsfreiheit, auf die je eigene kulturelle Entfaltung, auf die Religionsausübung etc.

Wenn wir es recht sehen, dann kämpft die große Mehrheit der Menschen um Nahrung, Arbeit, Gesundheit, Obdach und Sicherheit. Selbst wenn es an diesem absolut notwendigen Minimum fehlt, so erweisen sich diese Menschen doch stets als Menschen im vollen Sinne. Deshalb verlangen sie, anerkannt und respektiert zu werden, einen Zugang zur Kultur zu haben, mittels derer sie ihren Lebensentwurf entwickeln können, ihrer Individualität Ausdruck verleihen zu können, mit den Anderen zu kommunizieren und der Geschichte und der Welt insgesamt einen Sinn zu verleihen.

Diese Parteilichkeit ist die Vorbedingung für die Universalität. Wenn wir nicht mit der Integration dieser Bevölkerungsmehrheit beginnen, dann sind die Menschenrechte niemals universal; sie bleiben faktisch das Privileg von einigen Wenigen.

Die Rechte der Bevölkerungsmehrheiten stehen über der Souveränität der Nationalstaaten. Wenn sie massiv verletzt werden, wie dies bei einem Völkermord an bestimmten Ethnien oder Angehörigen einer bestimmten Religion der Fall ist (denken wir an den Völkermord an den Kurden im Irak und in der Türkei und an den Muslimen in Serbien), dann ist die „humanitäre militärische Intervention“ unter UNO-Mandat gerechtfertigt, und aufgrund des übernationalen Charakters dieser Delikte können sie vom internationalen Gerichtshof in Den Haag als Verbrechen gegen die Menschlichkeit verfolgt werden.

Der konkrete Inhalt von Gastfreundschaft besteht heute in der Schaffung einer Atmosphäre der Würde und des allgemeinen Respekts, um den Rechten der Menschen und der Natur Geltung zu verschaffen.

c) Eine offene und verbesserungsfähige Demokratie

Die Verwirklichung von Demokratie, die niemals zum Abschluss kommt, stellt eine weitere Form der sozialen Integration und der Konkretisierung von Gastfreundschaft, wie wir sie ausführlicher in Kapitel VII über die Befreiung des Anderen erläutert haben, dar.

Wenn wir über Demokratie sprechen, dann müssen wir vor allem anderen eine Kritik formulieren. Es wird viel von Demokratie geredet, aber die in höchstem Maße entwürdigende Situation der Weltgesellschaft und der derzeit bestehenden Demokratien zeigt deutlich, dass die Grundprinzipien der Demokratie, wie sie im berühmten Dreiklang der Französischen Revolution – Freiheit, Gleichheit, Brüderlichkeit – zusammengefasst sind, missachtet werden.

Die Demokratie entstand historisch gesehen mit der Absicht, den Willen der Bürger zur Teilhabe umzusetzen und die historischen und gesellschaftlichen Bedingungen für die oben genannten Werte zu schaffen. Dabei hatte man ein besonderes Augenmerk auf die sozial Schwächsten und auf eine kontrollierte Ausübung der Macht. Die Demokratie wurde immer als ein Wert und deshalb als prinzipiell unbeschränkt angesehen; ein Wert, der innerhalb der Familie, in den Gemeinden, innerhalb der Arbeitswelt (im Allgemeinen macht Demokratie vor den Werkstoren Halt), in den verschiedenen Institutionen, innerhalb der Zivilgesellschaft und der politischen Gesellschaft und besonders in der Art und Weise, wie die Regierungsgewalt ausgeübt wird, gelebt werden muss. Es gibt unterschiedliche Formen von Demokratie: die direkte, die repräsentative, die politische, die kulturelle, die wirtschaftliche, die liberale, die soziale, die Basisdemokratie, die personale, die virtuelle, die lokale, die globale und die soziokosmische Demokratie, wie wir sie hier des Öfteren eingefordert haben.

In der aktuellen Phase der ökonomisch-finanziellen Globalisierung ist die Demokratie faktisch außer Kraft gesetzt und dient nur als ideologischer Deckmantel für Prozesse der imperialen Herrschaft, die der Demokratie widersprechen.

Die repräsentative Demokratie hat sich, obwohl sie in vielen Ländern fest verankert ist, als unzureichend erwiesen, wenn es darum geht, die mit der Globalisierung neu entstandenen Probleme zu lösen. Demokratie kann sich nicht länger auf Wahlen und auf ein juridisches Procedere bei der Entscheidungsfindung und Konfliktlösung beschränken. Der Nationalstaat, der bislang die Basis ihrer Verwirklichung bildete, wurde durch die Macht der überaus starken Netzwerke der multinationalen Konzerne erheblich geschwächt. Diese verfügen über eine Macht, welche die der nationalen Regierungen bei Weitem übersteigt; ihre Finanzkraft ist viel größer als das Bruttoinlandsprodukt vieler Länder. Die transnationalen Konzerne haben einen Handlungsradius über die nationalen Grenzen hinaus, und sie gehorchen der Logik des Kapitalismus und des globalisierten Marktes, die immer den Profit zum obersten Ziel hat. Sie konkurrieren miteinander und verhalten sich nicht kooperativ, sie fördern die individuelle Entfaltung und die Privatisierung aller möglichen Güter, sogar so lebensnotwendiger wie Trinkwasser und Gesundheitssystem. Ihr Ziel ist die grenzenlose Produktion von Gütern und Dienstleistungen, selbst zum hohen Preis sozialer Ungleichheit und Umweltzerstörung.

Überall, wo sie hinkommen, erzeugen sie himmelschreiende soziale Ungleichheit, denn ihr Ziel ist nicht die Integration, sondern die Anhäufung des privat angeeigneten Profits. Aus all diesen Gründen können sie nicht demokratisch sein. Im Gegenteil, sie erweisen sich als zutiefst demokratiefeindlich, denn sie zerstören oder erschweren die gleichberechtigte Teilhabe, die Freiheit für alle, den Geist der Zusammenarbeit und den Respekt vor den Gesetzen und Regeln der Demokratie; dies alles sind Werte und Verhaltensweisen, ohne die Demokratie nicht funktionieren kann. Die Freiheit, welche die liberale Demokratie predigt, ist die Freiheit für die Unternehmen, ihre Aktivitäten über den ganzen Globus entfalten zu können, überall Handel treiben zu können und unter allen Umständen Profit machen zu können, ohne dass ihnen irgendwelche gesetzlichen Beschränkungen auferlegt würden. Auf diese Weise können sie schwächere Unternehmen schlucken und Oligopole schaffen, selbst wenn damit die Gefahr heraufbeschworen wird, dass verwundbarere Volkswirtschaften in eine Krise gestürzt werden.

Diese großen transnationalen Konzerne entziehen sich jeder demokratischen Kontrolle. Sie schaffen ein neokoloniales Imperium, das sich auf Weltebene vernetzt.

Angesichts dieser veränderten Rahmenbedingungen sind wir dazu verpflichtet, die Demokratie auf einer anderen Grundlage neu zu denken. Es ist dringend geboten, Prinzipien, Werte und Ziele zu definieren, die in der Lage sind, eine demokratische Ordnung auf Weltebene und eine gesetzgebende Gewalt zu schaffen, die nicht länger die Geisel der großen Konzerne und der Mächte mit imperialistischen Ambitionen ist.

Vor allem anderen müssen wir die ethische Grundlage der Demokratie sicherstellen: Sie beruht auf der Wertschätzung einer jeden Person als eines Wesens in Beziehung, eines solidarischen Wesens, das dazu in der Lage ist, in Großherzigkeit zum Aufbau des Gemeinwohls und eines kooperativen und friedlichen Zusammenlebens beizutragen, das die jeweilige Andersheit respektiert, das Mitleid angesichts des Leidens Anderer zeigt und das sich dessen bewusst ist, dass es ein Glied der Menschheitsfamilie und ein Element innerhalb der Lebensgemeinschaft des Planeten ist und mit der Erde, dem Gemeinsamen Haus und der Mutter aller, den Ursprung und das Ziel gemeinsam hat. All diese ethischen Dimensionen haben eine stark utopische Komponente. Damit dies nicht zur Flucht aus der konkreten Wirklichkeit führt, muss man sich das Faktum vor Augen halten, dass diese positiven Dimensionen immer Hand in Hand mit negativen Dimensionen gehen. Die Demokratie ist verpflichtet, täglich den Kampf gegen diese aufzunehmen und sich selbst im Zuge eines Prozesses innerhalb der Grenzen und Unzulänglichkeiten der konkreten persönlichen und gesellschaftlichen Situation des Menschen zu verwirklichen.

Dann müssen wir die Überzeugung stärken, dass nur Demokraten und Demokratinnen eine demokratische Gesellschaft gewährleisten können. Und nur eine demokratische Gesellschaft kann ein demokratisches Staatswesen hervorbringen und dauerhaft sichern. Nur demokratische Staaten können eine demokratische Globalisierung gestalten. Und nur eine demokratische Globalisierung kann die Grundlage für eine demokratische Regulierung auf Weltebene bilden. Dies bedeutet keinen supranationalen Staat, ja nicht einmal eine Staatenkonföderation. Die Kategorie „Staat" im Sinne seiner nationalen Souveränität wurde im Zuge des Westfälischen Friedens geschaffen, der im Europa des 17. Jahrhunderts den Religionskriegen ein Ende setzte. Diese Kategorie schuf die theoretischen und praktischen Grundlagen für die imperialistische Herrschaft der stärkeren Staaten über die schwächeren. Dieser Imperialismus beschwor Konflikte und Kriege herauf, die in Europa und in den Kolonien auf der ganzen Welt große Verwüstungen anrichteten.

Obwohl sich dieses Modell immer noch durchsetzt, wird es theoretisch als überholt betrachtet, denn es zementiert den Willen, dass einige Länder über die anderen Herrschaft ausüben. Gesucht wird dagegen nach einer wahrhaften und legitimen politischen Gewalt, die sich am Prinzip der gemeinsamen Verantwortung verschiedener Akteure und der gegenseitigen Abhängigkeit aller orientiert. Diese Gewalt wäre einerseits global, da sie die globalen Bedürfnisse der Menschheit berücksichtigt, und andererseits lokal, indem sie den kulturellen und regionalen Unterschieden Rechnung trägt, ohne dabei ein beziehungsloses pluralistisches Nebeneinander zu schaffen, und immer innerhalb der Perspektive der Globalisierung als neuer Phase der Menschheit. Die neue demokratische Gewalt muss also „glokal“ sein.

Schließlich kommt es darauf an zu begreifen, dass die Demokratie nicht von außen und von oben aufgezwungen werden kann, wie es die europäischen Länder so oft mit ihren ehemaligen Kolonien oder die USA gegenüber den von ihnen abhängigen Ländern praktiziert haben. Dies hebt den Begriff der Freiheit selbst auf, die ja Grundlage jeder Form von Demokratie ist. Der Aufbau der Demokratie erfordert einen schrittweisen, pädagogischen Prozess, innerhalb dessen die Menschen ihre aktive Rolle als Bürgerinnen und Bürger unter Beweis stellen und aktiv gegen den Individualismus, die Apathie und die Passivität angehen können, wie sie innerhalb einer Kultur des Konsumismus geschaffen wurden. Die Demokratie ist in diesem Verständnis eine offene Gesellschaft, eine stets verbesserungsfähige Gesellschaft und ein nie abgeschlossener Prozess. Ihr Sinn ist es, die Bedingungen dafür zu schaffen, dass der Mensch sich bei der Entfaltung seiner Kreativität und Freiheit partizipativ und verantwortlich verhält.

Ist dies alles eine Utopie? Ja, aber hier hat sie ihren legitimen Ort, denn es geht darum, Werte und Grundsätze aufzuzeigen, die ein Handeln beflügeln, das sich deutlich unterscheidet von der völligen Irrationalität des herrschenden Typs von Globalisierung und der herrschenden Weltpolitik. Nur auf diese Weise werden die nötigen Voraussetzungen für eine lebbare Gastfreundschaft zwischen allen Stämmen der Erde geschaffen.

d) Interkulturation: Herausforderung für die Menschheit

Eines der Phänomene, die mit der Globalisierung einhergehen, ist die Chance der Begegnung aller Kulturen untereinander. Die Kommunikationsmöglichkeiten in Echtzeit und die Austauschformen jeglicher Art bringen die einzelnen Völker im physischen Sinn näher zusammen. Diese

Annäherung ist ambivalent, denn sie kann ebenso alte Konflikte neu entfachen, wie sie die Gelegenheit zu deren Überwindung bietet. Wie wir schon erörtert haben, stellt die westliche Kultur ein spezielles Problem dar, denn sie erwies sich als kolonialistisch und imperialistisch, zwang ihre Weltsicht den anderen auf und exportierte ihre Technologie, ihre Produktionsweise, ihre administrativen Methoden, ihren Lebensstil und ihre Vorstellung von Glück, das aus Individualismus, Anhäufung materieller Güter und Konsum besteht.

Angesichts der alles plattwalzenden Rolle des Westens fühlen sich viele Kulturen in ihrer Identität bedroht. Ihre Reaktion besteht dann darin, dass sie sich in sich abkapseln und den unverzichtbaren Dialog verweigern. Als eine Folge davon entsteht der kulturelle Nährboden für den Fundamentalismus und Terrorismus. Unter diesen Bedingungen hat es die Gastfreundschaft äußerst schwer.

Wir müssen die Bedeutung des Themas Kultur, Rekulturation, Inkulturation und Interkulturation hervorheben. Die Kultur bildet die konkrete *Lebenswelt* der Menschen und Gesellschaften. Sie liefert den Stoff für ihre kollektiven Träume und verleiht dem Zusammenleben und den gemeinschaftlichen Praktiken Sinn. Jede Kultur hat zwei Grundfunktionen. Nach innen hin ist sie der Kitt, der Zusammenhalt und Identität verleiht. Nach außen hin ist sie das Unterscheidungsmerkmal, das zugleich den Dialog mit anderen Kulturen ermöglicht. Einerseits verleiht sie den Menschen Wurzeln, andererseits öffnet sie die Menschen für den Austausch.

Wenn ein kolonialer oder imperialer Prozess bestimmend wird, dann kann man die Auslöschung der ursprünglichen Kultur und die Durchsetzung einer fremden beobachten. Ein Prozess der Dekulturation findet statt, der für die Menschen und die Gesellschaft perverse Folgen hat. Sie verlieren ihre Identität, sie werden entwurzelt und können sogar ganz verschwinden. Oder es entwickelt sich eine kulturelle Vermischung, in deren Verlauf Elemente der herrschenden Kultur von der unterworfenen aufgenommen werden. Die Kolonialmacht zwingt ihre Schemata auf, um so ihre Herrschaft zu festigen. Genau das ist in Lateinamerika und insbesondere in Afrika passiert.

Damit ein wirklich bereichernder Dialog zwischen den Kulturen stattfinden kann, ist vor allem anderen eine Rekulturation der unterdrückten Kulturen erforderlich. Im Zuge einer Rekulturation befreien die Menschen und Gesellschaften ihre Werte, Traditionen und Identitäten und eignen sich ihre Kultur von Neuem an. Dies ist der Weg zu ihrer Befreiung und letztlich eigenständigen Entwicklung.

Der Prozess der Globalisierung führt zwangsläufig zum Dialog aller mit allen. Hier gewinnt die Inkulturation an Bedeutung. Werte, die für ein zivilisiertes und in einem sehr bescheidenen Sinne friedliches Zusammenleben grundlegend sind, müssen in die Matrix jeder Kultur übernommen werden. Zu diesen Werten zählen zum Beispiel die offene Gastfreundschaft, die Menschenrechte, die Rechte der Erde und der Ökosysteme, die Demokratie, ein friedliches Zusammenleben, die Toleranz, die aktive Gewaltfreiheit, die gute Ausübung der Regierungsgewalt.

Diese Werte müssen von allen übernommen werden; sie sind die Voraussetzung für eine Globalisierung mit menschlichem Antlitz. Da es sich um Werte handelt, bedarf es pädagogischer Prozesse der Einführung in diese Werte, der tastenden Versuche und des Experimentierens. Für die Aneignung von Werten ist das Beispiel von vorbildlichen Gestalten grundlegend wichtig. Jede Kultur hat solche inspirierenden Gestalten wie Dichter, Maler, Musiker, Mönche, Politiker und Märtyrer. Haben sie einmal Eingang ins kollektive Gedächtnis gefunden, dann erscheinen sie nicht mehr als Alleinbesitz einer bestimmten Kultur, sondern als zum Erbe der Menschheit insgesamt gehörig. Die Inkulturation genügt nicht. Sie muss in die Interkulturation einmünden. Die Interkulturation ist das Ergebnis der Begegnung aller Kulturen mit ihren jeweiligen Weltanschauungen, spirituellen Wegen und ethischen wie künstlerischen Traditionen. Dies ist ein langwieriger und schmerzhafter Prozess, denn es begegnen sich darin auch all die Widersprüche und Hindernisse, die Schattenseiten und die unmenschlichen Züge einer jeden Kultur.

Im Prozess der Inkulturation gibt es nicht nur gegenseitige Ergänzung, sondern auch Gegensätze. Diese können Konflikte, Verwerfungen und ungünstige Konstellationen erzeugen. Deshalb ist eine kulturelle Katharsis, ein Prozess der Reinigung von den Elementen erforderlich, die das Zusammenfinden der Kulturen nicht begünstigen und auch nicht zur Gestaltung einer friedlichen Globalisierung beitragen.

Hier taucht das Problem der Macht wieder auf, die man streng kontrollieren muss, damit sie nicht in Form von Zwang und Beherrschung ausgeübt wird. Dieser Gefahr ist der Westen ausgesetzt, der das Monopol der konkreten Gestaltung des Globalisierungsprozesses innehat. Wird der Westen bereit dazu sein, seine Ökonomie, die Ausgrenzung erzeugt, einer gründlichen Revision zu unterziehen und die Gesellschaft so zu reformieren, dass sie ihr historisches Merkmal einer überheblichen und imperialistischen Mentalität ablegt? Er wird sich in dem Maße verändern, in dem er sich zum Dialog mit anderen Kulturen als fähig erweist, von denen einige älter und weiser sind als er. Nur auf diese Weise kann er zusammen mit allen anderen den Fortbestand der Erde und des kollektiven Projektes der Menschheit garantieren.

Die Interkulturation stellt die große Herausforderung für die gesamte Menschheit dar, die auf eine immer größere Einheit hin zustrebt. Diese Einheit kann nicht Uniformität und Gleichschaltung bedeuten. Dies würde nur die Herrschaft einer Kultur über die übrigen deutlich machen.

Sie ist vielmehr wie ein Mosaik, in dem jedes einzelne Steinchen aus einer bestimmten Kultur stammt, aber sich mit einem anderen, das aus einer anderen Kultur stammt, vereint, und so weiter. Worauf es ankommt, ist, dass die Unterschiedlichkeit der einzelnen Steinchen ein einziges, wohlkomponiertes Gesamtbild ergeben, das bunt und abwechslungsreich ist und sich in gegenseitiger Ergänzung zu einem schönen, einheitlichen Ganzen fügt. Man kann die Interkulturation auch mit einem bunten Stoff vergleichen. Jeder Faden hat seine Farbe und seine Struktur. Die Verflechtung der Fäden untereinander lässt den festen, nützlichen und schönen Stoff entstehen.

e) Eine andere Welt ist möglich: ein neues Paradigma der Zivilisation

Mehr und mehr wächst das Bewusstsein, dass das in den letzten Jahrhunderten vorherrschende gesellschaftliche Paradigma mit seinen Möglichkeiten und Kräften ans Ende gekommen ist. An ihm war es, ein Projekt der technisch orientierten Wissenschaften zu entwickeln und die kapitalistische Produktionsweise mit der dazugehörigen Kultur des Kapitals und der entsprechenden politischen Ordnung der liberalen Demokratie zu schaffen. Diese Elemente setzten sich in der ganzen Welt durch und brachten den Typ von Globalisierung hervor, mit dem wir es heute zu tun haben.

Gegenwärtig erweist sich dieses Paradigma als zunehmend destruktiv; es zerstört die Grundlagen seines eigenen Überlebens: die Natur und die Arbeit. Auf erschreckende Weise betreibt es Raubbau an der Natur und ihren knappen Ressourcen. Die menschliche Arbeitskraft wird verbraucht, der Unsicherheit ausgesetzt und überflüssig gemacht; sie weicht dem Computer und dem Roboter. Dieses Paradigma hat seine utopischen Reserven erschöpft, mit deren Hilfe es eine Zukunft der Hoffnung für alle gestalten könnte. Im Gegenteil: Sein Fortbestand ruft Schreckensszenarien hervor. Es wurde so viel Macht angehäuft, dass die Gattung Mensch ausgelöscht und der Biosphäre schwerer Schaden zugefügt werden kann. Dieses Paradigma hat sich als im höchsten Maße irrational und gefährlich erwiesen.

Es ist allerhöchste Zeit, das Paradigma der Zivilisation zu wechseln, wenn wir weiterleben und eine Zukunft haben wollen. Es gilt in der Tat: Entweder führen wir diesen Paradigmenwechsel herbei, oder wir werden sterben. Dies ist die große Frage, die von der Erdcharta folgendermaßen formuliert wird: „Wir stehen an einem kritischen Punkt der Erdgeschichte, an dem die Menschheit den Weg in ihre Zukunft wählen muss ... Wir haben die Wahl: Entweder bilden wir eine globale Partnerschaft, um für die Erde und füreinander zu sorgen, oder wir riskieren, uns selbst und die Vielfalt des Lebens zugrunde zu richten. Notwendig sind grundlegende Änderungen unserer Werte, Institutionen und Lebensweise." (Erdcharta 2001, 7–8)

Um welche Veränderungen geht es hier? Um die Wahrheit zu sagen: Wir wissen es nicht genau. Was wir wissen, ist, dass diese Veränderungen weltweit passieren müssen und sich nicht nur auf einzelne Regionen beschränken können. Es kann sich nicht um Variationen des alten Paradigmas und Fortsetzungen dessen, was sich in der Vergangenheit angehäuft hat, handeln. Wir müssen mit Hilfe der schöpferischen Phantasie des Menschen etwas völlig Neues hervorbringen und dabei auf jene Bruchstücke der historischen Erfahrung der verschiedenen Kulturen zurückgreifen, die in alle Richtungen zerstreut wurden oder die keine Chance hatten, die Geschichte mitzugestalten. Das Hereinbrechen dieser neuen Dinge kann überall in der Welt bereits ein wenig wahrgenommen werden.

Millionen Menschen aus der Zivilgesellschaft, die so genannten Völker von Porto Alegre (zuvor Seattle, Genua, Barcelona), bilden eine neue, weltweite und mächtige Welle und fordern substantielle Veränderungen im Gesamtgefüge der Beziehungen, die die heutige Welt bilden. Diese Welle gewann Gestalt im Weltsozialforum. Beim fünften Weltsozialforum, das im Jahr 2005 in Porto Alegre stattfand, wurde zum Beispiel die Garantie der Souveränität der Völker über ihre Nahrungsmittel gefordert. Des Weiteren wurden ein Moratorium für die Privatisierungen von Wasser, die Tilgung der Auslandsschuld der Länder des Südens, die Zerschlagung der Finanzoasen, die verschärfte Besteuerung der Rüstungsindustrie oder der für den Treibhauseffekt verantwortlichen Industriesektoren; die Verstärkung des Kampfes gegen den Rassismus, den Sexismus, die Fremdenfeindlichkeit, die tiefgreifende Demokratisierung der Vereinten Nationen und der hartnäckige Widerstand gegen den systematischen Einsatz von Gewalt und Krieg zur Lösung weltweiter Probleme gefordert.

Wenn wir es recht sehen, dann steht im Zentrum des neuen Paradigmas das Leben in seiner ganzen Vielfalt und Heiligkeit, und nicht die Macht oder die Anhäufung von Reichtum. Wenn die Neuordnung der Welt nicht dem Leben den zentralen Stellenwert einräumt und die Ökonomie, die Politik und die Erziehung in seinen Dienst stellt, dann weiß man nicht mehr, wie eine vom alten Paradigma möglicherweise heraufbeschworene Tragödie zu verhindern ist.

Die Vorrangstellung des Lebens als der Achse, die alles verbindet und trägt, kann die Bedingungen für die Entstehung einer neuen Ethik der Achtsamkeit, der Vorsorge, des Schutzes, der Verantwortlichkeit und des Mitleids schaffen. Wenn allen Menschen und anderen Lebewesen das Leben garantiert wird, dann können in den Menschen und innerhalb der Gesellschaften verborgene Energien freigesetzt werden, die vorher aufgrund des Überlebenskampfes unterdrückt oder verdeckt waren. Befreit von der Besessenheit, sich immer einen Vorteil zu verschaffen oder

Reichtum anzuhäufen, können die Menschen ihrer Kreativität und ihrer Fähigkeit, die Welt und sich selbst zu formen, Raum geben.

Abgesehen von den Widersprüchen, die der Conditio humana mit ihren dunklen Seiten und Schwächen selbst anhaften, kann das Leben zu dem werden, was es sein soll, zu einer Feier und einem Fest. Das Leben ist die schönste und strahlendste Frucht des Evolutionsprozesses und die höchste Gabe des Schöpfers. Dieses Leben kann und soll gemeinsam in seinen künstlerischen, kulturellen und spirituellen Ausdrucksweisen im Einklang mit den unterschiedlichen Lebensaltern und den unterschiedlichen Traditionen folgend verkostet werden.

Die Erde kann ein Garten Eden sein und ist nicht dazu verdammt, für immer der Schauplatz endloser Kämpfe, Interessenskonflikte, von Schmerz, Schweiß und Erschöpfung zu sein. Diese Begrenzungen werden fortbestehen, aber nun mit deutlicher Erleichterung. Mit den bereits vorhandenen Techniken, die nun in demokratische Verfügungsgewalt übergehen, können sich alle von den Überlebensängsten befreien und die Großzügigkeit der Natur und der kulturellen Güter genießen. Es liegt in unseren Händen zuzulassen, dass die Menschheit und die Erde höhere Stufen der Interaktion und der Verständigung aller mit allen, mit dem Universum und mit der Ursprungsquelle allen Seins erringen. Doch es liegt auch im Bereich der menschlichen Möglichkeiten, es geschehen zu lassen, dass aus Unbekümmertheit, Desinteresse und Missachtung der Heiligkeit des Lebens und unseres kleinen und schönen Planeten eine Tragödie passiert. In diesem Fall würden wir Zeugen des Untergangs des Experiments Mensch und seines langsamen und unaufhaltsamen Verschwindens.

Zeigen wir unsere Hoffnung, dass das nicht passiert, weil sich die Kräfte des Lebens im Verlauf des Evolutionsprozesses immer als stärker erwiesen haben als die Kräfte des Chaos und des Todes. Das Leben ist zum Leben und nicht zum Tod berufen, denn genau dies ist der Zweck des Universums und der Plan des Schöpfers.

Zusammenfassung

Der faszinierende Mythos von der Gastfreundschaft hat uns den utopischen Gehalt dieser Tugend in Umrissen entworfen – einer Tugend, die innerhalb des aktuellen Prozesses der Einswerdung der Menschheitsfamilie an erster Stelle praktiziert werden muss. Diese Einswerdung stellt einen komplexen Prozess dar, der noch nicht genügend gefestigt ist. Viele Hindernisse stellen sich der Verwirklichung einer offenen Gastfreundschaft in den Weg, besonders in den Ländern, die bereits einen hohen Grad an sozialer und wirtschaftlicher Stabilität erreicht haben, wie die USA oder die Länder der Europäischen Union.

Solche Schwierigkeiten bringen die Utopie nicht in Misskredit. Sie bewährt sich weiterhin als die motivierende Kraft, durch die der Geist der Gastfreundschaft Barrieren, Vorurteile und Feindseligkeiten gegen die Fremden allgemein und besonders die Migranten überwindet. Es kommt darauf an, dass sich das Bewusstsein von der dringenden Notwendigkeit der Gastfreundschaft so schnell wie möglich entwickelt. Es gibt zu ihr keine Alternative. Diesmal ist das Schicksal eines jeden Volkes unauflöslich mit dem Schicksal aller anderen und mit dem der Erde insgesamt verknüpft.

Von nun an sind wir alle die Schöpfer der einzigen, gemeinsamen und in sich vielfältigen Geschichte der menschlichen Gattung.

Damit sich innerhalb dieser Geschichte alle als Subjekte begreifen, ist die Gastfreundschaft, die bedingungslose gegenseitige Aufnahme, wesentlich. Sie schafft die erforderliche Basis für die anderen Grundhaltungen, denen wir uns weiter unten noch genauer widmen werden: für das Zusammenleben, für den Respekt und die Toleranz bis hin zur Tischgemeinschaft.

Vor allem anderen ist die Gastfreundschaft eine innere Bereitschaft, offen und ohne Einschränkungen. So wie auch die bedingungslose Liebe weist sie im Prinzip niemanden zurück und diskriminiert niemanden. Sie ist Utopie und konkrete Praxis gleichermaßen.

Als Utopie stellt sie eine der wertvollsten Sehnsüchte der Menschheitsgeschichte dar: stets aufgenommen zu werden, unabhängig vom sozialen Status oder der eigenen Moralität, und stets menschlich behandelt zu werden.

Als Praxis bringt sie jenes politische Handeln hervor, das diese Aufnahme konkret ermöglicht und in geordnete Bahnen lenkt. Doch in dieser konkreten Form unterliegt sie auch den Einschränkungen und Begrenzungen durch die gegebenen Situationen.

Nicht immer gelingt es, die Bedingungen für akzeptable Formen der Gastfreundschaft zu schaffen. Die Vorurteile, die eine lange Geschichte hinter sich haben, verhindern eine echte Aneignung dieser Tugend. Die Nationalismen, die Fremdenfeindlichkeit und die Fundamentalismen sind heute an der Tagesordnung; sie verschließen Tausenden Menschen die Tür und fügen ihrem Leid noch den Schmerz hinzu, zurückgewiesen zu werden.

Dennoch muss man das utopische Ideal stets mit der konkreten Realität verbinden; die unbedingte Solidarität muss mit der bedingten vermittelt werden, damit wir uns nicht in der Resignation und Gleichgültigkeit einrichten und damit wir niemals aufhören, an das Beste im Menschen zu glauben.

Im Mythos von Philemon und Baukis und im uralten Gedächtnis der Menschheit ist das Bewusstsein vorhanden, dass wir, wenn wir einen Fremden, einen Pilger, einen Unbekannten beherbergen, Gott selbst aufnehmen. Der Gastfreundschaft eignet also die innere Qualität der

Heiligkeit. Sie ermöglicht es uns in den vielfachen Formen, in denen sie heute konkret gelebt wird, dem Geheimnis selbst zu begegnen, das sich in allem verbirgt und offenbart, besonders aber in den Menschen, den uns nahestehenden und den fernstehenden. Sie alle sind potentielle Tempel, in denen wir unerkannt den Herrn der Geschichte und des Universums aufnehmen und ihm dienen können.

So versöhnt die Gastfreundschaft das Menschliche und das Göttliche miteinander und kann die Grundlage für ein Zusammenleben schaffen, das ein Mindestmaß an Zuneigung und Geschwisterlichkeit aller innerhalb desselben Gemeinsamen Hauses, des Planeten Erde, verwirklicht.

Zweiter Teil
Zusammenleben, Respekt und Toleranz

Einleitung

Respekt und Toleranz sind in der Tugend des Zusammenlebens bereits enthalten. Diese ist die zentrale Kategorie der planetarischen Phase der Menschheit. Doch da damit sehr weitreichende und komplexe Inhalte verbunden sind, haben wir uns entschlossen, allen drei Tugenden je ein eigenes Kapitel zu widmen.

Wir werden uns derselben Methode bedienen wie im ersten Teil über die Gastfreundschaft. Wir werden zur Einführung eine Erzählung heranziehen, die der emotionalen Intelligenz entspringt. Auf diese Weise können die Leser und Leserinnen auf viel einfachere Weise etwas von dieser Tugend erfahren, um sich dann ihrer begrifflichen Form zu nähern. Dieser Begriff wird, sobald er herausgearbeitet ist, ein Werkzeug darstellen, um diese Tugenden sowie deren Zusammenhang mit anderen Dimensionen der menschlichen Existenz innerhalb des Horizontes des Globalisierungsprozesses angemessener und tiefer zu erfassen. Das Verstehen der Tugenden ist aber kein Selbstzweck. Es ist auf die gelebte Kunst der Tugend hingeordnet, denn nur diese zählt letztlich wirklich.

Wir sind davon überzeugt, dass die für den Übergang von einem zum anderen Paradigma typische Krise nur dann zufriedenstellend bewältigt werden kann, wenn es uns gelingt, eine Minimalethik zu verwirklichen, die für eine möglichst große Zahl von Menschen einleuchtend ist und unmittelbar in die Praxis umgesetzt werden kann.

Wir haben nicht viel Zeit. Die Erdcharta warnt: „Die Grundlagen globaler Sicherheit sind bedroht. Dies sind gefährliche Entwicklungen, aber sie sind nicht unabwendbar." (Erdcharta, 8) Das Gemeinsame Haus (auf Griechisch *ethos*) bedarf einer Ethik, die die Menschheitsfamilie in ihrer Integrität bewahrt, die Gefahren einer möglichen Zerstörung des Lebens abwendet und beiden eine hoffnungsvolle Zukunft gewährleistet. Deshalb sind die Tugenden der Gastfreundschaft, des Zusammenlebens, des Respekts, der Toleranz und der Tischgemeinschaft so wichtig.

Diese Tugenden sind fundamental für eine gemeinsame Auffassung von grundlegenden Werten, die der neuen Stufe der Zivilisation Bestand verleihen können, nun, da unser Geschick und das Geschick der Erde unserer Verantwortung und Fürsorge übereignet sind.

I. Das Zusammenleben

Die Gastfreundschaft öffnet die Tür und heißt willkommen. Das Zusammenleben ermöglicht es, sich an einen Tisch zu setzen, zusammenzuleben und den Austausch miteinander zu pflegen. Das eine ist genauso wichtig wie das andere, denn beide ergänzen und verstärken einander.

Normalerweise gilt die Gastfreundschaft für einen beschränkten Zeitraum. Niemand bleibt für immer jemandes Gast. Wenn er bleibt, wie es zum Beispiel bei politisch Verfolgten oder Einwanderern aus wirtschaftlichen oder ethnischen Gründen der Fall ist, dann wird er Teil der Gesellschaft, der er sich angeschlossen hat. So entsteht dann das Zusammenleben als eine ständige Situation oder als ein Zustand von langer Dauer.

Man muss das Zusammenleben sehr gut verstehen, damit es all seinen Reichtum offenbart. Wir wollen uns deshalb der beachtlichen theoretischen Anstrengung unterziehen, um das Zusammenleben zutreffend zu beschreiben und es von anderen Formen des Zusammenseins zu unterscheiden.

Das Zusammenleben wirft herausfordernde Fragen auf:

Warum soll man zusammenleben?

Wie soll man zusammenleben?

Bevor wir uns mit diesen Fragen gemäß der Methode, für die wir uns entschieden haben, beschäftigen, möchten wir von einer Erfahrung des Zusammenlebens erzählen. Sie zählt zu den bemerkenswertesten Erfahrungen der Geschichte der Ethnologie und Kulturanthropologie. Das Erzählte trug sich in Brasilien zu, aber seine Bedeutung reicht weit über die Grenzen unseres Landes hinaus.

1. Geburtshelfer eines Volkes

Wir haben es hier mit einer Begegnung ganz besonderer Art zwischen dem christlichen Glauben und einer bestimmten indigenen Kultur zu tun. Normalerweise verdankt sich die Ausbreitung des Christentums der Verkündigung der Botschaft Jesu, wie sie in vier Büchern, den Evangelien, enthalten ist, durch verschiedene kirchliche Gemeinschaften. Diese Verkündigung nimmt ihren Ausgangspunkt immer bei einem bestimmten Typ von Kultur und bei bereits etablierten Modellen von Kirche.

Da gibt es zum Beispiel das katholische Modell der Evangelisierung. Es zielt auf die Errichtung der Kirche in Gestalt von Diözesen, Pfarreien, Gemeinden, in Gestalt der Katechese, der Sakramente, der Liturgie, Ausbildungsstätten, karitativen Einrichtungen, Hospitälern und Schulen ab. Dies alles hat im römischen Papst seinen gemeinsamen Bezugspunkt. Er ist der Garant der Einheit, er verkörpert die Lehre und die Organisation.

Dann gibt es das Modell der evangelischen (lutherischen, presbyterianischen, baptistischen und anderen) Kirchen, die überall da, wo sie Fuß fassen, christliche Gemeinden gründen. Diese sind mit ihren Gottesdiensten, Hilfswerken und Schulen den Gründungsgemeinden des Ursprungslandes verbunden, doch sie besitzen relative Eigenständigkeit. Und es gibt noch andere Modelle, die hier aus Platzgründen nicht weiter dargestellt werden können.

All diese Modelle stellen eine Form der Macht dar und verbünden sich leicht mit anderen politischen und gesellschaftlichen Mächten, um die Verbreitung des christlichen Glaubens zu erleichtern. So schufen während der Kolonialära in Lateinamerika, Afrika und Asien Thron und Altar, Missionar und Kolonialherr ein einziges gemeinsames Projekt und errichteten gemeinsam die neue politische und religiöse Ordnung. Es regierte das Evangelium der Macht im Gegensatz zur Macht des Evangeliums. Diese Strategie, von einer Position der Macht aus das Evangelium zu verkünden, war jahrhundertelang in Geltung und hat innerhalb der Zentralregierung der katholischen Kirche im Vatikan und in gewisser Weise auch in den anderen großen historischen Kirchen noch immer die vorherrschende Stellung. Es geht hier um eine imperiale Sichtweise der Mission, denn ihr Ziel ist es, dass die neuen Christen der Christentumsgeschichte der Länder des Zentrums, die zuerst vom Christentum durchdrungen waren, einverleibt werden.

Dies war zwar die vorherrschende, aber niemals die einzige Strategie. Es gab missionarische Gestalten, die sich gegenüber den unterschiedlichen Kulturen als sensibel zeigten. Sie gingen andere Wege der Missionierung, die bis heute Bedeutung haben, denn sie stellen ein anderes, machtfernes Paradigma dar. So leuchtete im 13. Jahrhundert die Gestalt des Franziskus von Assisi im Zusammenhang mit den Muslimen auf; im 16. Jahrhundert ist Bartolomé de las Casas im Hinblick auf die Indios der mittelamerikanischen Kulturen zu nennen. Sie näherten sich den hinsichtlich Ethnie, Sprache und Religion Anderen in der Weise eines friedlichen, geschwisterlichen und von Liebe erfüllten Zusammenlebens. Sie versuchten das Evangelium ohne einen dahinterstehenden Machtapparat zu verkünden. Ihre Methode war nur die Liebe, der Dialog, die Begegnung, das Sich-Einlassen auf die Lebensweise der Anderen und das eigene Lebensbeispiel.

In unseren Tagen wurde diese Methode durch Bruder Charles de Foucauld (1858–1916) mit neuem Leben erfüllt. Er war ein französischer Priester von einer tiefen Frömmigkeit, der zu Beginn des 20. Jahrhunderts zu den Muslimen in die algerische Wüste ging, um mit ihnen zusammenzuleben. Ihm ging es nicht darum, das Evangelium ausdrücklich zu verkünden, sondern einfach das Leben dieser Muslime zu teilen und sie im Geiste Jesu, der in allen die mit der Gnade Gottes beschenkten Geschwister erkennt, in ihrer unterschiedlichen Kultur und Religion anzunehmen. Dieses Experiment fand sein jähes Ende, als der Kleine Bruder Charles im Zuge von internen Auseinandersetzungen unter den Muslimen ermordet wurde. Was bleibt, sind seine Inspiration und sein Beispiel.

Diese Geisteshaltung eigneten sich die Kleinen Schwestern Jesu in der Nachfolge des Charles de Foucauld beispielhaft an. Ihr Algerien war der Nordosten des brasilianischen Bundesstaates Mato Grosso, eine Region am Fluss Araguaia, wo die Indios des Volkes der Tapirapé ihrem Untergang entgegensteuerten.

Im Oktober 1952 erfuhren die Kleinen Schwestern von den französischen Dominikanern, die in dieser Region missionierten, dass die Tapirapé vom Aussterben bedroht seien. Von 1500 Menschen waren sie auf nur noch 47 dezimiert worden. Die Gründe dafür waren Kriegszüge ihrer traditionellen Feinde, der Caiapó, von den Weißen eingeschleppte Krankheiten und der Mangel an Frauen. Im Geiste des Bruders Charles, in die Mission zu gehen, um mit den anderen zusammenzuleben, anstatt sie zu überreden, beschlossen die Kleinen Schwestern, die Situation der Agonie mit diesem Volk zu teilen.

Bei ihrer Ankunft bekam die Kleine Schwester Genoveva, eine der Ersten, die noch heute unter den Tapirapé lebt, vom Kaziken Marcos zu hören: „Die Tapirapé werden vom Erdboden verschwinden. Die Weißen werden uns vernichten. Was zählt, ist das Land, die Jagd, der Fischfang. Nur der Indio zählt nichts." Sie hatten bereits verinnerlicht, dass sie nichts wert wären und dass sie unweigerlich dazu verdammt wären, zugrunde zu gehen. Und sie hatten sich mit ihrem tragischen Ende abgefunden.

Angesichts dieser unmittelbar bevorstehenden Tragödie beschlossen die Kleinen Schwestern, demütig um Gastfreundschaft zu bitten, um einfach mit diesen Menschen zu leben und vielleicht sogar dieses Schicksal abzuwenden. Sie wurden ohne Zögern aufgenommen. Anfangs lebten die Kleinen Schwestern nicht mitten im Dorf, sondern in einer Hütte in der Nähe, wo sie in einem kleinen Eck ihre kleine Hauskapelle errichteten. Sie begannen damit, das Evangelium der Geschwisterlichkeit mitten unter den Indios zu leben: bei der Feldarbeit, im Kampf um das tägliche Maniok, beim Erlernen der Sprache und im eifrigen Bemühen um die Aneignung der Kultur, der Bräuche und damit auch der Religion der Tapirapé. Dies war ein Weg der Solidarität, von dem es kein Zurück gab.

Mit der Zeit erwarben sie sich das Vertrauen der Tapirapé und wurden als Stammesmitglieder aufgenommen. Obwohl sie anders waren, wurden sie ihnen gleich, freiwillig und aus Überzeugung. Und so werden sie bis heute behandelt.

Langsam kehrte die Selbstachtung der Tapirapé zurück. Dank der Vermittlung der Kleinen Schwestern gelang es, dass Tapirapé-Männer Frauen vom Stamm der Karajá heirateten und so das Wachstum des Volkes sicherstellten. Von 47 wuchsen sie auf 500 (im Jahr 2005) an (vgl. Irmazinhas de Jesus, 2002).

In fünfzig Jahren haben sie nicht einmal einen einzigen Tapirapé bekehrt. Sie haben aber viel mehr erreicht. Sie waren – erleuchtet von dem, dessen Sendung es war, „Leben, und Leben in Fülle zu bringen" (Joh 10,10) – zu Geburtshelferinnen eines Volkes geworden.

Im Oktober 2002 wurde mir die Ehre zuteil, am 50. Jubiläum ihres Lebens mit den Tapirapé teilzunehmen. Es fand in Santa Terezina am Fluss Araguaia statt. Es war auch Dom Pedro Casaldáliga dort, der Bischof jener Region, der zugleich ein Poet, ein Prophet und der Verteidiger der ausgebeuteten Bauern und Indios ist. Er hatte die Schwestern immer begleitet und sie ermutigt.

Bei dieser Gelegenheit verglich ich das Gesicht von Schwester Genoveva mit dem einer Tapirapé und stellte fest: Wenn Schwester Genoveva ihr weißes Haar mit Tucum färben würde, dann gliche sie völlig einer Frau aus dem Volk der Tapirapé. Das Zusammenleben hatte ihr physische Ähnlichkeit verliehen, denn sie hatte sich die Seele der Kultur der Tapirapé zu eigen gemacht. Sie hatte die Prophezeiung der Gründerin der Kongregation tatsächlich verwirklicht, die gesagt hatte: „Die Kleinen Schwestern müssen zu Tapirapé werden, um von dieser Position aus auf die Anderen zuzugehen und sie zu lieben; aber sie werden immer Tapirapé bleiben."

Dies ist ein Beispiel für das Zusammenleben und für gelebtes Evangelium ohne jede Verbindung zur Macht: ob es sich nun um die Macht des Wortes, der Vernunft, der Theologie, der Kirche oder irgendeiner anderen Instanz kultureller, gesellschaftlicher oder politischer Gewalt handelt. Dies ist ein inspirierendes Beispiel für die Grundhaltungen, deren die Menschheit bedarf, wenn sie den Herausforderungen der planetarischen Phase der Conditio humana gewachsen sein will.

2. Wie lebt man mit den Anderen zusammen, die völlig anders sind?

Wir halten uns an unsere Methode, zuerst eine Erzählung, eine Metapher oder einen Mythos vorzustellen. Um zu illustrieren, was das Zusammenleben ist, wollen wir ein schönes Gleichnis Jesu heranziehen, das uns konkret aufzeigt, wie man die am deutlichsten Anderen und die uns am meisten Fernstehenden behandelt. Es handelt sich um das bekannte Gleichnis vom barmherzigen Samariter. Um es richtig zu verstehen, wollen wir es in seinem historischen Kontext verorten.

Das jüdische Volk lebte nach der Reichsteilung politisch getrennt in zwei Reichen: im Nordreich (Israel) und im Südreich (Juda). Die Bücher des Ersten Testaments, das traditionellerweise auch Altes Testament genannt wird, informieren uns darüber, dass Samaria die Hauptstadt des Nordreichs und Jerusalem die des Südreichs war.

Aufgrund von Konflikten, deren Gründe hier nicht erörtert werden können, kam es zur Reichsteilung. Die Hauptstadt Samaria vereinigte zehn der zwölf Stämme Israels bei sich. Sie wurde im Jahr 722 v. Chr. von den Assyrern erobert. Dreißigtausend Samariter wurden deportiert, und an ihre Stelle rückten Fremde unterschiedlichster Herkunft nach. Innerhalb kurzer Zeit entstand so ein Mischvolk.

Diese Tatsache führte dazu, dass sich bei den Bewohnern Judas, besonders bei den Bewohnern von Jerusalem, die fanatische Verfechter der ethnischen und religiösen Reinheit waren, gegen die Samariter ein hartes Vorurteil ausbildete. Deshalb entwickelte sich zwischen Judäern und Samaritern eine notorische Feindschaft (vgl. Joh 4,9; 8,48).

Dieses Vorurteil verstärkte sich noch, als die Samariter beschlossen, nur die fünf Bücher Moses, den Pentateuch, zu akzeptieren, und alle anderen, wie die Schriften der Propheten und die Weisheitsbücher, verwarfen. Und sie errichteten auf dem Berg Garizim auch noch ihren eigenen Tempel, der zum offiziellen Tempel der Judäer in Jerusalem in Konkurrenz trat (Joh 4,20).

Dies war die Situation, wie sie Jesus vorfand. Er aber teilte die Vorurteile nicht, die zwischen Judäern und Samaritern herrschten. So unterhielt er sich zum Beispiel, obwohl dies zu dieser Zeit als skandalös galt, allein mit der samaritanischen Frau am Jakobsbrunnen (Joh 4,4–48); so heilte er zehn Aussätzige aus Samaria (Lk 17,16), und vor allem erzählte er eine Geschichte über einen unbekannten Samariter, der das Opfer eines Überfalls auffand, von Mitleid ergriffen wurde, einen Geist der Fürsorge bewies und ihm fernab von jeder Diskriminierung zu Hilfe eilte.

Jesus machte diese Geste des barmherzigen Samariters zum entscheidenden Kriterium für die wahrhaft geforderte Haltung dem Anderen gegenüber. Vor allem, wenn es sich bei diesem Anderen um jemanden handelt, der uns am meisten fernsteht, in diesem Fall einem Hilfsbedürftigen. In der Sprache der Bibel ist genau dies die Definition dessen, wer unser Nächster ist (Lk 10,30–38). Es geht also darum, wie man mit dem Nächsten zusammenleben soll, besonders mit denen, die leiden und bedürftig sind.

Wir werden das Gleichnis hier auslegen, denn es wird uns helfen, das Thema des Zusammenlebens mit dem Anderen und dem, der sich von uns in ethnischer und religiöser Hinsicht unterscheidet, tiefer zu verstehen. Das Gleichnis wird vom Evangelisten Lukas erzählt (Lk 10,30–38). Sehen wir uns seinen Kontext an.

a) Die Geschichte vom barmherzigen Samariter

„Meister, was muss ich tun, um das ewige Leben zu gewinnen?“ Jemand stellte Jesus diese Frage, die für religiöse Menschen sicher die wichtigste ist. Wer wollte sich nicht das ewige Leben sichern? Und anstatt zu antworten, vertiefte Jesus die Frage:

„Was steht im Gesetz? Was liest du darin?“

Und der Fragesteller antwortete:

„Du sollst den Herrn, deinen Gott, lieben mit ganzem Herzen und ganzer Seele, mit all deiner Kraft und all deinen Gedanken, und deinen Nächsten sollst du lieben wie dich selbst.“

Darauf antwortete der Herr:

„Du hast gut geantwortet. So halte dich daran, und du wirst das Leben haben.“

Um sich aus der Verlegenheit herauszuwinden, machte der Fragesteller weiter:

„Und wer ist nun mein Nächster?“

Anstatt eine theoretische Erklärung abzugeben, erzählt Jesus eine Geschichte, nämlich die vom barmherzigen Samariter. Wie in jeder Geschichte wird hier mit Gefühl und Leidenschaft erzählend und erklärend ihr Sinn erschlossen. Die Geschichte ist genauso schön und spannend wie der Mythos von Philemon und Baukis, den wir im ersten Teil im Zusammenhang des Themas Gastfreundschaft wiedergegeben haben.

Sehen wir uns die Geschichte in allen Einzelheiten an:

Ein Mann ging von Jerusalem nach Jericho hinab und wurde von Räubern überfallen. Sie plünderten ihn aus und schlugen ihn nieder; dann zogen sie weg und ließen ihn halb tot liegen. Zufällig kam ein Priester denselben Weg herab; er sah ihn und ging weiter. Auch ein Levit kam zu der Stelle; er sah ihn und ging weiter. Dann kam ein Mann aus Samarien, der auf Reisen war. Als er ihn sah, hatte er Mitleid, ging zu ihm hin, goss Öl und Wein auf seine Wunden und verband sie. Dann hob er ihn auf sein Reittier, brachte ihn zu einer Herberge und sorgte für ihn. Am andern Morgen holte er zwei Denare hervor, gab sie dem Wirt und sagte: „Sorge für ihn, und wenn du mehr für ihn brauchst, werde ich es dir bezahlen, wenn ich wiederkomme."

Und Jesus fragte: „Was meinst du: Wer von diesen dreien hat sich als der Nächste dessen erwiesen, der von den Räubern überfallen wurde?" Jesu Gesprächspartner antwortete: „Der, der barmherzig an ihm gehandelt hat."

Darauf sagte Jesus zu ihm: „Geh, und tu es ihm gleich."

Wir erläutern nun den Sinngehalt der Geschichte. Welche Haltung soll man einem Überfallenen und Ausgeraubten gegenüber einnehmen, der geschlagen und fast tot liegen gelassen wurde?

b) Zusammenleben: hingehen, sehen, Mitleid haben und sich um den Anderen kümmern

Die erste Haltung, die wir in der Geschichte vorfinden, ist die der völligen Missachtung. Der Priester und der Levit sehen den Anderen in seiner Not, doch sie messen dem nicht die geringste Bedeutung bei. Sie sind völlig gefühllos und ziehen weiter ihres Wegs.

Der Priester ist Nachkomme der priesterlichen Sippe Zadoks; er gehört dem offiziellen Klerus an, vollzieht den Kult und unterweist andere in der Glaubenslehre. Er weiß sehr wohl, dass die gesamte jüdische Tradition, vor allem die prophetische, davon zeugt, dass der wahre, gottgefällige Kult nicht so sehr im Opfer von Rindern, Schafen, Weihrauch und anderen Gaben besteht, sondern darin, dem Armen, der Witwe, der Waise und dem Notleidenden zu Hilfe zu kommen (vgl. Jes 1,10–17). Doch diese Weisheit hilft ihm nicht weiter. Er eilt dem am Straßenrand Liegenden nicht zu Hilfe. Vielleicht hat er irgendeine Ausrede: Er muss vielleicht an einem feierlichen Gottesdienst im Tempel teilnehmen und darf nicht zu spät kommen.

Der Levit aus dem alten priesterlichen Stamm Levi gehört dem niederen Klerus an. Er verrichtet den Tempeldienst, kümmert sich um die liturgischen Geräte, reinigt die heiligen Stätten und hilft bei der Opferung von Rindern, Hammeln und Tauben mit. Auch er sieht den Mann, der „ausgeraubt, niedergeschlagen und halb tot liegen gelassen“ worden war, doch er lässt sich davon nicht bewegen. Sicherlich hat auch er eine Ausrede: Im Tempel gibt es viel zu tun: den Altar herrichten, den Boden vom Blut der Opfertiere reinigen. Wer weiß, vielleicht ist auch er spät dran. Er hat keine Zeit zu verlieren. Er lässt den am Straßenrand Liegenden zurück.

Beide gehören sie dem auserwählten Volk an. Beide sind sie priesterlicher Herkunft, und sie werden dem Anderen nicht zum Nächsten. Denn sie kommen ihm nicht näher und verweigern ein Minimum des Zusammenlebens mit ihm.

Die zweite Haltung ist die Haltung dessen, der sieht, von Mitleid ergriffen wird und all seine Pläne ändert. Genau das hat der Samariter getan, ein Jude aus einem Mischvolk, den man für einen Häretiker hält und mit dem man sich auf kein Gespräch einlassen darf. Die Tugend geht also von einem aus, von dem man nach der herrschenden Meinung jener Zeit nichts Gutes erwarten konnte, denn er stand außerhalb des Gesetzes.

Was macht er? Die Erzählung ist sehr detailfreudig.

Er befindet sich auf Reisen. Angesichts des „Überfallenen, Geschlagenen und halb Toten“ unterbricht er seine Reise und hält an. Er legt sich keine Ausrede zurecht: dass er etwa spät dran sei, dass er es auch riskieren würde, von Räubern überfallen zu werden … Er lässt nachvollziehbare Gründe und jede „kluge“ Überlegung hinter sich und konzentriert sich voll und ganz auf den Anderen. Er überwindet jede Distanz, denn er „nähert sich ihm“. Er vergisst sich selbst und seine Reise und „sieht“ den Anderen. Er sieht nicht in kühler Nüchternheit wie ein Reporter, der von Berufs wegen objektiv mithilfe seines Fotoapparates sehen und danach getreu den Tatsachen berichten muss. Der Samariter sieht mit den Augen des Herzens. Deshalb wird er von „Mit-Leid“ erfüllt.

Der buddhistischen Tradition gemäß, die diese Haltung so vortrefflich mit Leben erfüllte und erklärte, umfasst das Mitleid zwei Momente. Das erste Moment besteht in der Entäußerung. Diese meint das Absehen von sich selbst und von seinen eigenen Interessen, um dem Anderen in vollem Sinne zu begegnen. Es kommt darauf an, den Anderen als Anderen zu „sehen“ und nicht bloß als Fortsetzung seiner selbst oder des in sich geschlossenen Kreislaufs des eigenen Ichs.

Das zweite Moment ist die Fürsorge. Sie drückt sich im Verlassen seiner selbst und im Zugehen auf den Anderen aus und verwirklicht sich in Solidarität, Dienst und Gastfreundschaft dem Anderen gegenüber. Mit-Leid bedeutet, das Leid des Anderen anzunehmen, das heißt, mit dem, der leidet, zu leiden. Aber auch, sich mit dem zu freuen, der sich freut. Es bedeutet, miteinander zu kommunizieren, ein Stück Weg gemeinsam zu gehen, zusammenzuleben, sich gegenseitig eine Schulter als Stütze anzubieten und sich die Hände zu reichen.

Der Text ist sehr ausdrucksstark: Der Samariter „ging zu ihm hin“, das heißt zum am deutlichsten Anderen, denn dieser war „ausgeraubt, niedergeschlagen und halb tot“. Er fragte nicht wie Jesu Gesprächspartner: Wer ist *mein* Nächster? Der Nächste ist nicht eine ein für allemal festgelegte Wirklichkeit, wie es zum Beispiel ein Mitglied meiner Familie, ein Mitbürger meiner Stadt, ein Gläubiger meiner Religion oder ein Berufskollege ist. Der Nächste ist jeder Andere, dem ich nahe komme.

Alle guten Gründe, im Inneren unserer eigenen, in sich verschlossenen Welt zu verharren, zählen also nicht mehr:

„Es gibt so viel Wichtiges zu tun und so viel Versäumtes nachzuholen, ich habe keine Zeit zu verlieren, es ist riskant, zu helfen …“ Wer so denkt, hat die schöpferische Kraft der Liebe und des Mitleids noch nicht begriffen, die imstande ist, Vorurteile, Eigeninteressen und Ängste zu überwinden. Die Anderen bleiben Andere, allein gelassen und verzweifelt, ihrem Schmerz ausgeliefert, am Straßenrand liegend.

Doch der Samariter „ging hin“. Es lag an ihm, sich den Anderen zum Nächsten zu machen. Der Nächste ist derjenige, dem ich mich nähere. Ich definiere mich selbst, indem ich den Anderen mit einbeziehe und ihm den Vorrang gebe. Er stellt mich vor eine Herausforderung, er stößt einen herzzerreißenden Schrei aus und streckt mir Hilfe suchend die Hand entgegen. Wenn ich mich über den Anderen beuge, dann entsteht aus der Haltung dem Anderen gegenüber die Ethik. Der Samariter handelte ethisch, deshalb ging er als der „barmherzige Samariter“ in die Geschichte ein.

Der Samariter lebt konkrete Nähe, denn „er behandelte seine Wunden“. Mehr noch: In unserer Sprache ausgedrückt, „lud er ihn in seinen Wagen“ und brachte ihn „zum nächsten Krankenhaus“, mit einem Wort: „er kümmerte sich um ihn“. Und nicht nur in diesem ersten Moment. Auch danach, denn er hinterlegte eine erhebliche Summe Geld für die Ausgaben und gab dazu noch sein Versprechen: „Was du darüber hinaus an Kosten für ihn zu tragen hast, werde ich bei meiner Rückkehr begleichen.“ Das war konsequent im Sinne der radikalsten Form des Zusammenlebens und der bedingungslosen Gastfreundschaft.

Dann stellt Jesus die entscheidende Frage: „Wer erwies sich für den am Straßenrand Liegenden als der Nächste?“ Mit anderen Worten: „Wer kam ihm nahe?“

Und hier ist die kristallklare Antwort: „Derjenige, der ihm Barmherzigkeit widerfahren ließ.“

Diese Antwort bedarf keiner weiteren Erklärung. Sie spricht für sich selbst.[1]

Ich bin also dafür verantwortlich, ob ich aus dem Anderen meinen Nächsten mache oder nicht. Jeder, dem irgendein Leid widerfährt, wer immer meinen Weg kreuzt, ist mein Nächster, sofern ich seine Nähe aufsuche. Seine Religionszugehörigkeit, seine soziale oder ethnische Herkunft sind kaum von Bedeutung. Das, worauf es ankommt, ist meine Haltung, ihm nahe zu kommen, wer immer er auch sei. So mache ich ihn zu meinem Nächsten.

Diese Haltung der Offenheit und des Zusammenlebens war das Markenzeichen der ersten Christen (die vielleicht ebenfalls aus verschiedenen Frömmigkeitstraditionen und gesellschaftlichen Institutionen herkamen), bevor sie sich mit den Mächten dieser Welt verbündeten, die dem Christentum eine andere Gestalt verliehen, die in großen Teilen bis heute bestimmend ist: Es ist nun ein Christentum, das Zugehörigkeit definiert und ausschließt, das Grenzen zieht und deshalb die Merkmale einer Opfer erzeugenden Institution aufweist. Das gilt insbesondere im Bereich der Geschlechterdifferenz, der Familienmoral und der Sexualität.

Origenes (185–254) ist vielleicht das größte theologische Genie des antiken Christentums und beispielhaft für dieses tolerante und friedliche Zusammenleben. Er lebte in Alexandrien, einer Hafenstadt im Norden Ägyptens, und danach in Cäsarea in Palästina in einem intellektuellen Milieu, das von großer Freiheit geprägt war. Er stellte das Christentum als eine besondere spirituelle Bewegung vor, die aber keineswegs in sich verschlossen, sondern vielmehr in ständigem Dialog mit den anderen religiösen Überzeugungen wie etwa dem Neuplatonismus, dem Aristotelismus und der Gnosis war. Deshalb verfasste er keine dogmatischen Abhandlungen und Glaubensbekenntnisse, sondern entwickelte seine Gedanken im Dialog und innerhalb eines Prozesses der Wahrheitssuche. Er glaubte daran, dass die geoffenbarte Wahrheit ihre besondere Rationalität besitze, doch dass sie sich mit der Rationalität aus anderen Quellen der Erkenntnis und anderen spirituellen Traditionen verbinde, denn letztlich sei es der eine Geist, der in allem am Werk sei. Deshalb bediente er sich mit Gewandtheit der Vernunft und der Argumentation, um die Vernunftgemäßheit des Christentums aufzuweisen, ohne die Legitimität der anderen Auffassungen zu leugnen. Hunderte von Menschen fühlten sich von seinen Vorlesungen angezogen, auch wenn sie keine Christen waren. Viele von ihnen bekehrten sich zum Christentum, andere nicht, aber sie fühlten sich erbaut. Und sie respektierten sich gegenseitig. Aus diesem vernunftgeleiteten und dialogischen Vorgehen entsprang eine Theologie als vernünftige Grundlegung des christlichen Glaubens, der immer für neue Erkenntnisse und Gesprächspartner offen ist.

Seit dem vierten Jahrhundert aber verdammt die Orthodoxie diesen Stil des Origenes, da sie ihn als gefährlich, ja sogar als häretisch betrachtet. Jetzt strebt sie die Einheit und die Sicherheit dadurch an, dass sie sich die Macht anmaßt, dogmatische Formeln zu prägen, die allen auferlegt und von allen gläubig akzeptiert werden müssen und die einen Gegensatz zur Lehre anderer Religionen oder spiritueller Erfahrungen darstellen. Da dies nicht immer leicht und nicht immer möglich ist, bedient sich die religiöse Gewalt gewöhnlich der politischen und imperialen, um ihr Ziel zu erreichen. Die imperiale Gewalt ihrerseits, die sich bereits im Niedergang befindet, benutzt das Christentum, um sich selbst zu festigen, und erklärt es zur offiziellen Religion; nun verpflichtet sie selbst alle Bürger des Reiches auf die Dogmen. Diese Strategie wurde ausdrücklich von den Kaisern Konstantin und später Justinian verfolgt (vgl. Fürst 2002, 26–31). Nun ist das Zusammenleben erzwungen (vgl. das berühmte „compelle intrare“, das heißt „zwing sie, einzutreten“), was im Widerspruch zu seinem eigenen Wesen steht. Dieses ist nämlich das Ergebnis des Respekts vor der Andersheit und der Suche nach Gemeinsamkeiten.

3. Was ist das Zusammenleben?

Nach dieser langen narrativen Einleitung über die *Realität* des Zusammenlebens können wir nun versuchen, den *Begriff* des Zusammenlebens herauszuarbeiten. Dabei geht es um eine theoretische Anstrengung, die den Sinn hat, der Praxis des Zusammenlebens eine solide Grundlage zu verleihen.

Den Begriff des Zusammenlebens darf man nicht als eine in sich abgeschlossene Definition verstehen, sondern vielmehr als eine Sichtweise mit klaren Konturen, die das endgültige Ergebnis des Prozesses der Annäherung und der Erkenntnis des Anderen und Unterschiedenen bedeutet. Dieser Prozess setzt verschiedene Schritte voraus, die wir hier beschreiben wollen.

a) Schritte zum Zusammenleben

Vor allen anderen Dingen stellt der Andere immer eine Herausforderung dar – sei es durch seine Fremdheit, die provoziert, oder schlicht aufgrund der Tatsache, dass er nicht unserer eigenen Welt angehört. Es ist dies eine Herausforderung für das Verstehen und die Deutung des Anderen.

Sofort tauchen die Fragen auf: Woher kommt er? Was will er hier? Wie lange wird er bleiben? Was soll man mit ihm anfangen? Solche Fragen können als gehässig erscheinen und den unbedingten Charakter der Gastfreundschaft und des Zusammenlebens in Frage stellen. Doch sie drängen sich spontan auf, wenn wir einem Fremden oder Fremdartigen begegnen.

Den Anderen zu verstehen setzt die Überwindung der Distanz, die uns von ihm trennt, soweit dies möglich ist, voraus. Es geht darum, zwischen Zweien eine Brücke zu schlagen, die sich gegenseitig als voneinander unterschieden betrachten. Als wir die Gastfreundschaft behandelt haben, haben wir als Phasen unter anderem die Aufnahme, das Zuhören und den Dialog als Verstehensformen betrachtet, die sowohl eine verstandesmäßige als auch eine praktische Form der Annäherung darstellen. In dem Maß, in dem man die Fremdheit überwindet, schwinden die Ängste, und im selben Maß öffnet sich ein Weg des lebendigen und konkreten Verstehens.

Verstehen heißt unweigerlich auch, sich eine Vorstellung vom Anderen zu machen und sich von ihm einen Begriff zu bilden. Dies ist ein Prozess, der mit dem verstandesmäßigen Wahrnehmen zu tun hat. Andererseits beinhaltet das Verstehen immer diese beiden Aspekte, die in Wechselwirkung zueinander stehen und sich gegenseitig durchdringen. Aus beiden entsteht etwas Neues. Das französische Wort für Kennen und Verstehen, *con-naitre*, gibt dieses Phänomen des Zusammenwirkens gut wieder: Verstehen heißt miteinander gebären.

Man gebiert jedoch nicht zusammen, wenn die Vorurteile und kulturellen Schemata der Wahrnehmung die Oberhand behalten. Diese stellen festgefahrene Begriffe dar, die uns daran hindern, ein neues Verständnis zu entwickeln, das aus der Begegnung entspringt. Die Vorurteile sind Hindernisse und Schranken für das wahre Verstehen, und es ist nicht immer leicht, sie zu überwinden. Albert Einstein bemerkte ironisch: „Es ist leichter, ein Atom zu isolieren, als ein Vorurteil auszuschalten."

Deshalb hat das biblische Gebot, sich keinerlei Bild von Jahwe zu machen, einen unschätzbaren pädagogischen Wert im Hinblick auf die Beziehung zwischen zwei Personen. Sobald man sich ein Bild gemacht hat, ist die lebendige Begegnung bereits verlorengegangen, und an ihre Stelle tritt das Bild. Der biblische Imperativ lautet: „Erhebe dich und öffne die Augen gut. Nimm den Hungrigen, den Dürstenden, den Fremden und den Nackten auf." Auf diese Weise machen wir uns von den Bildern frei und können den Anderen wirklich als Anderen sehen und als solchen annehmen.

Wenn wir uns diese Haltung zu eigen gemacht haben, dann treten wir in die neue Phase der *anteilnehmenden und engagierten Beobachtung* ein, die immer beidseitig ist. Der eine interessiert sich für den Anderen. Sie stellen sich gegenseitig vor, und es entsteht Gegenseitigkeit.

Hier ist die *Sprache* von Bedeutung. Die Sprache von jemandem zu kennen bedeutet, seine Seele zu kennen. In einer globalisierten Welt ermöglicht es das Beherrschen und Erlernen der Sprachen, die Identität eines Volkes und einer Kultur lebendig zu erhalten. Es schafft auch die Voraussetzungen für den Austausch miteinander. Je mehr Sprachen man erlernt, umso mehr Welten erschließen sich. Jede Sprache stellt eine Metaphysik dar, das heißt eine bestimmte Deutung der Welt, des Menschen und Gottes. Es wird immer eine allgemeine Sprache geben, mittels derer die Menschen einen unmittelbareren Zugang zueinander finden und anteilnehmendes Verstehen verwirklichen können, auch wenn dabei Besonderheiten verloren gehen, die nur in der jeweiligen Muttersprache ausgedrückt werden können. Die Sprache eines Volkes ist jedoch unersetzlich und stellt einen seiner größten Reichtümer dar.

Neben der Sprache setzt das Kennen des Anderen voraus, dass man sein *symbolisches Universum* kennt. Ein Großteil der Kommunikation vollzieht sich im symbolischen Bereich. Die Symbole beinhalten Bedeutungen und Konnotationen, die nicht immer leicht zu verstehen sind, weil sie grundlegende Erfahrungen eines Volkes in sich bewahren und mitteilen. Mittels der Symbole lebt ein Volk konkret seine eigene Identität und seinen Zusammenhalt. Sie besitzen gewöhnlich einen archetypischen Hintergrund, der mit dem kollektiven Unbewussten in Verbindung steht. Deshalb sprechen die Symbole für sich und sprechen die Tiefenschichten des Anderen an. Sie schaffen eine Art von Kommunikation, die weit über das hinausgeht, was man in Worten ausdrückt. Die Symbole sprechen und geben zu denken. Sie offenbaren das, was in jeder Kommunikation zwischen Verschiedenen vorausgesetzt ist: So unterschiedlich bestimmte Einzelne oder Gruppen von Personen auch sein mögen, es gibt in ihnen eine gemeinsame Grundlage. Ohne sie wären Kommunikation und Verstehen schlichtweg unmöglich. Diese Grundlage ist die *humanitas,* das Menschsein, das Faktum, dass wir alle sprachfähige, des Wortes mächtige, beziehungsfähige, und mit Schöpferkraft begabte Wesen sind, die offen für den Anderen und für das Geheimnis der Welt sind, das auch Gott genannt wird.

Wenn wir diese Stufe erreicht haben, dann vollzieht sich ein tiefer gehender Schritt im Prozess der Annäherung: der *Bundesschluss* mit dem Anderen, der vom Fremden zum Bündnispartner in einer gemeinsamen Sache wird. Es geht hier um eine Ebene der Identifikation mit dem anderen, die allerdings niemals völlige Identifikation bedeuten kann. Es beginnt das Kennenlernen der jeweiligen Geschichte mit ihren schönen Seiten, mit ihrer Größe und ihren Helden, mit ihren großen Weisheitslehrern, den Festen und der Folklore. Es entsteht die Empathie (der Gleichklang mit dem Anderen), die sich in Sympathie (die teilweise Identifikation mit dem Anderen in allen möglichen Aspekten) verwandeln muss.

Diese Sympathie kann und muss sich zu einer echten Liebe entwickeln. Die Augen der Liebe sind es, die die verborgenen Seiten des Anderen entdecken. Hier gilt die Einsicht der Tradition, die sich in allen Kulturen findet: Wir lieben die Anderen nicht deshalb, weil sie interessant und schön sind, im Gegenteil: Sie sind interessant und schön, weil wir sie lieben. Dies stellt den Höhepunkt der

Begegnung mit dem Anderen und den Anderen dar, das Entstehen einer lebendigen Gegenseitigkeit, die keine Grenzen kennt. Zusammen mit den Begriffen und Formen der Kommunikation, die Jürgen Habermas in seinem Werk *Theorie des kommunikativen Handelns* auf so subtile Weise herausgearbeitet hat (Habermas 1987), kommt hier die *Lebenswelt* der Personen ins Spiel. Sie stellt einen Kontext dar, der einer umfassenden und nicht allein rational zu erfassenden Logik des Herzens gehorcht. Zu ihr gehören unter anderem die Sinngebungen des Lebens, die symbolische, religiöse, künstlerische und spielerische Welt. Hier betreten wir den Bereich des Zusammenlebens, der umfassendsten Erfahrung von Beziehung mit dem Anderen, der sich von uns unterscheidet.

b) Was also ist das Zusammenleben?

Die Kategorie Zusammenleben entstand, wie Wissenschaftler meinen, eigenartigerweise in Brasilien (Sundermeier 1995, 48) und entsprang zwei Erfahrungen.

Die erste hat mit dem Pädagogen Paulo Freire (1921–1997) und vor allem mit dessen Schriften *Pädagogik der Unterdrückten* (Reinbek 1973) und *Erziehung als Praxis der Freiheit* (Stuttgart 1974) zu tun. Es wären hier noch andere, spätere Schriften zu nennen, die diese beiden vertiefen (vgl. Freire 2007 und 2008). Die zweite Erfahrung betrifft das Entstehen der kirchlichen Basisgemeinden in Brasilien. Dieser Prozess stellt wahrhaftig eine *Ekklesiogenese*, eine Neuentstehung der Kirche vom Glauben des Volkes und den unteren gesellschaftlichen Schichten aus dar (vgl. Boff 1987).

Paulo Freires Ausgangspunkt ist die Überzeugung, dass nicht die Unterscheidung zwischen Schüler und Lehrer, sondern vielmehr die Lerngemeinschaft ursprünglich ist. Innerhalb dieser Lerngemeinschaft stehen alle in Beziehung miteinander, und alle lernen im gegenseitigen Austausch voneinander. Lernen ist viel mehr als die Arbeit des Intellekts, sich angesammeltes und tradiertes Wissen anzueignen. Lernen ist ein vitaler Akt, eine Lebens-, Interessens- und Schicksalsgemeinschaft, es ist das Zusammenspiel persönlicher und gesellschaftlicher Beziehungen, in dem alle Dimensionen des Lebens sichtbar werden und sich in einem Spannungsverhältnis oder in Harmonie, aber immer innerhalb einer Dynamik des gegenseitigen Austauschs nach allen Richtungen hin miteinander verbinden.

Paulo Freire legte immer Wert darauf, dass die Analphabeten nur im Hinblick auf die Schrift Analphabeten sind, nicht aber, was die mündliche Überlieferung oder das Lernen durch das Leben selbst angeht. Immer wieder betonte er, dass die Lektüre der Welt der Lektüre des Wortes vorausgeht. In diesem Verstehenshorizont tauchte das Wort *Zusammenleben* als lebenschaffende Dimension auf.

Wie aus dem Wortsinn von Zusammenleben selbst klar hervorgeht, handelt es sich immer um mit den Anderen zusammen und nie allein gelebte Erfahrung. Gelebte Erfahrung darf hier nicht in erster Linie als psychologisches Faktum, als eine Regung der Seele oder bloß der Subjektivität des Menschen verstanden werden. All das ist auch darin enthalten, doch sie reicht weit darüber hinaus, denn sie schließt das ganze menschliche Wesen in all seinen Dimensionen jenseits der bloß psychologischen Komponente in sich mit ein.

Gelebte Erfahrung entspringt dem gemeinsamen Leben und der Koexistenz. Zusammenleben und koexistieren sind umfassende und integrative Seinsweisen. Dies liegt in der Konsequenz des Lebens selbst, wenn man es in seiner ganzen Komplexität auffasst, als das mit Anderen geteilte Leben, das mit ihnen koexistiert und auf dynamische Weise Anteil an ihnen – an ihrem Daseinssinn, ihren Kämpfen, ihrer Suche, ihrem Scheitern und ihren Siegen – hat. Im Kontext dieses Zusammenlebens findet das wirkliche

Lernen als kollektiver Entstehungsprozess des Wissens, der Weltsicht, der Werte, an denen sich das Leben orientiert, und der Utopien, die die Zukunft offen halten, statt.

Das Zusammenleben macht die Unterschiede nicht zunichte. Ganz im Gegenteil: Es stellt die Fähigkeit dar, diese Unterschiede aufzunehmen, sie in ihrer Unterschiedenheit bestehen zu lassen und gerade so *mit* ihnen und nicht *trotz* ihnen zu leben. Das Zusammenleben entsteht nur aus der Relativierung der Unterschiede zugunsten von Gemeinsamkeiten. So entsteht die notwendige Übereinstimmung als konkrete Basis für ein friedliches Zusammenleben, obwohl aufgrund der legitimen Unterschiede immer Spannungsverhältnisse bestehen bleiben werden.

Der zweite Ursprung der Kategorie *Zusammenleben* war das große Netz der kirchlichen Basisgemeinden. Sie bilden ein typisches Phänomen für die Kirchen, die eine Option für die Armen, für deren Kultur und deren Welt, getroffen haben. Dieses Phänomen nahm seinen Anfang im Brasilien der 50er-Jahre des 20. Jahrhunderts und breitete sich in der Folge mehr oder weniger über die ganze Kirche aus.

Die kirchlichen Basisgemeinden zeichnen sich dadurch aus, dass sie Gemeinden sind, das heißt eine Realität, die aus unmittelbaren, gleichberechtigten, integrativen, solidarischen und geschwisterlichen Beziehungen hervorgeht. Sie heißen *Basis*gemeinden, weil sie zum überwiegenden Teil aus den untersten Schichten der Gesellschaft und der Kirche hervorgingen. Das heißt, sie entstanden aus dem Volk heraus, sie nahmen ihren Ursprung bei den Armen und Ausgegrenzten, bei den Arbeitern mit geringem Lohn, bei kleinen Hausangestellten und untergeordneten Beschäftigten. Die Basisgemeinden entstanden mit einem Wort aus der Begegnung derer, die vom herrschenden Gesellschaftsprozess an den Rand gedrückt werden. Der Wortbestanteil *Basis* hat aber auch noch eine kirchliche Bedeutung, denn diese Gemeinden gingen von den Laien aus, von denen, die innerhalb der kirchlichen Strukturen über keinerlei Machtposition verfügen, die die Masse der Gläubigen bilden, die vom Klerus geführt und geleitet werden.

Aus diesen beiden Ursprüngen, von dieser doppelten Grundlage her gelang es ihnen, Gemeinden zu bilden, in denen Glaube und Leben eine lebendige Einheit bilden. Das Leben mit seinen Problemen, Freuden und Dramen wird hier miteinander geteilt und vom Wort der Schrift erleuchtet. Das Buch des Lebens wird mit der Bibel konfrontiert, und daraus entstehen neue Gedanken, andere Formen des Gebets und vor allem praktische Entscheidungen, die das Leben aller Gemeindeglieder verbessern wollen.

Es ist das Zusammenleben aller mit allen, welches die Basisgemeinde lebendig und dynamisch macht. Soziologen und Ordensleute haben richtig gesehen, dass diese Gemeinden eine wahrhafte Ekklesiogenese, eine Neuentstehung von Kirche bedeuten können. Damit ist die Entstehung einer neuen Art, Kirche zu sein, gemeint: einer weniger hierarchischen, geschwisterlichen, partizipativen, auf gleichberechtigte Teilnahme achtenden, in der Volkskultur und den Befreiungsbewegungen verankerten Kirche. Die traditionellen Rollen der Bischöfe, Priester, Ordensleute und auch der Theologen werden dadurch nicht überflüssig gemacht. Ganz im Gegenteil, sie sind erwünscht. Doch sofern sie sich in die Gemeinde einfügen, bekommen sie eine andere Funktion. Sie nehmen am Weg der Gemeinde teil und leben mit ihr zusammen, und innerhalb dieses Prozesses erfüllen sie eine Funktion als Animatoren und als Bündnispartner beim Aufbau eines Modells von Kirche, das weniger hierarchisch und gemeinschaftlicher geprägt ist, wo das Recht zu reden reihum an jeden innerhalb der Gruppe geht, wo die Gottesdienste gemeinsam gestaltet und Entscheidungen gemeinsam getroffen werden.

Man kann leicht verstehen, dass das Zusammenleben innerhalb dieser neuen Weise, den christlichen Glauben innerhalb eines Netzes von Gemeinden zu leben, die von tausenden kleinen Bibelkreisen und Gebets- und Aktionsgruppen getragen sind, spontan entstehen kann.

Drei Säulen sind es, die das Zusammenleben als eine lebendige Realität tragen: Teilhabe und Teilnahme (Partizipation), Gemeinschaft und Feier.

Die *Teilhabe* aller ist wesentlich. Das hat zu bedeuten, dass sich alle Beteiligten als Subjekte und als solche empfinden, die für die Gemeinde Verantwortung tragen. Sie teilen die Aufgaben untereinander auf, ob es nun um die Wortverkündigung, die Gottesdienstfeier, religiöse Dienste oder andere konkrete Aufgaben geht, die die Gemeinde im Allgemeinen in Zusammenarbeit mit anderen Basisgruppen übernommen hat. Teilhabe bedeutet immer auch gegenseitige Hilfe in den verschiedensten Lebensbereichen, die üblicherweise von Not und Bedürftigkeit geprägt sind. Es entstehen Patenschaften zwischen den einzelnen Mitgliedern und mit anderen Gruppen (Menschenrechtsgruppen, Frauengruppen, Umweltgruppen, Landlosengruppen, Gruppen, die sich mit der Gesundheitsversorgung und der Obdachlosigkeit beschäftigen, Gewerkschaftsgruppen). Diese Art der Teilhabe verpflichtet wiederum dazu, nach Übereinstimmungen zu suchen, und sie rückt die Unterschiede religiöser und ideologischer Natur, die Unterschiede der Klassenzugehörigkeit etc. in den Hintergrund.

Das Zusammenleben wird durch die *Gemeinschaft* von Geist und Herz vertieft. Das heißt, das Zusammenleben ist nicht nur das Ergebnis der Übereinkunft aufgrund der Tatsache, dass die Gruppen eben koexistieren und auf pragmatische Weise gemeinsame Ziele zu verwirklichen suchen. Es eröffnen sich Chancen, dass etwas Tieferes passiert: Die beteiligten Personen beginnen eine Entwicklung durchzumachen, Verbindungen zu knüpfen, Freundschaften zu stiften und sich wirklich zu lieben. Verstand und Herz sind in Einklang miteinander. Es bildet sich ein Zusammenhalt heraus, der nur durch das Wort Gemeinschaft treffend bezeichnet werden kann. Diese Gemeinschaft umfasst sehr konkrete Dimensionen wie Solidarität, gegenseitige Unterstützung und Zusammengehörigkeitsgefühl, die über die schlichte Teilhabe hinausgehen. Die Gemeinschaft sorgt dafür, dass sich Gruppen, die geographisch weit voneinander entfernt leben, auf demselben Weg wissen, der in dieselbe Richtung führt, und dass sie die gleichen Träume miteinander teilen. So fühlen sich die Samen (Eskimos; auch Lappen genannt; d. Übers.) aus Nordschweden den brasilianischen Yanomami (größtes brasilianisches Indianervolk mit etwa 80.000 Mitgliedern; d. Übers.) in Solidarität verbunden. Sie tauschen Zeichen und Symbole aus, die die Gemeinschaft im selben Kampf und in derselben Hoffnung zum Ausdruck bringen. Der schwarze Ring aus Kokos und Tucum, den viele Bischöfe, ja sogar Kardinäle, Theologen, Laien, Pastoralassistenten, Politologen, Anthropologen und andere am Finger tragen, wurde zu einem Erkennungszeichen einer Gemeinschaft, der es um die Sache der Unterdrückten und Ausgegrenzten auf der ganzen Welt (Indigenas, Schwarze, Minderheiten, aus unterschiedlichen Gründen Diskriminierte), um deren Befreiung und um eine neue Welt geht, in der sie einen Platz haben können.

Wie man leicht verstehen kann, enthält das Zusammenleben jenseits dieser konkreten Dimensionen auch eine unabweisbare spirituelle Bedeutungsfülle, die eine wahrhafte Mystik des Lebens bildet.

Dieses Gemeinschaftsgefühl, das aus der Spiritualität, der Liebe und der affektiven Zuneigung entsteht, ist normalerweise nicht Gegenstand soziologischer oder politologischer Analysen, die sich der Kategorien der Kritischen Theorie, des Strukturalismus und der Systemtheorie bedienen. Sie haben das Funktionieren des Systems im Blick, doch sie haben kein Wahrnehmungsorgan für die konkreten Akteure, denen Gefühl und Menschlichkeit eignet, ohne die das System nicht funktionieren könnte. Erst innerhalb dieses Kontextes der Wahrnehmung gewinnt das Phänomen der Gemeinschaft als des dichtesten Ausdrucks des Zusammenlebens an Bedeutung.

Die christliche Tradition erkannte in den Mystikern die exemplarische Verwirklichung von Zusammenleben und Gemeinschaft: erstens, weil die letzte Wirklichkeit schlechthin als ewiges Zusammensein die absolute Gemeinschaft von drei Weisen der Liebe, dem Vater, dem Sohn und dem Heiligen Geist bildet; zweitens, weil sich die Entfaltung der menschlichen Person im Zusammenleben und in Gemeinschaft mit dem auf solche Weise trinitarischen Gott so vollzieht, dass dies eine Verschmelzung von Gott und Person ermöglicht, die gleichzeitig die Eigenständigkeit beider bewahrt. Nach dem Zeugnis des Mystikers Johannes vom Kreuz bedeuten Zusammenleben und Gemeinschaft „die im Geliebten verwandelte Geliebte (Seele)".

Die buddhistische Tradition spricht vom Mitleid (*karuna*) und von der liebenden Güte oder der bedingungslosen Liebe (*metta*) als Formen des Zusammenlebens mit dem Anderen, vor allem mit dem, der allein ist und leidet.

Schließlich zeigt sich die konkrete Realität des Zusammenlebens in seiner vereinigenden Kraft im *Fest* und in der *Feier*. Eine Gemeinschaft lebt nicht allein von ihren Kämpfen und ihrem Beieinanderwohnen, sondern auch von Fest und Feier. Darin zeigen sich die Gemeinden in ihrem ganzen Reichtum und mit ihrer schöpferischen Phantasie.

Es liegt in der geheimen Kraft von Festen, dass Differenzen zurückgedrängt, Unebenheiten ausgehalten, Konflikte eine Zeitlang beiseite geschoben werden und das Gefühl der Zusammengehörigkeit und Vertrautheit gestärkt wird.

Das Fest ist nicht der Ort für Diskussionen und für das Aushecken von Strategien und Taktiken. Es muss die Welt der Erhabenheit darstellen, den Moment der Feier des Lebens, der Kämpfe, der Siege und der reinen Dankbarkeit für das Zusammensein. In den Worten Nietzsches bedeutet Feste feiern sagen können: „Seid willkommen, alle Dinge“.

In diesem Moment kann das Zusammenleben seine größte Ausstrahlungskraft bekommen, eine wahrhaft magische Aura, die den Sinn des Gemeinschaftslebens unendlich wachsen lässt und die Gründe für das Zusammenleben, den gemeinsamen Weg und den gemeinsamen Aufbau einer Welt, die der Mühe wert ist, verstärkt.

4. Zusammenleben: psychosoziale und kosmische Dimension

Das Zusammenleben, wie wir es weiter oben ausgehend von seinen Ursprüngen, der Gemeinschaftspädagogik und den kirchlichen Basisgemeinden, beschrieben haben, dient uns als Paradigma für ein Zusammenleben allgemeinerer Art zwischen den Stämmen der Erde, die nun notgedrungen innerhalb des Gemeinsamen Hauses näher zusammenrücken. Es gibt dazu keine Alternative: Entweder lernen wir zusammenzuleben, und haben so alle eine Zukunft, oder wir sondern uns voneinander ab, kapseln uns in unsere jeweiligen Identitäten und ausschließenden Unterschiede ein, um so dem Schlimmsten entgegenzugehen. Hegel wird folgender Satz zugeschrieben, der viel Wahres an sich hat: „Aus der Geschichte lernen wir, dass wir nichts aus der Geschichte lernen, aber wir lernen alles aus dem Leid.“

Es ist nicht klug und weise, dass wir gerade in einer Zeit aus dem Leiden lernen müssen, in der so viele Menschen viel zu viel leiden und in der jedes Anwachsen von Leid für alle einen Weg bedeuten könnte, von dem es kein Zurück mehr gibt. Für einige Völker, die sich den anderen überlegen dünken, wird es aber sicherlich keinen anderen Weg geben, als aus dem Leid zu lernen, das man am eigenen Leib spürt. Vielleicht lernen sie aus den ökologischen Verwüstungen um sie herum, aus der Dezimierung ihrer Bevölkerung aufgrund von Pandemien oder anderen Katastrophen, die ihre eigene Unverantwortlichkeit heraufbeschworen hat, oder aufgrund von heftigen Reaktionen der Natur auf die systematische Aggression ihr gegenüber.

Diese Überlegung eröffnet uns weitere Dimensionen des Zusammenlebens. Es kann nicht allein auf eine anthropozentrische Sichtweise reduziert werden, wie sie praktisch bei allen vorherrscht, die dieses Phänomen analysieren. Der Mensch existiert nicht ohne die Natur, nicht ohne die Gemeinschaft des Lebens, nicht ohne seine Integration in das Universum zusammen mit allen Energien, die es durchdringen und die auch uns durchströmen (vgl. Abdala 2002).

Es ist höchste Zeit, eine neue Form des Zusammenlebens mit der Natur zu finden, die seit dem Neolithikum (der Jungsteinzeit) vor zehntausend Jahren und noch systematischer seit der Industrialisierung vom 18. Jahrhundert bis in unsere Tage ohne jeden Respekt vor ihrem Eigenwert und ihrer Andersheit als bloßes Lager von Rohstoffen, die heute zur Neige gehen, ausgebeutet wurde. Die Paradigmen des Industrialismus, der Wissens- und Informationsgesellschaft, die dazu gebraucht wurden, um die Natur nur noch mehr auszuplündern, haben unseren Alltag verändert, unser Leben erleichtert und uns eine längere Lebenserwartung beschert. All diese Errungenschaften hatten jedoch einen sehr hohen Preis. Sie forderten einen Tribut sozialer Ungleichheit und der Umweltzerstörung, der im Übermaß pervers ist.

Dieses Modell ist nicht länger dazu geeignet, uns die Zukunft zu sichern. Es wirkt sich zerstörerisch auf die Natur und auf die Beziehungen zwischen den Völkern aus.

Viele Analytiker der Weltlage warnen schon lange: „Entweder wir ändern uns, oder wir gehen unter."

Der psychosoziale Effekt dieses Dramas zeigt sich im Schwinden der Zukunftserwartungen bei den Bevölkerungsmassen und beim kleinen Mann auf der Straße. Alle sind sich dessen bewusst, dass Jahr für Jahr alles in gewisser Weise schlechter wird: die Löhne, die Gesundheitsversorgung, die Systeme sozialer Sicherheit, das Verkehrswesen, ja selbst die Religionen, die Kirchen und die allgemeine Lebensqualität.

Von einer Gesellschaft der Ausbeutung müssen wir uns zu einer Gesellschaft der Zusammenarbeit und Kooperation hin entwickeln, von einer ausgrenzenden und sich selbst behauptenden Gesellschaft müssen wir zu einer in ihrer Gesamtheit integrierenden Gesellschaft gelangen, von einer Produktionsweise auf Kosten der Natur müssen wir zu einem Modell des Zusammenlebens und der Synergie zwischen uns und der Natur finden. Als Endergebnis wird aus diesem Zusammenleben eine nachhaltige Weltgesellschaft hervorgehen, die das Leben in all seinen Formen bewahrt.

Die Völker müssen lernen, miteinander und mit Gaia, mit den Ökosystemen, mit ihrer Umwelt im engeren Sinne, mit den Gewässern, der Luft, dem Boden, den Planeten, den Tieren, den Vögeln und nicht zuletzt mit der Welt der Mikroorganismen, Bakterien, Pilze und Viren zusammenzuleben, von denen das sichtbare Leben abhängt. Deshalb muss man darauf bestehen, dass die Demokratie keine Grenzen kennt, dass sie soziokosmische Biokratie sein muss und dass das Bürgerrecht nicht nur den Menschen zugesprochen werden darf, sondern planetarisch und terrestrisch ausgeweitet werden muss.

In gleicher Weise, wie wir es im ersten Teil bereits für die Gastfreundschaft beschrieben haben, erstreckt sich auch das Zusammenleben über kosmische Dimensionen. Wir sind das Ergebnis eines Evolutionsprozesses von Milliarden von Jahren. In uns waren und sind Energien am Werk, die den Kosmos tragen, die jede Zelle unseres Körpers und jede Regung unseres Geistes und unseres Herzens aufrechterhalten. Mit dem Kosmos zusammenleben heißt in fein abgestimmten Gleichklang mit ihm treten: mit seiner Größe und Komplexität, seiner Ehrfurcht gebietenden Schönheit und Integrität (vgl. O'Murchu 2002). Die alten Stoiker sagten: *Membra sumus corporis magni*, das heißt: Wir sind Teile des Kosmos (wörtlich übersetzt: Wir sind Glieder des großen Leibes; d. Übers.). So weit kann sich unser Zusammenleben erstrecken.

Wir müssen auch mit unseren Schattenseiten zusammenleben, und zwar als Einzelne, als Gruppe und als Kollektiv. Wir sind nicht nur *sapiens sapiens*, sondern auch *demens demens*. Wir tragen in uns Kräfte der Ausgrenzung und des Hasses, die neben den Kräften der Integration und der liebenden Zuwendung existieren. Es gibt sie stets gleichzeitig in uns.

Es ist die zivilisatorische Aufgabe eines jeden Volkes und seiner Kultur, die Schattenseiten unter Kontrolle zu halten, nicht zuzulassen, dass die Mechanismen der Zerstörung die Oberhand gewinnen und ihr zerstörerisches und tödliches Werk vollbringen. Es kommt darauf an, dem Licht mehr und mehr Raum zu geben, damit es den Schatten in seine Schranken verweisen kann, wenngleich wir uns dessen bewusst sind, dass wir ihn nie völlig verdrängen können. Wir müssen mit unseren Dämonen zusammenleben, jedoch unter dem Schutz unserer Engel. Das bedeutet, dass es in jedem Zusammenleben stets Konflikte und Spannungen geben wird. Das Zusammenleben ist niemals etwas ein für alle Mal Gegebenes, sondern etwas, das stets neu entworfen werden muss. Dieses Zusammensein deckt die Brüche nicht zu, sondern verpflichtet uns dazu, immer wieder von Neuem zivilisierte und gewaltfreie Formen des Ausgleichs zu finden.

Der Friede, der daraus hervorgeht, wurde von der Erdcharta in diesem umfassenden Sinne definiert: Er ist „die Gesamtheit dessen, (...) das geschaffen wird durch rechte Beziehungen zu sich selbst, zu anderen Personen, anderen

Kulturen, anderen Lebewesen, der Erde und dem größeren Ganzen, zu dem alles gehört" (Erdcharta 2001, 15).

Schließlich kommt es darauf an, dass wir mit unserer unendlichen Sehnsucht zusammenleben. Der Mensch ist auf den Planeten Erde und ins Universum gestellt. Doch seine Sehnsucht reicht über diese Räume hinaus. Er entdeckt sich selbst als auf das Unendliche hingeordnet, das ihn innerlich verschlingt. Dieses Unendliche beflügelt seine Phantasie mit immer größeren Visionen und immer kühneren Utopien. Das Utopische bleibt seinem Wesen nach utopisch, das heißt nicht zu verwirklichen. Doch es nimmt uns unseren sicheren Halt, es bringt uns stets von Neuem auf den Weg und versetzt uns – um mit Augustinus zu sprechen – immer in die Situation der Unruhe als einer Grundbedingung des menschlichen Daseins (*inquietum est cor nostrum …* – „unruhig ist unser Herz, bis es Ruhe findet in dir").

Mit dem inneren Feuer und mit unserem Streben nach Unendlichkeit zusammenleben macht die Weltgesellschaft weniger dogmatisch und flexibler, weniger auf sich selbst bezogen und nach vorne und oben offener, weniger materialistisch und spiritueller; es schafft einen Raum der Menschlichkeit, in dem es leichter ist, zu lieben und sich am Leben zu freuen.

Wie die Kleinen Schwestern zu Geburtshelferinnen eines Volkes, der Tapirapé, geworden sind, so können auch wir zu Geburtshelfern einer neuen planetarischen Gesellschaft, der neuen Erde werden, über der der Regenbogen des göttlichen Wohlwollens und des guten Willens der Menschen aufstrahlt.

II. Der Respekt

Wie die Gastfreundschaft und das Zusammenleben, so ist auch der Respekt gegenüber einer jeden Person, den anderen Völkern, ihren Kulturen, Traditionen und Religionen und jedem Sein unverzichtbar. So viele Gemeinsamkeiten auch entdeckt werden und so intensiv das Zusammenleben auch sein mag, es bleiben immer anstößige Seiten, Sichtweisen und Dimensionen des Anderen, die wir entweder nicht verstehen bzw. schwer akzeptieren können, oder die schlicht Befremden bei uns auslösen und uns missfallen.

An dieser Stelle sind der Respekt vor der Andersheit und die Toleranz als unverzichtbare Grundhaltungen gefordert, damit ein gemeinsames Leben im selben Gemeinsamen Haus möglich wird.

1. Ein Gleichnis für den unbedingten Respekt

Wir wollen hier ein Beispiel aus der Frühzeit der christlichen Gemeinschaft anführen, in der noch die Apostel, die unmittelbaren Nachfolger Jesu, wirkten. Sie lernten ihre Lektion von ihrem Meister und betonten die grundlegende Bedeutung des Respekts.

Wir wissen, dass sich das orthodoxe Judentum nicht gerade durch Respekt vor der Andersheit und religiöse Toleranz auszeichnete. Im Gegenteil, es war sehr streng, was die Beziehung zu Fremden betrifft. Zur Zeit Jesu konnte man mit einem Nichtjuden keine Freundschaft pflegen. Es war nicht einmal erlaubt, jemanden zu besuchen, der sich nicht zur jüdischen Religion bekannte.

Angesichts dieser Art von Vorurteil, das ja nichts anderes ist als Mangel an Respekt vor dem Anderen, markierte das Christentum einen klaren Bruch. Von Anfang an hatte es universalen Charakter und respektierte deshalb alle ohne Ausnahme. Der heilige Paulus verstand, was Jesu Praxis der unbedingten Liebe implizierte, die alle Mauern niederriss. Mit Recht sagte er: „Gott schaut nicht auf die Person“ (Gal 2,6), denn „ab jetzt gibt es weder Juden noch Griechen, weder Mann noch Frau, denn alle sind eins in Christus Jesus“ (Gal 3,28).

Die Jünger selbst, die allesamt Juden waren, mussten diese Lektion sehr mühsam lernen. Uns ist in der Apostelgeschichte eine surrealistische Erzählung über Petrus überliefert (Apg 10,9–16), in der sich die Frage des Respekts mit Unterstützung des Himmels Durchbruch verschafft.

Ein römischer Hauptmann namens Kornelius, ein tiefgläubiger Mann mit Mitgefühl für die Armen, zeigte Interesse an der christlichen Botschaft. Er entschloss sich, sich intensiver mit dieser Frage zu beschäftigen. Er ließ Petrus in sein Haus einladen, denn er wollte dort Verwandte und enge Freunde für ein substantielles Gespräch um sich scharen.

Petrus zögerte, denn er wollte sich an die Tradition halten und sich nicht mit einem Heiden in dessen Haus treffen. Er selbst bringt diese Haltung zum Ausdruck: „Ihr wisst, dass es einem Juden nicht erlaubt ist, mit einem Nichtjuden zu verkehren oder sein Haus zu betreten." (Apg 10,28) Während er sich im inneren Zwiespalt darüber befand, ob er der Tradition treu bleiben oder die Einladung des römischen Soldaten annehmen solle, hatte er so etwas wie eine Vision.

Die Erzählung sagt, dass Petrus während des Gebets „in Verzückung geriet". Er sah den Himmel offen, und vom Himmel her kam so etwas wie ein großes Tischtuch herab, das an vier Ecken gehalten wurde. Auf ihm befanden sich alle möglichen Vierfüßler, Reptilien und Vögel. Er hörte eine Stimme, die sprach: „Steh auf, Petrus, schlachte und iss!" Petrus aber sagte: „Niemals, Herr, denn ich habe nie etwas Unreines gegessen!" Die Stimme ließ sich abermals vernehmen: „Nenne nicht unrein, was Gott rein gemacht hat."

Das wiederholte sich dreimal, dann wurde das Tischtuch plötzlich in den Himmel hinaufgezogen.

Es ist klar, dass mit dem Tischtuch das Evangelium und die christliche Botschaft gemeint ist. Die verschiedenen Lebewesen auf dem Tischtuch, die normalerweise allesamt essbar sind, symbolisieren die Tabus der rituellen jüdischen Tradition. Ihr zufolge war es nicht erlaubt, bestimmte Fleischsorten zu essen, weil ihr Verzehr die Menschen unrein mache. Diese verbotenen Tiere stehen für das, was die Christen nach dem Bruch mit der jüdischen Tradition fortan zu respektieren haben und womit sie Gemeinschaft pflegen (das ist die spirituelle Bedeutung von „essen") müssen. Alle sind also rein, alle kommen von Gott her, alle ohne Ausnahme müssen zusammenleben. Die Christen müssten die Protagonisten dieses Universalismus sein, der keinerlei Diskriminierung und keinen Mangel an Respekt duldet.

Petrus hatte die Vision in Verwirrung gestürzt. Doch er brachte diese „ekstatische" Vision mit der Einladung des römischen Hauptmanns in Verbindung. Hier gab es eine Lektion zu lernen. Er erkennt tatsächlich: „Gott hat mir gezeigt, dass man keinen Menschen unheilig oder unrein nennen darf ... Jetzt begreife ich, dass Gott nicht auf die Person sieht, sondern dass ihm in jedem Volk willkommen ist, wer ihn fürchtet und die Gerechtigkeit übt." (Apg 10,28.34–35) Mit einem Wort: Das Vorurteil und die Verachtung gelten nichts vor Gott. Was zählt, ist der Respekt ohne Einschränkungen.

Von der himmlischen Vision überzeugt, geht Petrus zum Haus des römischen Soldaten in Cäsarea, einer bedeutenden Stadt Kleinasiens. Und in seinem Haus begann er, mit Begeisterung von der Praxis Jesu zu erzählen, „wie er Gutes tat und alle Unterdrückten heilte, denn Gott war mit ihm" (Apg 10,38). Voller Reue und voll Freude zugleich erzählte er, wie Jesus nicht verstanden, verfolgt und gekreuzigt wurde, und wie er von den Toten auferstand. Er selbst, Petrus, und die übrigen Apostel, die mit ihm zusammen gegessen und getrunken hatten, könnten diese verblüffende Tatsache bezeugen. Und er fügte hinzu: „Alle, die an ihn glauben, empfangen die Vergebung ihrer Sünden." (Apg 10,39–41)

Diese Worte versetzten Kornelius und die Seinen in Begeisterung. Noch während Petrus sprach, kam plötzlich der Heilige Geist auf alle Anwesenden, Juden und Heiden gleichermaßen, herab. Das Pfingstwunder wiederholte sich, als der Geist auf die Gemeinschaft der Apostel und auf die anwesenden Vertreter der unterschiedlichsten Völker (Meder, Parther, Römer etc.) herabgekommen war. Und „alle begannen, in fremden Sprachen zu reden" (Apg 2,1–13) Auch diesmal sprachen sie in Zungen und priesen Gott.

Petrus war in höchstem Maß verwirrt, denn es war etwas Unerhörtes geschehen: Der Heilige Geist war auf Personen herabgekommen, die nicht der christlichen Gemeinde angehörten, denn sie waren nicht getauft. Nach allgemeiner Auffassung wurde der Geist nur nach der Bekehrung und der Taufe empfangen. Hier zeigte sich die Freiheit Gottes: Er sandte seinen Geist auf alle herab, auf Heiden und Christen, ohne jedes Vorurteil. Mit diesem himmlischen Einverständnis taufte Petrus sie alle und nahm sie in die Gemeinschaft des Glaubens auf.

Petrus hatte damit eine mutige Entscheidung getroffen, die nicht ohne Folgen für das neue Selbstverständnis des Christentums als universale Religion jenseits aller Grenzen von Religionen, Ethnien und sozialem Status blieb. Das ging so weit, dass er in Jerusalem von den Brüdern, die, obwohl sie Christen waren, an der jüdischen Tradition festhielten, sich nicht unter Fremde zu mischen, in Frage gestellt wurde.

Petrus beendete die Diskussion mit seinen Gegnern schlicht mit den Worten: „Wenn Gott den Heiden dieselbe Gnade verliehen hat wie uns, die wir an den Herrn Jesus Christus glauben: Mit welchem Recht könnte ich Gott daran hindern?" (Apg 11,17)

Gott diskriminiert nicht, er respektiert vielmehr alle. Alle sind wir seine Söhne und Töchter. Über alle gießt er seinen Geist des Lebens aus. Wer durch das Kommen des

Geistes an dieser neuen Universalität teilhat, muss das Zeichen der Zugehörigkeit zur Gemeinschaft empfangen. Er ist in der Lage, die Taufe zu empfangen, das öffentliche Erkennungszeichen der Gemeinde.

Nun war es tatsächlich wahr: „In Christus gibt es weder Heiden noch Juden, weder Mann noch Frau; alle sind eins in Christus." (Gal 3,28) Mit anderen Worten: Alle müssen respektiert und angenommen werden.

Aus dieser Erzählung lassen sich wichtige Lehren zum Thema Respekt ziehen.

Zuerst gewinnt die Suche nach einem Sinn des Lebens und nach einer existentiellen Wahrheit, wie sie beim römischen Hauptmann sichtbar wird, zentrale Bedeutung. Die Religionen stehen im Dienst dieser Suche. Deshalb muss diese stets respektiert werden. Sie hat den Vorrang vor jeglicher Religion, vor jedem Vorurteil und jedem Tabu.

Zweitens sind die Religionen, die es gibt, mit ihren Lehrinhalten und Vorschriften Versuche, die Begegnung mit Gott und der existentiellen Wahrheit zum Ausdruck zu bringen. Als solche sind sie Schöpfungen der Kultur und historischen Veränderungen unterworfen.

Drittens begegnet man Gott unfehlbar dort, wo „man ihm, in welcher Nation auch immer, die Ehre erweist und die Gerechtigkeit übt" (Apg 10,35).

Viertens kann der Geist von niemandem manipuliert werden, auch nicht von einer Religion oder Kirche. Er erweist sich stets als frei gegenüber jeder religiösen Organisationsform, allen Dogmen, Riten und Geboten. Er gibt sich allen ohne Unterschied, sofern man nur für ihn offen und wirklich auf der Suche ist. Der Geist kommt immer dort, wo man es zulässt, dass er kommt.

Fünftens gibt es die Religion des Geistes, „der weht, wo er will" (Joh 3,8). Seine Anbeter finden sich überall, in jeder Religion und in jedem Gotteshaus, und es kommt nicht so sehr darauf an, ob es sich um Jerusalem handelt, wie es die Juden wollen, oder um den Berg Garizim nach

Auffassung der Samariter, oder gar um den Vatikan, wie es die Katholiken glauben, oder um Moskau, woran die russische Orthodoxie festhält: Überall kann man Gott, den Vater und die Mutter, im Geist und in der Wahrheit anbeten (vgl. Joh 4,23).

Diese Auffassung führt zum Respekt, denn jeder einzelne und alle diese Wege sind Wege „im Geist und in der Wahrheit", die zum Herzen Gottes führen. Von daher kommt ihnen ein Wert an sich zu, sie verdienen Anerkennung, Respekt und positive Wertschätzung.

2. *Was ist der Respekt?*

Diese Erzählung und deren praktische Konsequenzen liefern uns die Grundelemente für ein besseres Verständnis dessen, was Respekt bedeutet. Vor allem setzt der Respekt die Anerkennung des Anderen in seiner Andersheit und die Wahrnehmung seines inneren Wertes voraus.

a) Die Anerkennung des Anderen

Den Anderen als Anderen anerkennen: Eine solche Grundhaltung stellt eine sehr große Herausforderung für jeden Einzelnen und für die Gesellschaft dar. Der Andere darf nicht, wie wir es schon im ersten Teil über die Gastfreundschaft betont haben, auf den anderen Menschen beschränkt werden. Es ist alles und jegliches Andere, das Nicht-Ich, das mir gegenübertritt.

Das erste, unmittelbarste Andere ist die uns umgebende Welt, die Natur, denn wir sind in sie eingebunden. Im Lauf der Geschichte gab es vielfache Formen der Beziehung zur Natur; einige davon waren stärker von Respekt und Kooperation geprägt, andere waren aggressiverer Natur und vom Eigennutz bestimmt. Fest steht, dass seit dem Augenblick, an dem vor ca. 2,3 Millionen Jahren der *homo habilis* auftauchte, der Werkzeuge benutzte, auch das gewaltsame und aggressive Eingreifen des Menschen in die Natur begann. Damit ging die Gefahr des mangelnden Respekts und der Leugnung der Andersheit der Natur einher. Ja, man begann sie ausschließlich nach Gesichtspunkten des Gebrauchs und des Eigennutzes zu verstehen und zu behandeln, ohne auf den Eigenwert Rücksicht zu nehmen, den sie unabhängig von der Nützlichkeit für den Menschen besitzt.

Dies ist das grundlegende Übel des Anthropozentrismus, der in fast allen Kulturen der Welt, mit Ausnahme der indigenen Kulturen, weit verbreitet ist. Innerhalb der indigenen Kulturen lebt man in tiefer Verbundenheit mit der Gemeinschaft des Lebens und mit heiligem Respekt vor allem Sein.

Der Anthropozentrismus will uns glauben machen, dass allen Lebewesen nur in den Maße Sinn zugesprochen werden kann, in dem sie auf den Menschen hingeordnet sind, der nach seinem Gutdünken über sie verfügen kann. Dieser Auffassung müssen wir die Tatsache entgegenhalten, dass die überwiegende Mehrheit der Lebewesen bereits vor dem Auftauchen des Menschen existierte. Erst als die Geschichte der Erde bereits zu 99,98 % vollendet war, tauchte der Mensch innerhalb der Evolution auf. Die Natur bedurfte seiner also nicht, um ihre unglaubliche Komplexität und Vielfalt des Lebens hervorzubringen. Die richtige Haltung wäre es, wenn sich der Mensch als in die Gemeinschaft des Lebens integriert verstünde, das ihm vorausliegt, wenn er sich als ein Glied in der Kette des Lebens betrachten würde – wenn auch ein besonderes Glied, da er der Ethik und Verantwortung fähig ist.

Respekt bedeutet auch die Anerkennung der Tatsache, dass die Anderen älter sind als wir und dass sie es eher verdienen, zu leben und mit uns zusammen zu existieren. Wenn wir sie respektieren, setzen wir unserer Selbstbezogenheit und Überheblichkeit Grenzen. Leider wurden diese Grenzen im Lauf der Geschichte fast immer missachtet.

Edward Wilson, der berühmte Erforscher der Biodiversität, hat über das Verhältnis von Respekt und Missachtung des Menschen gegenüber der Natur Bilanz gezogen und kommt voller Bedauern zum Schluss:

„Der Garten Eden – von Menschen besiedelt – verwandelt sich in ein Schlachtfeld. Das Paradies zu finden heißt, es zu verlieren. Der Mensch hat bislang die Rolle eines globalen Massenmörders gespielt, der nur sein eigenes kurzfristiges Überleben im Blick hat. Auf diese Weise haben wir einen wesentlichen Teil der biologischen Vielfalt ausgelöscht. Die Naturschutzethik, ob sie nun als Tabu, Totemglaube oder Wissenschaft formuliert wird, ist durchweg zu spät gekommen …" (Wilson 2002, 129).

Heute sind wir an einem entscheidenden Punkt angekommen. Wir müssen die Haltung des Respekts als eine Schranke für unsere Zerstörungskraft und als Bedingung für die Erhaltung der Natur und für unser Überleben einsetzen.

Nach der Natur haben wir es mit dem Mitmenschen als Nächsten zu tun. Er besitzt ein Gewissen, er hat Würde und er ist ein Zweck an sich selbst. Ihm müssen wir Ehrerbietung und Respekt erweisen, denn jeder Einzelne ist einzigartig in der Welt, in jedem Einzelnen kulminieren die Evolution und die Offenbarung Gottes. Kein kulturelles oder religiöses Ziel oder Vorhaben kommt dem Menschen an Würde gleich. Er kann niemals als Mittel gebraucht und zu einem solchen degradiert werden – etwa als Produktionsmittel, als Kanonenfutter für den Krieg oder als Versuchskaninchen für die Wissenschaft. Im Menschen gelangt der Prozess der Evolution, soweit er uns bis heute bekannt ist, zu seinem Höhepunkt. Von diesem Moment an findet Evolution nur noch durch das Eingreifen des freien und schöpferischen Menschen und im Zusammenwirken mit ihm statt.

Das Zweite Vatikanische Konzil (1962–1965) dachte an diese Würde, als es in schöner Weise die Lehre verkündete: „... alle müssen ihren Nächsten als ein ‚anderes Ich' ansehen, vor allem auf sein Leben und die notwendigen Voraussetzungen eines menschenwürdigen Lebens bedacht". (*Gaudium et spes*, 27) Doch der Raum, auf den sich der Respekt erstrecken muss, wird noch erweitert: „Achtung und Liebe sind auch denen zu gewähren, die in gesellschaftlichen, politischen oder auch religiösen Fragen anders denken oder handeln als wir." (*Gaudium et spes*, 28)

b) Unbedingter Respekt vor dem Gewissen

Es gibt indessen auch ein Nächstes, das das Innerste von allen ist: das persönliche Gewissen. Damit befinden wir uns beim Heiligsten einer jeden menschlichen Person.

Was ist das Gewissen? Es ist die innere Stimme, die uns stets begleitet, die nie verstummt, die uns das Gute weist und uns vom Bösen abrät, die das Gute, das wir vollbracht haben, mit Lob bedenkt, und die uns für das Böse mit Gewissensbissen bestraft. Die biblische Gestalt Kains steht für das Böse, das in uns allen ist, und das fliehen will, auch wenn niemand es verfolgt, weil es der Last des schlechten Gewissens entrinnen will. Doch es bleibt, denn es gibt für das schlechte Gewissen keine Zuflucht und kein Versteck oder Geheimnis. Es bringt alles ans Licht. Das Licht erfreut uns, oder es lässt uns die Augen schließen.

Die spirituellen Traditionen sind davon überzeugt, dass das Gewissen die lebendige Gegenwart Gottes in und mit uns darstellt. Weil es so erhaben ist, schuldet man ihm Respekt, den höchsten Respekt. „Nicht selten jedoch geschieht es, dass das Gewissen aus unüberwindlicher Unkenntnis irrt, ohne dass es dadurch seine Würde verliert." (*Gaudium et spes*, 16; vgl. auch *Gaudium et spes*, 28 und *Dignitatis humanae*, 2)

Dieser Respekt ist gefordert, wenn das Gewissen aus freien Stücken seine Beziehung zu Gott und zu den heiligen Dingen definiert. Damit verleiht es seiner kurzen Bleibe in der Welt einen persönlichen und unhintergehbar letzten Sinn. Es geht um den Respekt vor der Religionsfreiheit, wie sie das Zweite Vatikanische Konzil definiert: „Diese Freiheit besteht darin, dass alle Menschen frei sein müssen von jedem Zwang, sowohl von Seiten Einzelner wie gesellschaftlicher Gruppen, wie jeglicher menschlichen Gewalt, so dass in religiösen Dingen niemand gezwungen wird, gegen sein Gewissen zu handeln, noch daran gehindert wird, privat und öffentlich, als Einzelner oder in Verbindung mit anderen innerhalb der gebührenden Grenzen nach seinem Gewissen zu handeln." *(Dignitatis humanae*, 2)

Zur Zeit ist die Zahl derer beträchtlich, die aufgrund ihrer Gewissensentscheidung Diskriminierung und Verfolgung erleiden. Petrus schreibt in einem seiner Briefe: „Denn es ist eine Gnade, wenn jemand deswegen Kränkung erträgt und zu Unrecht leidet, weil er sich in seinem Gewissen nach Gott richtet." (1 Petr 2,19) Dennoch sind diese Zwänge immer illegitim, und sie werden es auch immer sein.

c) Respekt vor der religiös neutralen Natur des Staates

Genau wegen der Unverletzlichkeit des religiösen Gewissens ist die religiöse Neutralität des Staates gefordert; ganz besonders gilt dies in einer globalisierten Welt. Es gab Zeiten, in denen der Staat ein bestimmtes religiöses Bekenntnis zur offiziellen Religion erhob (Katholizismus, Islam, Anglikanismus und andere Glaubensrichtungen). Mitglieder anderer Religionen oder spiritueller Traditionen unterlagen öffentlichen Beschränkungen. Doch mit dem Aufkommen der Demokratie setzte sich in fast allen Ländern das religiös neutrale Selbstverständnis des Staates durch.

Das bedeutet, dass der Staat nicht länger konfessionell ist. Diese Neutralität bedeutet nicht, dass er den möglichen spirituellen und ethischen Wert eines religiösen Bekenntnisses nicht anerkennen würde, der immer der Gesellschaft als ganzer zugute kommt. Doch wegen des Respekts vor der Gewissensfreiheit aller Menschen gibt er keiner Religion den Vorzug oder träfe gar eine Entscheidung für sie. Der Staat ist der Garant des religiösen Pluralismus und des Respekts vor den Minderheiten.

Wegen dieser Neutralität in umstrittenen Fragen der Ethik ist es dem Staat nicht erlaubt, Verhaltensweisen durchzusetzen, die sich aus Vorschriften oder Dogmen einer Religion herleiten, auch wenn es sich um die Religion der Mehrheit handelt. Dasselbe gilt für alle, die ein Amt im Staat innehaben und selbst religiös sind. Wenn sie sich auf die politische Bühne begeben oder Verantwortung innerhalb des Staatsapparates übernehmen, verlangt niemand von ihnen, dass sie ihre religiösen Überzeugungen aufgeben. Es ist jedoch von ihnen gefordert, dass sie argumentieren und im offenen Dialog mit den anderen ihre guten Gründe darlegen. Das Einzige, was man ihnen abverlangt, ist, dass sie nicht versuchen, ihre Sichtweise den anderen aufzudrängen und aus ihren eigenen partikulären Standpunkten allgemeingültige Gesetze zu machen. Die Laizität des Staates verpflichtet alle dazu, sich der kommunikativen, intersubjektiv vermittelbaren Vernunft zu bedienen, Dogmatismen um eines friedlichen Zusammenlebens willen zu überwinden, Gemeinsamkeiten und Übereinstimmungen zu entdecken und angesichts von Konflikten offen für Verhandlungen und Vergleiche zu sein.

Der Laizität des Staates liegt eine humanistische Sichtweise zugrunde, die die Basis der Demokratie bildet: Sie besteht im unbedingten Respekt vor dem Menschen, dem Wert eines jeden einzelnen Lebens als solchen, unabhängig von seiner ethnischen Zugehörigkeit, seiner wirtschaftlichen Situation und seiner gesellschaftlichen Stellung, vor dem Leben als Subjekt von Würde und Rechten. Es geht um einen Glauben – nicht um einen Glauben an Gott wie in den Religionen, sondern um den Glauben des Menschen an sich selbst.

Dieser Glaube findet seinen Ausdruck in der Anerkennung des legitimen Pluralismus kultureller und religiöser Lebensäußerungen des Menschen und im friedlichen Zusammenleben aller mit allen. Dies ist nicht immer leicht und wird es auch in Zukunft nicht sein. Wer von der Richtigkeit seiner Position überzeugt ist, ist stets versucht, diese Überzeugung zu verbreiten und Anhänger zu gewinnen. Der Respekt vor dem Gewissen und den Überzeugungen des Menschen jedoch wird ihn davon abhalten, diese Überzeugungen anderen mit aller Macht oder gar mit Zwangsmitteln aufzudrängen. Dies wäre ein Konfessionalismus und Fundamentalismus – Fehlhaltungen, wie sie für die Religion typisch sind.

Auch der Laizismus (im Unterschied zur Laizität; d. Übers.) ist eine Fehlhaltung. Damit ist die politische Zielsetzung gemeint, aus irgendeinem Grund die Religionen aus der Gesellschaft ausrotten zu wollen, um Platz zu schaffen für rein säkulare oder rationale Werte. Ein solches Verhalten missachtet die religiösen Menschen und kündigt ein friedliches Zusammenleben auf.

Der Respekt vor dem Menschen und vor jedem Lebewesen begründet eine minimale Ethik, die von allen akzeptiert werden muss. Sonst weiß man nicht, wie so unterschiedliche Bürger in Frieden zusammenleben können sollen und wie man einen vernünftigen Ausgleich im Konfliktfall finden soll. Die Demokratie selbst bedeutet nicht einfach den Sieg der Mehrheit, sie meint vielmehr auch die angemessene Einbeziehung der Minderheit in dem Maß, das ihr als Minderheit zukommt.

Diese Ethik als Mindestanforderung kann mit folgendem Grundsatz der Erdcharta formuliert werden: „Für die Gemeinschaft des Lebens in Verständnis, Mitgefühl und Liebe sorgen“ (Erdcharta 2001, 9). In dieser Formulierung finden sich die Grundwerte, die ethischen Mindestforderungen, die dem menschlichen Zusammenleben im Gemeinsamen Haus, dem Planeten Erde, Bestand verleihen werden.

Die Aufgabe des religiös neutralen Staates ist es also, den Raum offen zu halten und die Atmosphäre der Freiheit für die Lebensäußerungen aller Bekenntnisse zu schaffen. Er hat nur dann aktiv einzugreifen, wenn die verabschiedeten Gesetze verletzt werden.

So verletzt eine Kirche zum Beispiel die Laizität, wenn sie christlichen Ministern und Richtern den Rat gibt, sich nicht an Gesetze zu halten, die auf legitime Weise vom Parlament verabschiedet wurden. Dies ist etwa bei der Straffreiheit für die Abtreibung oder der Zulassung von Partnerschaften von Homosexuellen der Fall.

Das politische Handeln zielt ab auf die Verwirklichung des in einer bestimmten Situation konkret möglichen Gemeinwohls, ausgehend von einem bestimmten Stand des allgemeinen Bewusstseins. Es kann passieren, dass aufgrund von vielen Streitigkeiten nicht das erreicht werden kann, was im Sinne des Gemeinwohls das konkret mögliche Beste wäre. Dann ist es vernünftig, ein geringeres Gut zu akzeptieren oder das geringere Übel hinzunehmen, um ein größeres zu vermeiden. Eine solche Haltung entspringt dem demokratischen Geist, den alle fördern müssen.

Eine Gesellschaft, die vorgibt, wirklich demokratisch zu sein, muss das Prinzip der Laizität als konstitutives Wesensmerkmal akzeptieren. Nur mittels der Laizität verbinden sich zwei grundlegende Werte miteinander: der Respekt vor der Gewissensfreiheit und die Gleichheit vor dem Gesetz.

Die Laizität erhebt alle religiösen Bürger auf dieselbe Stufe der Würde. Sie betrachtet sie von einem Standpunkt jenseits ihrer jeweiligen Partikularität aus, ohne ihnen abzuverlangen, auf ihre jeweilige Besonderheit zu verzichten. Auf diese Weise erweist sie der Gewissensfreiheit den geschuldeten Respekt. Gleichzeitig verwirklicht sie so den Grundsatz der Gleichheit, denn allen wird gleichermaßen Anerkennung zuteil.

Diese Überlegungen gelten nicht nur für die Religionen, sondern auch für andere Werte und Weltanschauungen, die es in einer säkularen Gesellschaft gibt. Das Zweite Vatikanische Konzil spricht in diesem Zusammenhang von der „richtigen Autonomie der irdischen Wirklichkeiten" (*Gaudium et spes*, 36). Politik, Wirtschaft und Wissenschaften haben einen Wert in sich, der im Mysterium der guten Schöpfung Gottes begründet ist. Dieser Wert hängt nicht vom Glauben ab, sondern von der Vernunft, und deshalb hat er seinen Selbststand und seine Autonomie.

In der konkreten Realität haben wir es damit zu tun, dass die meisten säkularen Gesellschaften faktisch von der Kultur des Kapitals beherrscht sind. Innerhalb dieser Kultur überwiegen normalerweise fragwürdige Werte wie der Individualismus, die übertriebene Wertschätzung des Privateigentums, die Anhimmelung der Größen der Unterhaltungsindustrie, sittliche Laxheit, die Vergötterung des Vergnügens, vor allem der Erotik. Die Massenmedien, die zum Großteil im Privatbesitz einiger weniger mächtiger Eigentümer sind, werden dazu benutzt, um aus diesen Tendenzen Profit zu schlagen. Es werden so „neue Götter" geschaffen, die mit dem Geld, dem Kredit, dem Vergnügen um jeden Preis als den liturgischen Akten dieser „säkularen Religion" zu tun haben. Diese Religion verehrt den Fortschritt ohne Grenzen und singt den Lobpreis der Technisierung des gesamten Lebens, während wir doch wissen, dass eine solche Praxis und Politik ökologisch völlig verkehrt ist, weil sie eine fortgesetzte Ausbeutung der Natur und die Ausgrenzung der Mehrzahl der Menschen bedeutet. Hier werden die Demokratie und der religiös neutrale Status der Gesellschaft verletzt.

Doch man muss den guten Sinn der Laizität der modernen Gesellschaften und ihrer Bürger hervorheben. Eugenio Scalfari, ein bekannter italienischer Intellektueller und Chefredakteur der wichtigen Tageszeitung *La Repubblica* sagte: „Diejenigen, die sich zur Laizität bekennen, haben per definitionem weder einen Papst noch einen Kaiser oder König, weder Bischöfe noch Fürstbischöfe. Sie haben als Herren über sich das eigene Gewissen; den Sinn für die Eigenverantwortung; die Grundsätze der Freiheit, Gleichheit und Geschwisterlichkeit als Hauptorientierungspunkte ... Wir sind weder Relativisten und noch viel weniger gleichgültig. Wir leiden mit dem Schwachen, mit dem Armen, dem Ausgegrenzten ... Wir machen uns die Bergpredigt zu eigen. Wir wollen, dass sich das Gute gegen die Übel durchsetzt, die zahlreichen Übel, die das Individuum in seinem eigenen elementaren Selbstsein verrohen und verhindern, dass das eigene Gewissen, die eigenen Rechte und Pflichten zum Vorschein kommen." (Scalfari 2004, 4)

d) Der innere Wert eines jeden Seins

Der Respekt beinhaltet auch, dass man den Wert des anderen Seins, ob es nun lebendig ist oder nicht, anerkennt. Jedes Sein ist es von sich aus wert zu existieren, es bringt etwas vom allgemeinen Sein und von der ursprünglichen Quelle der Energie und der Kräfte zum Ausdruck, aus der alles kommt und zu der alles zurückkehrt (Quantenvakuum). Aus religiöser Sicht stellt jedes Sein den Schöpfer selbst dar.

Das Dasein ist ein Geheimnis, unerschöpfliche Quelle des Staunens und der Ekstase. Warum ist überhaupt etwas und nicht vielmehr nichts? Diese Frage stellen sich die Philosophen seit urdenklichen Zeiten. Sie lässt die Mystik, das ehrfurchtsvolle Staunen und die Kontemplation entstehen. Ludwig Wittgenstein sagte in seinem *Tractatus logico-philosophicus*: „Nicht *wie* die Welt ist, ist das Mystische, sondern *dass* sie ist." (Wittgenstein 1984, 84) Dem Mystischen und dem Geheimnis muss man Respekt erweisen und Ehrfurcht entgegenbringen. Das sind die Werte, die den höchsten Dingen der Erfahrung des Menschen angemessen sind. Sie begründen den Bereich des Erhabenen, dessen, was durch sich selbst Wert besitzt und sich unabweisbar zeigt.

Jedem Sein, besonders dem lebendigen Sein, kommt diese Erhabenheit zu, „unabhängig von seinem Nutzwert für die Menschen", wie es die Erdcharta klar zum Ausdruck bringt (Erdcharta 2001, 9). Wenn wir die anderen Dinge und Lebewesen als Wert betrachten, dann merken wir, wie in uns das Gefühl für Fürsorge und Verantwortung für sie entsteht, damit sie weiter existieren und sich weiterentwickeln können.

Respekt und Ehrfurcht, Achtsamkeit und Verantwortung sind trotz der Widersprüche in jedem Prozess der Hominisation vorhanden. Die ältesten Kulturen bezeugen die Ehrfurcht vor der majestätischen Erscheinung des Universums und den Respekt vor der Natur und vor jeder ihrer Erscheinungsformen.

Der Buddhismus, der sich nicht als ein Glaube, sondern als Weisheit versteht, als ein Weg des Lebens in Harmonie mit allen Dingen und als ein Anruf des Ganzen, lehrt den tief empfundenen Respekt jedem Sein, besonders dem Leidenden gegenüber (Mitleid). Er entwickelte einen Weg der Einbeziehung aller Elemente der Natur, von Wind und Wasser, Böden und den verschiedenen Arten: das berühmte Feng-Shui, das stets den Respekt und die großzügige Aufnahme beinhaltet.

Auf ähnliche Weise lebt der Hinduismus diese Dimension des Respekts und der Gewaltlosigkeit (*ahimsa*) als eines der Grundelemente seiner religiösen Erfahrung, die in Mahatma Gandhi einen äußerst überzeugenden Ausdruck in moderner Zeit fand.

Das Christentum kennt die beispielhafte Gestalt des Franziskus von Assisi (1181–1226). Sein erster Biograph, Thomas von Celano (1229), erzählt:

„Wie erheiterte doch seinen Geist die Blumenpracht, wenn er ihre reizende Gestalt sah und ihren lieblichen Duft einsog! … Und wenn er eine große Anzahl von Blumen fand, predigte er ihnen und lud sie zum Lob des Herrn ein, gleich als ob sie vernunftbegabte Wesen wären. So erinnerte er auch Saatfelder und Weinberge, Steine und Wälder und die ganze liebliche Flur, die rieselnden Quellen und alles Grün der Gärten, Erde und Feuer, Luft und Wind in lauterster Reinheit an die Liebe Gottes und mahnte sie zu freudigem Gehorsam. – Endlich nannte er alle Geschöpfe ‚Bruder' und erfasste in einer einzigartigen und für andere ungewohnten Weise mit dem scharfen Blick seines Herzens die Geheimnisse der Geschöpfe; war er doch schon zur Freiheit der Herrlichkeit der Kinder Gottes gelangt." (Celano 1980, 147 = 1 Cel 81–82)

Deshalb, so schreibt der Biograph weiter, empfand er Respekt für die Steine, wenn er auf ihnen ging, im Gedenken daran, dass Christus selbst Fels genannt wurde. Achtsam hob er die Nacktschnecken auf, damit sie niemand zertrete. Im Winter gab er den Bienen süßes Wasser, damit sie nicht vor Kälte und Hunger stürben (2 Cel 165).

Hier haben wir es mit einer anderen Weise zu tun, in der Welt zu leben: in Gemeinschaft mit den Dingen, im Zusammenleben mit ihnen, ohne sich über sie zu erheben und sie zu beherrschen.

Arthur Schopenhauer (1788–1860) entwickelte eine ganze Ethik auf der Grundlage von Respekt und Mitleid gegenüber allem Sein und dem gesamten Universum.

Äußerst aktuell ist die Gestalt Albert Schweitzers. Er entwickelte eine großartige Ethik des Respekts gegenüber allem Sein und dem Leben in all seinen Ausdrucksformen. Wegen der Bedeutung dieser Ethik für die Zukunft der

Erde und der Menschheit wollen wir hier seine grundlegenden Einsichten darstellen.

3. Eine Ethik des Respekts allem Sein gegenüber

Albert Schweitzer (1875–1965) stammte aus dem Elsass. Schon sehr früh machten sich bei ihm geniale Züge bemerkbar. Er wurde zu einem berühmten Bibelwissenschaftler, der in diesem Bereich ein beachtliches Werk vorlegte. Er arbeitete hier speziell zur Frage, ob es möglich sei, eine wissenschaftlich fundierte Biographie Jesu zu schreiben oder nicht (zur sog. Frage der Leben-Jesu-Forschung; d. Übers.). Er war auch ein hervorragender Organist und Interpret der Werke von Bach.

Aus seinen Studien der Botschaft Jesu, besonders der Bergpredigt mit ihrem zentralen Fokus auf dem Armen und Unterdrückten, zog er die praktische Konsequenz und beschloss, alles zu verlassen und Medizin zu studieren. Im Jahr 1913 ging er nach Afrika, um in Lambarene (damals Belgisch Kongo) genau in den Regionen als Arzt zu arbeiten, die von den europäischen Kolonisatoren auf barbarische Weise beherrscht und ausgebeutet wurden. In einem seiner Briefe sagte er ausdrücklich:

„... so müssen wir Menschen hinausschicken, die im Namen Jesu Gutes tun, nicht ‚bekehrende' Missionare, sondern Menschen, die das an den Armen tun, was man tun muss, wenn die Bergpredigt und die Worte Jesu zu Recht bestehen. Bringt das Christentum das nicht fertig, so ist es gerichtet ... Ich habe jahrelang überlegt, hin und her. Zuletzt wurde mir klar, dass dies mein Leben sei, nicht die Wissenschaft, nicht Kunst, sondern einfach Mensch werden und im Geiste Jesu irgendetwas Kleines zu tun ..." (Schweitzer 1994, 24–25).

In seinem Urwaldhospital hatte er neben der Versorgung der Kranken Zeit, über das Schicksal der Kultur und der Menschheit nachzudenken. Für ihn stellte das Fehlen einer humanitären Ethik die größte Krise der modernen Kultur dar. Er widmete sich jahrelang dem Studium ethischer Fragen. Ihr Ergebnis fand seinen Niederschlag in mehreren Büchern, darunter dem bekanntesten mit dem Titel *Ehrfurcht vor dem Leben*.

Innerhalb seiner Ethik dreht sich alles um den Respekt, die Ehrfurcht, das Mitleid, die Verantwortung und die Fürsorge für alle Lebewesen, besonders für die am meisten leidenden. Ausgangspunkt für Schweitzer ist das Grunddatum unserer Existenz, der Wille zum Leben, das er folgendermaßen zum Ausdruck bringt: „Ich bin Leben, das leben will, inmitten von Leben, das leben will." (Schweitzer 1994, 73) Nietzsches Willen zur Macht setzt Schweitzer den Willen zum Leben entgegen. Und er schreibt weiter:

„Die Grundidee des Guten besteht also darin, dass sie gebietet, das Leben zu erhalten, zu fördern und zu seinem höchsten Wert zu steigern; und das Böse bedeutet: Leben vernichten, schädigen, an seiner Entwicklung hindern ... Dies ist das denknotwendige, universelle, absolute Grundprinzip des Ethischen." (Schweitzer 1994, 73 und 52)

Für Schweitzer sind die gängigen Ethiken unvollständig, weil sie nur vom Verhalten des Menschen anderen Menschen gegenüber handeln und es versäumen, alle Formen des Lebens, denen wir begegnen, einzubeziehen. Der Respekt, den wir dem Leben schulden, „begreift also alles in sich, was als Liebe, Hingebung, Mitleiden, Mitfreude, Mitstreben in Betracht kommen kann" (Schweitzer 1994, 53).

Mit einem Wort: „Nur die Ethik des Erlebens der ins Grenzenlose erweiterten Verantwortung gegen alles, was lebt, lässt sich im Denken begründen." (Schweitzer 1994, 52)

Da unser Leben Leben mit anderen Leben ist, muss die Ethik des Respekts vor dem Leben immer in einem *Miterleben und Miterleiden* mit den Anderen bestehen. In einer sehr präzisen Formulierung bringt er es auf den Punkt:

„Du sollst *Leben miterleben* und *Leben erhalten* – das ist das größte Gebot in seiner elementarsten Form." (Schweitzer 1986, 26)

Daraus leiten sich Verhaltensweisen ab, die von großem Mitleid und großer Fürsorge geprägt sind. In einer Predigt ruft er seine Zuhörer auf:

„Halte deine Augen offen, damit du die Gelegenheit nicht versäumst, wo du Erlöser sein darfst! Geh nicht achtlos an dem armen Insekt, das ins Wasser gefallen ist, vorüber, sondern ahne, was es heißt: mit dem Wassertod ringen. Hilf ihm mit einem Haken oder einem Hölzchen heraus, und wenn es sich dann die Flügel putzt, so wisse, es ist dir etwas Wunderbares widerfahren: das Glück, Leben gerettet zu haben –, im Auftrage und in der Machtvollkommenheit Gottes gehandelt zu haben. Der Wurm auf der harten Straße, auf die er sich verirrt hat, verschmachtet, weil er sich nicht einbohren kann. Lege ihn aufs weiche Erdreich oder ins Gras! ‚Was ihr getan habt einem dieser Geringsten, das habt ihr mir getan' – dies Wort Jesu gilt nun für uns alle, was wir auch der geringsten Kreatur tun." (Schweitzer 1986, 55)

Albert Schweitzers Ethik des Respekts vereint die emotionale Intelligenz und das Herz mit dem Bemühen, die Ethik zu einem Schutz aller Dinge und zur Rettung des Wertes zu machen, den sie in sich tragen. Der größte Feind dieser Ethik ist die gefühlsmäßige Abstumpfung, die Unbekümmertheit und Ignoranz, die blind machen für die Gabe des Daseins und die Erhabenheit des Lebens in all seinen Formen. Der Mensch ist dazu berufen, der Hüter alles Lebendigen zu sein. Wenn er dieser Aufgabe gerecht wird, erreicht er den höchsten Grad des Menschseins.

Wir schließen mit den Beobachtungen, die wir im ersten Teil über die Gastfreundschaft gemacht haben: Entweder verwirklichen wir in unserem Leben den unbedingten Respekt allem Sein, besonders dem Lebendigen und dem Menschen gegenüber, oder wir verlieren die Grundlage für das Engagement für Würde und Rechte der Menschen. Wenn wir uns nicht allem Sein gegenüber als respektvoll erweisen, dann endet dies damit, dass wir auch den Menschen, Mann und Frau, die komplexeste und geheimnisvollste Ausdrucksform der Schöpfung, nicht mehr respektieren. Dieser Mensch ist aber auch, sofern er arm, krank und diskriminiert ist, das verwundbarste Wesen. Ohne den Respekt und die Ehrfurcht verlieren wir auch den Sinn für das Heilige und das Göttliche, die das Universum durchdringen und im menschlichen Bewusstsein aufstrahlen.

III. Die Toleranz

Das Zusammenleben, der Respekt und der unvermeidliche Pluralismus angesichts der Begegnung der Kulturen im Zuge der Globalisierung beseitigen Konflikte und Spannungen zwischen Personen und Gruppen nicht völlig. Nicht allen gefällt alles. Nicht alle Lebensphilosophien und Religionen werden von konkreten Einzelnen und Gemeinschaften als adäquate Antwort auf ihre Sehnsüchte empfunden. Es gibt bei anderen Völkern kulturelle Dimensionen, die sich nicht nur von unserer Kultur unterscheiden, sondern ihr sogar diametral widersprechen können, besonders, wenn es um innerfamiliäre Sitten, das Verhältnis zur Frau oder die Sexualmoral geht.

Wie verhält man sich angesichts solcher Unterschiede? Im Lauf der Geschichte entstanden daraus Konflikte, ja sogar Kriege. Dieser Weg hat niemals zu Frieden und Verständigung zwischen den Völkern geführt. Er nährte vielmehr Ressentiment und Rachegelüste. Wie nie zuvor ist heute der Geist der Toleranz geboten. Sonst würden wir

Zeugen von schwerwiegenden Verwerfungen innerhalb der Zivilgesellschaft weltweit mit fatalen Folgen für das unvermeidliche Zusammenleben und den notwendigen Respekt.

Wie bereits zuvor wollen wir die Grundhaltung der Toleranz mit Hilfe einer beispielhaften Erzählung illustrieren.

1. Ein Gleichnis zum Thema Toleranz

Es ist uns eine Erzählung Jesu überliefert, die die Toleranz veranschaulicht, die wir dem Anderen gegenüber, ja sogar dem Feind und allgemeiner gesprochen, dem Bösen gegenüber, das die Geschichte wie ein Riss durchzieht, üben sollen. Diese Erzählung wird uns die Grundelemente für ein tieferes Verständnis von Toleranz liefern.

Das Matthäusevangelium (Mt 13,24–30) überliefert uns das folgende Gleichnis:

Ein Mann säte guten Samen auf seinen Acker. Doch während die Arbeiter schliefen, kam der Feind, säte Unkraut unter den Weizen, und ging wieder weg. Als die Saat aufging und sich die Ähren bildeten, kam auch das Unkraut zum Vorschein. Da gingen die Knechte zu dem Gutsherren und sagten: „Herr, hast du nicht guten Samen auf deinen Acker gesät? Woher kommt dann das Unkraut?" Er antwortete: „Das hat ein Feind von mir getan." Da sagten die Knechte zu ihm: „Sollen wir gehen und es ausreißen?" Er entgegnete: „Nein, sonst reißt ihr zusammen mit dem Unkraut auch den Weizen aus. Lasst beides wachsen bis zur Ernte. Wenn dann die Zeit der Ernte da ist, werde ich den Arbeitern sagen: „Sammelt zuerst das Unkraut und bindet es in Bündel, um es zu verbrennen; den Weizen aber bringt in meine Scheune."

Obwohl der Sinn des Gleichnisses ohne Weiteres klar ist, wollte Jesus es selbst erklären (Mt 13,36–43): Der Acker ist die Welt. Derjenige, der den Weizen sät, ist

Gott. Derjenige, der das Unkraut sät, ist der Teufel (griech.: *diábolos*, wörtlich übersetzt: der Durcheinanderwerfer; d. Übers.). Der Weizen steht für die Söhne und Töchter Gottes und das Unkraut für die des Bösen. Sie leben auf demselben Acker zusammen, bis die Zeit der Ernte kommt. Die Ernte ist das Ende der Geschichte, wenn Gut und Böse voneinander geschieden werden. Das Unkraut, das heißt das Böse, wird ins Feuer geworfen, während der Weizen, das Gute, in die Scheune kommt. Die Bösen werden dort – so der Evangelientext – in Verzweiflung versinken, während die Gerechten leuchten werden wie die Sonne. Man sollte gut bedenken, dass der Acker sich auch in jeder Person selbst befindet, wo das Gute und das Böse nebeneinander existieren.

Zusammengefasst: Nicht alles in dieser Welt ist erlaubt. Dem Guten und dem Bösen wird jeweils ein anderes Geschick zuteil. Das Opfer wird nicht dasselbe Schicksal haben wie sein Mörder.

2. Chaos und Kosmos, Unordnung und Ordnung vermengen sich

Diese Geschichte kann nicht nur auf den menschlichen Bereich angewandt werden. Sie spielt in Wahrheit auf eine Struktur an, die die gesamte Wirklichkeit vom Kosmos bis zur menschlichen Person prägt. Sie findet hauptsächlich auf die Lebensprozesse und auf das menschliche Zusammenleben Anwendung. Und innerhalb dieser Sphäre entfaltet sich diese Dialektik in ihrer ganzen Dramatik.

In heutiger Sprache würden wir sagen, dass das ursprüngliche Chaos mit der kosmischen Ordnung einhergeht und die Weisheit des Menschen unweigerlich von der Demenz begleitet ist. Es sind entgegengesetzte Pole, die aber zu ein und derselben dynamischen Wirklichkeit gehören. Diese Polarität kann nicht unterdrückt werden.

Jeder Versuch, sie zurückzudrängen, würde im Terror münden: entweder im Namen des Weizens als Terror derjenigen, die vorgeben, im Besitz der Wahrheit zu sein, die sie den anderen aufzwingen, oder im Namen des Unkrauts als Terror derjenigen, die von alten Vorurteilen und dumpfem Hass geleitet sind.

Was in der Wirklichkeit nur zusammen vorkommt – Gutes und Böses, Unkraut und Weizen, Chaos und Kosmos –, das soll der Mensch nicht mit Gewalt voneinander trennen wollen. Gerade so erweist er sich als ethisches Lebewesen, das für sein Handeln und dessen Folgen Verantwortung übernimmt.

Nun könnte jemand denken: Ist also nun alles erlaubt? Gibt es denn keinen Unterschied mehr? Keineswegs: Weder wird ein „alles ist möglich" gepredigt, noch werden die Unterschiede verwischt. Man muss sehr wohl unterscheiden. Unkraut ist Unkraut und daher schädlich und keinesfalls Weizen. Der Weizen ist Weizen, der dem Menschen als Nahrung dient, und nicht Unkraut. Der Mensch darf beides nicht verwechseln oder gleichsetzen. Er muss unterscheiden und sich zwischen der Perspektive des Unkrauts und der des Weizens entscheiden.

Und hier kommt die Toleranz ins Spiel. Denn die Toleranz ist die Fähigkeit, die schwierige und spannungsreiche Koexistenz zweier Pole aufrechtzuerhalten, wohl wissend, dass es sich um Gegensätze handelt, die aber miteinander ein und dieselbe dynamische Wirklichkeit bilden. Sie sind wie die zwei Seiten eines Körpers, die linke und die rechte Körperhälfte. Sie bringen bei allen Wirrnissen, die sie anrichten können, eine Dynamik in die Geschichte und ins Leben einer jeden Person hinein.

Die Intoleranz stellt eine ständige Gefahr dar. Sie reduziert die Wirklichkeit, denn sie nimmt einen Pol an und verleugnet den anderen. Sie zwingt alle dazu, dieselbe Meinung zu vertreten. Auf diese Weise entstehen Fundamentalismus und Dogmatismus. Indem man eine Wahrheit absolut setzt, wird die Wahrheit des Anderen nicht anerkannt und respektiert und der Intoleranz preisgegeben. Fundamentalismus und Dogmatismus ertragen die Koexistenz von Unterschieden und Gegensätzen nicht. Als Erstes unterdrücken sie den Pluralismus und zwingen ein einheitliches Denken auf. Der zweite Schritt ist die Entwicklung von Strategien, um die Traditionen und Lehren, die ihren Interessen entgegenkommen, wiederherzustellen. Es entsteht der Konservatismus, dessen radikalste Ausdrucksform der Fundamentalismus ist. Mit diesem wurden Dialog und auf den Anderen Hören bereits ausgeschaltet, und man geht zum Gewaltgebrauch über, um zu unterdrücken und die eigenen Wege aufzuzwingen.

Die unmittelbare Folge davon ist eine Auflösung des gesellschaftlichen Zusammenhalts. Es entsteht ein allgemeines Klima des Misstrauens; Denunziationen, Anschuldigungen und Prozesse um die reine Lehre im religiösen oder ideologischen Sinn sind an der Tagesordnung. Die Menschen verlieren das Zusammengehörigkeitsgefühl, und die Gruppe oder Religion wird nicht mehr als Heimat empfunden. Viele entfernen sich verbittert, und andere emigrieren endgültig. Gute Stimmung und Fröhlichkeit, die für das Zusammenleben auch angesichts von ernsthaften Kompromissen so wichtig sind, gibt es nicht länger.

Dogmatiker und Fundamentalisten sind normalerweise ungeduldig und darüber hinaus deprimiert und ohne jede geistige Leichtigkeit. Das hindert sie daran, die Probleme zu relativieren. Sie können nicht die günstige historische Gelegenheit abwarten. Sie wollen unentschiedene Situationen in möglichst kurzer Zeit klären. Daher nehmen sie Zuflucht zur Gewalt, dem Mittel, das sie für das schnellste und effektivste halten. Diese Gewalt artet häufig in Religionskriege, ideologische Konflikte und Wirtschaftskriege aus, die nach Meinung einiger Leute zum Kampf der Kulturen mit dramatischen Folgen für die Menschheit und den Planeten führen können.

Die Evangelien sind sich dessen bewusst, dass diese Haltung auch unter den engsten Mitarbeitern Jesu vorhanden war. Sie berichten, dass einige seiner Apostel, als ihnen eine Stadt in Samaria die Gastfreundschaft verweigerte, riefen: „Herr, sollen wir befehlen, dass Feuer vom Himmel falle, damit es sie verschlinge?“ (Lk 9,54). Jesus aber „wies sie zurecht“ (V. 55). Er pflegte die Toleranz als Grundhaltung. Hierin glich er seinem himmlischen Vater, der „die Sonne aufgehen lässt über Gerechte und Ungerechte und auch die Undankbaren und Bösen liebt“ (Lk 6,42). Und er erinnerte daran: „Wer nicht gegen uns ist, der ist für uns.“ (Mk 9,40)

Mit diesen Überlegungen verfügen wir bereits über genügend Elemente, um den Wert von Respekt und Toleranz zu begreifen. Da es sich um ein äußerst mehrdeutiges Thema handelt, lohnt die Mühe, es näher zu beleuchten und für mehr Klarheit zu sorgen.

3. Was ist die Toleranz?

Begrifflich muss man zwei Arten von Toleranz unterscheiden: die passive und die aktive.

Die *passive Toleranz* meint die Haltung von einem, der die Koexistenz mit jemandem Anderen nicht deshalb akzeptiert, weil er es will, sondern weil er es nicht vermeiden kann. Er wird ihn an den Rand drängen und sogar ausgrenzen wollen. Er macht dies aber aus verschiedenen Gründen nicht. Entweder, weil ihm der Andere völlig gleichgültig ist und er ihm keinerlei Bedeutung beimisst; oder, weil er sich ihm unterlegen fühlt und die Konfrontation scheut; oder aber, weil er für den Fall, dass dieser sich selbst als intolerant erweist, entsprechende Reaktionen für sich selbst fürchtet.

Dieser Art von passiver Toleranz liegen drei Fehlhaltungen zugrunde: die Gleichgültigkeit, die Ängstlichkeit und die Bequemlichkeit.

Gleichgültigkeit: Sie sieht im Anderen nichts, was der Mühe wert oder von Interesse sein könnte. Diese Haltung führt zu einer Verarmung, denn wenn jemand die Andersheit annimmt, kann er davon lernen und daran wachsen. Diese Haltung setzt aber auch den Anderen herab, der sich überflüssig vorkommt und sich als jemand fühlt, der beim Anderen weder Interesse noch Respekt oder Liebe hervorruft. Sigmund Freud hat dargelegt, dass das Gegenteil von Liebe nicht Hass, sondern Gleichgültigkeit ist. Die Gleichgültigkeit „tötet“ im psychologischen Sinne den Anderen. Die Anderen werden einander gleichgültig. Diese Haltung kann zur Verbitterung und zu Ressentiments führen, die wiederum Quelle von Spannungen und Rachegefühlen sind.

Ängstlichkeit: Diese Haltung entspringt der Feigheit vor dem Anderen, der als überlegen oder stärker gilt. Der Betreffende fürchtet den Vergleich, weil er davon ausgeht, sich unterwerfen zu müssen, die Freiheit zu verlieren oder in Abhängigkeit zu geraten. Die Selbstachtung und das Bewusstsein, dass der Andere auch ein Mensch ist wie er und deshalb ein Bruder und möglicher Verbündeter, würden ihn dazu bringen, eine Beziehung des Dialogs und des gegenseitigen Austauschs zu begründen.

Bequemlichkeit: Jede Art von Beziehung setzt Veränderungen in der Sichtweise der Dinge und im Verhalten voraus. Sie bedeutet immer einen Gewinn und einen möglichen Verlust. Der Bequeme ist mit seiner Situation zufrieden und vermeidet den Kontakt mit Anderen, die sich von ihm unterscheiden. Er zieht es vor, sich in sein enges Selbst zu verschließen, um Prozesse der Anpassung und Veränderung zu vermeiden. Damit vergibt er die Chance, zu wachsen und sich selbst, Andere und Weisen des Menschseins, die sich von den unsrigen unterscheiden, besser kennenzulernen.

Betrachten wir nun die *aktive Toleranz*. Diese besteht in der Haltung, mit dem Anderen bewusst und in guter

Weise zusammenzuleben, weil man ihm gegenüber Respekt empfindet und die facettenreiche Fülle der Wirklichkeit akzeptiert. So gelangt man dazu, Dimensionen wahrzunehmen, die man ohne den Anderen niemals bemerkt hätte, Möglichkeiten des Miteinanderteilens und der Partnerschaft zu erkennen und auf diese Weise durch den Kontakt und Austausch mit dem Anderen bereichert zu werden.

Es ist eine unleugbare Tatsache: Im Universum, im System Leben und innerhalb der einzelnen Individuen sind immer Differenzen am Werk. Niemand gleicht dem Anderen. Alle tragen ein unterscheidendes Merkmal an sich. Deshalb gibt es den String- und Superstringtheorien zufolge die vielgestaltigen parallelen Universen. Selbst innerhalb des einen Universums gibt es die unterschiedlichen Galaxien, Sterne und Planeten, die sich aus unterschiedlichen chemischen Elementen zusammensetzen. Deshalb gibt es Millionen verschiedener Lebensformen. Dasselbe gilt im tiefsten Sinne für den Menschen. Hier entfalten die Unterschiede den Reichtum der einen und selben Menschheit.

Die Unterschiede innerhalb der Natur sind irreduzibel, und seltsamerweise existieren sie nebeneinander und zusammen selbst unter Spannungen und bei Gegensätzen. Es gibt eine aktive und schöpferische Toleranz als kosmische und vitale Dynamik, selbst dann, wenn chaotische Mechanismen sichtbar werden und ein Lebewesen das andere in scheinbarer Intoleranz verschlingt. Diese scheinbare Intoleranz ist relativ, begrenzt und zeigt sich innerhalb des weiteren Kontextes allgemeiner Toleranz, denn es herrscht ein stetes dynamisches Gleichgewicht zwischen Leben und Tod, Ordnung und Unordnung. Andernfalls würde sich alles gegenseitig zerstören und es gäbe keine Synergie, keine gegenseitige Abhängigkeit aller von allen, die eine gemeinsame Zukunft garantiert.

Der Mensch fügt sich in diese Dynamik ein, denn er ist ein Teil des Ganzen. Seine Besonderheit besteht darin, dass er kritisch denken und handeln kann, dass er diese objektive Gegebenheit aufgreifen und sie zu einem subjektiven und bewussten Projekt machen kann. Er müsste tolerant sein, wie es die Wirklichkeit insgesamt ist.

Der Mensch ist nun aber ein Wesen der Freiheit: Er kann sich auch für die Intoleranz entscheiden. Eine solche Option stellt etwas Negatives dar und muss auch als solches angesehen werden. Sie hat zerstörerische Wirkungen für die Unterschiede.

Wie wir weiter unten sehen werden, gibt es Grenzen der Toleranz; diese Grenzen sind nicht auf eine andere Art von Intoleranz zurückzuführen, sondern auf das Recht, die Unterschiede und deren Zusammenleben zu garantieren.

a) Ebenen der Verwirklichung von Toleranz

Die Toleranz ist vor allem eine ethische Forderung. Sie stellt ein Recht dar, das jeder Person zugestanden werden muss. Dieses Recht wurde in allen humanistischen Traditionen zum Ausdruck gebracht, wenn gesagt wird: „Handle am Anderen nicht so, wie du selbst nicht behandelt werden willst." Dieses ethische Gebot ist existentiell unmittelbar einleuchtend (evident) und bedarf keiner weiteren Begründung.

Der Kern der Wahrheit, der in der Toleranz steckt, kann im Grunde so zusammengefasst werden: Jeder Mensch hat das Recht zu leben und auf dem Planeten Erde mit Anderen zusammenzuleben. Er ist selbst eine Ausdrucksform der Erde und hat das Recht, in seiner jeweiligen Besonderheit hier zu leben. Dieses Recht liegt jeder anderen Lebensäußerung wie den verschiedenen Weltanschauungen, Glaubensinhalten, Ideologien, ästhetischen Empfindungen und Geschmäckern voraus. Die Gesellschaften müssen sich selbst so organisieren, dass alle von Rechts wegen integriert werden können und über die notwendigen Mittel verfügen, um auf dieser Erde zu leben.

Zweitens hängt die Toleranz mit dem Wesen der Wahrheit selbst zusammen. Wir können sogar zugeben, dass es nur eine einzige Wahrheit gibt. Doch diese Wahrheit teilt sich in den unterschiedlichsten Formen und Facetten mit. Es ist dem Menschen nicht möglich, die Wahrheit in all ihren Aspekten zu erfassen. Wir unterliegen den Begrenzungen von Raum und Zeit; unsere Intelligenz, unsere Sprache und unsere anderen Ausdrucksmittel sind beschränkt. Wir sind ständig zu neuen Gesichtspunkten der Wahrheit unterwegs. Auf diese Weise haben wir den größten Anteil an der Wahrheit. Doch diese selbst lässt sich nicht ausschließlich nur von einer Sprache oder einer Gruppe von Menschen erfassen. Nur Gott ist in der Lage, die Erscheinungsformen der Wahrheit in ihrer Ganzheit mit einem Blick zu erfassen.

Die Unterschiede stellen die normalen Wege der Offenbarung der verschiedenen Dimensionen der Wahrheit dar. Ohne sie sind wir weniger und haben weniger Anteil an der Wahrheit. Wer den Anderen zurückweist, herabsetzt oder absichtlich verkennt, der macht sich selbst ärmer und beraubt sich selbst Dimensionen der Wahrheit, die ihn freier und reicher machen könnten.

Die Wahrheit ist wie das Licht. Es fehlt niemandem: Es beleuchtet den Stein am Weg, es spiegelt sich im Wasser, es verwandelt sich durch die Photosynthese in den Pflanzen und es öffnet die Augen und den Geist für die stets komplexere und zunehmend facettenreiche Wirklichkeit. Wir sagten es schon: Allein Gott sieht alles in jeglicher Hinsicht gleichzeitig und mit einem Blick. Trotz dieser Fähigkeit ist Gott nach dem Zeugnis der jüdisch-christlichen Tradition absolut tolerant, denn

„er lässt die Sonne aufgehen über Gerechte und Ungerechte und liebt auch die Undankbaren und Bösen“ (Lk 6,35).

Drittens ist die Toleranz die entscheidende Tugend für pluralistische und demokratische Gesellschaften. Der Pluralismus ist ein Faktum, das heißt er ist eine Wirklichkeit, die auch in rigoristischen und fundamentalistischen Gesellschaften als solche Raum greift. Innerhalb dieser Gesellschaften kann man unterschiedliche Tendenzen und als Folge davon die Bildung von Gruppen ausmachen, die sich voneinander unterscheiden und die jedem Fundamentalismus eigene Starre durchbrechen.

Die Toleranz ist auf grundlegende Weise jene Tugend, die der Demokratie als Art und Weise, die Gesellschaft zu organisieren und die Regierung zu strukturieren, zugrunde liegt. Aber prinzipiell ist sie ein universaler Wert, der auf allen Ebenen gelebt werden muss; auf diese Weise wird die Demokratie zu einer integralen Lebensform. Im demokratischen Geist sind alle im Prinzip Bürger und Bürgerinnen und Rechtssubjekte, denn alle sind gleich vor dem Gesetz und mit derselben Würde ausgestattet.

Die Demokratie kann nur funktionieren, wenn es Toleranz angesichts der verschiedenen ideologischen oder andersartigen Parteiungen gibt, die alle als solche anzuerkennen sind. Mit der Toleranz geht der Wille einher, in Debatten Übereinstimmungen und Kompromissbereitschaft auszuloten; diese stellt die zivilisierte und friedliche Form der Beilegung von Konflikten und Gegensätzen dar.

Alle Menschenrechtserklärungen nehmen ihren Ausgangspunkt bei folgender Voraussetzung: Noch vor jeglicher näheren Bezeichnung oder Unterscheidung – aus Gründen der Volkszugehörigkeit, des Geschlechts, der Hautfarbe, der Religion oder Weltanschauung oder selbst des Status als Verbrecher oder ehrenwerter Bürger – liegt die Anerkennung der Tatsache, dass alle gleichermaßen Menschen und daher menschlich zu behandeln sind. Der Verbrecher ist niemals nur Verbrecher. Er hört niemals auf, ein Mensch mit all seinen in ihm verborgen liegenden guten Eigenschaften zu sein. Aufgrund der Tatsache, dass er ein Zweck für sich selbst ist und niemals in einer einzigen Konkretion seines Menschseins aufgeht, verdient er Anerkennung und Annahme.

Schließlich stellt die Toleranz eine universelle Pädagogik dar. Sie gilt auf der Basis der Gegenseitigkeit für alle, die sich voneinander unterscheiden. Jeder, der anders ist, hat gute Gründe dafür, dass er sich von dem unterscheidet, der selbst wiederum gute Gründe dafür hat. Was beide vereint, ist das Vertrauen auf die Vernunft, die in der Lage ist, überzeugend zu argumentieren. Den Anderen überzeugen bedeutet nicht, dem Anderen eine Niederlage zu bereiten, sondern ihm in Dialog und Begegnung verborgene Dimensionen sichtbar zu machen, die er vorher nicht gesehen hat. Und dasselbe gilt auch für die andere Seite. Die Unterschiede bleiben weiter Unterschiede, doch die Gründe, sie anzunehmen, und zuzulassen, dass sie sich gegenseitig befruchten, werden stärker und klarer erkennbar.

Im Westen haben wir das große Beispiel des Franziskaners Raimundus Lullus (1232–1316), der in seiner Schule von Miramar auf der Insel Mallorca einen ständigen Dialog zwischen den Vertretern der drei abrahamitischen Religionen (Juden, Christen und Muslime) aufrechterhielt. In seinem Werk *Das Buch vom Heiden und den drei Weisen* zeigt er die völlige Toleranz der drei Traditionen auf. Er behauptet, dass derjenige, der innerhalb der jeweils eigenen der drei Religionen wahrhaftig ist, nicht außerhalb der Wahrheit stehen kann.

Lullus zufolge erweist sich die Wahrheit in den Tugenden, die jede der drei Religionen hervorbringt, bzw. in der Art und Weise, wie sie die Laster bekämpft. Das Gespräch mit dem Anderen, das in rechter Absicht und mit einem fröhlichen Herzen geführt wird, führt ihm gegenüber zu Respekt und Toleranz, denn alle sind Träger von Wahrheiten, die die eine Wahrheit widerspiegeln. Deshalb gibt es keinen Grund, wegen der Unterschiedlichkeit der Wege in Feindschaft gegeneinander zu verharren. Alle diese Wege führen jeweils auf ihre Weise zum Gipfel des Berges, auf dem alle Gott begegnen.

Was für den interreligiösen Dialog gilt, das gilt auch für die unterschiedlichen Weltanschauungen und Politikentwürfe. Alle sind sie Ausdrucksweisen eines gemeinsamen Hintergrundes, der in der Tatsache besteht, dass wir auf der Erde leben und mit Bewusstsein, Empfinden, Intelligenz und Liebesfähigkeit ausgestattet sind. Wir alle sind aufgefordert, Formen des Zusammenlebens im einen Gemeinsamen Haus zu finden, denn wir haben kein anderes, in dem wir wohnen könnten.

b) Die Grenzen der Toleranz

Wie alles, so hat auch die Toleranz ihre Grenzen. Nicht alles gilt gleichermaßen auf dieser Welt. Die Propheten von einst und heute gaben ihr Leben hin, weil sie ihre Stimme erhoben und den Mut hatten zu sagen: „Dir ist es nicht erlaubt, dieses oder jenes zu tun." Es gibt Situationen, in denen Toleranz Komplizenschaft und Einverständnis mit dem Verbrechen, schuldhaftes Unterlassen, Bequemlichkeit oder soziale und ethische Empfindungslosigkeit wäre.

Wir dürfen nicht denen gegenüber Toleranz üben, die die Macht haben, das menschliche Leben auf der Erde zu vernichten, einen großen Teil der Biosphäre zu zerstören und das System des Lebens um Millionen Jahre in der Entwicklung zurückzuwerfen. Ganz im Gegenteil: In diesem Falle bedarf es der strengen Kontrolle und der Anwendung internationaler Übereinkommen gegen die Produktion jeglicher Art von Massenvernichtungswaffen, was übrigens in der Satzung der UNO enthalten ist.

Wir dürfen denen gegenüber keine Toleranz üben, die Unschuldige ermorden, Kinder sexuell missbrauchen und Organhandel betreiben. Selbst wenn man daran festhält, dass jedem Menschen Respekt gebührt, muss man in diesen Fällen das nationale und internationale Strafrecht in voller Härte zur Anwendung bringen.

Wir dürfen denen gegenüber nicht tolerant sein, die Minderjährige zu Sklaven machen, um billiger produzieren und mehr Profit machen zu können. Um dieses Verbrechen zu bekämpfen, gibt es den völkerrechtlich verankerten Schutz der Kindheit und Jugend.

Wir dürfen Terroranschlägen und Handlungen von Fundamentalisten gegenüber nicht tolerant sein, die aus politischen und religiösen Motiven Tausende Unschuldiger töten. In diesen Fällen müssen die für besonders abscheuliche Verbrechen zuständigen Tribunale auf den Plan treten.

Wir dürfen uns denen gegenüber nicht tolerant verhalten, die in ihrer Profitgier die Lebensmittel verderben und damit den Tod von zahlreichen Menschen verursachen. Denken wir an die Labors der Pharmaindustrie, die gesundheitsschädliche Medikamente erzeugen und fälschen, oder an Politiker, die, anstatt für das Gemeinwohl Sorge zu tragen, die öffentlichen Güter vergeuden. Hier bilden die von der jeweiligen nationalen Gesetzgebung vorgesehenen Strafen die Toleranzgrenze.

Wir dürfen den Waffenschiebern, Drogenhändlern und der Prostitution gegenüber nicht tolerant sein, die Verfolgung, Folter und physische Vernichtung von Menschen in Kauf nehmen. Für diese Verbrechen sind in den Gesetzen der jeweiligen Länder und im Völkerrecht Strafen vorgesehen.

Wir dürfen keine Toleranz zeigen, wenn unter Berufung auf eine bestimmte Kultur Dieben die Hand abgehackt oder Frauen und Kinder sexuell verstümmelt werden. Dagegen wenden sich die Menschenrechte und internationale Strafgerichtshöfe.

In diesen und anderen Fällen ist nicht Toleranz, sondern vielmehr harte, unerbittliche und strenge Entschlossenheit am Platz. Dabei handelt es sich um die Tugend der Gerechtigkeit und nicht um die Fehlhaltung der Intoleranz. Wenn wir nicht so entschlossen vorgingen, hätten wir keine Prinzipien und würden zu Komplizen des Bösen.

Die grenzenlose Toleranz beseitigt die Toleranz ebenso, wie die grenzenlose Freiheit zu umso größerer Tyrannei führt. Sowohl die Freiheit als auch die Toleranz bedürfen des Schutzes durch das Gesetz. Andernfalls würden wir die Diktatur einer einzigen Weltanschauung erleben, die alle anderen leugnet. Das Ergebnis wären Zorn und Rachegelüste, die den Nährboden für alle Arten von Intoleranz und Terrorismus bilden.

Wo sind der Toleranz Grenzen zu setzen? Ich sehe drei sehr unmittelbare Grenzen:

Die erste bildet das Leiden des Anderen. Wo Menschen gedemütigt, diskriminiert und unmenschlich behandelt werden, hat die Toleranz ihre Grenze. Niemand hat das Recht, jemandem ohne Grund Leid zuzufügen. Wir führen hier als Beispiel die – wenn auch alten – Traditionen einiger afrikanischer Länder an, denen zufolge Frauen sexuell verstümmelt werden, oder auch die diskriminierende Behandlung von Frauen in einigen arabischen und chinesischen Traditionen.

Eine weitere Grenze für die Toleranz bildet die *Menschenrechtscharta* der Vereinten Nationen aus dem Jahr 1948, die von allen Staaten unterzeichnet wurde. Alle Kulturen, so unterschiedlich sie auch sein mögen, müssen sich vor diesen Vorschriften und Werten rechtfertigen; sie bilden eine gemeinsame Grundlage ohne jede Ausnahme. Man kann keine Handlungsweisen rechtfertigen, die mit einer Verletzung der Würde und systematischen Erniedrigung eines Menschen einhergehen. Die Menschenrechte haben nur dann einen Sinn, wenn sie wirklich universal gültig sind. Sie bilden die Grundlage für eine gemeinsame Kultur der Menschheit, die sich dazu verpflichtet, alle Menschen menschlich zu behandeln.

An dritter Stelle haben wir die *Erdcharta*, die die Würde der Mutter Erde und die Rechte aller Ökosysteme als deren Repräsentanten entschlossen verteidigt. Dieses Dokument wurde im Jahr 2000 von der UNESCO approbiert und wird, sofern es von der UNO angenommen wird, der Menschenrechtscharta hinzugefügt. Dies wird eine vollständigere, nicht nur anthropozentrische Sichtweise der Rechte eines jeden Lebewesens und der Gemeinschaft des Lebens zum Ausdruck bringen. Keinerlei Akt der Aggression gegenüber der Natur wird geduldet. Jeder Akt der Aggression – systematische Zerstörung der tropischen Regenwälder, Luftverschmutzung, Vergiftung und Zerstörung der Lebensqualität der Menschen und andere – wird mit den dafür vorgesehenen Sanktionen bestraft.

Schließlich stellt sich die Frage: Können wir den Intoleranten gegenüber tolerant sein? Die Geschichte hat gezeigt: Wenn man die Intoleranz durch erneute Intoleranz bekämpfen will, dann führt dies zu einer Spirale der Intoleranz. Eine pragmatische Einstellung hat gezeigt, dass es auch hier Grenzen gibt. Wenn die Intoleranz Verbrechen und offensichtliche Vorverurteilung anderer beinhaltet, dann greifen die durch Recht und Gesetz gegebenen Grenzen. Niemals darf die Freiheit aller geopfert werden, weil einige Wenige sie abschaffen wollen.

Gerade im Hinblick auf die durch Recht und Gesetz gegebenen Grenzen, wie wir sie oben beschrieben haben, müssen wir uns dem Intoleranten gegenüber tolerant verhalten. Der Intolerante hat also das Recht, seine Meinung zu äußern. Ihm wird eine Grenze gezogen durch die Konfrontation mit der Realität der vielen Anderen, die sich von ihm unterscheiden und mit denen er den Lebensraum teilt. Diese Konfrontation wird ihn, sofern sie ernsthaft vollzogen wird, notgedrungen in einen Dialog einbeziehen und ihn über die Widersprüchlichkeit seiner Haltung nachdenken lassen. Auch für den Intoleranten gilt der oben erwähnte allgemeine Grundsatz: „Handle am anderen nie so, wie du selbst nicht behandelt werden willst."

Diese allgemeine Öffnung für den Dialog ist ein Erfordernis der neuen, planetarischen Phase der Menschheit, die mit allen Mitteln ein friedliches und wenigstens von den schlimmsten, den gesellschaftlichen Zusammenhalt zerstörenden Konflikten freies Zusammenleben ermöglichen muss.

4. Toleranz angesichts von Fundamentalismus und Terrorismus?

Diese letzte Überlegung zwingt uns dazu, das große Problem des Fundamentalismus und Terrorismus anzusprechen, die zu den größten Sorgen des beginnenden dritten Jahrtausends zählen.

a) Fundamentalismus: die Krankheit der Dogmen

Historisch gesehen liegt der Ursprung des Fundamentalismus im nordamerikanischen Protestantismus gegen Ende des 19. Jahrhunderts, als die gesamte Gesellschaft plötzlich in die Moderne eintrat, und zwar nicht nur in technischer Hinsicht, sondern auch, was Demokratie, Kommunikationsformen und Freizügigkeit der Sitten betraf. In diesem Kontext entstand eine heftige Reaktion von Seiten des Protestantismus, der den „Gründungsvätern" treu sein wollte, die allesamt im protestantischen ethischen Rigorismus beheimatet waren.

Der Ausdruck „Fundamentalismus" verdankt sich einer von der Universität Princeton in den Jahren 1909 bis 1915 auf presbyterianische Initiative hin veröffentlichten Buchreihe, die den Titel trug: *Fundamentals, a Testimony of Truth* („Grundlagen: ein Zeugnis für die Wahrheit"). Diese Buchreihe empfahl ein Gegengift gegen die Moderne: ein strenges, dogmatisches Christentum auf der Grundlage eines wörtlichen Verständnisses der Bibel, von der jedes einzelne Wort als unfehlbar und irrtumsfrei galt, da es ja Wort Gottes sei. Man widersetzte sich jeder kritischen Exegese der Bibel und jeder Aktualisierung ihrer Botschaft für heute.

Seither war diese fundamentalistische Tendenz stets innerhalb der nordamerikanischen Gesellschaft und Politik vorhanden. Sie fand ihren religiösen Ausdruck in der so genannten „electronic church". Das sind diejenigen Kirchen, die sich der modernen Mittel des Fernsehens bedienen und das Land völlig durchdringen. Sie bekämpfen die liberalen Christen, also diejenigen, die eine wissenschaftlich fundierte Bibelexegese betreiben und die modernen Bewegungen des Feminismus, der Homosexuellen und derer, die für die Straffreiheit der Abtreibung eintreten, akzeptieren. All das wird als Werk des Satans gesehen. Politisch ist dieser Fundamentalismus vor allem in der Partei der Republikaner verankert; ganz besonders wird er durch Präsident Bush verkörpert – einen ehemaligen Alkoholiker, der sich dann zum Evangelium bekehrte.

Der politische Flügel übernahm den religiösen Fundamentalismus und vereinigte ihn mit der Ideologie der „offensichtlichen Bestimmung". Diese Ideologie wurde in den Vereinigten Staaten nach der Einverleibung von zu Mexiko gehörenden Territorien geschaffen. Sie erhebt den Anspruch, dass die Nordamerikaner dazu bestimmt seien, allen Völkern die Aufklärung, die Werte des Privateigentums, der Demokratie, des freien Marktes und der Menschenrechte zu bringen. Dies behauptete etwa der zweite Präsident der USA, John Adams. Sie betrachten sich als das „neue auserwählte Volk", das dazu ausersehen ist, alle in das „Land Emmanuels, den Sitz jenes neuen und einzigartigen Reiches, das den Heiligen des Allerhöchsten zugesprochen wird" zu bringen. Dieses religiös-politische Gemisch ist die Wurzel jener Überheblichkeit und jenes

Unilateralismus, die die nordamerikanischen Regierungen in den internationalen Beziehungen an den Tag legten. Da sie sich als von Gott auserwählt fühlen, gibt es keinen Grund, einer Weltorganisation wie der UNO Beachtung zu schenken oder sich an internationale Verträge zu halten. Die Legitimation ihrer Politik – so meinen sie – kommt direkt vom Himmel und leitet sich nicht von menschlichen Gesetzen her.

Was ist der Fundamentalismus? Er ist keine Lehre, sondern vielmehr eine Grundhaltung und eine bestimmte Weise, die Lehre zu verstehen und zu praktizieren. Die fundamentalistische Haltung entsteht dann, wenn die eigene Wahrheit absolut gesetzt und als die einzig legitime verstanden wird, wobei alle anderen ausgegrenzt und als falsch angesehen werden, weshalb ihnen die Existenzberechtigung abgesprochen wird. Wer glaubt, dass sein Standpunkt absolut und der einzig gültige ist, der ist dazu verdammt, den Anderen gegenüber intolerant zu sein. Diese Haltung der Selbstverschließung führt zur Missachtung der Anderen, zu ihrer Diskriminierung, zur Gewalt bis hin zum Krieg.

Der Fundamentalismus ist nicht nur ein Phänomen im religiösen Bereich, er betrifft vielmehr alle Bereiche des menschlichen Handelns, sobald Weltanschauungen, Theorien und Handlungsweisen als die einzigen für alle gültigen betrachtet werden. So haben wir es heute zum Beispiel mit einem technisch-wissenschaftlichen Fundamentalismus zu tun, der Technik und Wissenschaft als die einzige Wissensform und das allein angemessene Verhältnis zur Wirklichkeit betrachtet. Es gibt auch den Marktfundamentalismus, der den Markt als einzig mögliche Wirtschaftsweise betrachtet. Desgleichen kennen wir den Fundamentalismus der neoliberalen Globalisierung, der jene Art von Globalisierung, die sich auf das Finanzsystem, den Markt und die transnationalen Konzerne stützt, als einzig legitime und effektive ansieht. Der politische

Fundamentalismus ist typisch für den Westen, der allen Völkern seine Art, die Gesellschaft und den Staat zu organisieren (repräsentative Demokratie), aufzwingen will. Dasselbe kann man für die Kunst, die Literatur, den Film und andere Bereiche feststellen, wenn sich eine Schule als die Trägerin der einzigen, endgültigen und unüberbietbaren Formel präsentiert und damit alle anderen herabwürdigt.

Das Ergebnis dabei ist immer das gleiche: Diskriminierung, Spannungen, Aggression und Krieg zwischen Gruppen und Völkern, entweder auf symbolischer Ebene oder in Wirklichkeit.

Es gibt nun eine sehr alte Form des Fundamentalismus, die vielen aktuellen religiösen und politischen Konflikten zugrunde liegt. Es ist dies der Fundamentalismus der Söhne und Töchter Abrahams, der Juden, Christen und Muslime.

Die letzte Wurzel hierfür ist der Stammesglaube, dass sie von Gott „auserwählte Völker" wären und als solche das Vorrecht besäßen, von den anderen Völkern abgesondert und ihnen übergeordnet zu sein. Um diesen Mythos zu unterstreichen, verweisen sie auf ihre jeweilige inspirierte Heilige Schrift: die Juden auf das Erste Testament, die Christen auf ihre Heilige Schrift, die auch das Zweite Testament umfasst, und die Muslime auf den Koran. Man glaubt, dass diese Schriften die geoffenbarte Wahrheit enthielten, die ausschließlich ihnen anvertraut wurde, doch deren Adressaten alle Völker der Erde seien. Sie wurden gerade deshalb auserwählt, um die Mission zu erfüllen, die Botschaft in alle Winkel der Erde zu tragen und alle zu bekehren.

Dieses Verständnis, das im Bewusstsein von Juden, Christen und Muslimen tief verwurzelt ist, hat seine Grundlage in einer fragwürdigen Vorstellung von Gott. Man verwechselt das Bild, das sich der jeweilige Stamm (deshalb Stammesmythos) von Gott macht, mit Gott selbst. Der wahre Gott hat nur in ihren Köpfen Platz, was offensichtlich arrogant und falsch ist.

Es ist bereits im Begriff von Gott enthalten, dass dessen göttliche Natur alle Grenzen überschreitet und niemals in den Kopf irgendeines Menschen oder irgendeiner religiösen Organisation hineingepresst werden kann. Wenn dies geschieht, dann entsteht der Götze, ein falscher „Gott“ oder eine naive Gleichsetzung zwischen dem, was wir Menschen von Gott denken, und Gott selbst, wie er an sich ist. Gott gleicht einem Regenbogen: Er erstreckt sich über alle Völker und sucht sie mit seinem Licht und seiner Gnade heim. Sie alle sind „auserwählte Völker“, was einige Propheten des Ersten Testaments bereits erahnten.

Der Fundamentalismus steht übrigens im Widerspruch zu den Schriften, die Juden und Christen gemeinsam haben und in deren ersten elf Kapiteln die Geschichte der Völker der Erde erzählt wird, die allesamt als Völker Gottes angesehen werden, die alle in den Bund mit eingeschlossen sind, der mit der Schöpfung grundgelegt und nach der Sintflut erneuert wurde. Erst nachher, ab dem zwölften Kapitel, wird vom in Abraham „auserwählten Volk“ gesprochen. Seine Sendung besteht darin, bei allen Völkern das unauslöschliche Gedächtnis des einzigen Gottes wachzurufen. Es ist also keine Auserwählung mit dem Ziel der Absonderung, sondern um im selben heiligen Gedenken an den einzigen Gott, den Schöpfer und Erhalter von allem und Herrn der Geschichte, alle zu vereinen.

Problematisch ist es nicht, die Inspiration des Buches zu behaupten, problematisch ist es vielmehr zu behaupten, dass sich die Inspiration allein auf dieses Buch beschränkt und dass sie allen übrigen heiligen Schriften anderer Religionen abgesprochen wird. Wenn wir vom Wesen Gottes selbst, des Schöpfers von allem, ausgehen, dann müssen wir behaupten, dass er alle dazu inspiriert, damit sie ihre jeweiligen Schriften lesen und so dazu inspiriert werden, ihnen gemäß zu leben.

Wir müssen ein Verständnis von Inspiration überwinden, das diese als einen Fetisch ansieht: als wäre sie dazu da, damit wir ein heiliges, weil inspiriertes Buch in Händen halten. Das Buch ist inspiriert, weil es uns dazu inspiriert, unser Leben an Gott auszurichten. Es ist nicht das Wort Gottes in Reinkultur, schlechthin und im buchstäblichen Sinne. Wenn dem so wäre, dann gäbe es ein göttliches Wörterbuch und eine göttliche Grammatik. Das Buch enthält das Wort Gottes, wie es mittels vieler Worte und vieler, in jeder Kultur verschiedener Aussageweisen bezeugt wird.

Alle Völker haben an der göttlichen Inspiration Anteil. Ihre Bücher, ihre Weisen, Lehrer und Propheten halfen und helfen diesen Völkern bis heute, ihren Weg gemäß der Inspiration Gottes zu gehen. Es sind Wege der Heiligkeit und der Begegnung mit dem Geist.

Unter allen Religionen sind die drei abrahamitischen – Judentum, Christentum und Islam – die am stärksten fundamentalistisch geprägten. Nur in ihren reflektiertesten Teilen überwinden sie diese alten Stammesgrenzen und öffnen sich ökumenisch dem Wirken des Geistes innerhalb der Geschichte. Die katholische Kirche hat, trotz so vieler vom Zweiten Vatikanischen Konzil (1962–1965) geförderter Reformen und *aggiornamentos,* immer wieder innerhalb der Ausbildungspläne für ihr Führungspersonal fundamentalistische Züge an den Tag gelegt.

Der Fundamentalismus stellt die chronische Krankheit der abrahamitischen und anderer Religionen dar, die ihre jeweiligen Lehren und spirituellen Wege absolut setzen und dabei die faktische und legitime Pluralität der Wege, die allesamt zu Gott führen, leugnen. Dies ist der Hauptgrund – wenn auch nicht der einzige Grund – dafür, warum die abrahamitischen Religionen die kriegerischsten in der Geschichte sind. In ihnen gab und gibt es nach wie vor viel Gewaltpotential: Verfolgung von Andersgläubigen, Inquisition und die Strafe der Verbrennung, Religionskriege ohne Ende und von unerhörter Grausamkeit. Die Gewalt findet sich nicht nur auf der Ebene der dogmatischen und disziplinären Kontrollinstanzen. Sie durchdringt auch die Mentalität, die Tradition und die Kultur. Jahrhunderte lang fand der gotteslästerliche und grausame Gedanke Verbreitung, dass es eine würdige Form der Verehrung Gottes oder des betreffenden Heiligen sei, an einem religiösen Festtag den Feinden des Glaubens Schaden zuzufügen, ja sogar sie zu töten. Wie viele Juden wurden so durch den „heiligen" Zorn der Christen gewaltsam in ihren Ghettos aufgegriffen und getötet!

b) Der Terrorismus und die Eroberung der Köpfe

Das Thema des Fundamentalismus führt uns auf direktem Wege zum anderen Thema, das seit Beginn des 21. Jahrhunderts wie ein Alptraum auf uns lastet: dem Terrorismus. Er stellt heute die größte Bedrohung für die herrschende Weltordnung dar, und seine Gewalt kann jeden Winkel der Erde erreichen.

Es gibt unterschiedliche Arten von Terrorismus. In vielen lateinamerikanischen Gesellschaften wie etwa in Kolumbien oder Brasilien gibt es den Terrorismus der Drogenmafia. Diese Leute kontrollieren ganze Viertel und können zeitweise wichtige Teile einer Stadt, wie etwa in Rio de Janeiro, in die Knie zwingen, indem sie die Schließung von Geschäften und Schulen oder den Stillstand des öffentlichen Verkehrs fordern. Die Auseinandersetzungen unter den verschiedenen Organisationen von Drogenhändlern fordern jährlich mehr Opfer als die Kriege in Afghanistan oder im Irak.

Besorgniserregend ist auch der Terrorismus von Seiten politischer Gruppierungen, die große Anschläge durchführen, die die gesamte Menschheit erschüttern und Mächte wie die Vereinigten Staaten dazu bringen sollen, ihre nationale und internationale Politik zu ändern.

Das Beispiel schlechthin dafür war der terroristische Anschlag vom 11. September 2001 gegen die Vereinigten Staaten. Innerhalb einer Stunde wurden die größten Symbole des Kapitalismus – in ökonomischer Hinsicht die Zwillingstürme des World Trade Centers in New York, auf militärischem Gebiet das Pentagon und im politischen Bereich das Weiße Haus (das betreffende Flugzeug stürzte vorher ab) – direkt angegriffen.

Seit diesem Ereignis machte sich in allen Ländern des Zentrums die Angst breit. Und die Angst bringt Phantasien hervor, die die Einzelnen und die herrschende Ordnung insgesamt destabilisieren. So fragt zum Beispiel ein Araber in New York einen Polizisten um Auskunft und wird von diesem festgenommen, da er sich in seiner Phantasie vorstellt, er könnte ein Terrorist sein. Danach stellt sich heraus, dass er ein einfacher, unbescholtener Bürger ist. Oder ein Flugzeug startet von Houston in Richtung Dallas, einige Passagiere bilden sich ein, es gäbe bewaffnete Männer an Bord. Das reicht, um einen Alarm auszulösen und das Flugzeug durch F-16-Kampfjets zur Rückkehr zu zwingen. Öfters schon hat die US-Regierung die Bevölkerung mit der Warnung vor unmittelbar bevorstehenden Anschlägen in Schrecken versetzt. Obwohl sich bisher keine weiteren Attentate ereignet haben, haben sie dadurch die allgemeine Paranoia weiter gefördert.

Dieses Szenario macht das Spezifische des Terrorismus deutlich: die Inbesitznahme der Köpfe. In den Kriegen und Guerilla-Kämpfen muss man Territorium erobern, um zu siegen. Beim Terrorismus verhält es sich nicht so. Es genügt, von den Köpfen Besitz zu ergreifen und die Phantasie mittels Drohung mit neuen Anschlägen und der Furcht anzuregen, die nun von den Menschen und Institutionen verinnerlicht wird.

Die Nordamerikaner haben das von den Taliban regierte Afghanistan und den Irak Saddam Husseins physisch besetzt. Doch Al Quaida hat die Köpfe der Nordamerikaner in psychologischer Hinsicht erobert. Sie machten aus den USA eine Nation in Geiselhaft der Angst, angefangen von der Regierung bis zum einfachen Bürger.

Die Prophezeiung von Osama Bin Laden, dem geistigen Urheber der Attentate, die er am 8. Oktober 2001 ausgesprochen hat, hat sich leider bewahrheitet: „Die USA werden nie wieder sicher sein und nie wieder Frieden haben." Die Köpfe der Menschen zu erobern, sie in emotionaler Hinsicht instabil zu halten, sie so weit zu bringen, jeder Geste oder jeder fremden Person zu misstrauen – das ist es, was der Terrorismus will, und das macht sein Wesen aus.

Um sein Ziel der inneren Herrschaft zu erreichen, wendet der Terrorismus folgende Strategie an:

Die Terroranschläge müssen spektakulär sein, denn sonst verursachen sie keine allgemeine Erschütterung.

Die Terroranschläge müssen trotz ihres abscheulichen Charakters Bewunderung aufgrund ihrer List hervorrufen.

Die Terroranschläge müssen den Eindruck erwecken, minutiös geplant worden zu sein.

Die Terroranschläge müssen überraschend erfolgen, damit der Eindruck entsteht, sie seien nicht unter Kontrolle zu bringen.

Die Urheber von Terroranschlägen müssen anonym bleiben, denn je mehr Verdächtige es gibt, umso größer ist die Angst.

Die Terroranschläge müssen die Wahrnehmung der Wirklichkeit radikal verändern: Alles, was anders ist, kann die Vorstellung des Terrors auslösen. Es genügt, einen Araber zu sehen, und schon hat man einen Terroristen vor Augen. Es genügt, einen gut gekleideten Slumbewohner zu sehen, und schon ist er ein potentieller Drogendealer.

Wir versuchen, eine präzise Definition des Terrorismus zu formulieren: Er besteht in jedem Akt spektakulärer Gewalt mit dem Ziel, das Denken der Menschen in Angst und Schrecken zu versetzen.

Worauf es ankommt, ist nicht die Gewalt an sich, sondern deren spektakulärer Charakter, der es ermöglicht, von den Köpfen und Herzen aller Besitz zu ergreifen. Es liegt ganz im Interesse der Terroristen, dass die auf die Zwillingstürme zusteuernden Flugzeuge, die in Madrid in die Luft gesprengten Züge, die entstellten Leichen, die vielen herumliegenden Toten, die Hunderten von Verletzten vor den Krankenhäusern, die Nervosität von Hundertschaften von Polizisten, der Zusammenbruch der öffentlichen Ordnung und die Agitation und Mobilisierung der gesamten Staatsordnung gezeigt werden.

Es ist wichtig zu begreifen, dass der Terrorismus keine Spielart des Krieges, sondern ein Phänomen der Politik und des Scheiterns von Politik ist. Wenn Dialog und Austausch das Ende ihrer Möglichkeiten erreicht haben, dann wird der Gewalt Raum geschaffen. Der Terrorismus dringt voller Ressentiment, Verbitterung und Zorn durch diesen Spalt ein. Deshalb stellt es ganz offensichtlich einen Irrtum dar, als einzige Form der Auseinandersetzung mit dem Terrorismus den Weg seiner militärischen Bekämpfung zu wählen. Dies bedeutet, sich genau derselben Logik zu bedienen, die das für den Terrorismus förderliche Klima erzeugt.

Wichtiger als zu wissen, wer Terroranschläge ausübt, ist es zu wissen, warum man auf diese Mittel zurückgreift. Der Terrorismus setzt dort ein, wo die Politik scheitert, wo es keinen Dialog mehr gibt und wo Verhandlungen abgebrochen wurden. Dann greift man auf Wege der Verzweiflung und Bestrafung zurück. Der Terrorismus entsteht plötzlich auf grausame Weise.

Zur Zeit stellt der Terrorismus von Seiten eines fundamentalistischen Islam die größte Bedrohung dar. Warum geht er gerade vom Islamismus aus dem Mittleren Osten aus? Weil hinter den Terroranschlägen viel Zorn, Verbitterung, Enttäuschung und Rachegelüste am Werk sind. Jeden Tag zeigen die arabischen Fernsehsender, insbesondere Al Djasira und Al Arabya, die Gewalt, die die arabischen Palästinenser von Seiten grausamer israelischer Regierungen erleiden, die den Staat Israel festigen und wenn möglich territorial bis zu der Größe ausdehnen wollen, die er unter König David besaß (1000 v. Chr.). Sie finden sich mit dem Entstehen eines Palästinenserstaates nicht ab, weil sie Angst haben, dass dieser eine Bedrohung darstellen könnte. Die Repression und die militärische Besetzung erfolgt mit Hilfe der modernsten militärischen Ausrüstung und in grausamer Weise. Kinder, Alte und Kranke zählen zu ihren Opfern. Und darüber hinaus wird so die materielle und institutionelle Grundlage eines künftigen Palästinenserstaates zerstört. Diese Strategie setzt ausdrücklich und einseitig auf die Unterstützung der USA und auf die Gleichgültigkeit der übrigen Länder des Westens, die der fast täglich erfolgenden Tötung von Menschen resigniert zusehen. Solche Bilder nähren die alten Vorurteile zwischen Muslimen und dem Westen. Seit dem 8. Jahrhundert bekämpfen sich Christen und Muslime gegenseitig, mit Siegen und Niederlagen auf beiden Seiten. Vom 19. Jahrhundert bis nach dem Ersten Weltkrieg besetzten westliche Mächte die Länder des Mittleren Ostens und behandelten die Bevölkerung auf harte Weise.

Bei den arabischen Muslimen wächst das Bewusstsein für das entscheidende Faktum: In ihren Händen befindet sich das Blut des weltweiten Systems von Produktion, Handel und Technologie: das Erdöl. Kein Auto kommt von der Stelle, kein Flugzeug durchkreuzt den Himmel, nur sehr wenige Dinge funktionieren ohne das Erdöl und die aus ihm gewonnenen Produkte. Und die Besitzer dieses entscheidenden Reichtums fühlen sich von den westlichen Mächten manipuliert, an den Rand gedrängt und hinsichtlich der Entscheidungen, die den Lauf des Weltgeschehens bestimmen, entmündigt. Sie werden vielmehr als rückständig, despotisch und fanatisch angesehen. Diese von Vorurteilen geleitete Beurteilung der muslimischen

Welt von Seiten des Westens ist ein Faktor, der Rachegelüste nährt. Dieser Nährboden stellt den Hauptursprung des Terrorismus dar.

Vielleicht ist der Terrorismus die Form des „Krieges", die innerhalb einer globalisierten Welt noch möglich ist, da ein Krieg im eigentlichen, starken Sinne des Wortes nicht mehr stattfinden kann, weil er die Gattung Mensch und einen Teil der Biosphäre vernichten würde. Vielleicht ist der Terrrorismus der einzige „Krieg", den Schwache und Menschen an der Peripherie der Welt zu gewinnen in der Lage sind.

Wie verteidigt man sich gegen jemanden, der entschlossen ist, sein eigenes Leben zu opfern und seinen Leib zum Sprengkörper zu machen, der an jedem beliebigen Ort gezündet werden kann? Es gibt keine ausreichenden Kontrollmechanismen, die in der Lage wären, jeden Quadratmeter zu überwachen. Deshalb scheint der Terrorismus unter den gegebenen Bedingungen unbesiegbar zu sein. Er wird weiter bestehen, wenn nicht ein neuer Typ von Beziehung die Oberhand gewinnt, dem es gelingt, Zorn und Hass abzubauen, die dem Terrorismus zugrunde liegen und ihn nähren; ein neuer Typ von Beziehung, der alle in das Gemeinsame Haus integriert, in dem alle das Recht haben, zusammen mit Anderen und in der Unterschiedlichkeit zu leben, die den neuen weltweiten Sozialpakt nicht in Frage stellt.

5. Toleranz und interreligiöser Dialog[2]

Der interreligiöse Dialog gehört zu den dringendsten Angelegenheiten in dieser planetarischen Phase der Menschheit. Der gegenwärtige Fundamentalismus und Terrorismus haben ihre tiefen Wurzeln in religiösen Überzeugungen. Nur Motivationen, die einem radikalen und transzendenten Sinn des Lebens entspringen, können Menschen den Mut verleihen, sich selbst zu opfern, um Andere zu vernichten, die man für Feinde hält. Diese Sinnressource wird üblicherweise von den Religionen bereitgestellt. Den Hintergrund für die Hauptkonflikte des 20. Jahrhunderts und des gerade begonnenen dritten Jahrtausends bilden Religionen; das ist in Irland, im Kosovo, in Kaschmir, in Afghanistan und zum Teil auch im Irak der Fall, wo Sunniten und Schiiten gewaltsam gegeneinander vorgehen.

Mit Recht schreibt deshalb Samuel Huntington, einer der aufmerksamsten Beobachter des Globalisierungsprozesses, in seinem bekannten Buch *Kampf der Kulturen*, dass in der modernen Welt die Religion eine zentrale, vielleicht sogar die zentrale Kraft sei, die Menschen motiviert und mobilisiert. Was letztlich für die Menschen zähle, das sei weder die politische Ideologie noch das ökonomische Interesse. Das, womit sich die Menschen wirklich identifizieren würden, seien die religiösen Überzeugungen, die Glaubensbekenntnisse und die Familie. Diese Dinge seien es, weswegen sie kämpften und sogar bereit wären, ihr Leben zu geben (vgl. Huntington 1996).

Tatsächlich hat die Religion trotz des Säkularisierungsprozesses und der Verdunkelung der Sphäre des Heiligen mit dem Aufkommen der kritischen Vernunft im Zuge der Aufklärung alle Angriffe überstanden. Ganz im Gegenteil, in den letzten Jahrzehnten war eine machtvolle Rückkehr des Religiösen und Mystischen in allen Gesellschaften der Welt zu beobachten. Diese Rückkehr wurde hauptsächlich von den Söhnen und Töchtern der „Meister des Verdachts" und der radikalen Religionskritik wie Marx, Freud, Nietzsche, Popper u. a. gefördert. Ob wir es wollen oder nicht, die Religion bildet die gemeinsame Weltsicht der Mehrheit der Menschheit. In ihr finden die Menschen Orientierung für ihr Leben und aus ihr leiten sie ethische Grundhaltungen ab. Sehr schön hat das der marxistische Philosoph Ernst Bloch (vgl. Bloch 1959; Bloch 1968) formuliert, der den tiefen Sinn der Religion freigelegt hat: „Wo Religion ist, da ist Hoffnung." Und wo Hoffnung ist, da entstehen unzählige Gründe zu träumen, heilsame Utopien zu entwerfen und dem Leben sowie der Geschichte Sinn zu verleihen.

Man muss also von der faktischen Stärke der Religion, besser noch des religiösen Pluralismus ausgehen. Es gibt so viele Religionen wie Kulturen. Da es alle Religionen mit einer letzten Sinngebung und mit Werten zu tun haben, die dem Leben eine Richtung geben, bergen sie auch alle den Fundamentalismus und die Versuchung, sich selbst als absolut und den Anderen überlegen zu dünken, als ständige Gefahr in sich. Von dieser Haltung ist es, wie wir weiter oben gezeigt haben, nur ein Schritt zu Religionskriegen, wie sie sich in der Geschichte oftmals ereigneten und wie sie immer noch stattfinden. Die Religionen müssen sich gegenseitig anerkennen, in Dialog miteinander treten und ein Minimum an Übereinstimmungen suchen, das es ihnen ermöglicht, friedlich zusammenzuleben.

Als Erstes kommt es darauf an, den religiösen Pluralismus als Faktum anzuerkennen. Als Faktum ist er unbestreitbar, es genügt, das einfach festzustellen. Die Frage ist nur, ob dieser Pluralismus zu Recht bestehen muss und kann. In dieser Frage gibt es große Meinungsunterschiede, besonders bei der Hierarchie der katholischen Kirche und bei anderen christlichen Kirchen und Religionen. Sie kaschieren hier nur unzulänglich Anflüge von Arroganz und Fundamentalismus, denn sie halten sich für die ausschließlichen Verwalter der Offenbarung und die einzigen Erben der Heilstaten Gottes in der Geschichte.

Doch es kommt darauf an, die Legitimität der Pluralität zu verteidigen. Dazu dient ein Argument, das in allen Religionen selbst verankert ist: Keine Religion kann für sich in Anspruch nehmen, Gott in den Netzen ihrer Lehren und Riten einzufangen. Wenn dem so wäre, dann wäre Gott selbst nur ein Teil der Welt, in Wirklichkeit wäre er ein Götze. Seine Transzendenz verflüchtigte sich völlig in irgendeiner Vergegenständlichung des Menschen. Er ist aber stets allem jenseitig und allem voraus. Folglich gibt es Raum für andere Ausdrucksformen und andere Arten der Gottesverehrung, die nicht ausschließlich einer konkreten Religion zuzuordnen sind.

Im Inneren der jüdisch-christlichen Tradition selbst findet sich etwas, das den Kirchen helfen kann, ihre Engstirnigkeit zu überwinden: die ersten elf Kapitel des Buches Genesis. Bevor von Israel als dem auserwählten Volk die Rede ist, bezieht sich die Genesis auf die Völker der Erde, die allesamt als Völker Gottes betrachtet werden. Sie alle sind in den ersten Bund mit eingeschlossen, den Gott mit dem Schöpfungsakt errichtet. Über sie alle erstrahlt der Regenbogen als Zeichen des erneuerten Bundes nach der Sintflut. Der biblische Text ist eindeutig, wenn es heißt: „Steht der Bogen in den Wolken, so werde ich auf ihn sehen und des ewigen Bundes gedenken zwischen Gott und allen lebenden Wesen, allen Wesen aus Fleisch auf der Erde." (Gen 9,16)

Erst später ist vom Geschlecht Abrahams, des Vaters des Volkes Israel, die Rede, das nicht auserwählt wird, um sich über die übrigen Völker zu erheben, sondern um ein „Segen für alle Geschlechter der Erde" zu sein (Gen 12,3).

Die Theologie dieser ersten elf Kapitel ist von bleibender Aktualität. Sie erinnert uns daran, dass bis heute alle Völker Völker Gottes sind, dass alle auf der Erde, dem Garten Gottes, leben und dass sie eine einzige Menschheitsfamilie bilden, die sich aus vielen Familien mit ihren jeweiligen Kulturen und Religionen zusammensetzt.

Darüber hinaus ordnet sich die Religion in den Prozess einer umfassenden Ökologie ein. Wir alle sind für die Artenvielfalt: Je mehr Arten von Pflanzen, Tieren, Vögeln und Menschen es gibt, umso besser ist das für alle. Warum sollte es in Bezug auf Religionen und Kirchen anders sein? Je mehr Religionen und Glaubensgemeinschaften es gibt, umso mehr kann man vom Reichtum Gottes und seinem Gesandten Jesus erkennen. Es wäre falsch zu sagen: Es möge nur eine Lebensform geben, und das sollen die

Skorpione sein, oder nur eine Baumart, nämlich die Norfolktannen. Dies wäre eine nicht hinnehmbare Verarmung der Artenvielfalt. Warum sollte man dann in Bezug auf die Religionen sagen: Es möge nur eine einzige Religion geben, ein einziges Glaubensbekenntnis und eine einzige Weise der Gottesverehrung? Diese Auffassung ist falsch und weit entfernt von aller Logik des Lebens und der Evolution selbst, die, je mehr sie fortschreitet, eine umso größere Vielfalt hervorbringt. Deshalb muss es das verbriefte Recht auf eine religiöse Pluralität geben. Nicht die Pluralität der Religionen muss in Frage gestellt werden, sondern der Anspruch, dass es nur eine einzige wahre Religion gibt.

Der Satz: Wenn es nur einen Gott gibt, dann kann es auch nur eine Religion geben, ist eine Pseudoweisheit, die nicht zutrifft. Das Wesen Gottes und das Wesen der Religion fallen nicht zusammen. Das Wesen Gottes ist das Geheimnis. Dieses Geheimnis kann nie in angemessener Form von einer einzigen Sprache, einem Symbol oder einer Lehre erfasst werden. Alles, was wir darüber aussagen, sagen wir in Form der Analogie und mit Hilfe von Symbolen.

Das Wesen der Religion liegt im Begrenzten, Historischen, Endlichen, in dem, was von der menschlichen Kultur hervorgebracht wurde. Folglich ist Gott als Geheimnis in und gleichzeitig über der Religion. Er ist in ihr, weil in der Sprache und in den Symbolen auf ihn verwiesen wird. Doch er ist gleichzeitig jenseits dessen, weil er stets alle konkreten Ausdrucksweisen übersteigt, denn dies liegt in seinem Wesen als Geheimnis.

Eine solche Nicht-Identität lässt uns mit Recht behaupten: Es ist wichtig, dass es viele Religionen und Glaubensgemeinschaften gibt, damit jede von ihnen Dimensionen aufscheinen lassen kann, die die andere nicht zum Ausdruck bringen kann. Alle zusammen verweisen wie in einer Symphonie auf die Wirklichkeit des Heiligen. Gleichzeitig schweigen sie alle, denn sie sind sich dessen bewusst, dass keine Sprache Gott wirklich zum Ausdruck bringen kann. Hier ist das zurückhaltende Schweigen am Platz.

Diese letzte Überlegung bringt uns dazu, die grundlegende Unterscheidung zwischen Spiritualität und Religion vorzunehmen.

Unter Spiritualität verstehen wir die Begegnung mit dem Geheimnis der Welt, mit dem Unaussprechlichen, dem Tao, dem Numinosen, mit dem, was alle Gott nennen (wenn sich auch der Buddhismus mit dieser Bezeichnung nicht wohl fühlt). Diese Begegnung wird weder erfunden noch auferlegt. Sie widerfährt einfach als eine ursprüngliche Erfahrung. Der Mensch ist ein dem Anderen gegenüber, der Welt und dem Unnennbaren gegenüber offenes Wesen. Er ist in reiner Form und einfachhin ein offenes und dialogfähiges Wesen. Er stellt radikale Fragen hinsichtlich seines Ursprungs und seines Geschicks, über den Sinn des Universums und den Sinn seines Lebens, den Sinn seines Leids und seines Todes. Er ist ein Schrei ins Unendliche hinein. Diese Wirklichkeit zu erfahren, erfüllt das, was wir Geist nennen. Es ist eine Seinsweise, ein Sich-in-Beziehung-Setzen und das Wissen, dass wir in das umfassendere Ganze eingefügt sind.

Dieses Phänomen der Spiritualität ist eine anthropologische Grundtatsache. Es ist nicht das Monopol der Religionen oder irgendeines spirituellen Weges. Die Spiritualität liegt dem allen voraus. Ihr kommt dieselbe Daseinsberechtigung zu wie der Libido, dem Willen, dem Verstand und dem Empfinden. So wie es eine *verstandesmäßige Intelligenz* gibt, mittels derer wir unser rationales und wissenschaftliches Wissen ordnen, und eine *emotionale Intelligenz*, die uns zu Wesen des Gefühls, der Fürsorge und des Mitleids macht, so gibt es auch eine *spirituelle Intelligenz*, mittels derer wir jenseits von Vernunft und Emotionen die umfassenden Zusammenhänge unseres Lebens, bedeutende Totalitäten, Werte und unser Eingebettetsein in ein größeres Ganzes erfassen.

Es ist das Spezifikum der Spiritualität, globale Zusammenhänge zu erfassen und sich an einem übergeordneten Sinn zu orientieren. Wissenschaftler haben in der biologischen Struktur der Neuronen die empirische Basis dieser spirituellen Intelligenz entdeckt. Einige Neurowissenschaftler sprechen vom „God Spot“ bzw. Gottesmodul im Gehirn. Aus der Perspektive der Evolution betrachtet heißt das: Das Universum entwickelte sich bis zu einem Punkt, an dem es ein intelligentes Wesen hervorbrachte, das über die Fähigkeit verfügt, das Geheimnis dieses Universums wahrzunehmen – das Geheimnis, das alles durchdringt und in dem alles erstrahlt. Dieses „Gottesmodul“ ist ein evolutiver Vorteil der Gattung Mensch und in jeder menschlichen Person vorhanden. Natürlich ist Gott nicht nur in einer Hirnregion gegenwärtig, sondern im Gehirn insgesamt, im ganzen Wesen und in all seinen Dimensionen. Doch eine Stelle innerhalb der neuronalen Strukturen bietet eine empirisch wahrnehmbare Entsprechung (Zohar 2001).

Diese spirituelle Erfahrung, die auch schlicht Spiritualität genannt wird, bildet die Grundlage aller Religionen und spirituellen Wege. Deren konkrete Ausdrucksweise innerhalb der Geschichte ist je nach Kultur verschieden. Die Religionen sind kulturelle Schöpfungen unterschiedlichster Art, und sie alle stellen Versuche dar, diese ursprüngliche Erfahrung mit Hilfe einer Lehre, einer Liturgie, einer heiligen Schrift oder eines Moralkodex zum Ausdruck zu bringen.

Die Religionen sind in dem Maße wertvoll, in dem sie die Spiritualität für jede Generation und jeden einzelnen Menschen bewahren, stärken, von Neuem zur Sprache bringen und aktualisieren. Die Religionen sind unterschiedlich, vielgestaltig, entstehen, entwickeln sich und können auch verschwinden, doch niemals verschwindet die Spiritualität, denn sie bildet das innerste Wesen des Menschen.

Die Mystiker erahnten diese Unterscheidung zwischen Spiritualität und Religion, wenn sie von der heiligen Flamme sprachen, die im Herzen einer jeden Person und einer jeden Gemeinschaft brennt und deren Feuer ständig mit den Hilfsmitteln der Religion und der Gesellschaft am Leben erhalten werden muss. Wenn diese Flamme schwach wird, dann gerät die Religion in eine Krise oder stirbt ab. Wenn sie beständig am Leben erhalten wird, dann wird sie zum wichtigsten Bezugspunkt. Ausgehend von dieser Flamme eröffnet sich der Raum für den fruchtbaren Dialog mit den anderen Religionen, die ebenfalls aus dieser Spiritualität heraus leben. Sie ist es, die das gegenseitige Verstehen der Religionen ermöglicht. Sie ist wie die tiefe Quelle, die die vielen Wasserläufe an der Oberfläche speist. Sie alle entspringen aus ihr. Und dort ist auch die Stelle, an der die Menschen trinken und ihren Durst löschen werden.

Die Christen jedoch werfen eine Frage auf, die diesem Dialog Schwierigkeiten bereiten könnte. Sie behaupten die Einzigartigkeit und Einmaligkeit Jesu von Nazaret, in dem Gott sein letztes und endgültiges Wort für die gesamte Menschheit gesprochen hätte. Sie fühlen sich im Namen der Treue zu den Grundlagentexten und zur Tradition dazu verpflichtet, dieses positive Faktum zu bezeugen. Bei allem Dialog seien die übrigen Menschen dazu aufgefordert, sich dem christlichen Glauben anzuschließen. Dies ist die Position der Christen. Hier liegt offensichtlich ein Problem. Wie kann man es lösen? Als einer, der selbst in der christlichen Tradition steht, will ich eine Lösung versuchen.

Wir glauben, dass die planetarische Phase der Menschheit die Christen dazu zwingt, diesen Anspruch neu zu überdenken. Die Überzeugungen der Christen fügen sich in ein in sich geschlossenes System von selbstreferentiellen und absoluten Wahrheiten ein. Es gehört zur Logik solcher in sich abgeschlossener Systeme, dass sie jenen Typ von Bewusstsein hervorbringen, das Formulierungen von absoluter Geltung gebraucht. Die Situation stellt sich anders dar, sobald wir uns dessen bewusst werden, dass die Systeme, wie in der Natur, immer offen sind. Sie sind Momente eines zugrunde liegenden und unermesslich größeren Prozesses.

Wir müssen die Einzigartigkeit Jesu vom großen Prozess der Evolution, der Kosmogenese, der Biogenese und der Anthropogenese aus denken. Er stellt eine Ausdrucksgestalt dieses ganzen unermesslichen Prozesses dar.

In einem bestimmten Moment der Evolution des Universums, der Erde, des Lebens und des Bewusstseins entstand in den Menschen die Wahrnehmung des Geheimnisses der Welt und seiner inneren Verbindung mit Ihm. Das Bewusstsein war aufnahmefähig für Gott, der in jeder Phase und zu jedem Zeitpunkt der Evolution gegenwärtig war. Doch nun erreichte sie einen Höhepunkt, an dem sich der Mensch als Sohn bzw. Tochter Gottes fühlte. Er rief Gott als „Abba", geliebter Vater voller Güte, an. Wer Gott Vater nennt, der empfindet sich als sein Sohn und seine Tochter. Dieses Bewusstsein fand seinen Durchbruch in Jesus von Nazaret, unserem universalen Bruder. Doch dieses Bewusstsein gehört dem Evolutionsprozess und der Menschheit an, es ist nicht exklusiv auf Jesus beschränkt. Die Menschheit insgesamt war es, die in Jesus von Nazaret einen Sprung vollzog und zum Innersten des Geheimnisses der Welt vordrang. Alle Menschen sind deshalb Söhne und Töchter Gottes; dies stellt eine neue Etappe der Anthropogenese und des menschlichen Bewusstseins dar.

Das Zweite Testament nennt Jesus wegen dieses Bewusstseins Christus. Christus ist kein Name. Es ist eine Dimension, ein Verhalten, ein neues Bewusstseinsstadium von einem, der sich mit Gott zuinnerst verbunden weiß.

Dieser Person fügt man das Adjektiv *Christus* bei, ein griechisches Wort, das *Gesalbter* bedeutet. Dem Namen Jesus wird dieses Adjektiv Christus hinzugefügt.

Doch es kommt darauf an zu sagen, dass die Dimension Christus umfassender ist als Jesus. Doch in Jesus zeigte sich diese Dimension in solcher Dichte, dass die apostolischen Gemeinden ihn nicht länger Jesus, den Christus, sondern einfach nur Jesus Christus nannten.

Es ist also wichtig – wir sagen es noch einmal –, Christus nicht auf Jesus zu reduzieren. Die Dimension Christus ist weiter und hat sich stets innerhalb der Menschheit verwirklicht. Sie gewann leibhaftige Gestalt in den großen Mystikern, den Weisen und Lehrern aller Traditionen, wenn diese erahnten, dass das Ziel eines jeden spirituellen Weges das Eintauchen in die höchste Wirklichkeit in einer nicht-dualistischen Erfahrung ist. Der Anhänger des Tao dringt in unaussprechlicher Einheit in diese Realität ein. Wer wie Johannes vom Kreuz in der Nachfolge Jesu steht, sagt: Am Ende aller Dinge werden wir in der Weise der Teilhabe Gott sein.

Ist es nicht diese radikale Wahrheit, die die Christen zum Ausdruck bringen wollen, wenn sie von Inkarnation und göttlicher Sohnschaft sprechen?

Die Christen müssen also die Anderen nicht herabwürdigen oder sogar mit ihnen brechen, um die Einzigartigkeit ihres Weges zu behaupten. Sie befinden sich auf demselben großen Weg der Menschheit auf das unergründliche Geheimnis zu, das alle in sich einschließt.

Einige christliche Quellentexte verweisen auf diese Universalisierung, wenn sie bezeugen, dass das Wort am Anfang war, dass es Gott war, der jeden Menschen erleuchtet und der in diese Welt kommt (Joh 1,1); oder wenn gesagt wird, dass „Christus alles in allem ist“ (Kol 3,11), dass er „das Haupt aller Dinge“ ist (Eph 1,10). Das heißt, Christus wird mit dem Geheimnis der Schöpfung in Verbindung gebracht und erfasst so alle Lebewesen und jede Person, die in den Evolutionsprozess einbricht, auch Jesus von Nazaret.

Wenn den Religionen innerhalb der konkreten Menschheitsgeschichte eine solche Bedeutung zukommt, dann verstehen wir die grundlegende These des Schweizer Theologen Hans Küng, der die Religionen innerhalb der planetarischen Phase der Menschheit intensiv studiert hat, und stimmen ihr zu:

„Kein Frieden unter den Nationen ohne Frieden unter den Religionen. Kein Frieden unter den Religionen ohne Dialog zwischen den Religionen. Kein Dialog zwischen den Religionen ohne globale ethische Maßstäbe. Kein Überleben unseres Globus ohne ein globales Ethos, ein Weltethos." (Küng 1999, 9)

Der Dialog der Religionen darf nicht mit einer Diskussion um dogmatische Inhalte beginnen, sondern damit, dass wir uns die Spiritualität bewusst machen, die uns alle eint. Und das beginnt vor allem mit dem Gebet. Beten heißt in die Spiritualität eintauchen. Hier beginnen die Menschen einander kennenzulernen, die Güte des jeweils Anderen, seine Frömmigkeit, seine Verehrung und ernsthafte Suche nach „Gott" zu entdecken. Die Lehrinhalte werden relativiert angesichts des konkreten Lebens, das unter der Inspiration dieser religiösen Suche steht. Natürlich kann alles, was gesund ist, auch krank werden. Alle Religionen können, auch wenn sie gesund sind, auf Abwege geraten, sich verhärten und fundamentalistische Haltungen einiger ihrer Anhänger erzeugen. Hier eröffnet sich ein weites Feld der gegenseitigen Kritik und von Läuterungsprozessen. So wie die Krankheit auf die Gesundheit verweist, so verweisen in ähnlicher Form auch die Verirrungen auf das wahre Wesen der Religion. Aus diesem betenden Dialog heraus entstehen die Punkte der Übereinstimmung, die den möglichen Frieden zwischen den Religionen begründen; und dieser wiederum ist die Grundlage für den politischen Weltfrieden.

Tatsächlich wurden bereits im Jahr 1970 die Gemeinsamkeiten im Hinblick auf den Frieden anlässlich der Weltkonferenz der Religionen in Kyoto herausgearbeitet und folgendermaßen formuliert:

Es gibt eine fundamentale Einheit der Menschheitsfamilie, deren Mitglieder alle gleich sind an Würde.

Jeder Mensch ist heilig und unantastbar, besonders in seinem Gewissen.

Jede menschliche Gemeinschaft stellt einen Wert dar.

Die Macht kann nicht mit dem Recht gleichgesetzt werden. Die Macht genügt sich niemals selbst, sie ist niemals absolut und muss durch das Recht und die Kontrolle durch die Gemeinschaft begrenzt werden.

Der Glaube, die Liebe, das Mitleid, der Altruismus, die Kraft des Geistes und die innere Wahrhaftigkeit sind in letzter Instanz höherwertig als der Hass, die Feindseligkeit und der Egoismus.

Es ist eine unerlässliche Pflicht, auf der Seite der Armen und Unterdrückten zu stehen und sich gegen deren Unterdrücker zu wenden.

Wir hegen die tiefe Hoffnung, dass am Ende der gute Wille siegen wird.

Wie man sieht, erschöpft sich dieser Dialog nicht in sich selbst. Er ist auf etwas Größeres hingeordnet: auf den Frieden zwischen den Völkern, den Frieden mit der Erde, mit den Ökosystemen, den Frieden des Menschen mit sich selbst und den Frieden mit der ursprünglichen Quelle, aus der er hervorging und zu der er unterwegs ist.

Die aktive Toleranz zwischen den Religionen bedeutet also das friedliche und frohe Zusammenleben zwischen den unterschiedlichsten Religionen. Sie sieht in deren Vielfalt den Reichtum des einzigen und selben Geheimnisses als Quelle von allem.

Zusammenfassung

Am Schluss unserer Überlegungen muss die entscheidende Bedeutung der Tugenden des Zusammenlebens, des Respekts und der Toleranz für die friedliche Koexistenz der Stämme der Erde klar herausgestellt werden, die sich nach Millionen Jahren des Exils endlich wieder begegnen.

Existieren bedeutet immer ko-existieren, leben ist immer zusammenleben. Dies erfordert als erste Grundhaltung den Respekt vor dem Anderen als Anderem, der sich von mir unterscheidet. Gerade diese anfängliche Distanz ist es, die eine bereichernde Nähe, den Austausch von einander Ergänzendem und auch die Relativierung der eigenen Position ermöglicht.

Bei der Begegnung vieler Anderer werden auch die Unterschiede sichtbar. Diese sind nicht immer unmittelbar verständlich. Manchmal rufen sie Befremden und spontane Ablehnung hervor. Hier kommt die Toleranz als eine Kraft ins Spiel, trotzdem zusammenzuleben, sich mit Blick auf den Anderen, der so, wie er ist, das Recht hat zu existieren, selbst einzuschränken.

Ein großer Teil der Konflikte in der Welt ist auf einen Mangel an Respekt und an Toleranz angesichts der Unterschiede zurückzuführen. Das Zusammenleben entsteht durch einen mühsamen Lernprozess. Sein Ergebnis ist schließlich ein Wachsen nach oben und nach vorne, ein Prozess der Einigung in Unterschiedenheit. In dieser planetarischen Phase der Menschheit stehen wir vor der Alternative, entweder zu lernen, zusammenzuleben, uns gegenseitig zu respektieren und das zu tolerieren, was uns als unannehmbar erscheint, oder gesellschaftliche Brüche und Konflikte durchzumachen, wie wir sie nie zuvor erlebt haben. Im Unterschied zu früher werden wir dann aber aufgrund der gegenseitigen Abhängigkeit allesamt Opfer sein. Opfer wird auch die Erde, Gaia, der lebendige Gesamtorganismus sein, dessen Verwundbarkeit eine besondere Fürsorge von Seiten aller erfordert.

Das letzte Resultat dieser Tugenden, sofern sie zusammen konkret im Leben verwirklicht werden, ist der Friede. Die Erdcharta hat in unübertrefflicher Weise definiert, was dieser Friede ist. Wir wollen deshalb diese Formulierung hier wiederholen: „dass der Friede die Gesamtheit dessen ist, das geschaffen wird durch rechte Beziehungen zu sich selbst, zu anderen Personen, anderen Kulturen, anderen Lebewesen, der Erde und dem größeren Ganzen, zu dem alles gehört". (Erdcharta 2001, 15)

Dieser Friede stellt die größte Sehnsucht der Menschheit heute dar, die so vieler Konflikte, Kriege und Vernichtungsfeldzüge überdrüssig ist, die den Horizont verdunkeln, von dem her die Hoffnung aufscheint, dass dies kein unabänderliches Schicksal ist, sondern dass die Geschichte anders verlaufen kann: menschlicher, glücklicher und wert, dass man sie feiert.

Dritter Teil
Gemeinsam essen und trinken und in Frieden leben

Einleitung

Dieser dritte Teil schließt unsere Überlegungen zu einem unverzichtbaren Mindestmaß an Tugenden in der planetarischen Phase der Menschheit ab. Nur so wird sie vereint und in Frieden bestehen bleiben.

Das Nachdenken über die Tugenden hat nur dann einen Sinn, wenn es deren gelebte Praxis selbst fördert. Wichtiger als zu wissen, was die Tugenden sind, ist es, sie zu leben und sich selbst in der Kunst der Tugendhaftigkeit zu üben.

Deshalb versuchen die drei Teile des Buches die theoretische Reflexion (um klar zu sehen) mit den praktischen Anwendungen (um tugendhaft zu handeln) zu kombinieren.

Das gemeinsame Essen und Trinken – die Tischgemeinschaft – ist eine Urtätigkeit des Menschen. Wir führen nicht nur unserem Körper Nahrung zu, wir nähren auch unseren Geist. Essen und Trinken sind Rituale voller Bedeutung. In den Riten erweisen wir unser Menschsein und den Grad der Zivilisation, den wir erreicht haben.

Heute ist mehr als der Hälfte der Menschheit ein Essen und Trinken auf menschliche Weise verwehrt. Ein solcher Skandal stellt eines der schwerstwiegenden ethischen und politischen Probleme dar. Er klagt den wohlernährten Teil der Menschheit der Gefühllosigkeit, der Herzlosigkeit und der Barbarei an. Welche Strategien müssen verfolgt werden, damit alle als Brüder und Schwestern am Tisch Platz finden?

Das letzte Ziel der Tugenden der Gastfreundschaft, des Zusammenlebens, der Toleranz und der Tischgemeinschaft ist der Friede. Friede meint hier nicht den Waffenstillstand im Krieg, sondern er ist das Ergebnis einer Aufbauarbeit, die in den Tiefen des menschlichen Herzens ihren Anfang nimmt, sich über die Gemeinden ausbreitet, innerhalb der Gesellschaften Fuß fasst und in Gott verankert ist. Was wir erreichen wollen, ist eine Kultur des Friedens. Der Friede ist Ziel und Mittel zugleich. Nur friedliche Mittel können zum Frieden führen.

Die Kultur des Friedens schafft eine Atmosphäre des Wohlwollens, der Fürsorge, der Freundschaft und der Liebe, die die Konflikte in dynamische Spannungen, die Konkurrenz in einen gesunden Wetteifer und die Uneinigkeiten in Chancen verwandelt, Übereinstimmung in vielfältiger Unterschiedenheit zu erreichen.

Wir haben keine treffendere Definition für den Frieden gefunden als die, welche die Erdcharta bietet: „... dass Frieden die Gesamtheit dessen ist, das geschaffen wird durch rechte Beziehungen zu sich selbst, zu anderen Personen, anderen Kulturen, anderen Lebewesen, der Erde und dem größeren Ganzen, zu dem alles gehört". (Erdcharta 2001, 15)

I. Zusammen essen und trinken: die Tischgemeinschaft

Der Prozess der Gastfreundschaft, des Zusammenlebens, des Respekts und der Toleranz kommt in der Tischgemeinschaft zu seinem Höhepunkt. Tischgemeinschaft bedeutet, zusammen zu essen und zu trinken. Alle setzen sich als Tischgenossen an einen Tisch, um zu essen, zu trinken, miteinander zu kommunizieren und das Zusammensein im Gemeinsamen Haus zu feiern – das Zusammensein einer so großen Menschheitsfamilie, die als Brüder und Schwestern vereint den übrigen Lebewesen der Schöpfung von Neuem begegnet. Das ist ein Traum. Doch dieser Traum wurde immer von der Menschheit und den großen spirituellen Lehrern wie Jesus von Nazaret und so vielen anderen geträumt. Der Traum ist eine virtuelle Vorwegnahme einer Wirklichkeit, die eines Tages wahr werden kann.

Der Tisch, um den herum Tischgemeinschaft stattfindet, ist einer der grundlegendsten Bezugspunkte des Familienlebens. Die familiären Beziehungen werden am Tisch konkret und ständig neu geknüpft.

Der Tisch bedeutet nicht nur ein Möbelstück; er verweist uns auf eine existentielle Erfahrung und auf einen Ritus. Er ist der bevorzugte Ort der Familie, der Gemeinschaft und der Geschwisterlichkeit. Man teilt die Speisen miteinander, und zugleich teilt man einander die Freude mit, sich zu begegnen, das Wohlbefinden ohne jede Verstellung und die direkte Gemeinschaft, die darin zum Ausdruck kommt, dass man sich ohne Umschweife zu alltäglichen Dingen äußert, dass man seine Meinung über das, was am Ort, im Land und auf der Welt passiert, ungeschützt äußert. Neben den Familienmitgliedern können sich am Tisch auch die Freunde und Gäste einfinden. Zu Tisch fühlen wir uns alle in gewisser Weise als Mitglieder der Menschheitsfamilie.

Die Speisen sind mehr als materielle Dinge. Sie sind Symbol der Begegnung und der Gemeinschaft. Das Essen wird gelobt und kommentiert. Es ist die größte Freude für die Mutter oder für die Köchin, wenn sie sieht, wie die Tischgemeinschaft sich freut. Eine wichtige Geste zu Tisch ist es, aufzutragen oder das Essen dem Anderen weiterzureichen. Ein zivilisiertes Benehmen sorgt dafür, dass sich alle bedienen können, und ist darum bemüht, dass das Essen für alle reicht.

Um nicht allzu romantisch zu werden, müssen wir zugeben, dass der gemeinsame Tisch auch der Ort ist, an dem familiäre Spannungen ausgetragen werden, an dem die Dinge offen diskutiert werden, an dem Differenzen an den Tag kommen und Abmachungen getroffen werden können. Er ist auch der Ort, wo es zu betretenem Schweigen als Ausdruck eines allgemeinen Unbehagens kommen kann. Der Tisch ist ein *menschlicher* Tisch mit all den Widersprüchen, die das Menschsein mit sich bringt.

Die zeitgenössische Kultur hat den alltäglichen zeitlichen Ablauf, der der Logik der Arbeit und der Produktivität gehorcht, so verändert, dass die symbolische Bedeutung des Tisches geschwächt wurde. Er ist den Sonntagen oder besonderen Gelegenheiten vorbehalten wie Festen und Geburtstagsfeiern, an denen sich die Familienangehörigen treffen. Doch in der Regel ist er nicht länger der ständige gemeinsame Mittelpunkt der Familie.

Der Familientisch wurde von anderen, völlig profanisierten Tischen abgelöst: dem Verhandlungstisch, dem Spieltisch, dem Tisch, an dem diskutiert, debattiert und gehandelt wird und Vereinbarungen zwischen unterschiedlichen Interessensparteien getroffen werden. Doch selbst in dieser völlig profanisierten Form behalten diese Tische eine bleibende Charakteristik bei: Es sind Orte der Begegnung von Menschen, wobei es nicht so sehr darauf ankommt, aus welchem Interesse sie sich an den Tisch setzen. Man findet sich am Tisch ein, um ins Geschäft zu kommen, zu verhandeln, eine Abmachung zu treffen und sich auf Lösungen zu verständigen, die alle Beteiligten zufriedenstellen. Das Verlassen des Tisches kann dagegen das Scheitern von Verhandlungen und die Anerkennung bestehender Interessenskonflikte bedeuten. Der Tisch symbolisiert all diese Widersprüche.

Ungeachtet dieser schwierigen Widersprüchlichkeit müssen wir die menschliche Bedeutung des Tisches im Sinne von Familiarität und Zusammensein wiedergewinnen. Es kommt darauf an, Zeiten für den Tisch in seiner vollen Bedeutung von Tischgemeinschaft und freier, ungezwungener Unterhaltung zu reservieren. Der Tisch ist eine ständige Quelle der Erholung und Erneuerung der Menschheit im wahrsten Sinne.

1. Erzählungen rund um die Tischgemeinschaft

Wir rufen hier die Tradition der Tischgemeinschaft in Erinnerung, wie sie in allen Kulturen vorhanden ist.

Wir beginnen mit der jüdisch-christlichen Kultur, da diese uns am meisten vertraut ist. Hier gibt es eine zentrale Kategorie, nämlich die des Reiches Gottes, das den Hauptinhalt von Jesu Verkündigung bildet, die durch ein Festmahl symbolisiert wird, zu dem alle eingeladen sind. Wirklich alle, unabhängig von ihrem moralischen Verhalten, nehmen am Tisch Platz und werden so zu Tischgenossen. Der Nazarener erzählt:

Mit dem Himmelreich ist es wie mit einem König, der die Hochzeit seines Sohnes vorbereitete. Er schickte seine Diener, um die eingeladenen Gäste zur Hochzeit rufen zu lassen. Sie aber wollten nicht kommen … Er trug seinen Dienern auf: „Geht an die Wegkreuzungen und ladet alle, die ihr antrefft, zur Hochzeit ein." Die Knechte gingen an die Straßen und versammelten alle, die sie trafen, Schlechte und Gute, und der Saal füllte sich mit Gästen. (Mt 22,2–3.9–10)

Eine andere Tradition kommt aus dem Osten. Wahrscheinlich gibt es nur wenige Geschichten, die das, was Tischgemeinschaft bedeutet, besser zum Ausdruck bringen. Das gemeinsame Essen in Solidarität miteinander stellt die höchste Verwirklichung des Menschen dar und wird deshalb Himmel genannt. Und das Gegenteil, der Wunsch zu essen, aber auf egoistische Weise jeder für sich selbst, stellt das größte Scheitern des Menschen dar und wird deshalb Hölle genannt. Und so lautet die Legende:

Ein Schüler fragte den Seher: „Meister, worin besteht der Unterschied zwischen dem Himmel, der Tischgemeinschaft der Söhne und Töchter Gottes, und seinem Gegenteil?"

Der Seher antwortete: „Der Unterschied ist sehr klein, aber er hat schwerwiegende Konsequenzen." Und er fuhr fort:

„Ich sah Leute um einen Tisch versammelt, auf dem es eine sehr große Menge Reis gab. Alle hatten Hunger, sie starben fast vor Hunger. Alle versuchten, an den Reis zu kommen, doch sie schafften es nicht. Mit ihren Stäbchen, die mehr als einen Meter lang waren, versuchte jeder für sich, den Reis zu seinem Mund zu führen. Doch so sehr sie sich auch anstrengten, es gelang ihnen nicht, denn die Stäbchen waren zu lang. Und so blieben sie hungrig, einsam und ausgezehrt. Sie hatten einen Hunger, der nicht gestillt werden konnte und kein Ende fand. Das war die Hölle, die Negation jeder Art von Tischgemeinschaft."

„Ich sah eine andere wunderbare Szene", sagte der Seher weiter. „Menschen saßen um einen Tisch herum, auf dem eine Menge dampfender Reis stand. Alle waren hungrig. Doch welch ein Wunder! Jeder von ihnen nahm den Reis auf und führte ihn zum Mund des Anderen. Sie reichten sich gegenseitig an, in großer Herzlichkeit. Gemeinsam und solidarisch. Alle machten sie einander satt. Sie fühlten sich wie Brüder und Schwestern am großen Tisch des Tao. Und dies war der Himmel, die vollkommene Tischgemeinschaft der Söhne und Töchter der Erde."

Dieses Gleichnis bedarf keiner weiteren Erklärung. Seine Aussage liegt auf der Hand und überzeugt. Leider ist heute ein Großteil der Menschheit hungrig und verzweifelt, denn es gibt nur wenige, die ihre Stäbchen den

Anderen reichen, um sich gegenseitig mit der Nahrung zu stärken, die auf dem Tisch der Erde im Übermaß vorhanden ist. Die Reichen haben sich die Nahrungsmittel als Privateigentum angeeignet und essen für sich allein, ohne die Ausgegrenzten zu beachten. Wenn sie wenigstens Krümel fallen ließen, damit sich die Hungrigen darum mit den Hunden streiten ... Doch nicht einmal das machen sie. Unter den Menschen herrscht ein verbrecherischer Mangel an Tischgemeinschaft. Deshalb fehlt es uns so sehr an Humanität.

Beim gemeinsamen Essen und Trinken feiern die Menschen am besten die Freude, zu leben und miteinander zu leben. Was nützte es, wenn wir uns gegenseitig gastlich aufnehmen, auf menschliche Weise zusammenleben, uns gegenseitig respektieren und in Geduld einander tolerieren, wenn wir nicht gemeinsam essen und trinken könnten und gemeinsam das Überleben – mit der Großzügigkeit, Festlichkeit und Fröhlichkeit, die damit einhergehen – sichern? Am Ende von allem steht, wie im Reich Gottes, der gedeckte Tisch bereit, damit die Tischgenossen schließlich das Wiedersehen zu Hause feiern können.

Von diesem glückseligen Traum sind wir noch weit entfernt. Wir leben inmitten einer Menschheit, in der fast eine Milliarde Menschen unter der Geißel des Hungers leiden, in der es fast zwei Milliarden Unterernährte gibt, in der eine Milliarde Menschen nicht ausreichend mit Trinkwasser versorgt sind und in der zwei Milliarden Menschen keinen Zugang zu aufbereitetem Wasser haben.

Am 11. September 2001, als Terroristen Flugzeuge auf die Zwillingstürme in New York und auf das Pentagon in Washington zusteuerten, starben ungefähr dreitausend Menschen. Es war eine Gräueltat, die die Menschheit in einen Schock versetzte.

Am selben Tag starben 16.400 Kinder unter fünf Jahren an Hunger und Unterernährung, fünfmal so viel wie die Opfer des Terroranschlages. An den darauf folgenden

Tagen, innerhalb eines Jahres, wurden 12 Millionen Kinder Opfer des Hungers, und niemand erstarrte vor Schreck angesichts dieser menschlichen Katastrophe.

Wegen des Hungers, der beständig zunimmt, müssen wir uns dringend mit der Tischgemeinschaft auseinandersetzen. Wir folgen dabei den utopischen Traditionen der Menschheit und einer spirituellen Auffassung vom Leben und vom lebensnotwendigen Brot, das keinem Sohn und keiner Tochter der Erde verwehrt werden darf.

2. *Tischgemeinschaft: Beginn der Menschwerdung*

Die Tischgemeinschaft hat eine solch zentrale Bedeutung, da sie eng mit dem Wesen des Menschen als solchen verbunden ist. Vor sieben Millionen Jahren begann die langsame, schrittweise Trennung von höheren Affenarten und dem Menschen ausgehend von einem gemeinsamen Vorfahren. Der Mensch in seiner Besonderheit tauchte auf geheimnisvolle und historisch schwer zu rekonstruierende Weise auf. Ethnobiologen und Archäologen machen uns jedoch auf eine bemerkenswerte Tatsache aufmerksam. Wenn unsere Vorfahren, die Anthropoiden, Früchte und Samen sammelten und zur Jagd sowie auf Fischfang gingen, aßen sie das, was sie erbeuten konnten, nicht für sich allein. Sie brachten die Nahrung zur Gruppe und pflegten Tischgemeinschaft miteinander. Sie teilten das Essen untereinander auf und verspeisten es gemeinsam und innerhalb der Gruppe (Morin 2001).

Die Tischgemeinschaft, die ja die Solidarität und die Zusammenarbeit voraussetzt, ermöglichte also auf diese Weise den ersten Sprung vom Tiersein in Richtung Menschsein. Es war nur ein winziger erster Schritt, aber er war entscheidend, denn mit ihm wurde das grundlegende Merkmal der Gattung Mensch im Unterschied zu den anderen hochstehenden Gattungen eingeleitet (zwischen uns und den Schimpansen weicht das Genom lediglich um 1,6 % ab): die Tischgemeinschaft, die Solidarität und die Kooperation. Dieser kleine Unterschied bewirkt etwas völlig Anderes.

Die Tischgemeinschaft, die uns einst zu Menschen machte, erfüllt genau diese Funktion auch heute noch. Wenn es sie nicht gibt, werden wir unmenschlich, grausam und erbarmungslos. Ist das nicht leider genau die Situation der Menschheit heute?

Doch nicht nur die Tischgemeinschaft macht uns zu sozialen und kooperativen Wesen. Es trat ein weiterer Faktor in Erscheinung, der das soziale und gemeinschaftliche Wesen des Menschen offenbart: das Sprechen in Gestalt einer grammatikalisch strukturierten Sprache. Der Mensch ist in der Tat das einzige Wesen, das über eine Sprache „in doppelter Verknüpfung" verfügt, nämlich in der Verknüpfung von Worten und Sinngehalten. Beide Bereiche werden von den Regeln der Grammatik geordnet. Wir sprechen, das heißt wir ahmen nicht bloß Laute und unartikuliertes Grunzen nach. Die beiden bekannten chilenischen Biologen Maturana und Varela haben gezeigt, dass es die Sprache dem Menschen ermöglicht, die Welt mittels der Architektur der Begriffe zu organisieren, indem er alle Dinge mit Namen benennt und klassifiziert, auch den Bereich der Vorstellungen und der Gedanken (vgl. Maturana/Varela 1995).

Ein anderes Element, das den Menschen zum Menschen macht und eng mit der Tischgemeinschaft verbunden ist, ist das Kulinarische, das heißt die Zubereitung der Speisen. Claude Lévi-Strauss, ein herausragender Anthropologe, der lange Zeit in Brasilien arbeitete, schrieb treffend: „Der Bereich der Küche stellt eine wahrhaft universale Form menschlichen Handelns dar. So wie es ohne Sprache keine Gesellschaft geben kann, ebenso gibt es keine Gesellschaft, die nicht einige ihrer Speisen zubereiten würde." (vgl. Lévi-Strauss 1968)

Vor 500.000 Jahren hat der Mensch gelernt, Feuer zu machen und es zu zähmen. Mit dem Feuer begann er, die Nahrung zu kochen. Das „kulinarische Feuer" ist es, was den Menschen von anderen höheren Säugetieren unterscheidet. Der Übergang vom Rohen zum Gekochten stellt einen Faktor des Übergangs vom Tier zum zivilisierten Menschen dar. Mit dem Feuer entstand der Bereich des Kulinarischen, wie es in jedem Volk, in jeder Kultur und in jeder Region seine jeweilige Ausprägung findet.

Jedes Volk hat einige charakteristische Speisen, die mit zu seiner historischen Identität gehören. So gibt es zum Beispiel für die Brasilianer die Feijoada, für die Mexikaner die Tacos, für die Nordamerikaner die Hamburger, für die Italiener die Pizza, für die Deutschen Kartoffelsalat und Sauerkraut, für die Japaner Sushi und Sashimi usw. Es geht nicht nur darum, dass die Speisen gekocht werden, sondern dass ihr Geschmack besonders hervorgehoben wird. Eine Küche unterscheidet sich von der anderen durch die verwendeten Gewürze und die unterschiedlichen Geschmacksrichtungen, und so heben sich auch die unterschiedlichen Kulturen voneinander ab. Die verschiedenen Arten zu kochen bringen kulturelle Bräuche hervor, die nicht selten mit bestimmten Festen in Verbindung stehen, wie zum Beispiel Weihnachten (der Truthahn), Ostern (Schokoladeneier), Neujahr (Schweinefleisch), das Johannisfest (gesalzener Mais) usw.

Die Tischgemeinschaft steht mit all diesen komplexen Phänomenen in Verbindung. Sie ist immer auch ein Gemeinschaftsritual rund um Symbole und Bedeutungen, die den Gruppenzusammenhalt stärken und die Verankerung im spezifisch Menschlichen als einen entscheidenden Entwicklungsschritt festigen.

Mit anderen Worten: Sich ernähren ist nie ein individueller mechanisch-biologischer Vorgang. Gemeinsam am Tisch essen heißt, mit dem Anderen, der mit mir isst, zu kommunizieren. Es bedeutet, mit den in den Speisen verborgenen Energien, ihrem Geschmack, ihrem Geruch, ihrem appetitlichen Anblick und ihrer Konsistenz in Kontakt kommen. Das bedeutet, mit den kosmischen Energien in Verbindung zu treten, die den Speisen zugrunde liegen, besonders mit der Fruchtbarkeit der Erde, der Strahlkraft der Sonne, mit Wald, Wasser, Regen und Wind.

Aufgrund dieses numinosen Charakters von Essen, Konsumieren und Kommunizieren ist jede Tischgemeinschaft in gewisser Weise sakramental. Sie ist voller wohltuender Energien, die in Riten und figürlichen Darstellungen symbolisiert sind. Sie bereitet den Tischgenossen Freude. Die Essenszeit gehört Tag und Nacht zu den am meisten herbeigesehnten Momenten. Es ist das instinktive und reflexive Wissen darum vorhanden, dass es ohne das Essen weder Leben noch Überleben gäbe, weder Freude am Leben noch geschwisterliches Zusammensein.

Während Millionen von Jahren lebten die Menschen, die zuerst in Afrika in Erscheinung traten, als Nomaden und zogen von einem Ort zum anderen, je nachdem, wo sie mehr Überlebenschancen und ein komfortableres Leben hatten: an den Ufern von Flüssen, Seen und Sümpfen, am Meer und in den grünen Tälern mit feuchten Böden. Als Tributpflichtige der Natur entnahmen sie ihr auch das, was sie zum Essen brauchten, sammelten Früchte, jagten, betrieben Fischfang und legten Vorräte an. Von der einfachen Aneignung der Gaben der Natur vollzogen sie den evolutionären Schritt zur Produktion mit Hilfe der Erfindung des Ackerbaus, der wiederum die Züchtung und die Kultivierung von Samen und Pflanzen voraussetzte.

Diese Domestizierung ist eine Folge der Sesshaftwerdung. Vor zehn- bis zwölftausend Jahren fand vielleicht die größte Revolution in der Menschheitsgeschichte statt: Die Menschen wurden von Nomaden zu sesshaften Leuten. Sie gründeten die ersten Siedlungen (12.000 v. Chr.), erfanden den Ackerbau (9000 v. Chr.) und begannen,

Tiere zu zähmen und zu züchten (8500 v. Chr.). Ein zivilisatorischer Prozess von höchster Komplexität setzte ein, in dessen Verlauf Revolutionen aufeinander folgten, die durch die vorgängige, industrielle Revolution allererst ermöglicht wurden: die nukleare Revolution, die kybernetische Revolution, die Revolution der Informationsgesellschaft, bis hin zu unserer Gegenwart.

Zuerst bauten wahrscheinlich Frauen, die die Rhythmen der Natur sehr genau beobachteten, wildwachsende Gemüse- und Getreidesorten an. Das alles scheint im Mittleren Osten, im Zweistromland zwischen Euphrat und Tigris und im Indus-Tal in Indien seinen Anfang genommen zu haben. Dort baute man Weizen, Gerste, Linsen, Saubohnen und Erbsen an. In Lateinamerika waren es der Mais, Avocados, Tomaten, Maniok und Bohnen. Im Osten waren es Reis und kleinkörniger Mais. In Afrika baute man Mais und Sorghum an. Diese Revolution fand zwischen 9000 und 5000 v. Chr. statt.

Dann, ungefähr 8500 v. Chr., wurden bestimmte Tiere gezähmt: zuerst Ziegen und Hammel, dann Rinder und Schweine. Von den Geflügelarten war das Huhn zuerst an der Reihe.

Man fuhr weiter fort mit der selektiven Jagd und dem Sammeln von Früchten und Samen. Doch die neuen Methoden sicherten den Speiseplan besser, und der Stress der täglichen Nahrungssuche fiel weg. Die Lage verbesserte sich noch durch die Erfindung des Rades, der Hacke, des Pflugs und anderer Metallwerkzeuge (Metall kannte man schon seit ungefähr 7000 v. Chr.) ungefähr 4000 v. Chr.

Diese wenigen Daten wurden bis heute von Archäologen und Ethnobiologen wissenschaftlich gesichert. Sie bedienten sich dabei der modernsten technischen Methoden wie der C-14-Methode, des Elektronenmikroskops, der chemischen Analyse von Ablagerungen, von Asche, Pollen, Knochen und verkohltem Holz. Die Ergebnisse ermöglichen eine Rekonstruktion der lokalen Ökologie und der Art und Weise, wie sie von der menschlichen Bevölkerung wirtschaftlich genutzt wurde.

Man darf jedoch nicht vergessen, dass diese Geschichte im Vergleich zur Geschichte des Lebens äußerst kurz ist. Wenn wir von der Tatsache ausgehen, dass der Mensch – im vollen Sinne des Wortes – vor drei Millionen Jahren in Erscheinung trat, dann lebte er 2.990.000 Jahre lang als Sammler und Jäger. Erst seit zehn- oder zwölftausend Jahren bewährt er sich als Kultivator der Natur und als einer, der aktiv in sie eingreift.

Der Anbau und die Ernte von Weizen und Reis ermöglichten es dem Menschen, Vorräte anzulegen, die Ernährung der gesamten Gruppe zu organisieren und damit die Familie und die Gesamtbevölkerung anwachsen zu lassen. Zur gleichen Zeit ging das synergetische und kooperative Verhältnis zur Natur verloren. Nun musste der Mensch sich um die Felder kümmern, roden, die Erde umpflügen, anpflanzen, ernten oder sich um die Tierhaltung kümmern, Futter für die Tiere besorgen und ihre Fortpflanzung planen. Mit anderen Worten: Er führte die Arbeit und die Produktion ein, die ihm einen Überschuss sicherten. Das, was eigentlich Freiheit bedeutete, begann ihn auch in gewisser Weise zu versklaven, denn es entstanden die Verpflichtungen und die Abhängigkeit von jenen Aktivitäten, ohne die er sich seinen Lebensunterhalt nicht hätte sichern können. Er musste sich diesen nun im Schweiße seines Angesichts verdienen. Und das tat er auch mit Verbissenheit. Der Fortschritt im Ackerbau und in der Viehzucht führte allmählich dazu, dass ein Zehntel der gesamten natürlichen Vegetation und des Wildtierbestandes verschwand. Die Sorge um einen verantwortlichen Umgang mit der Umwelt gab es noch nicht. Und es ist auch schwer, sich so etwas vorzustellen, wenn man den Reichtum an natürlichen Ressourcen und die Fähigkeit der Ökosysteme, sich zu regenerieren, bedenkt.

Die systematische Produktion und Lagerung von Nahrungsmitteln begann also relativ früh. So waren etwa die Sumerer die ersten, die Bewässerungsanlagen mit Dämmen und Kanälen schufen. Sie nutzten dafür das Wasser von Euphrat und Tigris. So konnten sie die Ernteerträge von Getreide beträchtlich erhöhen. Damit versorgten sie die Städte in reichem Überfluss und konnten auch Armeen ernähren, die im modernen Sinn des Wortes Kriege zu führen begannen.

Mit dem Eindringen des Wassers und der Anhebung des Grundwasserspiegels gab das salzhaltige Gestein das Salz frei, das im Wasser gelöst wurde. Wenn das Wasser verdampfte, führte dies zur Versalzung der Böden. Diese wurden unfruchtbar, was zu einer Nahrungsmittelknappheit führte. Das war ein Grund für den Niedergang dieser außergewöhnlichen Zivilisation.

Die Maya, die am höchsten entwickelte Kultur Mittelamerikas, verschwanden aufgrund von einem sorglosen Umgang mit der Umwelt. Die Kultivierung von Mais und anderen Getreidearten sowie Gemüsesorten wurde unmöglich. Sie sahen sich gezwungen, ihre Städte und Pyramiden zu verlassen, und machten sogar einen rapiden Verfall ihrer Kultur durch.

Die Kartoffel, diese aus dem alten Peru stammende Knolle der Inkas, wurde bereits vom 17. Jahrhundert an zum Hauptnahrungsmittel der Bevölkerung Nordeuropas, vor allem der armen Bevölkerung Irlands. Zwischen 1845 und 1847 brach die Kartoffelfäule aus, die alle Pflanzungen vernichtete und eine schreckliche Hungersnot auslöste. Zwei Millionen Iren wanderten in die Vereinigten Staaten aus, oder sie verhungerten einfach. Wiederum war es ein Mangel an ökologischem Verhalten (die Monokultur begünstigte die Verbreitung der Kartoffelfäule; d. Übers.) in Verbindung mit der Verweigerung eines Minimums an Solidarität, vor allem von Seiten der Engländer, die diese katastrophale Dezimierung der Bevölkerung verursachten.

Die Jungsteinzeit löste in jeglicher Hinsicht einen Prozess aus, der bis heute fortdauert. Die Nahrungssicherheit und das große Festmahl, das die Revolution durch den Ackerbau der ganzen Menschheit hätte bereiten können und an dem alle gleichberechtigt als Tischgenossen teilgenommen hätten, kann noch nicht gefeiert werden. Milliarden von Menschen sitzen unter dem Tisch und warten auf irgendeinen Krümel, um den Hunger zu stillen. Sie verfügen über keinerlei tragfähige und sichere Ernährungsgrundlage.

Der Welternährungsgipfel in Rom im Jahr 1996 machte den Vorschlag, dass der Hunger bis zum Jahr 2015 ausgerottet werden soll. Der FAO (Welternährungsorganisation der UNO) zufolge besteht Ernährungssicherheit dann, wenn „alle Menschen zu jeder Zeit ungehinderten physischen, sozialen und ökonomischen Zugang zu ausreichender und ausgewogener Ernährung haben, um ein aktives und gesundes Leben zu führen“. Leider teilte die FAO selbst im Jahr 1998 mit, dass diese Ziele nicht erreicht werden, wenn der allzu große Graben der sozialen Ungleichheit nicht überwunden würde.

Die Landkarte des Hungers ist tatsächlich schrecklich. Der FAO zufolge verfügen etwa 800 Millionen Menschen über keinerlei Nahrungssicherheit, 283,9 Millionen sind im Süden Asiens unterernährt, in Afrika südlich der Sahara sind es 241,6 Millionen und in Lateinamerika 53,4 Millionen (30 Millionen allein in Brasilien). Im Nahen Osten und in Nordafrika gibt es 32,9 Millionen unterernährter Menschen. Jeden Tag sterben etwa 20.000 Menschen an Entkräftung. Dies ist die Tragödie, die uns zur Zeit heimsucht, deren entfernte Ursprünge bereits in der Jungsteinzeit liegen: im aggressiven Verhalten gegenüber der Natur und ihren Ressourcen sowie in den ungleichen und ungerechten sozialen Verhältnissen, die damals ihren Anfang nahmen.

3. Der Hunger als ethisches und politisches Problem

Die beiden grundlegenden Neuerungen der revolutionären Veränderung in der Jungsteinzeit prägen bis heute unsere Wirtschaft: der Ackerbau und die Viehzucht. Natürlich wurden deren Methoden weiterentwickelt und sind die Produktionsverhältnisse komplizierter geworden. Doch es geht immer noch um denselben Kampf: Überschüsse zu produzieren, um das menschliche Leben zu sichern und heute für die Nachhaltigkeit der gesamten Kette des Lebens zu sorgen, von der der Mensch nur ein Glied ist.

Die Herausforderung ist immer groß gewesen, denn die Nachfrage nach Nahrung kann – klimabedingt, wegen der mangelnden Fruchtbarkeit der Böden oder der unzulänglichen sozialen Organisation – nie völlig befriedigt werden. Mit Ausnahme der ersten Phase des Paläolithikums, als die Bevölkerungszahl noch sehr gering war und als es einen Überfluss an Jagdwild, Fisch, Vögeln, Früchten und Samen gab, hat es in der Geschichte immer Hunger gegeben. Die Verteilung der Nahrungsmittel erfolgte fast immer unter Bedingungen der Ungleichheit, auch wenn die Tischgemeinschaft dem Wesen des Menschen eingeschrieben ist.

Die Geißel des Hungers stellt kein technisches Problem im eigentlichen Sinne dar. Es gibt Produktionstechniken von außergewöhnlicher Effizienz. Die Nahrungsmittelproduktion übertrifft das Bevölkerungswachstum. 20 % der Menschheit verfügen über 80 % der Lebensmittel. 80 % der Menschheit müssen sich um die übrigen 20 % der lebensnotwendigen Ressourcen streiten. Die Verteilung ist also ungleich, ungerecht und eine Sünde. Bereits Gandhi sagte, dass die Armut, die den Hunger produziert, „eine Beleidigung ist; sie entwürdigt, entmenschlicht und zerstört Körper und Geist, wenn nicht die Seele selbst. Sie ist die mörderischste Art von Gewalt, die es gibt".

Es ist der Mangel an ethischem Gespür der Menschen für Ihresgleichen, der diese perverse Situation schafft. Als ob wir unsere alten Wurzeln, jene ursprüngliche Tischgemeinschaft und Kooperation, die uns allererst zu Menschen macht, völlig vergessen hätten!

Dieser Mangel an Menschlichkeit entspringt einem bestimmten Typ von Gesellschaft und deren entsprechender Kultur, die dem Individuum den Vorrang vor der Gesellschaft als Ganzer einräumt, die private Aneignung von allem, was produziert wird, höher schätzt als die solidarische und geschwisterliche Teilhabe, die eher die Konkurrenzmechanismen und den Wettbewerb stärkt als die Werte Solidarität und Kooperation, die den mit Männlichkeit verbundenen Werten (in der Frau ebenso wie im Mann) wie Rationalität, Macht, Gewaltausübung mehr zutraut als den Werten, die als weiblich assoziiert werden: Gespür für die Lebensvorgänge, Fürsorge und Bereitschaft zur Zusammenarbeit.

Wie man sieht, ist die herrschende Ethik utilitaristisch und elitär. Sie stellt sich nicht in den Dienst des Lebens für alle und der dafür nötigen Fürsorge. Sie steht vielmehr im Dienst der Interessen von Einzelnen und Gruppen, die andere ausgrenzen, wie es so überzeugend von Albert Schweitzer – wir haben das im zweiten Teil über das Zusammenleben dargestellt – formuliert wurde.

An der Wurzel des aktuellen Desasters einer hungernden und leidenden Menschheit findet man ein grundlegendes Unrecht. Es wird daraus kein Entrinnen geben, wenn wir nicht eine Ethik der Solidarität, der gegenseitigen Fürsorge und eines Mindestmaßes an Tischgemeinschaft stärken. Wir möchten nicht, dass die schrecklichen Worte wahr werden, die Dante in seiner „Göttlichen Komödie“ über den Eingang der Hölle geschrieben sah: „Ihr, die ihr hier eintretet, lasst alle Hoffnung fahren.“

Eine andere Erklärung für die menschliche Tragödie des Hungers findet sich in der politischen Ordnung. Die Politik hat es mit der Organisation der Gesellschaft, mit der Ausübung der Macht und mit dem Gemeinwohl zu tun. Seit Jahrhunderten bereits ist die Politik im Westen – und heute aufgrund der Globalisierung weltweit – die Geisel der wirtschaftlichen Macht, die sich der kapitalistischen Produktionsweise verschrieben hat. Diese Produktionsweise zielt darauf ab, innerhalb der kürzestmöglichen Zeit mit einem Minimum an Investition die Profite zu maximieren. Der Profit wird nicht zum Wohl aller demokratisch eingesetzt, sondern er wird privat angeeignet von denen, die über das Eigentum, die Macht und das Wissen verfügen. Erst danach profitieren davon auch die anderen. Die Politik dient deshalb nicht dem Gemeinwohl, sondern den Privilegien einiger Weniger. Sie schafft Ungleichheiten, die ein tatsächliches soziales Unrecht darstellen, und heute geschieht das im Weltmaßstab. Für Abermillionen Menschen bleiben deshalb nur die Krümel übrig, und sie können ihre vitalen Bedürfnisse nicht stillen. Oder es bleibt einfach gar nichts übrig, und sie sterben vor Hunger und Durst oder aufgrund von Krankheiten, die auf Hunger und Durst zurückgehen. So geschieht es mit den fünf Millionen Kindern unter fünf Jahren, von denen wir weiter oben gesprochen haben.

Wenn es zu keiner Umkehrung der Werte kommt, wenn die Wirtschaft nicht der Politik untergeordnet, die Politik ihrerseits an der Ethik orientiert und die Ethik von einem minimalen Gespür für die Anderen (wir möchten das Basisspiritualität nennen) inspiriert wird, dann wird es für das Hungerproblem und für die weltweite Unterernährung keine Lösung geben. Wir werden dann mit jener Barbarei fortfahren, die den gegenwärtigen Prozess der Globalisierung kennzeichnet und die nicht länger verschleiert werden kann. Die Schreie von Millionen Hungernder erheben sich ununterbrochen zum Himmel empor, ohne dass ihnen vorn irgendwoher wirksame Antworten zuteil würden, die sie verstummen ließen (Ramonet 1997).

Schließlich ist noch eine Ursache des Hungers in der Welt erwähnenswert: das Ignorieren der Rolle der Frau in der Landwirtschaft. Nach einer Erhebung der FAO sind es die Frauen, die einen Großteil der Nahrungsmittel produzieren, die weltweit konsumiert werden, nämlich 80–90 % in Afrika südlich der Sahara, 50–90 % in Asien und 30 % in Mittel- und Osteuropa. Es wird keine Ernährungssicherheit geben ohne die in der Landwirtschaft tätigen Frauen, ohne dass ihnen mehr Macht und Entscheidungsgewalt über das Schicksal des Lebens auf der Erde zugebilligt wird. Sie bilden 60 % der Menschheit. Von ihrem Wesen her sind die Frauen dem Leben und seiner Weitergabe stärker verbunden. Es ist absolut nicht hinnehmbar, dass diesen Frauen, gerade weil sie Frauen sind, die Besitzrechte an bebaubarem Land sowie der Zugang zu Krediten und anderen kulturellen Errungenschaften verwehrt wird; dass man ihnen das Recht abspricht, über ihre Fortpflanzung zu entscheiden, und dass man ihnen die Alphabetisierung und den Erwerb technischen Wissens verwehrt, um die Nahrungsmittelproduktion zu verbessern.

4. Das Geschäft mit dem Hunger: Nahrungsmittel als Ware

Wenn wir die Frage des Hungers vertieft studieren, dann wird uns bewusst, dass er einem Denken entspringt, das dem gesamten menschlichen Produktionsprozess zugrunde liegt. Die Ernährung wurde zu einer Gelegenheit zum Profit und zu einem einträglichen Geschäft (Gonçalves 1992). Man produziert eher, um Profit zu machen, als um Lebensmittel zu erzeugen, zu denen möglichst viele Menschen Zugang haben.

Die Landwirtschaft ist heute weniger Kunst und Technik der Lebensmittelproduktion, sondern wurde vielmehr zu einem Unterfangen, um finanzielle Gewinne herauszuschlagen. Mit Hilfe von Mechanisierung und hoch entwickelter Technik lässt sich mit viel weniger Land viel mehr produzieren. Die „grüne Revolution", wie sie zu Beginn der Siebzigerjahre eingeführt und über die ganze Welt verbreitet wurde, hat einen großen Teil der Landwirtschaft der Chemie ausgeliefert, indem sie sich in großem Stil Bewässerungstechniken, Kunstdüngers, Pestiziden, gezüchteten und gentechnisch veränderten Saatguts bediente. Und nun hat man es mit folgenden Auswirkungen zu tun: Auslaugen der Böden, Erosionsprozesse, Entwaldung, Verkleinerung der Flussläufe und Verlust von Tausenden natürlichen Saatgutsorten, die angesichts der künftigen Krisen als Reserven eine hohe Bedeutung haben.

Die Vieh- und Geflügelzucht veränderte sich tiefgreifend aufgrund von Haltungspraktiken, intensiver Tierhaltung, des Einsatzes von wachstumstimulierenden Mitteln, von Impfungen, von Antibiotikagabe, künstlicher Besamung und der Gentechnik.

An die Stelle der traditionellen Landwirtschaft trat der Großbetrieb, der mehr Maschinen als Handarbeit einsetzt. Die Bevölkerung, die auf dem Land keine Arbeit und Existenzmöglichkeit mehr fand, strömte in die großen Städte (heute leben 70 % der Landbevölkerung in Städten). Die Stadt verursacht eine große Nachfrage nach Lebensmitteln, die sie selbst nicht produziert und deren Bereitstellung von den ländlichen Regionen abhängt. Andererseits geht die landwirtschaftliche Produktion im großen Maßstab zu Lasten der Nahrungsmittelqualität, weil in hohem Maß chemische Mittel eingesetzt werden.

Zwischen den Ländern des Zentrums und der Peripherie ist ein wahrer Handelskrieg um die Lebensmittelproduktion ausgebrochen. Die reichen Länder subventionieren die landwirtschaftliche Produktion und die Viehzucht, damit diese auf dem Weltmarkt einen besseren Preis anbieten kann, und benachteiligt so die armen Länder, deren Haupteinnahmequelle gerade die Produktion und der Export landwirtschaftlicher Güter sind. Um wirtschaftlich zurechtzukommen, haben sich diese Länder oft verpflichtet, Feldfrüchte, die zur Ernährung der eigenen Bevölkerung auf dem Binnenmarkt hätten dienen können, als Viehfutter in die reichen Länder zu exportieren (vgl. Houtart 2003, 13–66).

Im Bestreben, im Rahmen der kapitalistischen Produktionsweise und des politischen Neoliberalismus Profite zu realisieren, ist eine weltweite Tendenz zu beobachten, alles zur Ware zu machen: die öffentlichen Güter, die Gesundheit, die Bildung, das Wasser, die Gene (mittels Patentierung) und besonders das Saatgut. Weniger als zehn transnationale Unternehmen haben die Kontrolle über den gesamten Saatgutmarkt der Welt (vgl. Shiva 2001). Sie haben transgenes Saatgut eingeführt, das sich nicht selbst über die reife Frucht vermehrt, sondern das immer wieder von Neuem gekauft werden muss – was den Unternehmen großen Profit beschert. Der Kauf des Saatgutes ist Bestandteil eines größeren Gesamtpaketes, das die Technologie, die Pestizide, die maschinelle Ausstattung und die Finanzierung umfasst. Auf diese Weise wird ein Netz von Abhängigkeiten geschaffen, das die Produzenten den Interessen der transnationalen Agrarkonzerne unterwirft.

Dieser gesamte Prozess macht von vornherein jede Politik, die den Hunger in der Welt überwinden will, zunichte und verhindert die gelebte Tischgemeinschaft unter den Menschen (vgl. Wilkinson 1989). Im Grunde geht es nicht darum, die Menschen zu ernähren, sondern die Gewinne derer zu garantieren, in deren Händen sich der Handel befindet. So wird zum Beispiel die produzierte Milch nicht so sehr als Lebensmittel als vielmehr als ein Produkt betrachtet, mit dem man Geld verdienen kann, indem man Milchprodukte wie Butter, Käse, Joghurt und andere produziert.

5. *Ökologische Landwirtschaft als möglicher Ausweg*

Trotz der erdrückenden und beherrschenden Rolle der Agroindustrie macht sich seit vielen Jahren bereits die Stärke der ökologischen Produktion von Lebensmitteln bemerkbar. In dem Maß, in dem die Lebensmittelproduktion immer mehr von der Technik beherrscht und immer künstlicher wird, wachsen auch der Widerstand dagegen und der Wunsch der Gesellschaft nach sauberen, in traditioneller Weise hergestellten Produkten, bei deren Erzeugung man den Einsatz von Chemie vermeidet und stattdessen auf biologische Schutzmittel zurückgreift.

Um die zahlreichen Argumente knapp zusammenzufassen, geben wir hier in Stichworten die Forderungen wieder, die die internationale Vereinigung der ökologischen Landbaubewegungen bereits im Jahr 1981 formuliert hat[3]: so weit wie möglich innerhalb von geschlossenen Kreisläufen arbeiten und auf lokale Ressourcen zurückgreifen; die Fruchtbarkeit der Böden lange Zeit erhalten; jede Form von Verschmutzung vermeiden, die aus der Anwendung von Landbautechniken resultieren kann; Lebensmittel mit hohem Nährwert in ausreichendem Maß produzieren; den Einsatz fossiler Energie auf ein Minimum beschränken; dafür sorgen, dass das Vieh artgerecht und nach Prinzipien des Tierschutzes gehalten wird; den Produzenten ermöglichen, ihren Lebensunterhalt mit ihrer Arbeit zu verdienen und sich als Menschen entfalten zu können; die Technik anwenden und entwickeln, die den biologischen Systemen gerecht wird; die Produkte mittels dezentralisierter Strukturen verteilen und in den Handel bringen; ein System schaffen, das sowohl denen, die daran teilnehmen, als auch allen übrigen gerecht wird; das Leben in der freien Natur mitsamt seinen Lebensräumen erhalten.

Diese Sichtweise gibt der Produktion von Lebensmitteln ein menschliches Gesicht und überwindet die Perspektive, die sie als Teil der ausschließlich profitorientierten industriellen Produktion betrachtet. Immer mehr Bauern und Agrarökologen, die von einem Netzwerk von Wissenschaftlern und Organisationen, die eine andere Welt einklagen, unterstützt werden, praktizieren die so genannte Permakultur. Darin ist der Wortstamm „permanent", also dauerhaft bzw. nachhaltig, enthalten. Dieser Begriff wurde vom Australier Bill Mollison in den Siebzigerjahren des 20. Jahrhunderts geprägt, der seinerseits vom Buch des Japaners M. Fukuokas, *One Straw Revolution* (Eine Strohrevolution) beeinflusst war. Darin weist er empirisch nach, dass ein hohes Produktionsniveau ohne den Einsatz chemischer Pflanzenschutzmittel, ohne Herbizide, möglich ist, wenn man das Zusammenwirken der Arten fördert und zulässt, dass die Pflanzen selbst und die Tiere den Boden düngen und fruchtbar machen. Mollison definiert die Permakulur folgendermaßen: „Es ist die bewusste Planung und Erhaltung der Ökosysteme, die sich für einen produktiven Landbau eignen; diese zeichnen sich durch Vielfalt, Stabilität und Flexibilität aus, wie sie den Ökosystemen eigen ist. (Diese Definition formulierte er in einem persönlichen Gespräch mit John Madley; vgl. Madley 2002, 43).

Die Grundüberzeugung der Permakultur ist es, dass das Zusammenwirken zwischen Mensch und Erde gestärkt werden muss. Beide müssen zusammenarbeiten, um gemeinsam die für das Leben notwendige Nahrung zu erzeugen: die Erde mit ihrer Fruchtbarkeit, ihren Energien und ihrer Fähigkeit der Wiederherstellung und Regeneration, und der Mensch mit seiner von Wissen, Technik, Fürsorge und Respekt bestimmten Arbeit. Auf diese Weise könnte die Produktion zusammen *mit* der Natur, niemals aber *gegen* sie vonstatten gehen. Bei diesem Bemühen muss man das moderne Wissen einsetzen, das in Verbindung mit dem traditionellen und lokalen Wissen dafür sorgen kann, dass dauerhaft, ausreichend und nachhaltig (für die gegenwärtig Lebenden und die kommenden Generationen) produziert wird, ohne das Kapital der Natur dafür aufs Spiel zu setzen.

Diese Produktionsweise wird in dem Maße erstarken, in dem sie sich die Werte des neuen ökologischen Paradigmas zu eigen macht. Dieses fasst die Erde als Gaia – eine Bezeichnung aus der griechischen Mythologie – auf, und macht damit deutlich, dass es sich um einen Großorganismus handelt, dessen Söhne und Töchter wir als ihre am höchsten entwickelten und komplexesten Ausdrucksgestalten sind. Uns kommt die Aufgabe zu, die Hüter und Wächter der Erde, ihrer Ökosysteme, ihrer Integrität, ihrer Schönheit und Fruchtbarkeit zu sein. Diese Sichtweise stimmt auf wunderbare Weise mit der Idee der Permakultur und des ökologischen Landbaus überein. Sie ist deren philosophische, ethische und mystische Basis. Sie zu stärken bedeutet, die konkreten Grundlagen für eine Tischgemeinschaft zu schaffen, wie sie den Söhnen und Töchtern der *Magna Mater* realistischerweise möglich ist.

Diese letzte Überlegung führt uns dazu, die Frage der Gentechnik – wenn auch in knapper Form – zu behandeln.

6. Gentechnik: Markt, Ethik und Weltanschauung

Transgene Lebewesen entstehen aus der Übertragung und Veränderung von Genen eines Lebewesens (Pflanze, Tier, Mensch, Mikroorganismus) mit dem erklärten Ziel, dieses Lebewesen gesünder, produktiver und resistenter gegen Krankheitsbefall und Bakterien zu machen. Doch bei vielen Produzenten ist auch der geheime Plan bestimmend, ein größeres Geschäft und höhere finanzielle Gewinne zu machen.

Die Frage ist in höchstem Maß umstritten und umfasst mehrere Ebenen: die Produzenten, den Markt, die Konsumenten, die Forschung, die öffentliche Gewalt, die Ethik, und – diesem allem zugrunde liegend – eine Weltanschauung.

Die Produzenten wollen transgene Lebewesen mit dem Hinweis auf eine Reduktion der Kosten und eine Erhöhung der Produktivität um anfangs 20 % durch den Vorteil, dass man Pflanzen konstruieren könne, die resistenter gegen Krankheitsbefall wären. Die wachsende weltweite Nachfrage nach Lebensmitteln würde dieses Vorhaben unterstützen.

Der Markt strebt nach Gewinn. Einige weltweit operierende Konzerne (insgesamt fünf) produzieren gentechnisch verändertes Saatgut, das nach und nach das natürliche Saatgut ersetzen soll (was zu einer genetischen Verarmung führt). Doch sie haben den Saatgutmarkt monopolisiert (einer der fünf Konzerne kontrolliert 90 % des Marktes), indem sie die Bauern ökonomisch und technisch abhängig machten. Die Lieferung des gentechnisch veränderten Saatgutes ist an ein ganzes Paket gekoppelt, das unter anderem die Zahlung von streng festgelegten Lizenzen (für die Nutzung eines Patents), den Erwerb von Pestiziden, die technische Ausrüstung und die Bankdarlehen umfasst. Vor allem aber macht dies den bäuerlichen Familienbetrieb unmöglich, der mit natürlichem Saatgut arbeitet und 60 % dessen erzeugt, was wir konsumieren.

Die Konsumenten wehren sich dagegen, gentechnisch veränderte Lebensmittel zu verzehren, da sie fatale Folgen für die Gesundheit heute und in Zukunft befürchten. Die Wissenschaft kann keine hundertprozentige Sicherheit gewährleisten, was man hinsichtlich künftiger Folgen grundsätzlich nicht kann; hier gibt es nur hypothetische Vorhersagen. Wenn es sich um die menschliche Gesundheit handelt, dann reicht das nicht aus. Die Bevölkerung verlangt Sicherheit, denn sie will ein gesundes Leben für sich und die kommende Generation, ein Leben, das nicht von Krankheit bedroht ist. Letzten Endes wollen die Menschen mehr Leben, und nicht die Todesgefahr.

Umfragen haben ergeben, dass mehr als 60 % der europäischen Bevölkerung gegen den Verzehr gentechnisch manipulierter Lebensmittel sind, und das trotz des ständigen Versuchs des Marktes, immer wieder solche Produkte anzubieten. Doch die Konsumenten wollen sich vor eventuellen schädlichen Folgen für die Gesundheit schützen und fordern, dass gentechnisch veränderte Lebensmittel entsprechend gekennzeichnet werden. Das wird nicht immer getan. Internationalen Abkommen entsprechend (vor allem dem Cartagena-Protokoll) ist die Auszeichnung für alle nur innerhalb eines Zeitraums von vier Jahren (ab 2006) verpflichtend (vgl. Görgen 2000; Konvention über die Artenvielfalt, 2005).

Die Forschung ist sehr auf ihre Freiheit bedacht und dringt weiterhin ins Geheimnis des Lebens ein. Sie deckt dabei neue Möglichkeiten der Gentechnik für die Medizin und ein langes Leben auf. Doch immer lauter wird die Forderung nach einer ethischen Wissenschaft, nach Wissen mit Gewissen. Das bedeutet eine verantwortlich und mit ethischem Bewusstsein betriebene Wissenschaft, die sich als Teil eines umfassenderen weltweiten gesellschaftlichen Prozesses betrachtet, der heute wegen der Gier des Industrialismus und des Konsumismus einem starken Druck ausgesetzt ist.

Es ist die Aufgabe der Wissenschaft, auf die Folgen der gentechnischen Manipulation für die Umwelt, wie zum Beispiel die Gefahr der Kontamination anderer Pflanzen aufgrund des Pollenflugs und auf die Reduzierung der Artenvielfalt, aufmerksam zu machen. Das größte Risiko besteht hinsichtlich der Gesundheit der Menschen, denn wir kennen die langfristigen Folgen des Verzehrs gentechnisch veränderter Lebensmittel auf den genetischen Code und die Bakterienkolonien nicht, die für unser vitales Gleichgewicht sorgen.

Die öffentliche Gewalt ist verwirrt: Da gibt es auf der einen Seite den Druck von Seiten der Konsumenten, die

Lebensmittelsicherheit wollen; dann gibt es das Großkapital und den Markt, die die Zulassung genetisch veränderter Produkte erzwingen wollen; dann die widersprüchlichen Behauptungen der Wissenschaftler, die zum einen Teil die ökologische und ernährungsphysiologische Sicherheit der gentechnisch veränderten Lebensmittel behaupten und zum anderen Teil darauf beharren, dass wir über keine abschließenden Untersuchungen über die mittel- und langfristigen Risiken für Gesundheit und Umwelt verfügen.

Die Erdcharta fordert: „Schäden vermeiden, bevor sie entstehen, ist die beste Umweltschutzpolitik. Bei begrenztem Wissen gilt es, das Vorsorgeprinzip anzuwenden ... Die Beweislast denen auferlegen, die behaupten, ein beabsichtigter Eingriff verursache keine signifikanten Schäden. Die Verursacher von Umweltschäden sind als Verantwortliche haftbar zu machen." (Erdcharta, 2001, 11)

Wie soll man sich entscheiden? Die Aufgabe der Politik ist es, für das Gemeinwohl zu sorgen und der Druckausübung von Seiten derer, die nur Marktinteressen vertreten, zu widerstehen. Des Weiteren kommt es dem Staat zu, um des allgemeinen Wohls willen unmittelbare Interessen zurückzuweisen, die nicht hinreichend den internationalen Forderungen und Übereinkünften wie der Internationalen Konvention für die Artenvielfalt und dem Cartagena-Protokoll über die biologische Sicherheit gerecht werden.

Bei dieser Frage ist die Ethik gefordert. Die öffentliche Gewalt ist die durch die Souveränität des Volkes legitimierte Ebene. Diese muss sich in ihrem Handeln an der öffentlichen Ethik orientieren. Zwei Prinzipien stehen hier auf dem Spiel: das *Verantwortungsprinzip* und das *Vorsorgeprinzip*.

Die Markteinführung eines gentechnisch veränderten Produktes muss auf dem Prinzip der Verantwortung gegründet sein. Dieses Prinzip veranlasst uns dazu, uns Rechenschaft darüber zu geben, welche Folgen für die menschliche Gesundheit entstehen könnten. Das Prinzip der Verantwortung zielt darauf ab, dass der Gesellschaft und der Gemeinschaft des Lebens kein direkter und kein indirekter, globaler, kumulativer und langfristiger Schaden erwächst. Im derzeitigen Stadium ist die Wissenschaft noch nicht imstande, eine solche Schlussfolgerung nahezulegen.

Wir wissen allerdings, dass gentechnisch veränderte Mechanismen ein Hindernis für eine nachhaltige Landwirtschaft darstellen, die auf dem Respekt vor der Artenvielfalt und der Motivation durch sie beruht. Wir wissen auch, dass die Natur Milliarden von Jahren dafür benötigte, mittels des dicht geknüpften Netzes von Beziehungen, das die Physik und die Chemie des Universums umfasst, den Code des Lebens hervorzubringen. Eine Zelle der oberen Hautschicht unserer Hand enthält in Form einer phantastischen Nanotechnik die für die Konstituierung des Lebens nötige Information.

Das andere Prinzip, dem man gehorchen muss, ist das Vorsorgeprinzip. Der Wissenschaftler unternimmt das Wagnis des Eingriffs in das höchst komplexe Gefüge des Lebens mit viel Ehrfurcht und Vorsicht. Er muss sich dessen bewusst sein, dass jedes einzelne Gen mit allen übrigen zu tun hat. Keines davon kann analysiert werden, ohne dabei die Kette von Beziehungen bewusst zu machen, die es mit allen übrigen verbindet.

Heute wächst innerhalb der Wissenschaftsgemeinde das Bewusstsein davon, dass sich bei der Analyse der höchst komplexen biologischen Phänomene das Newton'sche Paradigma, das reduziert und zergliedert, als unzulänglich erweist. Es drängt sich die Notwendigkeit eines holistischen und systemischen Paradigmas auf, das sich besser dafür eignet, die möglichen Implikationen der Genmanipulation zu verstehen.

Wer garantiert uns denn, dass gegen *Roundup Ready* resistente Mais- und Soja-Arten nicht das Gleichgewicht der Milliarden Bakterien in unserem Körper stören? Die Prinzipien der Vorsorge, der Verantwortung und des erforderlichen Respekts vor dem Leben gebieten es, ein Moratorium über die Gentechnik zu verhängen. Die Forschung muss weitergehen, um immer mehr Sicherheit gewährleisten und Garantien für die Gesundheit des Lebens geben zu können.

Dieser gesamten Frage der Genmanipulation liegt eine Weltanschauung zugrunde: Was zählt letztlich? Der Markt, der Profit, der Vorteil der Produzenten? Oder die Gesundheit von Mensch und Umwelt, die Kette des Lebens, die Lebewesen, die Integrität der Ökosysteme und die Erhaltung der Erde als Gemeinsames Haus?

Wenn wir uns für das Leben und die Erde entscheiden (eine Entscheidung, die einem Imperativ entspricht), dann bedeutet das nicht von vornherein, die Gentechnik gänzlich zu verwerfen. Gentechnisch veränderte Organismen könnten innerhalb gewisser Grenzen, mit aller gebotenen Vorsicht und unter ständiger Berücksichtigung der Folgen für die Umwelt produziert werden.

Was die Oberhand behalten muss, ist der Respekt vor dem, was die Erde und das Universum im Laufe von Milliarden Jahren hervorgebracht haben. Sie haben dabei ein fein abgestimmtes Gleichgewicht entwickelt und ein Höchstmaß an Rationalität an den Tag gelegt, das in allen biologischen Prozessen enthalten ist.

Worauf es letztlich ankommt, ist die Erhaltung des Lebens und der Erde in ihrer Fähigkeit zur Evolution innerhalb der weiten Räume des Universums, das sich immer noch ausdehnt. Darin offenbart sich ein Plan voller Größe und Schönheit, der mittels der spirituellen Intelligenz erfasst werden kann. Sie ist ja Ausdruck jener Überfülle von Sein und Leben aus dieser ursprünglichen Quelle, aus der alles hervorgeht und zu der alles zurückkehrt.

7. Wasser: lebensnotwendig oder Wirtschaftsgut?

Wir können neben dem Problem des Hungers und der Ernährungssicherheit die folgenreiche Frage des Wassers nicht außer Acht lassen. Das Wasser gehört zur Ernährung, denn es gibt kein Nahrungsmittel, das ohne Wasser auskommt, und keine Ernährung, die auf das Wasser verzichten könnte.

Abgesehen von den Diskussionen rund um dieses Thema können wir eine sichere und unzweifelhafte Behauptung aufstellen: Das Wasser ist ein natürliches, lebenswichtiges, unersetzbares und gemeinschaftliches Gut. Weder der Mensch noch sonst ein Lebewesen kann ohne Wasser existieren.

Die Zukunft des Lebens wird davon abhängen, wie wir mit dem Wasser umgehen. Wenden wir uns den grundlegenden Tatsachen und den schwerwiegenden Problemen rund um das Wasser zu:

Auf der Erde gibt es 1,3 Milliarden Kubikkilometer Wasser. Das heißt: Wenn wir alles Wasser, das in den Ozeanen, den Seen, Flüssen, Grundwasserreservoirs und Polkappen enthalten ist, gleichmäßig verteilen würden, dann wäre die Erdoberfläche mit einer drei Kilometer tiefen Wasserschicht bedeckt (vgl. Shiklomanov 1999; Tundesi 2003). Diese Gesamtmenge teilt sich in 97 % Salzwasser und 3 % Süßwasser auf. Das entspricht 8,5 Millionen Kubikkilometer, von denen lediglich 0,7 % direkt für die Nutzung durch den Menschen verfügbar sind.

Dennoch ist das Wasser auf der Erde im Überfluss vorhanden. Im Jahr regenerieren sich 43.000 Kubikkilometer Wasser, während davon schätzungsweise 6000 Kubikkilometer insgesamt verbraucht werden.

Es gibt viel Wasser, aber es ist ungleich verteilt: 60 % davon gibt es in nur neun Ländern, während achtzig Länder unter Wasserknappheit leiden. Etwas weniger als eine Milliarde Menschen verbrauchen 86 % des vorhandenen

Wassers, während 1,4 Milliarden nicht genügend davon haben (im Jahr 2020 wird diese Zahl auf drei Milliarden angewachsen sein). Zwei Milliarden haben kein aufbereitetes Wasser. Das ist die Ursache für 85 % der Krankheiten. Man nimmt an, dass im Jahr 2032 etwa fünf Milliarden Menschen unter Trinkwassermangel leiden werden.

Es gibt kein Problem der Wasserknappheit, sondern vielmehr ein Problem des schlechten Managements, um den Bedürfnissen der Menschen und der übrigen Lebewesen gerecht zu werden.

Brasilien ist die natürliche Wassermacht. Es verfügt über 13 % der gesamten Süßwassermenge der Welt, was 5,4 Billionen Kubikmetern entspricht. Doch dieses Wasser ist ungleich verteilt: 70 % befinden sich im Amazonasgebiet, 15 % im Zentralwesten, 6 % im Süden und Südosten und 3 % im Nordosten. Trotz des Überflusses verstehen wir uns nicht darauf, das Wasser gut zu nutzen, denn 46 % davon werden vergeudet. Diese Menge würde ausreichen, um Frankreich, Belgien, die Schweiz und Norditalien zu versorgen. Ein neues kulturelles Verhaltensmuster ist also dringend erforderlich.

Aufgrund seiner Knappheit wird das Süßwasser als Hydro-Ressource und Wirtschaftsgut betrachtet. Es wurde zur Ware und zu einer Quelle des Profits gemacht.

In diesem Sinne hat ein weltweiter Wettlauf um die Privatisierung des Wassers eingesetzt. Große transnationale Konzerne wie der französische Vivendi-Konzern, die deutsche RWE, die englische Firma Thames Water und das amerikanische Unternehmen Bechtel und andere traten auf den Plan. Es wurde ein Wassermarkt geschaffen, der etwa 100 Milliarden Dollar wert ist. Hier sind auch die Firmen Nestlé und Coca Cola präsent und versuchen auf der ganzen Welt Mineralwasserquellen aufzukaufen.

Etwa seit der Jahrtausendwende wurde an die Neuverhandlung der Auslandsschuld und der Gewährung neuer Kredite von Seiten von Finanzinstituten wie IWF und

Weltbank die Bedingung der Privatisierung des Wassers und der entsprechenden Versorgungssysteme geknüpft. Das war in Moçambique bereits im Jahr 1999 der Fall, als Gegenleistung für einen Kredit über 117 Millionen Dollar. Dasselbe wurde im Jahr 2000 in Bolivien versucht. Man wollte das Land verpflichten, das Wasser der Stadt Cochabamba zu privatisieren. Die amerikanische Firma Bechtel kaufte das Wasser auf und erhöhte die Preise um 35 %. Der organisierte Widerstand der Bevölkerung dagegen war so stark und wirkungsvoll, dass das Unternehmen gezwungen war, das Geschäft aufzugeben und das Land zu verlassen.

Das Wasser wird zu einem Faktor der Instabilität auf dem Planeten. Um den Zugang zum Trinkwasser können in Zukunft Kriege geführt werden.

Die Sichtweise, die das Wasser nur als Ware betrachtet, zerstört das Verhältnis von Wasser und Bevölkerung (vgl. Bouguerra 2004, 162):

- durch den schrankenlosen Wettbewerb der großen Unternehmen, der Übereinkünfte verhindert und so über die Köpfe der betroffenen Bevölkerung hinweggeht;
- durch die Vorherrschaft des Profitstrebens über jedes andere menschliche oder ökologische Interesse;
- durch die soziale Instinktlosigkeit, durch den Mangel an menschlicher Solidarität und durch Mangel an Respekt vor den Wasserreservoirs, die nationale Grenzen überschreiten;
- durch den ständigen Streit um länderübergreifende Flüsse, wie es etwa zwischen der Türkei auf der einen und Syrien bzw. Irak auf der anderen Seite, oder zwischen Israel und Jordanien bzw. Palästina, oder zwischen den USA und Mexiko im Hinblick auf den Rio Grande und den Rio Colorado der Fall ist.

Der Geist der Privatisierung, der von der globalisierten Welt Besitz ergriffen hat, führt dazu, dass das Wasser nur noch als Ware angesehen wird; dabei wird von seiner lebenswichtigen Bedeutung, die seinen Charakter als Gemeinschaftsgut für die Bedürfnisse von Millionen Menschen und riesige Regionen des Planeten bedingt, abstrahiert.

Angesichts dieser schwerwiegenden ethischen und politischen Irrwege hat die internationale Gemeinschaft in Gestalt der UNO bei den Konferenzen von Mar del Plata (1977), Dublin (1992), Rio de Janeiro (1992) und Paris (1998) das „Recht aller auf Zugang zu Trinkwasser in ausreichender Menge und in entsprechender Qualität für die lebenswichtigen Bedürfnisse“ proklamiert.

Von jetzt an wird die große Debatte unweigerlich folgende Fragen aufwerfen:

Ist das Wasser Quelle des Profits oder des Lebens? Ist es ein natürliches, lebenswichtiges, gemeinschaftliches und unersetzliches Gut oder eine Hydro-Ressource, eine Ware, die wie ein Geschäftsobjekt und eine einträgliche Profitquelle behandelt werden kann?

Beide Dimensionen schließen einander nicht aus, aber sie müssen in ein rechtes Verhältnis zueinander gesetzt werden. In grundlegender Weise gehört das Wasser dem Leben an und ist untrennbar mit dem Recht auf Leben verknüpft.

In diesem Sinne müssen das Trinkwasser, das Wasser, das der Ernährung dient, und das Wasser für die eigene Körperhygiene kostenlos sein. Deshalb lautet das brasilianische Gesetz Nr. 9433 vom 8. 1. 1997 über die nationale Politik der Wasserressourcen mit Recht folgendermaßen: „Das Wasser ist ein öffentliches Gut. Das Wasser ist eine begrenzte natürliche Ressource, das einen wirtschaftlichen Wert darstellt. In einer Situation der Knappheit kommt der Nutzung für den Menschen und zur Tränke der Tiere Priorität zu.“

Da jedoch das Wasser knapp ist und es einer komplexen Struktur bedarf, um es aufzufangen, zu speichern, zu behandeln und zu verteilen, ist mit ihm auch unleugbar eine wirtschaftliche Dimension verbunden. Diese darf jedoch über die andere nicht die Oberhand gewinnen, im Gegenteil: Die ökonomische Dimension hat die Aufgabe, das Wasser allen zugänglich zu machen. Das Wasser ist von solch lebenswichtiger Bedeutung, dass die Kosten für die Nutzung durch den Menschen und für das Tränken des Viehs von der öffentlichen Hand getragen werden müssen.

Es ist wichtig zu betonen: Das Wasser ist kein Wirtschaftsgut wie irgendein anderes. Es ist so sehr mit dem Leben verbunden, dass es selbst als Leben aufgefasst werden muss. Das Leben darf nicht zur Ware werden. Das Wasser ist darüber hinaus noch mit anderen, kulturellen, spirituellen und symbolischen Dimensionen des Menschen verbunden, die es an sich zu etwas Kostbarem und Wertvollem machen. Es hat keinen Preis.

Um die Bedeutung des Wassers zu erfassen, die seine wirtschaftliche Seite übersteigt, müssen wir mit der Diktatur des rational-analytischen und utilitaristischen Denkens, das die Gesellschaft beherrscht, brechen. Dieses Nützlichkeitsdenken betrachtet das Wasser lediglich als Hydro-Ressource.

Neben der rational-analytischen Vernunft gibt es andere Arten der Vernunftausübung. Es gibt die von den Sinnen geleitete, die emotionale, die symbolische und die spirituelle Vernunft. Es sind Arten der Vernunftbetätigung, die eng mit dem Leben verbunden sind. Sie legen nicht die Argumente für das Gewinnstreben, sondern für das Leben und dafür dar, dem Leben den Status der Erhabenheit zu verleihen. Diese Vernunftgründe sind es, die das Wasser als Leben erscheinen lassen, als natürliches Gemeinschaftsgut, als Quelle und Nährboden, aus dem vor Milliarden von Jahren das Leben in seiner immensen Vielfalt hervorging.

Als Reaktion auf die Privatisierung des Wassers ist seine Demokratisierung anzustreben, denn es ist ein weltweites öffentliches Gemeinschaftsgut, das Eigentum der Biosphäre und unverzichtbar für das Leben in all seinen Formen ist.

Deshalb ist die Forderung verständlich, dass die öffentlichen Institutionen, angefangen von den lokalen bis hin zu den internationalen, das Recht eines jeden Bürgers auf Wasser formal anerkennen.

Es ist wichtig, die formale Anerkennung des Rechts auf Wasser als universales Menschenrecht zu proklamieren. Es ist Aufgabe der öffentlichen Gewalt, zusammen mit der organisierten Gesellschaft ein entsprechendes Finanzierungsmodell zu entwickeln, um die nötigen Kosten zu decken und allen den Zugang zum Wasser zu garantieren.

Um diese Forderungen durchzusetzen, wurde im März 2003 in Florenz das FAMA gegründet (Alternatives Weltwasserforum). Es schlägt die Schaffung einer Weltbehörde für das Wasser vor, die die Aufgabe hat, sich insbesondere um die großen internationalen Wasserreserven zu kümmern, damit deren Verteilung nach den Bedürfnissen der betroffenen Regionen erfolgt.

Wichtig ist es auch, auf die Regierungen und Unternehmen Druck auszuüben, damit das Wasser nicht den Märkten ausgeliefert und als Ware behandelt wird. Für den Gebrauch in der Industrie und in der Landwirtschaft (die Landwirtschaft verbraucht ca. 90 % des Süßwassers) ist selbstverständlich ein Preis festzusetzen.

Es kommt darauf an, jede Art von Zusammenarbeit zu fördern, um zu verhindern, dass so viele Menschen aufgrund von Wassermangel oder durch schlecht aufbereitetes Wasser sterben.

Täglich verdursten ca. 6000 Kinder. Davon berichten die Medien nichts. Das ist so, als ob täglich zehn Boeing-Maschinen abstürzten und alle Passagiere dabei ums Leben kämen. Ganz sicher wäre eine solche Katastrophe auf den Titelseiten aller Zeitungen zu finden. Man müsste auch verhindern, dass ca. 18 Millionen Kinder nicht mehr zur Schule gehen, weil sie stattdessen aus einer Entfernung von zehn bis fünfzehn Kilometern Wasser holen müssen.

Aufgrund der großen Bedeutung dieser Frage um das Trinkwasser geht es um den dringenden Abschluss eines weltweiten Wasserabkommens. Dies wäre ein weltweiter Gesellschaftsvertrag, der etwas zum Gegenstand hätte, was im Interesse aller liegt: das Wasser, unverzichtbar für das Leben der Menschen und der übrigen Lebewesen.

Das Wasser ist Leben, Ursprung des Lebens und eines der ausdrucksstärksten Symbole für das ewige Leben.

8. Die Voraussetzungen für die Tischgemeinschaft

Die derzeitige Organisationsform von Wirtschaft und Gesellschaft weltweit und der Individualismus, der flächendeckend propagiert wird, fördern das Ideal der Tischgemeinschaft nicht. Der Großteil der Menschen ist der wirklichen Situation der Erde entfremdet. Die gemeinsamen Fragen um die Zukunft der Menschheit, der knappen natürlichen Ressourcen und des tragischen Schicksals, das Abermillionen Menschen droht, werden kaum diskutiert. Die Menschen leben in der süßen Illusion, dass die Erde in ihrer grenzenlosen Großzügigkeit fortfahren wird und dass wir ohne Ende auf dem bisherigen Weg weitermachen und von Jahr zu Jahr größere Wachstumsraten für Güter und Dienstleistungen erzielen können.

Die Analytiker der globalen Situation führen uns jedoch ein dramatisches Bild vor Augen. Wir befinden uns vor einem kritischen Wendepunkt der Erdgeschichte, in einer Phase, in der die Menschheit über ihre Zukunft entscheiden muss. Die Grundlagen der globalen Sicherheit sind in Gefahr; diese Tendenzen sind gefährlich, aber nicht unausweichlich. Entweder bilden wir eine weltweite Partnerschaft, um für die Erde und füreinander zu sorgen, oder wir riskieren unsere eigene Vernichtung und die der gesamten Vielfalt des Lebens. Unsere ökologischen, wirtschaftlichen, politischen, sozialen und spirituellen Herausforderungen sind eng miteinander verbunden, und gemeinsam können wir umfassende Lösungen finden.

Um ein solches Bündnis der universalen Fürsorge zu schaffen, ist ein anderes Paradigma dringend erforderlich, das der aktuellen Krisensituation und der planetarischen Phase der Menschheit und der Geschichte Gaias selbst besser entspricht.

Die Probleme sind so tiefgreifend und umfassend, dass wir nicht davon ausgehen, dass eine Lösung bloß technischer, politischer oder sozialer Natur möglich ist. Es bedarf eines Zusammenschlusses von Menschen, Gruppen und Gesellschaften, in deren Zentrum einige Werte und Handlungsprinzipien stehen, die unabdingbar notwendig für den Aufbau einer neuen Weltordnung sind. Wir wollen einige davon benennen:

An erster Stelle von allen steht die *Fürsorge* für das Erbe, das wir vom immensen Prozess der Evolution des Universums, des Lebens und der Gattung Mensch erhalten haben.

An zweiter Stelle stehen der *Respekt* und die *Ehrfurcht* vor jeder Art von Andersheit, angefangen von der Erde über die Ökosysteme bis hin zu jedem Wesen der Natur.

Drittens ist die unbedingte *Zusammenarbeit* aller mit allen zu nennen, denn wir sind voneinander abhängig und haben ein gemeinsames Schicksal.

Das vierte Prinzip ist die gesellschaftliche *Gerechtigkeit,* die die Unterschiede ausgleicht, die Hierarchien abflacht und dafür sorgt, dass sie nicht in Ungleichheit ausarten.

Das fünfte ist die *Solidarität* und das *Mitleid* ohne Grenzen mit allen Lebewesen, die leiden, vor allem mit den am meisten bedrohten und schwächsten.

Das sechste Prinzip ist das der *universalen Verantwortung* für die Zukunft des Lebens, der Ökosysteme, die das Überleben des Menschen sichern, und schließlich des Planeten Erde.

An siebter Stelle steht das *rechte Maß* bei allem Tun, das alle betrifft, auch wenn wir einen kulturellen Hintergrund haben, der von exzessiver Übertreibung und von der Schaffung vermeidbarer Ungleichheiten geprägt ist.

Schließlich geht es um die *Selbstbeherrschung* unseres Drangs zu erobern, zu beherrschen und materielle Güter anzuhäufen, damit alle das zum Leben Ausreichende haben können und sich als Söhne und Töchter der Erde und Mitglieder der einen Menschheitsfamilie empfinden können.

Die Wirtschaft kann sich nicht völlig von der Gesellschaft ablösen und sich den gesellschaftlichen und politischen Kontrollinstanzen entziehen, denn das zieht als Konsequenz die Zerstörung der Idee der Gesellschaft und des Gemeinwohls selbst nach sich. In der Tat hat sich die Wirtschaft polarisiert: Einerseits produziert sie Reichtum für einige wenige, auf der anderen Seite erzeugt sie Verarmung und Ausgrenzung vieler. Das anzustrebende Ideal ist eine Wirtschaft, die das produziert, was für alle Menschen und die übrigen Lebewesen aus der gesamten Kette des Lebens reicht und angemessen ist.

Die Politik darf sich nicht darauf beschränken, die nationalen Interessen zu organisieren, sie ist vielmehr dazu verpflichtet, ein Regierungshandeln für die Menschheit anzustreben, damit die weltweiten Interessen gemeinsam verfolgt werden. Die Ethik muss von Fürsorge, Verantwortlichkeit, Mitleid und Engagement für das Leben geprägt sein.

Die Spiritualität muss kosmisch geprägt sein und uns in die Lage versetzen, dass wir „in Ehrfurcht vor dem Geheimnis des Seins, in Dankbarkeit für das Geschenk des Lebens und in Bescheidenheit hinsichtlich des Platzes der Menschen in der Natur leben“ (Erdcharta 2001, 8).

Die Herausforderung, vor der wir stehen, scheint folgende zu sein: den Übergang von einer Industriegesellschaft zu einer Gesellschaft der Förderung allen Lebens zu schaffen.

Letztlich geht es darum, den Frieden zu finden, den die Erdcharta treffend folgendermaßen definiert: „… die Gesamtheit dessen, das geschaffen wird durch rechte Beziehungen zu sich selbst, zu anderen Personen, anderen Kulturen, anderen Lebewesen, der Erde und dem größeren Ganzen, zu dem alles gehört“ (Erdcharta 2001, 15).

Dies sind die ethischen und praktischen Voraussetzungen dafür, einerseits das herrschende Paradigma zu kritisieren und andererseits ein neues Paradigma zu schaffen. Natürlich bedarf es technischer, politischer und kultureller Vermittlungen, die das ermöglichen. Doch diese werden schwerlich Gutes bewirken, wenn sie nicht im Lichte dieser Leitideen entworfen werden.

Eine unmittelbare und kurzfristig in die Praxis umzusetzende Voraussetzung ist ein *neues Konsummuster.* Die herrschende Gesellschaft ist vom Konsumismus geprägt. Sie stellt den möglichst unbegrenzten Konsum in den Mittelpunkt. Er ist das Ziel der Gesellschaft selbst und des Einzelnen. Man konsumiert nicht nur das Nötige, das, was gerechtfertigt ist, sondern das Überflüssige, das, was fragwürdig ist. Dieser Konsum ist nur deshalb möglich, weil die Wirtschaftspolitik, die für die Produktion der überflüssigen Güter sorgt, ständig unterstützt, gefördert und gerechtfertigt wird.

Da es sich um Überflüssiges handelt, greift man auf die Propagandatechniken, auf das Marketing und auf die Überredung zurück, um die Menschen dazu zu bringen, zu konsumieren und ihnen einzureden, das Überflüssige sei notwendig.

Grundlegend für diese Art von Marketing ist es, bei den Konsumenten eine entsprechende Grundhaltung zu erzeugen. Das geht so weit, dass in ihnen eine konsumistische Ethik und das zwingende Bedürfnis zu konsumieren ausgebildet wird. Immer mehr falsche Bedürfnisse werden geweckt, und für deren Befriedigung wird das Räderwerk der Produktion und Verteilung in Gang gesetzt. Da die Bedürfnisse grenzenlos sind, tendiert auch die Produktion dazu, grenzenlos zu werden. So entsteht eine Gesellschaft, wie sie schon Karl Marx entlarvt hat: vom Warenfetischismus geprägt, vollgestopft mit Überflüssigem, voller *shoppings*, die wahre Heiligtümer des Konsums darstellen, mit Altären voller attraktiver Götzenbilder, aber eben Götzenbilder, eine unbefriedigte Gesellschaft, weil nichts sie satt machen kann. Deshalb wächst der Konsum immer mehr und immer nervöser, ohne dass wir wissen, wie lange die Erde diese Ausbeutung ihrer Ressourcen noch aushält.

Diese perverse Logik bedeutet Stress für die Natur, deren knappe Ressourcen sich erschöpfen, sie entfremdet die Menschen, die glauben, das Glück und den Lebenssinn im ständigen Konsum materieller Güter zu finden und nicht in anderen Dimensionen des Lebens, die eher mit spirituellen Gütern wie Solidarität, Freundschaft, selbstloser Liebe, Kunst, Musik, Fähigkeit zum Zusammenleben, Toleranz und Vergebung, kontemplativer Betrachtung des Universums und des Mysteriums in allen Dingen zu tun haben. Diese Dimensionen wären imstande, die Frustration zu überwinden und ein Gefühl der Fülle des Lebens zu schaffen.

9. Solidarisch und verantwortungsvoll konsumieren

Wie müsste ein Konsum ausschauen, der Raum ließe für die Tischgemeinschaft?

Zunächst kommt es darauf an, dass dieser Konsum *menschlich* ist. Das heißt, dass er der Natur des Menschen entspricht. Der Mensch muss konsumieren, um zu leben.

Doch er ist nicht nur ein Produzent und Konsument von materiellen Gütern. Er gleicht auch einem unendlichen Entwurf, und als solcher hat er andere Bedürfnisse. Ihn hungert und dürstet nach Schönheit und anderen nichtmateriellen Gütern.

Einerseits ist jeder Mensch in dieser raum-zeitlichen und von der Kultur geprägten Welt verwurzelt, andererseits streckt er sich nach dem Grenzenlosen und Unergründlichen aus. Mit Recht sagte Blaise Pascal über den Menschen: „Ein Nichts gegenüber dem Unendlichen, ein All gegenüber dem Nichts, eine Mitte zwischen Nichts und All … gleich unfähig, das Nichts zu fassen, aus dem er gehoben, wie das Unendliche, in das hinein er verschlungen ist." (Pascal, Pensée, § 72) Als einen unendlichen Entwurf kann ihn nichts endgültig befriedigen, schon gar nicht die Anhäufung materieller Güter, die unsere Zivilisation im Überfluss bereithält. Nur die Öffnung zum Anderen hin, zum Großen Anderen, und die Kultivierung dessen, was dem Geist, der Schönheit und dem Unendlichen die Ehre erweist, lässt ihn zur Ruhe kommen. Der Konsum des Menschen umfasst also über die für das materielle Leben nötigen Dinge hinaus auch die für das geistige Leben. Auch dieses muss genährt werden, um nicht leblos zu werden und sich angesichts der Macht des materiellen Begehrens als kraftlos zu erweisen.

Zweitens muss der menschliche Konsum den Kriterien der *Gerechtigkeit* und der *Gleichheit* genügen. Die Erklärung der Menschenrechte der UNO aus dem Jahr 1948 stellt ausdrücklich fest, dass die Ernährung ein lebensnotwendiges Bedürfnis und somit ein Grundrecht eines jeden Menschen ist. Die Ernährung sichert das Leben, und das ist die Grundlage für alle anderen Rechte. Alle müssen und jeder Einzelne muss (*Gleichheit*) entsprechend seinen Bedürfnissen und individuellen Besonderheiten (*Gerechtigkeit*) Zugang zu den nötigen Nahrungsmitteln haben. Dieses Recht ist das allgemeingültigste von allen. Wenn diesem

Recht nicht entsprochen wird, dann ist der Mensch unmittelbar der Entkräftung und dem Tod ausgeliefert.

Aus diesem Grund erlangte das Projekt „Null Hunger" des brasilianischen Präsidenten Luiz Inácio Lula da Silva (sehr gut beschrieben bei Frei Betto 2005) die Aufmerksamkeit der ganzen Welt. Mit Hilfe dieses Projektes versucht man, das Recht auf Ernährung, das nichts anderes als das Recht auf Leben ist, allgemein durchzusetzen. Die erste Aufgabe des Staates und einer jeden Regierungspolitik ist es, das Leben des Volkes zu garantieren. Ohne diese Garantie entarten Politik und Wirtschaft, und es etabliert sich eine systematische Verletzung der Grundrechte der Menschen.

Drittens muss der Konsum *solidarisch* sein. Derjenige Konsum ist solidarisch, der den Individualismus überwindet, die Bescheidenheit aus Liebe und das Mitleid mit denen, die nicht das Nötige haben, mit umfasst. Diese Solidarität gründet in einer Ethik des humanistischen Empfindens. Es bedeutet, den Anderen als Seinesgleichen zu empfinden, zu versuchen, die Welt aus seinem Blickwinkel, von seinen Bedürfnissen und Ängsten aus oder aus der Perspektive der Gemeinschaft des Lebens in seiner Beschädigung oder Erhaltung zu sehen. Die Solidarität kommt konkret zum Ausdruck im Teilen, in der Großzügigkeit, in der Teilnahme an den und Unterstützung der Bewegungen der Armen und Unterdrückten, in der Bereitschaft und im Mut, sich ihre Sache zu eigen zu machen, ihretwegen zu leiden und sich in Gefahr zu begeben, am Kampf und an der Freude derer Anteil zu nehmen, die hungern, und sich auch zu einer ökologischen Grundhaltung durchzuringen, die dem Leben und Gaia gerecht wird.

Diese Solidarität – es sei hier noch einmal gesagt – ruft die alte Erinnerung an unseren Übergang vom Tierreich zum Menschsein wach, der sich in eben dieser Solidarität beim Teilen der Nahrung, mit einem Wort: bei der ursprünglichen Tischgemeinschaft vollzog. Er gelangt dann zu seiner vollen Verwirklichung, wenn wir am selben Tisch gemeinsam essen und trinken können und auf diese Weise die Großzügigkeit der Mutter Erde und den Erfindungsreichtum der menschlichen Arbeit feiern, die Nahrung für alle bereitstellen.

Viertens muss der Konsum *verantwortungsvoll* sein. Dies wird er dann, wenn der Konsument sich Rechenschaft über die Folgen seines Lebensstils und seines Konsumverhaltens gibt. Er kann einen Lebensstil pflegen und ein Konsumverhalten an den Tag legen, die sich nicht mit dem Ausreichenden und Angemessenen zufrieden geben, sondern die anspruchsvoll und verschwenderisch sind. Dann konsumiert man das, was dem Anderen am Tisch fehlt, oder man verschwendet Lebensmittel, die nötig wären, um den Hunger Anderer zu stillen. Verantwortungsbewusstsein wird konkret in einem bescheidenen Lebensstil, in der Fähigkeit zum Verzicht, nicht um der Askese willen, sondern aus Liebe und Solidarität mit den Bedürftigen. Es geht um eine Grundentscheidung für die freiwillige Einfachheit und einen bewusst zurückhaltenden Lebensstil, der sich den Lockrufen und Einflüssen der Werbung nicht unterwirft. Ein solcher Konsum ist frei und wirklich menschlich, denn er ist nicht das Ergebnis eines Instinkts, sondern einer Freiheit, die sich darin verwirklicht, dass sie an die Anderen denkt, an die Artgenossen, die zu unseren Genossen, zu unseren Nächsten und Tischgenossen werden.[4] Selbst wenn eine solche Grundhaltung keine unmittelbaren und sichtbaren Wirkungen zeitigt, hat sie doch einen Wert in sich selbst. Sie macht eine Überzeugung deutlich, die sich nicht am erhofften Erfolg bemisst, sondern am Wert, der dieser menschlichen Haltung an sich zukommt, unabhängig von jeder anderen Betrachtungsweise.

Schließlich muss der Konsum die Entfaltung des Menschen in seiner Ganzheit fördern. Ohne Zweifel brauchen wir Brot. Doch das Brot gibt es niemals für sich allein. Wir haben ein Bedürfnis nach Wissen, und folglich setzen wir uns mit den vielen Weisen auseinander, wobei wir mit nüchternem Urteil unterscheiden, welches Wissen uns zuträglich ist und uns erbaut, welches unseren Verständnishorizont disziplinübergreifend erweitert und welches diesen durch übertriebene Spezialisierung eher einengt. Wir haben das Bedürfnis nach Kommunikation und Beziehungen. Wir befriedigen dieses Bedürfnis, indem wir persönliche und soziale Beziehungen unterhalten, die uns ein Geben und Empfangen ermöglichen. In diesem Austauschprozess ergänzen wir einander und wachsen wir miteinander.

Zuweilen stellt sich diese Kommunikation ein, wenn wir einen Stadtteil besuchen, in dem einfache Leute wohnen, indem wir uns zu einer Gruppe von Menschen gesellen, die an der Peripherie leben, indem wir regelmäßig an den Treffen einer Basisgemeinde teilnehmen, indem wir durch die Teilnahme an einer Demonstration für Frieden, Gerechtigkeit und eine Landreform, für den Erhalt des Trinkwassers, den Erhalt des Regenwaldes unsere Solidarität zum Ausdruck bringen, oder auch indem wir uns einen Film ansehen, ein Konzert besuchen, ins Theater gehen, eine Kunstausstellung besuchen oder uns an einer Diskussion beteiligen. Wir haben das Bedürfnis, zu lieben und geliebt zu werden. Wir befriedigen dieses Bedürfnis, indem wir wahrhaftig und bedingungslos lieben, Gegenseitigkeit herstellen und auf diese Weise am Leben und Geschick des Anderen Anteil nehmen. Wir haben das Bedürfnis nach Transzendenz, danach, uns selbst zu wagen und über jede Grenze hinaus zu gelangen, in den Anderen „einzutauchen", mit dem wir einen Dialog führen, Gemeinschaft pflegen und in den wir uns vertiefen können. Es ist die höchste Verwirklichung der Existenz, die aus sich selbst hervortritt, um ganz im Anderen zu sein.

All diese Arten von Konsum bringen die menschliche Existenz in ihren vielfältigen Dimensionen zur Entfaltung. Wenn wir recht sehen, dann verbrauchen diese Konsumformen keine Energie und sie bedürfen keiner aufwändigen, kostspieligen und überflüssigen Güter, sondern lediglich des Engagements und der Integrität des Menschen, der Öffnung für die Solidarität, für das Mitleid, für das Schöne, für die Fähigkeit zum Staunen angesichts einer Person oder auch einer Landschaft. Wir müssen angesichts einer Geste der menschlichen Solidarität zur Gefühlsregung, angesichts der Liebe zwischen zwei Menschen zur Zärtlichkeit, angesichts einer Situation, die sich zum Besseren wendet, zur Freude und zur Unterstützung der Armen bereit sein, wenn sie sich selbst organisieren, für ihre eigene Ernährung sorgen und solidarisch miteinander teilen.

Wenn diese Haltungen konkret gelebt werden, dann bringen sie die schönste und begehrteste Frucht hervor: das Glück. Dieses kann nicht für sich selbst angestrebt werden. Es hat eine politische Qualität in dem Maße, in dem es die Konsequenz eines aufrechten, klaren, gerechten und für die Anderen offenen Lebens ist, das sich mit wachem Bewusstsein um die Natur kümmert und sich dabei der Möglichkeiten, der Reichweite und der Grenzen der menschlichen Existenz bewusst ist und diese demütig, mutig und hoffnungsvoll annimmt.

10. Die letzte Wirklichkeit: Tischgemeinschaft Jesu und im Reich Gottes

Es wurde bereits gesagt, dass das Essen die Seele einer jeden Kultur darstellt. Zu wissen, was, wann und mit wem gegessen wird, bedeutet, ins Innerste einer Kultur vorzudringen. Essen ist eine Art, mit den Menschen, mit der Erde und mit dem Universum zu kommunizieren. Deshalb wurden rund um das Essen Symbole und Rituale geschaffen. Das gilt besonders für die Tischgemeinschaft, denn sie bringt jene Gesellschaftsfähigkeit zum Ausdruck, die die menschliche Gattung auszeichnet.

Die Tischgemeinschaft hängt wesentlich mit der Gastfreundschaft zusammen. Man empfängt niemanden als Gast, den man nicht auch zum Essen einlädt, zu Tisch bittet und zum Tischgenossen macht. So weiß man zum Beispiel von den keltischen Stämmen aus alter Zeit, dass man den Fremden Gastfreundschaft gewährte, indem man sie zum Esssen und Trinken einlud, noch bevor man sie fragte, woher sie kämen und wohin sie unterwegs wären (vgl. Baron Tacla 2001, 21–48). So verwirklichten sie konkret den tiefen Sinn von Gastfreundschaft und Tischgemeinschaft, der sich durch seine Offenheit und Bedingungslosigkeit auszeichnet.

Doch man muss zugeben: Den Schwierigkeiten, die der Gastfreundschaft in den modernen komplexen Gesellschaften eigen sind, begegnet man auch, wenn es um die offene Tischgemeinschaft geht. Beiden eignet etwas unabweisbar Utopisches. Wenn man wegen der Schwierigkeiten auf sie verzichten würde, käme das einem Rückfall ins Reich der Schimpansen gleich, und man verleugnete genau das, was uns wesentlich zu Menschen macht. Es ist Sache der persönlichen und gesellschaftlichen Kreativität, in jedem Einzelfall zu prüfen, welche Art von Tischgemeinschaft praktiziert werden kann, ohne deren Prinzip zu leugnen.

Zum Schluss dieses Kapitels beziehen wir uns für Utopie und Praxis auf die Tischgemeinschaft, wie sie Jesus von Nazaret beispielhaft gelebt hat (vgl. Agirre 1994; Köster 1995; Crossan 1998). Er liebte Gastmähler so sehr, dass man ihn sogar als einen „Fresser und Säufer und Freund üblen Gesindels“ beschimpfte (Lk 7,34). Er akzeptierte ohne Unterschied alle, die ihn einluden: öffentliche Sünder und sogar Frauen, was zur damaligen Zeit ein

Skandal war. Das war etwa der Fall bei Marta und Maria (Lk 11,38–42). Er vollzog einen Bruch mit der herrschenden Kultur, denn er hielt die strengen Reinheitsvorschriften des Gesetzes nicht ein, die zu Waschungen vor dem Essen verpflichteten (Lk 11,37–39) und die viele Leute von vornherein ausgrenzten. Er missachtete auch die Etikette, die eine bestimmte Tischordnung vorsah, indem er sagte, dass die Letzten die Ersten sein werden (Lk 13,29–30) und indem er sich, obwohl er der Herr war, zum Diener aller machte (Lk 22,27; Joh 13,4–15).

All dies sagte und tat er, damit diejenigen, die seine Verkündigung hörten, eine Vorstellung vom Traum des Reiches Gottes bekämen. In diesem Reich wären die Dinge so, wie Jesus es demonstrierte, ganz im Widerspruch zu den damals geltenden Sitten. Deshalb erzählte er, wenn er vom Reich Gottes sprach, von einem Gastmahl, zu dem alle ohne Unterschied eingeladen seien. Diejenigen, die in der Stadt lebten, darunter die Armen und körperlich Gebrechlichen, genauso wie dejenigen aus den Randgebieten, alle, die auf den Wegen und Pfaden umherirrten, auch die Heiden, die Unreinen und diejenigen, die nicht dem Volk Gottes angehörten (Lk 14,12–14). Die Tischgemeinschaft war vollkommen offen, und alle wurden ermuntert teilzunehmen. Essen im Überfluss, Gleichheit und Würde bildeten das Wesen des Gastmahles, wie es von Christus als Ideal beschrieben wurde (vgl. Garcia 2000; O'Murcho 2005, 20–25).

Mit Recht konnte Paulus, wenn er über diese von Jesus vollzogene Revolution nachdachte, sagen: „Er vereinigte die beiden Völker (Juden und Heiden) und riss die trennende Wand der Feindschaft nieder. Er hob in seinem eigenen Fleisch das Gesetz samt seinen Geboten und Forderungen auf. Er schuf eine neue Menschheit." (Eph 2,14–15)

Das frühe Christentum (d.h. das ursprüngliche Christentum vor der Herausbildung der Struktur von Lokalkirchen seit den 50er-Jahren des ersten Jahrhunderts) bewahrte das heilige Andenken an die von Jesus praktizierte Tischgemeinschaft. Die wissenschaftliche Forschung der letzten Jahre konzentrierte sich vor allem auf die so genannten „verlorenen Jahre des Christentums" – das sind die 30er- und 40er-Jahre des ersten Jahrhunderts, jene im Dunkeln liegenden Jahrzehnte nach Jesu Hinrichtung. Sie zeigte die große Bedeutung der Tischgemeinschaft auf.

Ab dem Beginn der 50er-Jahre verfügen wir mit den Paulusbriefen und später mit den vier Evangelien über reichhaltige Zeugnisse über Jesus und die um ihn herum entstandenen Gemeinden. Doch was passierte davor, in den Jahren zwischen Jesu Kreuzigung und der Entstehung der schriftlichen Zeugnisse? Die Quellenlage ist dürftig, sie beschränkt sich im Wesentlichen auf das Thomasevangelium, die Didaché (auch Zwölf-Apostel-Lehre genannt) und die Spruchquelle Q, die das Lukas- und das Matthäusevangelium als gemeinsame Quelle benutzten. Sie alle stammen aus der Zeit vor 50 n. Chr.

Es gibt etliche katholische und protestantische Autoren, die sich auf diesem Gebiet einen Namen gemacht haben, wie zum Beispiel H. Köster, J. Kloppenborg, D. Kyrtatas, P. Brown. Der scharfsinnigste und gelehrteste unter ihnen aber ist der irisch-nordamerikanische katholische Wissenschaftler John Dominic Crossan. Er ist Präsident der Abteilung über den historischen Jesus der „Society of Biblical Literature" und Koordinator des „Jesus Seminary". Unter seinen zahlreichen Veröffentlichungen ragen vor allem zwei heraus: *Der historische Jesus* (München 1994) und *The Birth of Christianity. Discovering what happened in the Years Immediately after the Execution of Jesus* (San Francisco 1999). Das letztgenannte Buch ist eine interdisziplinär angelegte Studie, die Anthropologie, Geschichtswissenschaften, Literaturwissenschaften und Archäologie miteinbezieht, um die Kontexte zu rekonstruieren, die die Entstehung des Christentums als Interaktion Jesu mit seinen Gefährten und mit dem kulturellen Milieu, das sie umgab, ermöglichten.

Hier erfahren wir, dass gegen Ende der 20er-Jahre in Galiläa viele Handwerker und Bauern genauso wie Jesus und seine Gruppe im radikalen, aber gewaltfreien Widerstand gegen die Städtebauten des Herodes Antipas und den von Rom beherrschten Handel auf dem Land lebten. Den umfassenderen Kontext bildete die geschlossene Opposition des jüdischen Vaterlandes gegen den hellenistischen kulturellen Internationalismus und gegen den militärischen Imperialismus Roms (Kyrtatas 1987).

Crossan zufolge ist das historische Christentum das Ergebnis dreier Traditionen, die miteinander verschränkt sind.

Die erste ist die *Tradition des Lebens*, die die Worte Jesu besonders in den Vordergrund stellt und für eine Lebensweise plädiert, die sich an seinen von Freiheit geprägten Verhaltensweisen orientiert. Diese Tradition ist ländlich geprägt, denn sie ist in den ländlichen Regionen Galiläas entstanden.

Die zweite ist die *Tradition des Todes,* die zu verstehen versuchte, warum Jesus am Kreuz sterben musste, wenn er danach auferweckt wurde und vielen von ihnen erschien. Die Auferweckung wurde innerhalb eines apokalyptischen Verständnishorizontes gedeutet, der den kosmischen Charakter dieses Phänomens, den Beginn der Neuwerdung der Welt und der Verwandlung des Menschen betonte. Diese Tradition ist eher städtisch geprägt, denn sie wurde von Jerusalem aus entwickelt.

Die dritte Tradition ist die *Tradition der Tischgemeinschaft*, das heißt des gemeinsamen Mahls. Es handelte sich um vollständige und echte Mahlzeiten, um das in Gemeinschaft miteinander geteilte Essen. Deren Bedeutung lag darin, dass sie die Gerechtigkeit Gottes symbolisch zum Ausdruck brachten. Man glaubte, dass der Gott des Reiches, der ein Gott des Lebens ist, allen als Gemeinschaft das zum Leben Notwendige garantiert. Worauf es ankam, war nicht das Brot, das auf dem Tisch lag, sondern das *Teilen* und Weiterreichen des Brotes. Innerhalb dieses Kontextes ist die Eucharistie angesiedelt, wie es Paulus klarstellt (1 Kor 10–11). Man handelte so, um den Auftrag Jesu zu erfüllen: „Tut dies zu meinem Gedächtnis."

Wie uns die Didaché (aus den 50er-Jahren) bezeugt, symbolisierte das gemeinsame Essen die Einheit der Glaubensgemeinschaft: „Wie dieses gebrochene Brot zerstreut war auf den Bergen und zusammengebracht eines geworden ist, so soll zusammengeführt werden deine Kirche von den Enden der Erde in dein Reich …" (Didaché, 9,4; S. 123).

Aus all dem ergibt sich, dass sich die Gegenwart Gottes und die Aktualisierung der Bedeutung des Lebens und Handelns Jesu in dieser Welt im Essen und Trinken ereignet, das allen in gleicher Weise dargeboten wird: in der Tischgemeinschaft. Crossan bringt das folgendermaßen zum Ausdruck:

„Doch Essen und Trinken bilden die materielle Grundlage des Lebens. Deshalb stellt das Herrenmahl in gleichem Maß eine politische Kritik und ökonomische Herausforderung dar, wie es heiliges Ritual und liturgische Verehrung ist. Es mag in Ordnung sein, wenn man es von einem vollwertigen Sättigungsmahl auf ein Mahl reduziert, das sich auf kleine Stücke und einen kleinen Schluck beschränkt, solange es immer noch diese eine Wirklichkeit symbolisiert: Die Christen behaupten, dass Gott und Jesus in besonderer Weise gegenwärtig sind, wenn Essen und Trinken von allen gerecht geteilt wird." (Crossan, 1999, 444)

Die Tradition der Tischgemeinschaft vereinigt die beiden anderen, die Tradition des Lebens und die des Todes, miteinander, denn gleichzeitig bezeugen sie sie. Für die gerade entstehende Kirche waren die Worte, das Leben, das Sterben und die Auferweckung Jesu nicht genug, so wichtig sie auch waren. Alles musste sich schließlich auf den einen gemeinsamen Tisch hinordnen, auf die Tischgemeinschaft, denn sie ist es, die die Augen öffnet wie den Jüngern von Emmaus (möglicherweise ein junges Paar: Lk 24,31) und Jesus und die Gegenwart Gottes in dieser Welt erkennen lässt. Diese Grunddaten sind wichtig, um das Christentum in seinen eher praktischen als dogmatischen, eher gemeinschaftsorientierten als am Einzelnen ausgerichteten Ursprüngen zu verstehen.

Die Tischgemeinschaft Jesu und der Urkirche wollen eine Vorwegnahme der ewigen Tischgemeinschaft mit Gott in seinem Reich des Friedens, der Gerechtigkeit, der Liebe und der Fülle all dessen, was Leben bedeutet, zum Ausdruck bringen.

Am Ende der Geschichte aber – in dem Moment, in dem die Utopie zur Topie, der Wunsch zur Wirklichkeit wird und der Höhepunkt des universalen Prozesses erreicht ist – in diesem Moment wird sich die vollkommene Tischgemeinschaft aller Geschöpfe, aller Menschen und aller zusammen mit Gott ereignen. Der Tisch ist gedeckt. Und alle werden satt werden. Und es wird keinen Hunger mehr geben und keinen Durst und keinen anderen Mangel. Denn Gott selbst wird alle mit den Gaben des Universums bedienen und die fröhliche Fülle aller sein.

II. Kultur des Friedens in einer Welt im Konflikt

Wenn wir offene Gastfreundschaft gelebt, das geschwisterliche Zusammenleben praktiziert, allen Völkern und ihren Kulturen Respekt erwiesen, aktive Toleranz bei aller Unterschiedenheit geübt und universale Tischgemeinschaft verwirklicht haben, dann dürfen wir als die verheißungsvolle Frucht dieses gesamten Prozesses auf den so sehr ersehnten Frieden hoffen.

Noch einmal möchten wir die Definition der Erdcharta in Erinnerung rufen, die besagt, dass der Friede die Gesamtheit dessen ist, „das geschaffen wird durch rechte Beziehungen zu sich selbst, zu anderen Personen, anderen Kulturen, anderen Lebewesen, der Erde und dem größeren Ganzen, zu dem alles gehört" (Erdcharta 2001, 15). Ein umfassenderes und stärker politisch akzentuiertes Verständnis von Frieden hat der damalige Generalsekretär der UNO, Kofi Anan, anlässlich der Promulgation des Internationalen Jahres des Friedens 2001 formuliert: „Der wahre Friede ist weit mehr als die Abwesenheit von Krieg. Er ist ein Phänomen, das wirtschaftliche Entwicklung und soziale Gerechtigkeit mit umfasst; er setzt die Erhaltung der Umwelt weltweit und den Abbau des Rüstungswettlaufs voraus; er bedeutet Demokratie, Vielfalt und Würde, Einhalten der Menschenrechte und der Prinzipien des Rechtsstaates; er ist mehr, weitaus mehr."

Es liegt auf der Hand, dass der Friede nicht von sich aus entsteht. Er ist immer das Ergebnis von zuvor schon bestehenden Werten, Verhaltensweisen und Beziehungen. Das glückliche Ergebnis davon ist der Friede, der vielleicht das am meisten ersehnte und nötigste Gut für die Menschheit darstellt.

Warum ist er ein so sehr ersehntes Gut? Weil die herrschende und heute sich weltweit aufdrängende Kultur strukturell von Grundentscheidungen geprägt ist, die im diametralen Widerspruch zum Frieden stehen. Sie haben ihr Gravitationszentrum im Willen zur Macht, der in der Herrschaft über andere Völker, in sozialen Konflikten und in der Gewalt gegen die zur Ware degradierten und den Marktinteressen ausgelieferten Natur zum Ausdruck kommt.

1. Einstein und Freud: Ist es möglich, die Aggression einzudämmen?

Können wir unter diesen Bedingungen den Frieden schaffen? Die Lektion der Geschichte ist nicht gerade ermutigend. Dem Historiker Alfred Weber (dem Bruder von Max Weber) zufolge, herrschte in den 3400 Jahren der Menschheitsgeschichte, aus denen uns Schriftzeugnisse zugänglich sind, 3166 Jahre Krieg. Die übrigen 234 Jahre waren auch keine Friedensjahre im eigentlichen Sinne, sondern Jahre des Waffenstillstands und der Vorbereitung neuer Kriege.

In praktisch allen Ländern stehen die Nationalfeiertage, die Helden und die Denkmäler mit Krieg und Gewalt in Verbindung. Die Medien erwecken höchste Bewunderung für jede Art von Gewalt. Das kommt z. B. sehr gut in den Filmen zum Ausdruck, in denen Arnold Schwarzenegger den Terminator spielt.

In dieser Kultur zählen die Militärs, die Bankiers und die Spekulanten mehr als die Dichter, Philosophen und Heiligen. In den formellen und informellen Sozialisationsprozessen schafft die herrschende Kultur, die auf der Grundlage der Gewalt aufgebaut ist, keine Vermittlungen für eine Kultur des Friedens.

Diese Situation wirft auf dramatische Weise immer wieder von Neuem die Frage auf, die Einstein in einem Brief vom 30. Juli 1932 Sigmund Freud stellte: „Gibt es einen Weg, die Menschen vom Verhängnis des Krieges zu befreien? … Gibt es eine Möglichkeit, die psychische Entwicklung des Menschen so zu leiten, dass sie den Psychosen des Hasses und des Vernichtens gegenüber widerstandsfähiger werden?“ (Einstein/Freud 1972, 15; 20)

Freuds Antwort fiel realistisch aus:

„… da es keine Aussicht hat, die aggressiven Neigungen der Menschen abschaffen zu wollen … Von unserer mythologischen Trieblehre her finden wir leicht eine Formel für die indirekten Wege zur Bekämpfung des Krieges. Wenn die Bereitwilligkeit zum Krieg ein Ausfluss des Destruktionstriebes ist, so liegt es nahe, gegen sie den Gegenspieler dieses Triebes, den Eros, anzurufen. Alles, was Gefühlsbindungen unter den Menschen herstellt, muss dem Krieg entgegenwirken ... Alles, was die Kulturentwicklung fördert, arbeitet auch gegen den Krieg". (Einstein/Freud 1972, 40; 412–42; 47)

Doch sein Brief beinhaltet auch einen realistischen und resignierenden Satz:

„Ungern denkt man an Mühlen, die so langsam mahlen, dass man verhungern könnte, ehe man das Mehl bekommt." (Einstein/Freud 1972, 43)

Trotz dieses harten Einwands werden wir weiter nach dem Frieden streben und nie damit aufhören: Und wenn er auch nicht als ein dauerhafter Zustand verwirklicht wird, was den Sterblichen verwehrt ist, so halten wir an ihm doch wenigstens im Sinne einer Geisteshaltung fest, die den Dialog der Konfrontation, die aufrichtige Suche nach Gemeinsamkeiten dem Konflikt vorzieht.

In den vorangegangenen Teilen haben wir immer eine Erzählung als Bezugspunkt gewählt, die uns das anschauliche Verständnis der Frage ermöglichte, die wir dann theoretisch vertiefen wollten. Auch für dieses Schlusskapitel wollen wir es so halten.

2. *Zeichen für eine friedliebende Menschheit*

Hören wir zunächst die Geschichte, wie sie uns vom spanischen Journalisten Ferran Sales in der Madrider Tageszeitung *El País* (7. Juni 2001) überliefert wird:

Mazen Julani war ein palästinensischer Pharmazeut. Er war 32 Jahre alt, hatte drei Kinder und lebte im arabischen Teil Jerusalems. Am 5. Juni 2001 trank er mit Freunden in einer Bar Kaffee. Dabei fiel er der Gewehrkugel eines jüdischen Siedlers zum Opfer. Es handelte sich um einen Racheakt gegen die Hamas, die 45 Minuten zuvor in einer Diskothek in Tel Aviv zahlreiche Menschen durch ein Selbstmordattentat getötet hatte. Das Projektil drang durch den Nacken ein und brachte sein Gehirn zum Platzen. Er wurde sofort ins Krankenhaus gebracht, wo er aber bereits tot eintraf. Die Verwandtschaft beschloss noch auf den Gängen des Krankenhauses, dass die Organe des Toten (Herz, Leber, Nieren und Bauchspeicheldrüse) für kranke Juden gespendet werden sollten. Das Oberhaupt des Familienclans erklärte im Namen aller Verwandten, dass sich mit dieser Geste keinerlei politische Absichten verbänden. Es sei eine Geste purer Menschlichkeit.

Nach Auffassung des Islam, so erläuterte er, bilden wir alle eine einzige Menschheitsfamilie, und wir sind alle gleich, sowohl Israelis als auch Palästinenser. Worauf es ankommt, ist, dazu beizutragen, dass Menschenleben gerettet werden können. Deshalb, sagte er, könnten die Organe für unsere israelischen Nachbarn von gutem Nutzen sein.

Tatsächlich schlägt nun in der Brust des Israelis Yigal Cohen ein palästinensisches Herz.

Mazen Julanis Frau tat sich schwer, ihrer vierjährigen Tochter den Tod des Vaters zu erklären. Sie sagte ihr nur, dass der Vater eine lange Reise unternehme und ihr bei seiner Rückkehr etwas Schönes als Geschenk mitbringen würde. Den Umstehenden sagte sie im Flüsterton und mit Tränen in den Augen: „Nach einiger Zeit werde ich zusammen mit meinen Kindern Yigal Cohen im israelischen Teil Jerusalems besuchen. Er lebt nun mit dem Herzen meines Mannes und des Vaters meiner Kinder. Es wird für uns ein großer Trost sein, das Herz dessen zu hören, der uns so geliebt hat, und das in gewisser Weise noch immer für uns schlägt."

Diese großzügige Geste ist voller symbolischer Bedeutung. Inmitten einer höchst spannungsgeladenen und hasserfüllten Atmosphäre zeigt sich das hoffnungsvolle

Pflänzchen des Friedens. Die Überzeugung, dass wir alle Teil der einen Menschheitsfamilie sind, erzeugt Haltungen der Vergebung, der Versöhnung und der bedingungslosen Solidarität. In der Vorstellung eines der scharfsinnigsten Interpreten der brasilianischen Kultur, Gilberto Freyre, besteht unser zivilisatorisches Projekt bei allen Widersprüchlichkeiten darin, dass wir ein Volk geschaffen haben, in dem das Zusammenleben der unterschiedlichsten Kulturen mit ihren jeweiligen Charakterzügen möglich ist, und ein Volk, das ein außergewöhnliches Potential hat, mit Konflikten umzugehen.

3. Hindernisse auf dem Weg zum Frieden und ihre Überwindung

Der Weg zum Frieden ist steinig und voller Hindernisse. Entweder verfällt man in den Fehler eines übertriebenen Optimismus, der utopische Lösungen entwickelt, oder man lässt sich übertriebenen Pessimismus zuschulden kommen und gelangt zu Lösungen, die den Frieden gerade verhindern. Wir denken dabei konkret an einen grenzenlosen Pazifismus auf der einen und an ein radikales Konfliktdenken auf der anderen Seite. Aus der Nähe betrachtet werden beide Wege der Komplexität der Wirklichkeit nicht gerecht, innerhalb derer der Friede geschaffen werden muss.

a) Grenzenloser Pazifismus

In der Geschichte gab es immer eine radikal pazifistische Haltung, besonders mit religiösen Wurzeln. Unabhängig von den konkreten Lebensbedingungen, die von Gewalt, Aggression und Krieg geprägt sind, haben sich immer wieder Einzelne und Gruppen von Menschen erhoben, die sich für einen radikalen, bedingungslosen Pazifismus aussprachen (vgl. Prat 2004). Sie ließen sich lieber töten, als selbst anzugreifen, selbst dann, wenn sie sich bloß verteidigen sollten. Franziskus von Assisi und der humanistische Arzt Albert Schweitzer, der russische Schriftsteller Leo Tolstoi und Marechal Rondon, der große indianische Pazifist aus Brasilien (dessen Wahlspruch lautete: „Lieber sterben als töten“) können als radikale Pazifisten aufgefasst werden, die auf jede Art von Aggression gegen jegliche Kreatur verzichteten. Bekannt sind auch die Quäker, die einen „quietistischen“ (passiven) radikalen Pazifismus praktizieren.

Diese pazifistische Grundhaltung entspringt einem zutiefst religiösen Geist, einem vorbehaltlosen Respekt vor jedem Lebewesen und einem ständigen Streben nach „sittlicher Vervollkommnung“. Dieses Verhalten stellt ein bewundernswertes Ideal dar, doch es ist nicht sehr realistisch, denn für sich allein kann es dem Frieden nicht zum Sieg verhelfen. Es gibt Situationen im Leben, in denen wir Unschuldige (von Vergewaltigung und Tod bedrohte Kinder zum Beispiel) verteidigen müssen oder in denen humanitäre Interventionen gerechtfertigt scheinen, wenn etwa Minderheiten physisch ausgelöscht werden, wie dies im Kosovo-Krieg und in Kroatien der Fall war. Andernfalls würden wir uns zu Komplizen des Verbrechens machen.

In der Wirklichkeit finden wir nebeneinander existierende Widersprüche vor. Sie bilden zusammen die Struktur ein und derselben Realität und untergraben ständig die Versuche, einen vollkommenen Frieden zu schaffen. Wie soll man mit ihnen umgehen? Um diese Frage angemessen zu beantworten, fehlen dem radikalen Pazifismus die Voraussetzungen.

Der aktive Pazifismus beweist einen größeren Realitätssinn. Er geht von den wirklichen Bedingungen einer widersprüchlichen und konfliktiven Realität aus, doch er lehnt den Gebrauch militärischer Gewalt und den Krieg als Problemlösungen ab. Er hat ein klares Bewusstsein von der unkontrollierbaren Zerstörungskraft des Krieges insbesondere in unserer modernen Welt mit ihren „intelligenten“ Waffen, in der die Zahl der zivilen Opfer weitaus höher ist als die der Opfer unter den Soldaten. Der aktive Pazifismus – auch aktive Gewaltfreiheit genannt –, wie ihn Mahatma Gandhi und Martin Luther King jr. praktizierten, will wirksam in die gesellschaftliche und politische Realität eingreifen.

Die gewaltfreien Mittel werden nicht aus pragmatischen oder taktischen Gründen gewählt, sondern sind die Konsequenz der unerschütterlichen Überzeugung, dass die Wahrheit aus sich selbst heraus genügend Kraft und Ausstrahlung hat, um sich von selber durchzusetzen.

Napoleon Bonaparte sagte nicht ganz zu Unrecht: „Es gibt zwei Mächte in der Welt: die des Schwertes und die des Geistes. Die Macht des Geistes wird die des Schwertes letztendlich besiegen.“

Die aktiven Pazifisten sind von der unbesiegbaren Kraft des Geistes überzeugt. Aufgrund dieser Überzeugungen bedienen sie sich ausschließlich gewaltfreier Mittel wie der Druckausübung auf gesellschaftliche und politische Instanzen, Massenmobilisationen, langer öffentlicher Gebete, an denen sich viele Menschen beteiligen, Fasten und Hungerstreiks. Mit diesen und anderen Methoden, bei denen der Friede nicht nur das Ziel, sondern bereits das Mittel ist, erreichte Gandhi die Befreiung Indiens von der britischen Kolonialherrschaft. Martin Luther King sicherte auf diese Weise die Bürgerrechte der Schwarzen in den USA.

Schließlich gibt es noch einen revolutionären Pazifismus. Er macht sich die Grundthese eines jeden Pazifismus zu eigen, nämlich die Ablehnung von Militäreinsätzen und Gewalt. Doch er hält dies noch nicht für ausreichend. Man muss die verborgenen Gründe eines jeden Militarismus und eines Entschlusses, Krieg zu führen, aufdecken, nämlich den Herrschaftswillen eines Volkes über das andere, den Konflikt geopolitischer, ethnischer, religiöser und wirtschaftlicher Interessen und die Existenz großer Ungleichheiten innerhalb der Gesellschaften und zwischen den Völkern. Der revolutionäre Pazifismus will diese verborgenen Zusammenhänge angreifen und sieht in ihrer Überwindung die Vorbedingung für einen wahren und dauerhaften Frieden. Er nennt sich selbst nicht deshalb revolutionär, weil er damit zum Ausdruck bringen wollte, dass er Gewalt anwende, sondern weil er die Ursachen der Gewalt aufdecken will. Er bedient sich politischer Mittel wie der Vernetzung sozialer Bewegungen, der Mobilisierung von Religionen und Kirchen und des Engagements für Gruppen, die praktische Alternativen entwickeln. Auf diese Weise wurden die Bewohner des Regenwaldes, die Seringueros (das sind die Gummizapfer im brasilianischen Urwald; d. Übers.) und Indios mobilisiert, um sich gegen die Vorposten der Abholzung des Regenwaldes zur Wehr zu setzen. Man organisierte die berühmten „empates“ (das sind Versammlungen aller möglichen Leute einschließlich Kinder, Frauen, Alte und Arbeiter), zu denen die Leute mit ihren Arbeitswerkzeugen kamen und sich vor die Traktoren stellten, mit deren Hilfe der Regenwald abgeholzt werden sollte.

Der Pazifismus stellt nicht so sehr eine Art von Politik dar, zu der eine bestimmte Strategie und Taktik gehören, sondern vielmehr eine Grundhaltung, eine antimilitaristische Geisteshaltung, die den Krieg als Mittel, Ordnung zwischen den Völkern und Menschen zu schaffen, ablehnt. Es gibt weder einen gerechten noch einen heiligen Krieg. Jeder Krieg ist pervers, weil er Leben vernichtet, vor allem unschuldiges. Er steht in diametralem Gegensatz zum kulturübergreifenden Gebot: „Du sollst nicht töten.“ Er ist unnütz.

b) Äußerste Konfliktbereitschaft

Die Wirklichkeit ist auch eine Arena, in der andauernd Konflikte, Konfrontationen und Kriege stattfinden. Die Menschen sind einander Lamm und Wolf zugleich. Das Zusammenleben von Einzelnen, Gemeinschaften und Völkern ist möglich, aber zugleich ist es ständig bedroht und brüchig. Die dominierenden Nationalstaaten und Länder üben ihre Hegemonie über den Lauf der Geschichte aus und verwandeln alles zum Schauplatz des Kampfes um die Macht. Was zählt, ist, wer der Stärkere ist und den anderen besiegen kann.

Der große Rechtsgelehrte und Politologe Carl Schmitt (1888–1986) behauptet in seiner Schrift *Der Begriff des Politischen,* dass die Identität eines Volkes sich in dem Maße bildet und behauptet, in dem es fähig ist, einen Feind auszumachen und diesen ständig zu bekämpfen. Dieser Kampf erlangt die Gestalt eines Vorurteils, der Diffamierung und Dämonisierung des Anderen. Carl von Clausewitz (1780–1831) stellt in seinem Werk *Vom Kriege* den Krieg für den Verlauf der Geschichte in den Mittelpunkt. Die Politik fasst er als Fortsetzung des Krieges mit anderen Mitteln auf.

Solche in der Gewalt verankerten Anschauungen waren es, die zunächst zum bürokratisch ausgeführten Mord des europäischen Kolonialismus in Afrika, in Lateinamerika und Asien führte. Millionen von Eingeborenen wurden innerhalb weniger Jahre getötet, wie dies etwa in Mexiko und Peru im 16. Jahrhundert der Fall war.

Dann kam der totale Krieg, der von Hitler im Zweiten Weltkrieg ausgerufen wurde. Er ging einher mit der „systematischen Produktion von Leichen in den Vernichtungslagern der Nazis“, wie es die deutsch-jüdische Philosophin Hannah Arendt ausdrückte. Diese „Vernichtungsfabriken“ waren von keinerlei militärischer Bedeutung. Hier herrschte die banale, bürokratische und technische Ermordung ohne jede Skrupel und ohne irgendein moralisches Empfinden. Es war der reine Ausdruck von Rassismus und Hass (vgl. Stolcke 2004). Allein im 20. Jahrhundert wurden 200 Millionen Menschen in den zahlreichen Kriegen getötet. Dies stellt ein hohes Ausmaß an Barbarei und die praktische Leugnung eines jeden zivilisatorischen Prinzips dar.

Seit dem 11. September 2001, als die terroristischen Attentate auf die Vereinigten Staaten stattfanden, ist eine andere Form des Krieges entstanden: der Präventivkrieg gegen die Terroristen auf der ganzen Welt. Der Krieg wurde globalisiert. Er teilte die Menschheit in „Schurkenstaaten" und zur „Achse des Bösen" gehörige Länder einerseits und in „zivilisierte" und „gute" auf der anderen Seite. Die ersteren bekommen die ganze Härte der modernen intelligenten Kriegsführung zu spüren und die anderen werden dazu verpflichtet, zugunsten der Hegemonialmacht, in diesem Fall der USA, Partei zu ergreifen. Die Menschenrechte gelten nicht länger bedingungslos, sondern werden der Logik der Sicherheit des weltweiten Systems untergeordnet. Angst, Schrecken und Unsicherheit charakterisieren die Länder des Zentrums, die ständig vom Terrorismus bedroht sind, der sie zu Geiseln ihres Denkens macht.

Schließlich wurden in den letzten Jahren Massenvernichtungswaffen entwickelt, die in der Lage sind, die Gattung Mensch und einen Großteil der Biosphäre auszulöschen. Diese Art von Kriegsführung veränderte die Selbstwahrnehmung des Menschen zutiefst. Der Mensch kann sich selbst vernichten. Sein Ende wäre nicht auf eine Naturkatastrophe oder einen göttlichen Willen zurückzuführen, es wäre seine eigene Entscheidung. Nachdem sich der Mensch bereits des Lebens bemächtigt hat, wird er nun auch Herr über seinen eigenen Tod. Dies hat metaphysische Dimensionen. Es gibt dem Menschen zu denken über das Ausmaß seiner eigenen Aggressivität, über seinen Platz innerhalb des Evolutionsprozesses und darüber, wer er letztlich wirklich ist. Solche Feststellungen sind es, die eine Auffassung prägten, welche die Geschichte als ununterbrochene Folge von Kriegen und als einen Prozess sieht, in dem sich Sieger und Besiegte ständig abwechseln. Abgesehen von diesen eben aufgeführten Fakten dürfen wir etwas anderes nicht unterschätzen, was uns das Nachdenken über Krieg und Frieden erschwert. Es ist die brutale Tatsache der Existenz von Armen und Ausgegrenzten. Ihre wachsende Zahl im Weltmaßstab könnte zu einem Konflikt mit den schwersten Folgen führen. Diese ihrem Schicksal überlassenen Massen können nicht länger vom weltweit herrschenden System unsichtbar gemacht werden. Ein Teil von ihnen bildet die Reservearmee einer Ökonomie in den Händen von Mafia-ähnlichen Banden und Terroristen, die Hunderttausende von Menschen weltweit mobilisiert, Milliarden Dollars bewegt, die mit Hilfe großer Bankhäuser gewaschen werden, Politiker korrumpiert und sogar in hohe Kreise staatlicher Sicherheitsorgane eindringt. Dieses komplexe Phänomen wird von einigen Analytikern als faktischer Dritter Weltkrieg angesehen (vgl. Engelhard 1999).

Die Frage von Armut und Reichtum erlangt mit der wahrscheinlichen Konfrontation zwischen dem wohlhabenden Norden und dem arm gemachten Süden eine geopolitische Dimension. Es könnten sich terroristische Anschläge, Zerstörung öffentlicher Einrichtungen, Attentate auf große Ansammlungen von Menschen ereignen, und vielleicht könnten auch Stadtguerilla-Bewegungen entstehen. Man kann selbst Akte von massenhafter Zerstörungskraft wie die Vergiftung des Trinkwassers, Sprengungen von Elektrizitätswerken und sogar Atomkraftwerken oder spektakuläre Gewaltakte wie die in den USA, Madrid oder London nicht ausschließen. Damit können Erscheinungsformen des Rassismus, der Fremdenfeindlichkeit, des religiösen Fundamentalismus und des Faschismus einhergehen, die bekanntermaßen große Gewalt und Menschenopfer unter der Zivilbevölkerung verursachen.

Wie kann man innerhalb einer so aufgewühlten und gewaltsamen Welt für den Frieden eintreten? Konkret gesprochen ist der herrschende Friede ein bewaffneter Friede, er ist in Wahrheit ein ständiger Belagerungszustand. Er ist bloß Waffenstillstand innerhalb einer umfassenderen Realität des Krieges, eine Pause, damit sich die Kriegsparteien erholen können, um dann erneut den Krieg ohne Ende fortzusetzen.

Wenn wir eine Kultur des Friedens schaffen wollen, dann müssen wir solch radikale Lesarten überwinden und unsere konkrete Realität besser zu verstehen versuchen. Sie ist nuacenreicher, als es die Reduktion auf Schwarz und Weiß, Freund und Feind, Krieg und Frieden nahelegt.

4. Ein verantwortlicher Realismus

Die Wirklichkeit ist ihrer Natur nach ambivalent. Einerseits ist sie von den oben beschriebenen, nicht von der Hand zu weisenden Konflikten geprägt. Andererseits ist sie von der Dynamik der Ordnung, der Harmonie und des Friedens durchdrungen. Diese beiden Tendenzen wechseln einander nicht ab, sie existieren vielmehr gleichzeitig. Sie durchdringen einander. Einmal herrscht die dunkle Seite vor, die wiederum die helle Seite mit sich bringt, das andere Mal die helle Seite, die in sich die dunkle birgt. Keine von beiden kann die andere ausrotten. Sie setzen sich gegenseitig eine Grenze, sie ergänzen einander, sie fordern sich gegenseitig heraus und halten ein dynamisches Gleichgewicht aufrecht, das niemals ein für allemal sicher ist und immer wieder von Neuem geschaffen werden muss.

Die Kunst besteht nun nicht darin, entweder einem grenzenlosen Pazifismus oder einem extremen Konfliktdenken den Vorrang einzuräumen. Sie besteht vielmehr darin, die Spannung aufrechtzuerhalten, indem man jene Konvergenz der Energien anstrebt, die es der Geschichte ermöglicht, Ordnungen, und Institutionen zu schaffen, die ein Minimum an Gerechtigkeit und Integration verwirklichen, und eine gesellschaftliche Rangordnung zu etablieren, die nicht allzu zerstörerisch wirkt. Dabei muss man wissen, dass die Konfliktanfälligkeit stets alles wie ein Schatten begleitet.

Wenn es diese Suche nach einem Ausgleich, nach einem Gleichgewicht des rechten Maßes nicht gäbe, dann wäre Gesellschaft wahrscheinlich gar nicht möglich, und die Menschen würden einander vernichten.

Innerhalb dieses komplexen Kontextes kann der Friede nicht als ein sicherer Zustand aufgefasst werden. Er ist vielmehr ein Prozess, mit dessen Hilfe mit Konflikten so umgegangen wird, dass sie nicht zerstörerisch wirken, sondern eine Dynamik in Richtung eines menschlichen Zusammenlebens entfalten. Das heißt, dass der Friede niemals an sich existiert. Er muss immer wieder geschaffen werden, Tag für Tag, Jahr für Jahr, in jedem Menschen, jeder Familie, jeder Gruppe und Gemeinde, in jeder Gesellschaft und in der Welt (vgl. Pureza 2001).

Der Friede ist die Art und Weise, mit den Konflikten umzugehen, sie mit Mitteln zu bearbeiten, die keine neuen Konflikte herbeiführen. Das bedeutet zum Beispiel für den Aufbau der persönlichen Beziehungen: dem Dialog weiten Raum schaffen, versuchen, die Position des Anderen zu verstehen, für das Herausfinden von Gemeinsamkeiten offen sein, zur Einmütigkeit bis hin zur Vergebung bereit sein … all das sind Haltungen, die den Frieden schaffen können. Auf der Suche nach dem Frieden muss den kollektiven Interessen der Vorrang gegenüber den individuellen oder Gruppeninteressen eingeräumt werden, muss die Multikulturalität über den Ethnozentrismus gestellt werden, muss sich die lokale Perspektive an der globalen orientieren und muss sich die Staatszugehörigkeit auf das Weltbürgertum hin öffnen.

Wenn wir uns nicht alle gemeinsam diese Strategie zu eigen machen, wird nur sehr schwer Friede entstehen.

5. Der unmögliche Friede

Wenn wir den Frieden schaffen wollen, dann ist es angemessen, auf realistische Weise vom grundlegenden Konfliktpotential auszugehen, das innerhalb der Gemeinschaft des Lebens und im Menschen selbst vorhanden ist. Nur auf diese Weise werden wir zu einem dauerhaften Frieden und einer Kultur des Friedens gelangen. Wir wollen uns dieser Frage von verschiedenen Seiten nähern.

a) Die Gewalt in mir selbst

Es kommt darauf an, dass wir realistisch und ehrlich sind. Es gibt Gewalt in der Welt, weil ich selbst den Keim der Gewalt in mir trage. In mir steigt Zorn hoch, wenn ich im Straßenverkehr von einem Auto auf gefährliche und dreiste Weise überholt werde. Mich packt der Ärger, weil ich wegen der großen Menschenmenge auf dem Gehweg nicht rasch vorwärtskommen und für meinen Arzttermin schon spät dran bin. In mir steigen Gefühle der Ablehnung auf, wenn ich jemandem begegne, der sich im Gespräch als arrogant und rechthaberisch erweist. In mir erwachen Aggressionsinstinkte, wenn ich sehe, wie ein kräftiger Kerl auf feige Weise einen kleineren schlägt, der ihm nicht genügend Respekt erwiesen hat. Manchmal packt mich der Wunsch, jemandem den Hals umzudrehen, wenn er mit mir diskutiert und dabei die Wahrheit verdreht und lügt. Wie oft hören wir doch jemanden sagen: „Ich werde ihn noch umbringen und in tausend Stücke reißen!"

Solche Empfindungen von Gewalt und Aggression tragen wir in uns. An Orten wie der Schule, in den Fabriken und in den Gemeinden äußern sie sich kollektiv in Form des so genannten Mobbing. Dieses aus dem Englischen stammende Wort meint, den anderen verspotten und sich über ihn lustig zu machen. Damit sind die absichtlichen oder unabsichtlichen, verborgenen oder offenen Verhaltensweisen gemeint, die jemanden – wegen bestimmter Eigenschaften wie Übergewicht oder Untergewicht, mangelnder Intelligenz, der Herkunft (Beruf der Eltern), Gesundheitsproblemen, der Art, sich zu kleiden etc. – zur Zielscheibe von Spott, Beleidigungen, Erniedrigungen, Einschüchterungen und Ausschluss aus der Gruppe macht. Die Opfer dieser Verhaltensweisen bekommen meistens komische oder beleidigende Spitznamen und werden zu wahrhaften Sündenböcken. Für sie kann das katastrophale Auswirkungen haben, wie z.B. Depression, Isolation, Panikattacken, Asthma und Essstörungen. Das Mobbing ist heute in den Schulen und am Arbeitsplatz ein ernsthaftes Thema und stellt eine Herausforderung für eine Kultur des Friedens dar, denn die Schüler oder Kollegen werden nicht mehr zum Respekt vor dem Anderssein und zur Toleranz angehalten oder erzogen (vgl. Fante 2005).

Die Frage, wie man die Entstehung von Aggression erklären kann, hat die scharfsinnigsten Denker beschäftigt. Sigmund Freud hat sich sein ganzes Leben lang mit diesem Problem herumgeschlagen. Er geht von der Feststellung aus, dass es zwei grundlegende Impulse gibt, die das Leben des Menschen bestimmen: Der erste ist derjenige, der das Leben bejaht und bestärkt. Freud bezeichnet diesen Grundtrieb als Eros im klassischen Sinne der alten Griechen. Der andere strebt den Tod (Thanatos) und dessen psychische Entsprechungen wie Hass, Rache, Ausgrenzung usw. an. Diese beiden Grundimpulse existieren nebeneinander und sind konstitutiv für das Menschsein.

Freud behauptet nun, dass die Aggressivität dann entsteht, wenn der Todestrieb durch irgendeine Bedrohung von außen aktiviert wird. Jemand bedroht einen Anderen und will ihm das Leben nehmen. Der Bedrohte kommt ihm zuvor und greift den Anderen an, vernichtet ihn vielleicht sogar. Der tiefe Grund der Aggression ist die Angst, dass wir das Leben verlieren könnten.

Doch wenn das allgemeine Vertrauen und die Fürsorge füreinander überwiegen, dann gibt es keinen Grund, dass sich jemand bedroht fühlt. So entwickelt sich eine Atmosphäre des Friedens.

René Girard, ein zeitgenössischer Theoretiker aus Frankreich, behauptet, dass die Aggression aus der Rivalität entsteht, die ständig zwischen den Menschen herrscht (er nennt dies Mimesis).[5] Diese Rivalität führt zu ständigen Spannungen und schafft dunkle Komplizenschaften. Die Gesellschaft projiziert alles Böse und alle Bedrohung auf eine Person, die sie zum Sündenbock macht. Alle vereinigen sich gegen sie, um sie aus ihrer Mitte zu entfernen. Das führt zu einem vorübergehenden Zustand des Friedens unter den Gegnern. Sobald dieser Friede brüchig wird, findet man einen neuen Sündenbock (die Terroristen, die Muslime, die Globalisierungsgegner), und von Neuem vereinigen sich alle gegen den einen und stellen so den verloren gegangenen Frieden wieder her. Und diese Logik setzt sich endlos fort.

Doch das Begehren muss nicht notwendig mimetisch sein und die Konkurrenz heraufbeschwören. Es kann sich auch an der Kooperation, am Teilen und am gemeinsamen Besitz dessen, was sich alle wünschen, orientieren. So werden die Bedingungen für einen dauerhaften Frieden zwischen den Menschen und innerhalb der Gesellschaft geschaffen, und nicht nur ein vorübergehender Scheinfriede wie der durch die Vertreibung des Sündenbocks hergestellte Zustand.

Die Gesellschaft, die Familie, die Schule und der Zivilisationsprozess insgesamt lehren uns in jeglicher Hinsicht, die aggressiven und gewalttätigen Anteile in uns zu kontrollieren und damit Gewaltausbrüche und Verbrechen zu verhindern. Die Geschichte hat jedoch gezeigt, dass die auferlegten Schranken nicht genügen, um einen dauerhaften Frieden sicherzustellen.

Doch es gibt auch die andere Seite: Die echte Saat von Güte und Liebenswürdigkeit, Wohlwollen und Liebe in uns wird nicht gänzlich erstickt.

Die Gelehrten, die sich mit dem Menschen beschäftigen, besonders die Anthropologen, die in ihre Forschungen die Evolution des Kosmos, des Lebens und des Menschen einbeziehen, haben uns überzeugend dargelegt, dass sich diese beiden Dimensionen stets in einem dialektischen Spannungsverhältnis zueinander befinden und so das Drama der eigenen persönlichen Geschichte und das der Gesellschaft bewirken.

In allen Wesen, den leblosen ebenso wie den lebendigen, gibt es zwei Kräfte, die in ständiger Spannung zueinander stehen. Sie ergänzen einander. Eine dieser Kräfte ist die Selbstbehauptung. Jedes Sein muss kämpfen, seinen Platz verteidigen und sich selbst behaupten, um zu leben und zu überleben. Andernfalls stirbt es. Darwin hat seine These vom „Survival of the fittest" durch den Mechanismus der natürlichen Auslese im Tierreich dadurch gefunden, dass er über diese Kraft nachgedacht hat, die er allerdings nur auf den Bereich des Lebendigen beschränkt hat.

Doch es gibt noch eine Kraft, nämlich die der Integration in ein umfassenderes Ganzes. Kein Lebewesen lebt für sich allein. Es ist immer ein Exemplar einer Art, eines größeren Ganzen, in das es einbezogen ist, von dem es sich geschützt fühlt und das ihm sein Leben und Überleben sichert.

Selbstbehauptung und Integration liegen allem Sein zugrunde, selbst den subatomaren Teilchen. Es kann vorkommen, dass sich jemand mit solcher Kraft selbst behauptet, dass er sich nicht länger in ein übergreifendes

Ganzes einordnet. Dann entsteht ein Irrweg, der zum Beispiel auf gesellschaftspolitischer Ebene in den Kapitalismus münden kann. Darin zählt nur das Individuum, dessen Entfaltung und dessen private Anhäufung von Reichtum. Es vergisst, dass es Teil eines größeren Ganzen ist, nämlich der Gesellschaft, der Natur und des Universums. Es kann auch das Gegenteil dessen passieren: Jemand ordnet sich dem Ganzen unter, er entwickelt die Dynamik der Kooperation, der Solidarität und der gemeinsamen Verantwortung für das Gemeinwohl. Aber es kann zu einer einseitigen Übertreibung führen. Er geht in einer Weise im Ganzen auf, dass er seine Identität und seine Fähigkeit zur Selbstbehauptung verliert. Genau das ist im kollektivistischen Sozialismus passiert. Er sah nur das Wir und drückte das Ich an den Rand. Daraus entstand eine Gesellschaft ohne Eigeninitiative, eine jegliche Kreativität entbehrende Bürokratie.

Die Kunst besteht nun darin, Selbstbehauptung und Integration, persönliche Entfaltung und Kooperation stets miteinander zu verbinden und so dem Prozess des persönlichen und gemeinschaftlichen Lebens Dynamik zu verleihen.

Die Anthropologen haben erkannt, dass wir gleichzeitig *sapiens* und *demens* sind, und zwar nicht aufgrund eines Degenerationsprozesses, sondern aufgrund der Evolution selbst. Wir sind die Träger von Intelligenz und Weisheit, von inneren Energien, die uns auf Großzügigkeit, Zusammenarbeit, Wohlwollen, Liebe und Vergebung hin orientieren. Und gleichzeitig charakterisieren uns mangelnde Geisteskraft, exzessive Übertreibung, Aggressionsimpulse und Todestrieb. Wir sind dieses ambivalente, komplexe, bipolare Wesen, das in sich den Abgrund des Bösen und den höchsten Gipfel der Liebenswürdigkeit vereint. Wir sind tragische Wesen, denn diese beiden Ich existieren zusammen und tragen ihren Gegensatz in jedem von uns aus. Das Herz ist zweigeteilt. Aus ihm entspringt die Hingabe für Andere bis zum Tod. Aus ihm entspringt aber auch die Ablehnung bis hin zum Tode des Anderen. Wir sind ein metaphysisches Rätsel, ein lebendiger Widerspruch, Engel und Dämon zugleich, die sich den gleichen Lebensraum teilen. Mit einem Wort: Wir sind der Zusammenfall der Gegensätze.

Wie können wir innerhalb dieses Spannungsfeldes voller Widersprüche den Frieden schaffen? Das wird nur in dem Maße möglich sein, in dem die Einzelnen und die Gemeinschaften die Bereitschaft dafür schaffen, den Dimensionen der Gastfreundschaft, des Zusammenlebens, des Respekts, der Toleranz, der Kooperation, der Solidarität und der Liebe mehr Raum zu geben und sie in bewusster und wohlorganisierter Weise zu kultivieren. Die Kultur des Friedens hängt davon ab, dass diese Haltungen und die Haltung der Fürsorge – die immer zugleich mit der anderen Dimension, nämlich der der Rivalität, des Egoismus und der Ausgrenzung der Anderen, koexistieren – die Oberhand behalten.

b) Die Gewalt des Patriarchats

Eine andere Ursache der in den Gesellschaften auf der ganzen Welt herrschenden Gewalt ist das Patriarchat. Die wissenschaftliche Forschung hat – und das ist nicht zuletzt einem starken Einfluss des Feminismus zu verdanken – herausgefunden, dass es vor ca. 30.000 Jahren das Matriarchat gab (vgl. Göttner-Abendroth 1988 und 1991). Es waren die Frauen, die die Gesellschaft leiteten und die Beziehungen zu anderen Gruppen organisierten. Es war eine Kultur, die sich durch eine tiefe Harmonie mit der Natur auszeichnete, denn die Frauen fühlten sich mit den Rhythmen der Natur zutiefst verbunden. Die Gottheiten waren weiblich. Archäologische Fundstücke von Muttergottheiten gibt es fast überall auf der Welt, besonders in den Kulturen des Mittelmeerraums und Südostasiens. Die Gesellschaften waren friedfertig und von einem tiefen spirituellen Empfinden für das Leben geprägt.

In der Zeit von 10.000 bis 8.000 v. Chr. setzte sich allmählich das Patriarchat durch. Aus nicht ganz geklärten Gründen erlangten die Männer gesellschaftliche und politische Macht. Das führte schließlich dazu, dass sie die Leitung der Gesellschaft übernahmen. Sie setzten ihre Interessen, ihre Weltsicht und ihr Verständnis von den gesellschaftlichen Beziehungen durch. Nach und nach bildete sich ein unerbittlicher Prozess der Unterordnung und Beherrschung der Frau heraus. Sie wurde vom öffentlichen Leben ferngehalten und auf den Bereich der Familie eingeschränkt. Obwohl sie im Leben eine handelnde Rolle spielte – sie arbeitete ja nach wie vor und zog die Kinder groß –, wurde sie unsichtbar gemacht und an den Rand gedrückt. Dieser Prozess geht bis heute weiter, und das trotz des wirkungsvollen feministischen Widerstands, der feministischen Organisationen und des feministischen Denkens. Die Erniedrigungen, denen die Frau ausgeliefert ist – durch Diskriminierung am Arbeitsplatz, als Lustobjekt für den Mann, durch internationalen Handel mit Prostituierten, als Sexsklavin –, bezeugen das Fortleben des Patriarchats. In vielen Ländern Afrikas, die die Klitorisbeschneidung als eine Form der sexuellen Verstümmelung praktizieren und wo es ein unvorstellbares Gewaltpotential gibt, erweist sich das Patriarchat sogar noch als stärker denn je.

Es ist typisch für den Herrschaftswillen des Mannes, dass er sich der physischen Stärke und der instrumentellen Intelligenz bedient, um seine Strategien der Eroberung und Weltbeherrschung durchzusetzen. Er schuf für dieses Vorhaben die entsprechenden Mittel und Techniken: das Heer, den Krieg, den Staat als Instanz der legitimen Gewaltausübung, die Gesetze, die seinem Handeln Legitimität verleihen, einen ganz bestimmten Typ von Wissenschaft und Technik und eine bestimmte Lesart der überkommenen Mythen und Traditionen, die seine neue Rolle legitimieren und mit göttlicher Autorität ausstatten.

Wie die Feministinnen gezeigt haben, ist das Patriarchat mehr als ein asymmetrisches Verhältnis der beherrschenden Macht des Mannes über die Frau. Es stellt auch eine komplexe hierarchische politische Herrschaftsstruktur dar, die das Geschlechterverhältnis, die „Rasse", die gesellschaftliche Klasse, die Politik und die Religion gleichermaßen betrifft (vgl. Schüssler-Fiorenza 1993, 211–232). Von einigen Ausnahmen abgesehen sind heute praktisch alle Gesellschaften patriarchalisch.

Das zersetzende Handeln der weltweiten feministischen Bewegung hat dazu geführt, dass sich das Patriarchat in einem tiefgehenden Auflösungsprozess befindet. Es zögert sein Ende mit Hilfe der Medien und der Manipulation von Frauen für Marketing-Zwecke hinaus, doch selbst hier bekommt es den wachsenden Widerstand der Gesellschaft zu spüren, die neue Formen der Mann-Frau-Beziehung anstrebt, die sich durch Partnerschaft, gemeinsame Übernahme der familiären Verpflichtungen, durch gegenseitigen Austausch auf der Grundlage der Differenz auszeichnen und auf Gleichberechtigung beruhen.

Was bedeutet Frieden innerhalb einer patriarchalischen Kultur, die zutiefst von Ungleichheit und Unterdrückung geprägt ist? Der Friede ist hier das Ergebnis der Befreiung des Weiblichen in der Gesellschaft und der Ausstattung der Frau mit Würde, das Ergebnis von einem stärker partnerschaftlichen und gleichberechtigten Geschlechterverhältnis und von Haltungen dauerhafter Partnerschaft zwischen Mann und Frau, in der sie in ihrer jeweiligen Unterschiedenheit Wertschätzung und Respekt erfahren. Der Jahrhunderte alte Geschlechterkampf kann einer Zeit des Friedens zwischen Mann und Frau in den Familien und Partnerschaften weichen.

c) Die kulturelle Gewalt: der Wille zur Macht und Herrschaft

Das Patriarchat brachte einen bestimmten Typ von Kultur hervor, die praktisch alle gesellschaftlichen Instanzen strukturierte und danach trachtete, dass ihre Utopie und ihre Werte von allen angenommen würden. Die strukturierende Achse der patriarchalischen Kultur ist der Wille zur Macht und Herrschaft. Diese Macht steht im Zeichen Alexanders des Großen und Hernán Cortéz'. Es handelt sich um ein ehrgeiziges und prometheisches Projekt der Welteroberung, der Unterwerfung der Völker und der Natur. Dieses Projekt wurde mit Feuer und Schwert unter äußerster Gewaltanwendung mit allen technischen und politischen Möglichkeiten, die den Protagonisten zur Verfügung standen, verfolgt. Es ließ eine Blutspur, zerstörte Städte, eine hingemetzelte Bevölkerung und eine verwüstete Natur zurück. Dieses Projekt kennt keine Grenzen: Es drang bis zum Herzen der Materie vor, eroberte den heiligen Bereich des Lebens und macht sich daran, über die Erde hinauszugelangen und das Weltall zu erobern. Ein solcher Wille zur Macht und Herrschaft macht auch vor keinem Tabu, keiner Schranke oder Grenze halt. Er ist seiner Natur nach entsakralisierend, denn er ist auf radikale Weise anthropozentrisch. Der Mensch in seinem Eroberungsdrang wird zum Paradigma aller Werte. Über ihm gibt es nichts mehr.

Es ist nicht verwunderlich, dass er in seiner Eroberungsgier das Prinzip der Selbstzerstörung hervorgebracht hat. Er hat eine so überwältigende Todesmaschinerie errichtet, mit der er sich auf zahlreiche verschiedene Weisen selbst vernichten – dies macht seinen suizidalen Wesenszug aus – und einen Großteil der Biosphäre ernsthaft gefährden kann.

Es war der Wille zur Macht und Herrschaft, aus der die merkantilistische, koloniale, neokoloniale und heute globalisierte Moderne hervorging. Wohin wird sie uns führen, wenn ihr keine Fesseln angelegt werden? Sicherlich nicht ins Reich der Freiheit, der Rechte, des Respekts, der Ehrfurcht und des Friedens. Welchen Frieden können die Völker herbeisehnen, wenn sie sich auf diese Weise in Ketten gelegt erfahren und dennoch zugleich pflichtschuldig Hymnen für die Freiheit singen?

Der Friede ist nur als ein Werk der Gerechtigkeit möglich. Keine Gesellschaft hat Zukunft, wenn sie auf der Grundlage struktureller und historischer Ungerechtigkeit errichtet ist. Die Grundidee der Gerechtigkeit ist folgende These, die eine wahrhaftige Liebeserklärung an die Adresse der Menschheit ist: jedem nach seinen Bedürfnissen (physischen, psychischen, kulturellen und spirituellen) und jeder nach seinen Fähigkeiten (physischen, intellektuellen und moralischen). In diesem Sinne setzt die Gerechtigkeit die Gleichheit aller voraus und strebt nach dem Gemeinwohl, wie es Papst Johannes XXIII. in seiner berühmten Enzyklika *Mater et Magistra* definiert hat. Diese Definition greift er noch einmal in *Pacem in terris* auf:

„… dass das Gemeinwohl ‚der Inbegriff jener gesellschaftlichen Voraussetzungen ist, die den Menschen die volle Entfaltung ihrer Werte ermöglichen oder erleichtern'". (*Pacem in terris*, 58; 1963, 105)

Wenn die Beziehungen nicht in der Weise neu gestaltet werden, dass sie gerechter, gleichberechtigter und integrativer werden, dann wird ein friedliches Zusammenleben nicht möglich sein. Ein solcher Friede erfordert Reparationsleistungen und politische Kompensation für die schweren Schäden, die die Herrschaft auf der Seite der Opfer verursacht hat, insbesondere dann, wenn diese jahrhundertelang versklavt und als „Stück Vieh" auf dem Markt feilgeboten wurden. Die Kolonial- und Sklavenhaltergesellschaften haben noch nicht dieses Bewusstsein erlangt, sie zeigen nicht einmal die Bereitschaft, für die Verbrechen gegen die Menschlichkeit, die sie jahrhundertelang verübt haben, um Entschuldigung zu bitten.

Dieser Friede hat sein Fundament in einer anderen Dimension, die ebenfalls zum Menschen gehört. Er ist keineswegs schicksalhaft zu Macht und Herrschaft verdammt. Neben dem Paradigma Alexanders des Großen und Hernán Cortez', den Urbildern der Eroberer, gibt es auch das Paradigma eines Franz von Assisi und eines Mahatma Gandhi, die einen Geist universaler Geschwisterlichkeit zur Entfaltung brachten und die Fürsorge als eine Weise der Beziehung mit allen Lebewesen kultivierten. Der Mensch kann mit Seinesgleichen zusammenleben und zusammenarbeiten und sie sich zu Verbündeten, Freunden und Geschwistern machen. Die Geschichte hat, besonders in Gestalt der noch existierenden indigenen Kulturen, gezeigt, dass ein menschlicher und geschwisterlicher Umgang miteinander möglich ist. Die Spannungen und Konflikte, die es natürlich gibt, werden mittels Dialog, Verhandlungen und der Fähigkeit zu Kompromissen gelöst, die alle gleichermaßen in die Verantwortung und Pflicht nehmen.

Dieser Dimension des Menschseins den Vorrang einzuräumen und die andere Dimension stets wachsam zu kontrollieren, macht ein Mindestmaß an Frieden und Eintracht zwischen den Menschen und den Gesellschaften möglich.

d) Die Gewalt der kapitalistischen Marktwirtschaft

Der Wille zur Macht und Herrschaft gewann seinen sichtbarsten und perversesten Ausdruck in der kapitalistischen Marktwirtschaft. Im Laufe der Menschheitsgeschichte war die Wirtschaft, deren Aufgabe es ist, die materiellen und technischen Grundlagen für das Leben und dessen Reproduktion zu schaffen, stets in die Gesellschaft integriert. Sie war ein wichtiger Teil der Gesellschaft, doch stets der Politik untergeordnet, die ja die Art und Weise darstellt, wie die Menschen die Macht unter sich verteilen, sich selbst organisieren und ein gemeinsames Projekt verfolgen. Das neue Faktum in der Geschichte ist nun, dass sich die Wirtschaft von der Gesellschaft abgelöst und verselbstständigt hat und auf diese Weise eine perverse Desintegration erzeugt.

Dies war bereits von Karl Marx vorhergesehen worden und wurde dann vom nordamerikanischen Wirtschaftswissenschaftler ungarischer Abstammung, Karl Polanyi, klar herausgestellt. Selbstständig und außerhalb jeder gesellschaftlichen, staatlichen und menschlichen Kontrolle wurde der Wirtschaft freie Bahn gelassen. Sie gehorcht nun ihrer eigenen Logik, die in der Profitmaximierung, in der Reduktion der Kosten auf ein Minimum und in der größtmöglichen Verkürzung der Umschlagszeit des Kapitals besteht. Alles wird zu einem einzigen *big mac*, alles wird der Schlachtbank des Marktes ausgeliefert: die Gesundheit, die Kultur, die Organe, die Religion. Es ist ein Zeichen der „allgemeinen Korruption und universellen Käuflichkeit", wie dies bereits Marx im Jahr 1847 (s. weiter unten) formulierte. Es ist *Die große Transformation*, als die sie Polanyi charakterisiert hat, die größte, die es jemals gegeben hat (vgl. Polany 2001; Löwy 2004, 67–78).

Die katastrophalste Wirkung dieser Transformation besteht darin, dass sie den Menschen zum bloßen Produzenten und einfachen Konsumenten degradiert. Es gibt nichts Armseligeres als dieses materialistische Projekt des Menschen, dem jede Größe mangelt.

Ein armes, aber sehr aufmerksam auf die Widersprüche des Lebens achtendes Mitglied einer Basisgemeinde im Nordosten Brasiliens sagte: „Dieser Mensch ist so arm, wirklich so arm, dass er nichts anderes hat als Geld." Güte, Großherzigkeit, Kooperationsgeist und Sorgfalt für die Dinge fehlten ihm völlig.

Im Jahr 1847 schrieb Karl Marx in seiner Schrift *Das Elend der Philosophie* mit prophetischem Weitblick:

„Kam endlich eine Zeit, wo alles, was die Menschen bisher als unveräußerlich betrachtet hatten, Gegenstand des Austausches, des Schachers, veräußert wurde. Es ist dies die Zeit, wo selbst Dinge, die bis dahin mitgeteilt wurden, aber nie ausgetauscht, gegeben, aber nie verkauft, erworben, aber nie gekauft: Tugend, Liebe, Überzeugung, Wissen, Gewissen etc., wo mit einem Wort alles Sache des Handels wurde. Es ist die Zeit der allgemeinen Korruption, der universellen Käuflichkeit oder, um die ökonomische Ausdrucksweise zu gebrauchen, die Zeit, in der jeder Gegenstand, ob physisch oder moralisch, als Handelswert auf den Markt gebracht wird, um auf seinen richtigen Wert abgeschätzt zu werden." (Marx 1980, 69)

Die tote Arbeit (Maschinen, Apparate, Roboter) verdrängt die lebendige Arbeit (die Arbeiter). Alles wird auf Märkte reduziert, die es zu erobern gilt, um unbegrenzt Kapital akkumulieren zu können. Der Motor, der diese Logik vorwärtstreibt, ist der unerbittlichste Wettbewerb. Nur der Starke überlebt. Der Schwache widersteht nicht, gibt auf und geht unter.

Nun passiert es aber, dass dieses wilde Treiben an eine Grenze stößt: die Natur mit ihren begrenzten Ressourcen und ihrer begrenzten Tragfähigkeit. Doch sie wird nicht respektiert. Diese Art von Ökonomie würde sogar sich selbst zerstören. Deshalb muss sie immer mehr Grenzen für die Produktion und den Agrarhandel öffnen, was zum Beispiel zwangsläufig die Aufgabe von großen Gebieten des brasilianischen Amazonas-Regenwaldes und des Pantanal zur Folge hat – Regionen mit den größten Wasserreserven der Welt, der größten Artenvielfalt und des größten Vorrats an Biomasse …

In letzter Zeit hat die Erde ihren Protest dagegen deutlich gemacht: Die Anzeichen dafür sind übermäßige Erwärmung, Ausdünnung der Ozonschicht, das Absterben der Korallen, die zu einem großen Teil für die Vitalität der Ozeane verantwortlich sind, die Hurricans und Taifune, die Dürrekatasrophen, die gewaltigen Überschwemmungen und, was vom Menschen ausgeht, die wachsende Gewalt in den gesellschaftlichen Beziehungen. Die Klimastudie des Pentagon aus dem Jahr 2004 warnt: Innerhalb der nächsten drei Jahrzehnte kann die Menschheit wegen der zahlreichen Veränderungsprozesse, denen die Ökosysteme unterworfen sind, in ein Stadium allgemeiner Anarchie eintreten (Sarkar/Kern 2008, 32–33).

Die Menschheit hat eine unverrückbare Grenze erreicht. Hier geht es nicht mehr um den Aufbau des Friedens, sondern um das kollektive Überleben. Diese Situation ist bezeichnend für den hohen Grad an Geistesschwäche und Barbarei, den die Menschheit inzwischen aufweist. Die Zukunft Gaias und des menschlichen Lebens ist in großer Gefahr, vernichtet oder schwer beschädigt zu werden.

Aufgrund dieser dunklen Prognosen sind heute Stimmen von führenden Persönlichkeiten zu vernehmen, die Warnungen aussprechen, ja sogar verzweifelte Appelle an uns richten. Als einer der Ersten ist hier der nordamerikanische Philosoph und Politologe Norbert Bobbio zu nennen. Im Laufe seines langen Lebens und in seinem gesamten umfangreichen Werk hat er immer den Glauben an die Gültigkeit zweier großer Revolutionen, die im Westen stattfanden, verteidigt: die der Menschenrechte und die der Demokratie. Beide bilden sie die Grundlage für seinen Vorschlag eines juridischen und politischen Pazifismus, der imstande wäre, das Problem der Gewalt als Logik des Antagonismus zwischen den Staaten zu lösen. Doch der Terrorismus als weltweites Phänomen und die alarmierende ökologische Situation erschütterten seine Überzeugungen.

In einem seiner letzten Interviews erklärte er: „Ich könnte nicht sagen, wie das Dritte Jahrtausend aussehen wird. Meine Gewissheiten bröckeln ab, und in meinem

Kopf geistert nur noch ein großes Fragezeichen herum. Wird es das Jahrtausend des Vernichtungskrieges oder der Eintracht zwischen den Menschen sein? Mir fehlen die Voraussetzungen, um auf diese Frage zu antworten."

Am Ende seines Lebens äußerte der große Historiker Arnold Toynbee (gest. 1975), nachdem er zwölf Bände über die großen Zivilisationen in der Geschichte geschrieben hatte, in seinem autobiographischen Buch *Erlebnisse und Erfahrungen* folgende düstere Meinung:

„Ich habe zu meinen Lebzeiten mitangesehen, dass die Gewissheit über das Kommen der ‚Letzten Dinge' in der Welt des Westens verblasste und das Ende der Menschheitsgeschichte in den Bereich der irdischen Möglichkeiten rückte, die nicht von der Hand Gottes, sondern von Menschenhand herbeigeführt werden." (Toynbee 1970, 373–374)

Und um unsere Beunruhigung noch zu steigern, zitiere ich den unverdächtigen Samuel P. Huntington, einen ehemaligen Berater des Pentagon und scharfsinnigen Analytiker des Globalisierungsprozesses. Auf den letzten Seiten seines berühmten Buches *Der Kampf der Kulturen* sagt er:

„Recht und Ordnung sind die erste Vorbedingung einer Zivilisation, und in vielen Teilen der Welt – Afrika, Lateinamerika, der früheren Sowjetunion, Südasien, dem Nahen Osten – scheinen sie sich aufzulösen, aber auch in China, Japan und im Westen in schwere Bedrängnis zu geraten. Weltweit scheint die Zivilisation in vieler Hinsicht der Barbarei zu weichen, und es entsteht die Vorstellung, dass über die Menschheit ein beispielloses Phänomen hereinbrechen könnte: ein diesmal weltweites finsteres Mittelalter." (Huntington 1996, 530) Und wir könnten hier noch weitere Stimmen hinzufügen.

Was bedeutet Frieden innerhalb dieses das Leben der Erde und der Menschheit bedrohenden Systems? Der Friede wird nur dann kommen, wenn das Paradigma der Produktion und Verteilung der zum Leben notwendigen

Güter radikal geändert wird. Der Friede setzt die Überwindung dieses Systems des Todes, der *Industriegesellschaft*, und die Einführung einer Alternative zu ihr, nämlich einer *Gesellschaft der Erhaltung allen Lebens*, voraus. Innerhalb dieses neuen Paradigmas nimmt nicht die grenzenlose Vermehrung von Gütern und Dienstleistungen die zentrale Stelle ein, sondern die Produktion dessen, was – den Menschen und den übrigen Lebewesen – zum Leben reicht und dem Leben zuträglich ist. Die Erde wird nicht mehr bloß als Lagerstätte von Ressourcen betrachtet, von denen man die Illusion hegt, sie seien unbegrenzt, sondern als die Große Mutter, als lebendiger Großorganismus, dessen Söhne und Töchter wir sind.

e) Die Gewalt, die im Kosmos selbst ihren Ursprung hat

Unsere Analyse wäre nicht vollständig, wenn sie nicht ein ursprüngliches Phänomen mit einbezöge, das mit der Struktur des Universums selbst zu tun hat. Alle Dinge, die Galaxien, die Sterne, die Planeten, das Leben der Menschen und das Bewusstsein, entspringen der ursprünglichen Quelle, dem Fülle hervorbringenden Abgrund, auch Quantenvakuum genannt, das nichts von einem Vakuum an sich hat. Es handelt sich um jenen unauslotbaren energetischen Grundzustand des Universums, der jetzt da ist, in der Vergangenheit da war und auch in Zukunft da sein wird. In ihm finden sich die unendlichen Möglichkeiten des Seins, der Energie, der Materie und der Information. In ihm hat diese Welt, die wir bewohnen – und vielleicht, wenn wir der String-Theorie folgen, auch andere, Parallelwelten –, ihren Ursprung. In diesem unauslotbaren bodenlosen Grund ereignete sich – wir wissen nicht, weshalb – eine Explosion ohnegleichen, die *Big Bang* (Urknall) genannt wird. Winzigste Bruchteile von Sekunden später fand ein anderer geheimnisvoller Gewaltakt statt, den die Wissenschaft bis heute nicht erklären kann: Alle Materie wurde von der Antimaterie vernichtet – mit Ausnahme eines winzigen Bruchteils von Materie. Die heute existierende Materie ist der winzige Teil dessen, was von diesem unerklärlichen Vernichtungsakt übrig blieb (vgl. Hawking 2002).

Diese übrig gebliebene Materie wurde durch den *Big Bang* in alle Richtungen geschleudert. Nach allen Seiten hin wurden Energien unter einer Temperatur von Trillionen Grad geschleudert. Im Prozess ihrer Abkühlung bildeten sie riesige Wolken, die sich allmählich verdichteten. Aus ihnen gingen die großen roten Sterne hervor, die wie in einem Hochofen in ihrem Inneren die ersten chemischen Elemente bildeten – jene Elemente, aus denen sich alles Sein im Universum zusammensetzt: Sauerstoff, Eisen, Stickstoff, Phosphor und andere. Die Explosion dieser Sterne vor Milliarden Jahren schleuderte diese Elemente in alle Richtungen, was zur Entstehung der Galaxien, der Sterne, der Planeten, wie unsere Erde einer ist, führte. Es wurde die physikalisch-chemische Grundstruktur geschaffen, die die Entstehung des Lebens in all seinen Formen – einschließlich seiner höchst komplexen und bewussten Form, des Menschen – möglich machte.

Am Ursprung von allem steht also eine unvorstellbare ursprüngliche Gewalt. Es ist das ursprüngliche Chaos. Doch in dem Maße, in dem sich diese ersten Elemente ausbreiteten, schufen sie zugleich Ordnungen, die immer komplexer wurden, und Systeme, die immer stärker miteinander verbunden waren und einen immer größeren Zusammenhalt aufwiesen. Das Chaos ist niemals einfach Chaos. Es ist fruchtbar und erfinderisch.

In dem Maße, in dem das Universum sich ausdehnt, erweist es sich als schöpferisch, es ordnet sich selbst und reguliert sich selbst. Das Chaos verschwindet nicht, es begleitet den Evolutionsprozess weiterhin in jeder seiner Phasen. Galaxien verschlingen andere Galaxien in einem infernalischen Prozess von Explosion und Zerstörung. Meteoriten schlagen weiterhin auf Planeten ein, zerstören deren Gleichgewicht, so wie es bei jenem Meteoriten der Fall war, der vor 67 Millionen Jahren auf der Halbinsel Yucatan und in der Karibik einschlug. Er tötete alle Dinosaurier, die nach einer mehr als hundert Millionen Jahre währenden Geschichte des Lebens die Erde beherrschten. Tektonische Platten bewegen sich weiterhin, stoßen aufeinander und verursachen so Erdbeben und Seebeben, die ebenso zerstörerisch wirkten wie der mörderische Tsunami, der zu Weihnachten 2004 einen Teil Südostasiens verwüstete.

Doch dieses systeminhärente Chaos wird in seiner Zerstörungskraft eingedämmt, indem sich neue Gleichgewichte herausbilden, die die Evolution als einen offenen Prozess weitergehen lassen – eine Evolution, die imstande ist, Erneuerung und überraschende neue Ordnungen hervorzubringen, die niemals zuvor getestet wurden.

Die Systeme der Ordnung und Selbstregulierung erweisen sich als interaktiv mit ihrer Umwelt und tauschen ständig Energie, Materie und Information aus, sodass sie selbst reichhaltiger werden und ein subtiles, dynamisches Gleichgewicht hervorbringen. Dieses ist niemals in sich selbst abgekapselt, sondern immer offen für Anpassungen, Prozesse der Flexibilisierung und Integration. Dadurch bleibt es Teil des umfassenden Systems und entwickelt sich mit ihm zusammen. Selbst wenn es in ein Stadium der Krise eintritt und nicht mehr interagieren kann, erweist sich sein Zerfallsprozess noch als schöpferisch, da er der Ursprung neuer Ordnungen und an die Umwelt angepasster Lebensformen wird.

Das Entscheidende dieser äußerst knappen Reflexion ist die Feststellung: Es gibt ein ursprüngliches Chaos, eine strukturelle Gewalt und eine konstitutive Instabilität des Universums und aller Daseinsformen, die es enthält.

Ein solcher Befund bedeutet nicht, dass es keinen Frieden geben könne und dass dieser von Grund auf unmöglich wäre. Er bedeutet vielmehr, dass der Friede nie etwas ein für allemal Vorgefertigtes ist. Er muss ständig von Neuem ausgehend von den Ordnungen, Systemen und Beziehungsgeflechten, die ständig neu entstehen, geschaffen werden.

Wenn die Gewalt konstitutiv ist, dann besteht die Herausforderung in Folgendem: Wie geht man mit ihr um? Welche Strategien wendet man an, um ihrer Zerstörungskraft Grenzen zu setzen? Wie verwandelt man die innere Dynamik des Chaos in eine positive Kraft für alle Bereiche der Natur und des menschlichen Zusammenlebens?

Der Friede ist eine Art und Weise, der aller Realität – dem Kosmos, der Gesellschaft, dem einzelnen Menschen – innewohnenden Gewalt Grenzen zu setzen und sie zu sublimieren, das heißt, sie auf eine höhere Stufe zu heben. Dies wird nur dann möglich sein, wenn wir der Dimension der Ordnung, der Harmonie, der Schaffung von gegenseitiger Abhängigkeit und Netzen der Kooperation den zentralen Platz einräumen.

6. Ein Friede, der möglich ist

Die bisherigen Überlegungen haben gezeigt, wie verschlungen und voller Stolpersteine der Weg zum Frieden ist. Er scheint fast nicht möglich zu sein. Doch die Menschheit hat das Streben nach Frieden niemals aufgegeben. Das Herz kommt nicht zur Ruhe, solange es den Frieden nicht gefunden hat, der ebenso wichtig ist wie die Liebe. Wir glauben an den Frieden und an die Fähigkeit des Menschen, ihn zu schaffen.

Aber wir glauben unter zwei Voraussetzungen daran, auf die uns die Analyse der Wirklichkeit in ihren Grunddimensionen verweist, welche sich vom eigenen Herzen aus bis zum Kosmos und vom Kosmos aus bis zum Urknall erstrecken.

Die erste Voraussetzung ist, dass wir mit größter Aufrichtigkeit die Polarität akzeptieren, die zur Struktur der Wirklichkeit und zu den konkreten Daseinsbedingungen des Menschseins (zur *Conditio humana*) gehört: Polarität von *sapiens* und *demens*, Liebe und Hass, Chaos und Kosmos, Symbolischem und Diabolischem. Wir sind die lebendige Einheit von Gegensätzen.

Die zweite Voraussetzung besteht darin, dass wir den hellen Pol dieses Widerspruchspaares so verstärken, dass er den anderen kontrollieren, begrenzen und integrieren kann und dass daraus der so sehr ersehnte Friede entsteht.

Dies war und ist nach wie vor der Weg, den die Menschheit zu gehen versucht hat und wie er von ihren größten spirituellen Meistern bezeugt wird: Gandhi, Papst Johannes XXIII., Dom Hélder Câmara, Martin Luther King und andere, wenn wir uns nur auf unsere Zeit beschränken.

a) Eine wirksame Strategie, um den Frieden zu schaffen

Dieser Weg wurde vor vielen Jahrhunderten von dem geebnet, der „der Erste nach dem Einzigen" genannt wird und vielleicht „der letzte Christ" ist, Franz von Assisi (gest. 1228). Er entwickelte eine Strategie, mit deren Hilfe es gelingen könnte, den Frieden zu schaffen.

Mit dem „Friedensgebet des heiligen Franziskus", über das ich ein ganzes Buch geschrieben habe, ist es in großartiger Weise gelungen, dies in Worte zu fassen. Dieses Gebet wird immer dann gesprochen, wenn sich Vertreter der Religionen aus der ganzen Welt treffen. Es hat die Funktion eines Glaubensbekenntnisses angenommen, mit dem sich alle identifizieren können. Eigenartigerweise wurde dieses Gebet während des Ersten Weltkrieges (1914–1918) von einem Unbekannten aus der Normandie formuliert, der den heiligen Franziskus sehr verehrte. Er hat damit den Geist und die wichtigsten Aussagen des Franziskus, wie wir sie in den wenigen hinterlassenen

Schriften verstreut finden, so gut erfasst, dass das Gebet dem historischen Franziskus selbst zugeschrieben wurde (vgl. Boff 2000).

Dieses Gebet hat eine ganze Welt für sich gewonnen, als es in der Ausgabe des *Osservatore Romano* vom 16. Januar 1916 veröffentlicht wurde. Von hier an fand es Verbreitung in der ganzen Welt und wurde zu einer Inspiration für Frieden und Wohlwollen zwischen den Menschen und Völkern. Die Sprache ist religiös, doch der Inhalt geht darüber hinaus und ist universal, jeder Angehörige irgendeiner anderen Religion, ja sogar Menschen ohne jedes religiöse Bekenntnis, sofern sie nur Menschen sind, können sich diesen Inhalt zu eigen machen.

Trotz seines Pazifismus und seiner zärtlichen Grundstimmung, die ihn alle Geschöpfe Brüder und Schwestern nennen lässt, verliert Franziskus in diesem Gebet keineswegs den Sinn für die widersprüchliche Wirklichkeit. Er weiß, dass die Welt einem Minenfeld gleicht und dass sie von Gnade und Sünde zugleich durchdrungen ist. Er fragt nicht einmal, warum dies so ist. Die Weisheit der einfachen Leute spürt im Innersten, dass das Böse nicht da ist, um verstanden zu werden, sondern um es durch das Gute zu überwinden. Sie ist davon überzeugt, dass der gesunde Teil den kranken heilen wird und dass das Licht eher Recht hat als die Dunkelheiten, die es stets begleiten.

Mit scharfer Beobachtungsgabe bezeichnet Dante in seiner Göttlichen Komödie Franziskus von Assisi als „die Sonne von Assisi … und wer von diesem Ort sprechen will, der möge nicht mehr Assisi sagen, das wäre sehr wenig, sondern Osten“ (wo die Sonne aufgeht; vgl. Paradies, XI. Gesang).

In dieser Art der Integration ist das Böse nicht länger völlig absurd, auch wenn es in der Grundstruktur aller Dinge da ist. So ruft Franziskus offen und voller Vertrauen aus:

„Herr, mach mich zu einem Werkzeug deines Friedens,
dass ich liebe, wo man hasst;
dass ich verzeihe, wo man beleidigt;
dass ich verbinde, wo Streit ist;
dass ich die Wahrheit sage, wo Irrtum ist;
dass ich Hoffnung wecke, wo Verzweiflung quält;
dass ich Licht entzünde, wo Finsternis regiert;
dass ich Freude bringe, wo der Kummer wohnt.

Herr, lass mich trachten,
nicht, dass ich getröstet werde, sondern dass ich tröste;
nicht, dass ich verstanden werde, sondern dass ich verstehe;
nicht, dass ich geliebt werde, sondern dass ich liebe.

Denn wer sich hingibt, der empfängt;
wer sich selbst vergisst, der findet;
wer verzeiht, dem wird verziehen;
und wer stirbt, der erwacht zum ewigen Leben."
(Gotteslob, Nr. 29, S. 71)

Wie man aus diesem Gebet ablesen kann, tut sich der Weg des Friedens in dem Moment auf, in dem wir die Liebe dort stark machen, wo es Hass gibt, die Vergebung, wo man beleidigt, die Einheit, wo Zwietracht herrscht, den Glauben, wo Zweifel den Ton angibt, die Wahrheit, wo der Irrtum um sich greift, die Hoffnung, wo Verzweiflung die Oberhand bekommt, die Freude, wo Traurigkeit aufkommt, das Licht, wo Finsternis regiert.

Der negative Pol wird weder verleugnet noch verdrängt. Er wird angenommen, aber gleichzeitig der Logik des positiven Pols unterworfen.

Die Wirkung dieser Strategie der Weisheit ist der Friede, der uns Menschen voller Widersprüche auf dieser Erde voller Unruhe möglich ist. Der Friede, der daraus entsteht, ist, um noch einmal an die Erdcharta zu erinnern, die Fülle der guten Beziehungen der Menschen und Gesellschaften zu sich selbst, zum Leben, zu anderen Kulturen, zur Natur und zum Ganzen, in dem Gott in verborgener Weise anwesend ist.

Dies ist der Weg des heiligen Franziskus, der in jedem Moment beschritten werden kann. Auf diese Weise ist der Friede nicht bloß ein erstrebenswertes Ziel, sondern selbst der sicherste und kürzeste Weg, um zu ihm zu gelangen. Nur friedliche Mittel von Menschen, die vom Geist des Friedens durchdrungen werden, können Frieden hervorbringen.

b) Die Ethik der Fürsorge und der universalen Gerechtigkeit

Die Vorherrschaft des Prinzips der Männlichkeit, das historisch in der Herrschaft des Mannes über die Frau und alles übrige zum Ausdruck kam, führte zur Verarmung der menschlichen Erfahrung. Wie wir schon gesagt haben, übersteigerte es die Macht, die Vernunft, die Gewaltmittel und schwächte die weibliche Dimension, die Dimension der empfindenden Vernunft, der emotionalen Intelligenz, der Fürsorge, des Sinns für den symbolischen Charakter der Wirklichkeit und der Spiritualität.

Diese grundlegende Einseitigkeit der menschlichen Erfahrungswelt hatte auch einen starken Einfluss auf die Ethik. Im Kern hat die klassische Tradition der Ethik, wie sie uns von den Griechen überliefert wurde und ihren Höhepunkt schließlich in Kant fand, unbewusst die Erfahrung des Mannes zur Grundlage. Sie ruht deshalb auf zwei Grundsäulen auf: der Autonomie des Individuums, ausgehend von der Voraussetzung, dass nur ein freies Wesen auch ein ethisches Wesen sein könne, und der Gerechtigkeit, die in den Rechten und Pflichten der Menschen zum Ausdruck kommt.

So richtig diese Sichtweise auch ist, sie ist dennoch einseitig. Sie lässt grundlegende Dimensionen unberücksichtigt, wie zum Beispiel die affektiven Beziehungen innerhalb der Familie, unter Freunden, mit Anderen und all denen, mit denen wir uns verbunden fühlen. Ohne diese Beziehungen kann die Gesellschaft nicht funktionieren (vgl. Noddings 1999). Die Fürsorge ist jene Beziehung, die sich um den Anderen sorgt und sich für ihn verantwortlich weiß, die sich auf das Leben und Geschick des Anderen einlässt und sich davon in Beschlag nehmen lässt, die Solidarität und Mitleid zeigt. Sie sieht die konkreten Zusammenhänge der Probleme und nicht nur die treue Befolgung von Prinzipien und Pflichten.

Die empirische Grundlage und entsprechende Erfahrung – von D. Winnicot mit so feiner Beobachtungsgabe analysiert –, ist es, dass wir alle der Fürsorge, der Annahme, der Wertschätzung und der Liebe bedürfen und dass wir umgekehrt selbst für Andere sorgen, sie annehmen und lieben wollen. Die bevorzugten, aber keineswegs ausschließlichen Subjekte dieser Erfahrung sind die Frauen. Sie haben eine direkte Verbindung zum Leben, das der Fürsorge bedarf: Mütterlichkeit, Ernährung, Beistand bei Krankheit, Begleitung und Erziehung bringen dies zum Ausdruck. Diese Eigenschaften kommen nicht ausschließlich den Frauen zu, doch sie gehören dem weiblichen Prinzip an, das auch im Mann vorhanden ist und von ihm auf seine Weise verwirklicht werden kann.

Den Hintergrund dieser Ethik der Fürsorge bildet eine Anthropologie, die sich als fruchtbarer erweist als die traditionelle, die der herrschenden Ethik als Basis dient. Sie geht vom relationalen Charakter des Menschen, vom Menschen als Wesen der Beziehung, aus. Der Mensch ist von seinem Wesen her affektiv, mit Pathos und der Fähigkeit zu empfinden, beim Anderen eine Gefühlsreaktion auszulösen und selbst auf den anderen affektiv zu reagieren, ausgestattet. Über die verstandesmäßige Vernunft (*logos*) hinaus ist er mit emotionaler, empfindender und spiritueller Vernunft begabt. Er ist ein Wesen mit Anderen und für Andere in der Welt. Er lebt nicht isoliert für sich allein in seiner „splendid isolation“, sondern innerhalb eines Geflechts von konkreten Beziehungen und stets auf Tuchfühlung mit Anderen. Er lebt von vornherein bereits als Gemeinschaftswesen.

Wenn wir eine Kultur des dauerhaften Friedens schaffen wollen, müssen wir diese beiden ethischen Traditionen – die Ethik der Fürsorge und die Ethik der Gerechtigkeit – miteinander verbinden (vgl. Mesa 2005, 21–33). Sie bilden keine Gegensätze, sie bilden vielmehr eine Einheit und ergänzen einander.

Es ist wichtig, dass wir über Institutionen verfügen, die die Gerechtigkeit verwirklichen. Doch ihre konkrete Funktionsweise darf sich nicht in Formalismus und Bürokratie erschöpfen, sie muss vielmehr menschlich, fürsorgend und sensibel für die Situation und den jeweiligen Hintergrund der Menschen sein. Vor allem müssen wir eine allgemeine Kultur der Fürsorge für die Erde, die Ökosysteme und die Menschen, insbesondere die wehrlosesten unter ihnen, entwickeln.

Wie wir an anderer Stelle wiederholt gesagt haben, ist die Fürsorge so zentral, dass sie zum Wesen des Menschen selbst und zum Leben insgesamt gehört (vgl. Boff 1999). Die Fürsorge ist die Bedingung a priori für alles Handeln, wenn dieses Gutes bewirken soll und am Aufbau eines friedlichen Zusammenlebens zwischen Menschen und Völkern orientiert ist.

An dieser Stelle muss man um der Fürsorge und eines Minimums an Gerechtigkeit selbst willen sehr aufmerksam auf die instinktgeleitete Seite des Menschen achten, die mit seinem Selbstbehauptungswillen und seinem Willen zum – physischen wie psychischen – Überleben zu tun hat. Auf diesem Gebiet herrscht das Gesetz des Stärkeren. Es handelt sich um die natürlich-instinktive Dimension des Menschen. Doch der Mensch geht nicht völlig in dieser Dimension auf. Mit der Entstehung der

Sprache und des Geistes der Kooperation wurde er zu einem kulturellen Wesen. Die Dinge sind nun nicht mehr nur Gegenstände, die ihm zur Verfügung stehen. Sie verwandeln sich auch in Symbole, mit deren Hilfe der Mensch Sinngehalte mitteilt. Während er sich als reines Naturwesen nur dem Reiz-Antwort-Schema entsprechend verhielt (das heißt, er stürzte sich auf das erstbeste Essen und auf den erstbesten Sexualpartner und erwürgte jeden, der ihn störte), verhält sich nun das Kulturwesen Mensch nach der Logik Reiz – Reflexion – Antwort. Er empfindet den Impuls des Instinktes, doch er unterwirft ihn der Reflexion, der Selbstkontrolle und dem rechten Maß, was ihm eine Befriedigung ermöglicht, die dem Anderen nicht zum Schaden gereicht. Auf diese Weise bewährt er sich also als zivilisiertes Wesen.

Anstelle einer Situation, in der der eine auf Kosten des anderen gewinnt, tritt nun eine Win-win-Situation ein. Jeder Beteiligte gewinnt, wenn die Ursachen für Spannungen und Konflikte geringer werden. Das gilt besonders für politische Konflikte. Anstelle des Rückgriffs auf brutale Gewalt, auf Zwangsausübung und Krieg sucht man den Dialog und die Verhandlungen, wendet sich an Schiedsgerichte und Schlichtungsstellen. Vor diesen Instanzen werden die unterschiedlichen Interessen und die entsprechenden Argumente gegeneinander abgewogen, und es wird eine Übereinkunft angestrebt, die alle Beteiligten zufrieden stellt und so den Einsatz von Gewalt vermeidet.

Die Herausforderung besteht nun darin, eine Kultur zu schaffen, in der alle Seiten gewinnen, das heißt dafür zu sorgen, dass man sich diese Strategie in den unterschiedlichen Gruppen, in den Schulen, den Gemeinden, den Nachbarschaftsversammlungen, den Gewerkschaften, in den Familien zu eigen macht und daraus eine Selbstverständlichkeit macht, über die man gar nicht mehr nachdenken muss. Damit würden alle den Dialog einüben, auf die Argumente des Anderen hören lernen, die guten Gründe aller Seiten bedenken und nach Übereinstimmungen in einzelnen Punkten suchen, die alle unterstützen und praktisch akzeptieren. Die Kultur des Friedens entsteht aus einer solchen Strategie heraus.

Wir dürfen jedoch niemals vergessen, dass sich jeder Einzelne bemühen muss, ein Werkzeug des Friedens zu werden. Er wird nur dann auf wirksame Weise an einer gemeinschaftlichen Strategie für den Frieden mitwirken können, wenn er sich selbst zu einem Subjekt des Friedens macht und durch seine Worte und Gesten den Frieden ausstrahlt. Hier werden bewusst eingeübte Tugenden wichtig: Demut, Streben nach Vollkommenheit, Bereitschaft zum Dialog und zum Zuhören, herzliche Aufnahme des Anderen. Und nicht zuletzt gewinnen hier insbesondere die religiösen Haltungen wie das Gebet, die Meditation, die Fähigkeit zur Vergebung an Kraft. Vielleicht stellt die Fähigkeit des Menschen zu schweigen, wenn er alles Recht auf seiner Seite hätte zu reden, darauf zu verzichten, auf sein Recht zu pochen, auch wenn es ihm zusteht, im radikalen Sinn zu vergeben, auch wenn ihm Unrecht zugefügt wird, eine der höchsten Ausdrucksformen des Geistes dar. Diesen Sieg kann nur der Mensch erringen. Nur der Mensch kann die innere Freude des Geistes auskosten und sich eines Friedens erfreuen, der bereits ins Reich derer gehört, die den Grenzen dieser Welt nicht mehr unterworfen sind, unter denen die Kinder Adams leiden und sich abmühen.

c) Ethisch-politisches Paradigma für den Weltfrieden

Zum Abschluss dieser Überlegungen zum Frieden wollen wir uns einem ethisch-politischen Vorschlag Immanuel Kants (gest. 1804) widmen, den er mit seinem berühmten Text aus dem Jahr 1795 *Zum ewigen Frieden* (Kant 1964) vorgelegt hat. Dieser Philosoph war einer der Ersten, die sich die Frage nach einer globalisierten Welt – globalisiert nicht durch die Ökonomie, sondern durch Recht und Demokratie – stellten.

Seiner Zeit weit voraus, macht Kant den Vorschlag einer *Weltrepublik* oder eines *Völkerstaats*, der seine Grundlage im *Weltbürgerrecht* hat. Das erste Charakteristikum dieses Weltbürgerrechts, so Kant, ist die „allgemeine Hospitalität" (Kant 1964, 213), das heißt Gastfreundschaft.

Warum gerade die Gastfreundschaft? Der Philosoph antwortet: Weil sich alle Menschen auf dem Planeten Erde befinden, weil daher alle, ohne Ausnahme, das Recht haben, auf ihr zu leben, ihre verschiedenen Orte und die Völker, die sie bewohnen, aufzusuchen. Die Erde ist der gemeinschaftliche Besitz aller (Kant 1964, 214).

Dieses Weltbürgertum, dessen Ausdruck die allgemeine Gastfreundschaft ist, wird durch das Recht geregelt und niemals durch die Gewalt. Kant fordert die Abrüstung aller Kriegsgerätschaften und die Auflösung der Heere – genauso wie es zu unserer Zeit die Erdcharta macht –, denn solange solche Gewaltmittel existieren, dauern die Drohungen der Starken den Schwachen gegenüber an, und die Spannungen zwischen den Staaten bestehen weiter und zerstören die Grundlage für einen dauerhaften Frieden.

Das Reich des Rechts und die Verbreitung der allgemeinen Gastfreundschaft müssen eine Kultur der Rechte schaffen, die Geist und Herz aller Weltbürger durchdringt und aus ihnen tatsächlich eine *Gemeinschaft der Völker* formt. Diese Gemeinschaft der Völker, so Kant, kann in einem solchen Maße im Bewusstsein gedeihen, dass die Rechtsverletzung an einem Ort zugleich an allen anderen Orten als solche empfunden wird (Kant 1964, 216). Sehr viel später hat Ernesto Che Guevara dieselbe Überzeugung geäußert. Die Solidarität und der Geist der Gastfreundschaft sind bei den Menschen so tief verankert, dass das Leid des Einen das Leid aller ist und der Erfolg des Einen für den Erfolg aller steht.

Gegenüber den Pragmatikern in der Politik, denen im Allgemeinen jedes ethische Empfinden in Bezug auf die gesellschaftlichen Beziehungen mangelt, betont Kant:

„… ist die Idee eines Weltbürgertums keine phantastische und überspannte Vorstellungsart des Rechts, sondern eine notwendige Ergänzung des ungeschriebenen Kodex, sowohl des Staats- als Völkerrechts, zum öffentlichen Menschenrechte überhaupt, und so zum ewigen Frieden …" (Kant 1964, 216–217).

Wenn wir einen dauerhaften Frieden und nicht bloß einen Waffenstillstand oder eine vorübergehende Befriedung wollen, dann müssen wir die universale Gastfreundschaft pflegen und die allgemeinen Rechte aller und jedes einzelnen Weltbürgers respektieren.

Diese ethisch-politische Vision Kants begründete ein Paradigma für die Globalisierung und den Frieden, das bis heute Gültigkeit hat.

Der Friede ist eine Frucht der wirksamen Durchsetzung des Rechtes, der juridisch geregelten und institutionalisierten Zusammenarbeit zwischen allen Staaten und Völkern. Die Respektierung der Rechte – Rechte, die Kant als „den Augapfel Gottes" oder als „das Heiligste, was Gott auf Erden errichtet hat" bezeichnete – lässt eine Gemeinschaft des Friedens und der Sicherheit entstehen, die der „infamen Kriegstreiberei" ein für allemal ein Ende setzt.

Das moderne Völkerrecht, das ein Friedensrecht anstrebt, orientiert sich an den von Kant vorgeschlagenen Institutionen. Ganz anders dagegen ist die Sichtweise eines anderen Staatstheoretikers, nämlich Thomas Hobbes, der ebenfalls ein Paradigma für Globalisierung und Frieden grundgelegt hat. Für ihn ist Friede ein negativer Begriff, das heißt, er meint die Abwesenheit des Krieges und stellt das durch Einschüchterung erreichte Gleichgewicht zwischen den Staaten und Völkern dar. Diese Sichtweise herrschte Jahrhunderte lang vor, besonders in der Zeit des Kalten Krieges. Mit Macht ist sie in Gestalt der Politik der

Länder des Zentrums, die unter der Hegemonie der USA stehen, zurückgekehrt. Nach den terroristischen Anschlägen vom 11. September 2001 entschloss man sich, den Terrorismus dadurch zu bekämpfen, dass man noch mehr Terror in den Ländern verbreitet, die den Terrorismus angeblich unterstützen, wie Afghanistan und der Irak.

Man ließ die Perspektive des Friedens hinter sich und errichtete das Regime der nationalen oder internationalen Sicherheit mit seiner perversen Logik des allgemeinen Verdachts. In jedem Fremden, Araber oder Muslim sieht man einen möglichen Terroristen. Im Namen der Sicherheit werden die Bürger überwacht und in der Verfassung verankerte Rechte außer Kraft gesetzt, die einst das Markenzeichen der nordamerikanischen Demokratie waren. Die des Terrorismus Verdächtigen werden gefangen gehalten und Verhören unterzogen, die der Folter gleichkommen; sie werden an geheimen Orten, teilweise außerhalb des eigenen Landes, gefangen gehalten, ohne jede Kommunikationsmöglichkeit, ohne Kontakt zu den Familien, zu Rechtsanwälten oder auch nur zum Internationalen Roten Kreuz. Das stellt einen klaren Verstoß gegen die Menschenrechtscharta und die internationalen Abkommen dar. Mehr noch, es werden präventive militärische Maßnahmen vorgeschlagen, internationale Zusammenarbeit soll nur in dem Maß unterstützt werden, in dem ein Land die eigene Position stärkt, und die internationalen Institutionen wie die UNO und deren Sicherheitsrat werden für diesen Vorschlag instrumentalisiert. Dies ist die triumphierende Rückkehr der Auffassung des Staates als Leviathan[6], des Todfeindes einer jeden Art von Gastfreundschaft.

7. Der Friede Gottes

Alle Faktoren und alles menschliche Handeln auf den unterschiedlichen Gebieten des persönlichen und gesellschaftlichen Lebens müssen zur Schaffung des Friedens beitragen. Unsere Überlegungen wären nicht vollständig und würden unsere Suche nach Frieden beeinträchtigen, wenn sie nicht auch die Perspektive der Spiritualität mit einbezögen.

Die Spiritualität ist jene Dimension des Menschen, in der sich Antworten auf die großen und letzten Fragen finden, die unser Nachdenken stets begleiten. Woher kommen wir? Wohin gehen wir? Was ist der Sinn des Universums? Was können wir über dieses Leben hinaus erhoffen?

Die Religionen haben für gewöhnlich Antworten auf solche Nachfragen parat. Doch sie können kein Monopol auf die Spiritualität für sich reklamieren. Diese ist eine anthropologische Grundtatsache und in allen Menschen in den verschiedenen Phasen ihres Weges durch diese Welt gegenwärtig. Die Spiritualität hat nicht viel mit irgendeinem Wissen zu tun, sondern vielmehr mit einem Empfinden. Es ist das Herz, das die großen Träume weckt und nach letztgültigen Antworten sucht.

Aus dem Prozess der Evolution, aus dem wir hervorgegangen sind, brach das menschliche Bewusstsein hervor. In diesem Bewusstsein gibt es etwas, was uns erkennen lässt, dass wir Teil eines großen Ganzen sind, das uns von allen Seiten umfängt. Wir werden uns dessen bewusst, dass die Dinge nicht durch Zufall und beliebig und einander entgegengesetzt im Raum existieren. Im Gegenteil, sie bilden ein großes Ganzes. Wir spüren, dass sie ein roter Faden durchzieht, der aus dem Unterschiedenen das Eine macht und im Einen jeglicher Art von Vielfalt begegnet. Die Sterne, die uns in den tiefen Nächten des tropischen Sommers faszinieren, der Amazonas-Regenwald in seiner majestätischen Größe, die großen Flüsse wie der Amazonas (der mit Recht Meeresfluss genannt wird), das verschwenderische Leben auf der Flur, das symphonische Stimmengewirr der Vögel und Waldtiere, die Vielfalt der

Kulturen und der Gesichter der Menschen, das Geheimnisvolle der Geburt eines Kindes in seiner ganzen Zerbrechlichkeit und voller Zartheit, das Wunder der Liebe zwischen zwei Menschen … diese und andere Erfahrungen offenbaren uns, wie sehr unsere Welt und unser Universum vielfältig und zugleich eins sind.

Diesem Leitfaden, der alles durchzieht, haben die Menschen tausend Namen gegeben: Tao, Shiva, Allah, Jahwe … und noch so viele andere. All dies lässt sich im Wort „Gott" zusammenfassen. Wenn jemand diesen Namen mit Ehrfurcht ausspricht, dann kommt etwas in seinem Gehirn und in seinem Herzen in Bewegung. Neurologen, Neurolinguisten und andere Hirnforscher haben den „God Spot", das Gottesmodul im Gehirn identifiziert (vgl. Zohar 2001). Es ist jener Punkt, der die Schwingungsfrequenz der Neuronen am stärksten verändert. Das bedeutet, dass im Laufe des Evolutionsprozesses ein Organ entstand, mittels dessen der Mensch die Gegenwart Gottes in der Schöpfung erfassen kann. Natürlich ist Gott nicht nur im „Gottespunkt", sondern im ganzen Gehirn, im ganzen Leben und im ganzen Universum. Doch von diesem Punkt aus können wir diese Gegenwart erfassen. Ja noch mehr: Wir sind imstande, mit ihm in Dialog zu treten, unsere Bitten an ihn zu richten, ihm die Ehre zu erweisen und ihm für die Gnade des Lebens zu danken. Dann sagen wir wiederum nichts, wir spüren nur still und betrachtend diese Gegenwart. In diesen Momenten wird unser Herz weit und öffnet sich für die Dimensionen des Universums, und wir fühlen uns der Größe Gottes nah oder erkennen, dass Gott sich klein gemacht hat, wie wir es sind. Es handelt sich um eine Erfahrung der Nicht-Dualität, der Nicht-Getrenntheit und des Eintauchens in das Mysterium ohne Namen, um die Verschmelzung des Liebenden mit dem Geliebten (vgl. Boff 2002).

Spiritualität bedeutet nicht nur Wissen, sondern vor allem, solche Dimensionen des radikalen Menschseins spüren zu können. Die Wirkung davon ist ein tiefer, sanfter Friede. Es ist ein Friede, den – wie Jesus sagt – „die Welt nicht geben kann“ (Joh 14,27): der Friede Gottes.

Diesen Frieden Gottes hat die Welt dringend nötig. Er ist die heimliche Quelle, die den menschlichen Frieden in all seinen Formen speist. Er bricht von Innen hervor, strahlt in alle Richtungen aus, prägt die Beziehungen und gelangt zum „innersten Herzen“ der Menschen guten Willens. Dieser Friede besteht in Ehrfurcht, Respekt, Toleranz, wohlwollendem Verstehen der Grenzen des Anderen und in der Offenheit für das Geheimnis der Welt. Er nährt die Liebe, die Fürsorge, die Aufnahmebereitschaft und die Bereitschaft, sich aufnehmen zu lassen, das Verstehen und Verstandenwerden, das Verzeihen und Vergebung Finden?

Eine Kultur des Friedens findet in diesem spirituellen Frieden ihr sicherstes Fundament, die Quelle, die stets von Neuem stärkt und erfrischt, und die Gewissheit, dass sie eine der Quellen darstellt, die die Zukunft am besten garantieren können. Dann wird der Friede auf der Mutter Erde, in der Natur, innerhalb der großen Gemeinschaft des Lebens, in den Beziehungen zwischen den Kulturen und Völkern erblühen, er wird dem menschlichen Herzen, das des vielen Suchens müde ist, Ruhe schenken.

Schluss: Die Seligpreisungen der Tugenden

Nach diesem langen und verschlungenen Weg, auf dem wir die wichtigsten Tugenden für eine mögliche andere Welt behandelt haben, ist es wichtig, einige Perspektiven nochmals hervorzuheben. Wir wollen dies im Stil der Seligpreisungen der Evangelien tun. Dadurch wird der utopische Charakter betont und kann in uns Energien erwecken, die das praktische Handeln und konkrete Veränderungen motivieren und befördern.

Selig sind, die Gastfreundschaft gewähren, denn ohne es zu wissen, nehmen sie vielleicht Gott selbst und seine Boten bei sich auf.

Selig sind, die mit Ihresgleichen und mit denen, die anders sind als sie selbst, zusammenleben, denn sie werden in ihrem Menschsein Bereicherung erfahren.

Selig sind, die alle Geschöpfe respektieren: die Ameise auf dem Weg, die Pflanzen, die Tiere und jeden Menschen unabhängig von seinem Geschlecht, seiner Herkunft, seiner Volkszugehörigkeit und seiner Religion, besonders die Armen und Wehrlosen, denn sie werden den Ehrentitel Bruder bzw. Schwester des Universums verliehen bekommen.

Selig sind, die tolerant gegenüber den Anderen sind, die um der Liebe willen darauf verzichten, sie überzeugen zu wollen, nicht einmal unter dem Vorwand, bessere Menschen aus ihnen zu machen, und die darüber hinaus großherzig das annehmen, was sie von der Kultur des Anderen nicht verstehen. Sie werden Söhne und Töchter Gottes genannt werden, denn es ist auch Gottes Art, alle zu tolerieren, die Guten wie die Schlechten, die Gerechten wie die Ungerechten.

Selig sind, die sich wie Brüder und Schwestern an einen Tisch setzen, um miteinander zu essen, zu trinken und die Großzügigkeit der Erde mit ihrer Vielfalt von Nahrungsmitteln, frischem Gemüse und bunten Früchten zu feiern. Sie werden als die wahren Söhne und Töchter der Mutter Erde gelten.

Selig sind, die den Frieden voranbringen, die Gefühle des Wohlwollens hegen, die die im Geiste Hochmütigen entwaffnen, die die gegenseitige Fürsorge kultivieren und Liebe in den Herzen wecken. Sie werden die ersten Bewohner des neuen Himmels und der neuen Erde sein.

Selig sind, die sich mit den Tugenden beschäftigen, die eine mögliche neue, andere Welt entstehen lassen können – nicht, um nur noch gelehrter zu sein, sondern um besser leben zu können und sich in der Kunst der Tugend zu üben. Sie werden das neue Zeitalter der planetarischen Ethik mit einer Kultur der Fürsorge, der Verantwortung, des Mitleids und der Liebe als Fundament eines dauerhaften Friedens einläuten.

Anmerkung

1 Zur exegetischen Auslegung des Gleichnisses vom barmherzigen Samariter gibt es eine Fülle von Literatur. Wir halten unter anderem folgende Titel für wichtig: Monselewski, W., Der barmherzige Samariter. Eine auslegungsgeschichtliche Untersuchung zu Lukas 10,25–27, Tübingen 1967; Sellin, G., Lukas als Gleichniserzähler: Die Erzählung vom barmherzigen Samariter, in: Zeitschrift Neutestamentlicher Wissenschaft 65 (1974), 166–189; 66 (1975), 19–16; Eulenstein, R., Und wer ist mein Nächster (Lk 10,25–37), in: Theologie und Glaube 67 (1977), 127–145.

2 Zur Entwicklung der Toleranzidee vor allem im Zusammenhang mit dem interreligiösen Dialog in Europa vgl. die hervorragende kommentierte Quellensammlung Wege zur Toleranz, 2002.

3 Der Wortlaut des Textes ist auf der Homepage dieser Organisation, www.ifoam.de, nachzulesen (aufgerufen am 12. 11. 2008; d. Übers.)

4 Leonardo Boff weist hier darauf hin, dass das spanische bzw. portugiesische Wort für „Genosse", „companhero", die lateinische Wurzel „pan" (= das Brot) enthält. Ein companhero ist also einer, mit dem ich mein Brot teile. (d. Übers.)

5 Das griechische Wort „Mimesis" heißt Nachahmung. Girard geht in seiner Gewalttheorie davon aus, dass Gewalt nicht aus der Konkurrenz um das gleiche Objekt entsteht, sondern umgekehrt, dass wir das vom Anderen begehrte Objekt deshalb begehren, weil wir den Anderen in seinem Streben nach diesem Objekt nachahmen. Girard untermauert seine Gewalttheorie mit vielen sehr einleuchtenden Beispielen aus der Kultur- und Literaturgeschichte. Vgl. sein Hauptwerk Girard 1999, sowie Girard 2008. Theologisch rezipiert wurde diese Theorie zuerst von Schwager 1978; d. Übers.

6 So der Titel des Hauptwerkes von Thomas Hobbes, in dem er seine auf einem pessimistischen Menschenbild beruhende Staatstheorie begründet; vgl. Hobbes 1996; d. Übers.

Literatur

Abdalla, M., O princípio de cooperação. Em busca de uma nova racionalidade, São Paulo 2002.

Aguirre, R., La mesa compartida, Santander 1994.

Amin, S., Für ein nicht-amerikanisches 21. Jahrhundert. Der in die Jahre gekommene Kapitalismus, Hamburg 2003.

Arendt, H., Elemente und Ursprünge totaler Herrschaft, München 2001.

Baron Talca, A., Hospitalidade e a política da comensaliade nas tribos de Vix e Hochdorf, in: Laboratório de História Antiga, Rio de Janeiro 2001, 21–48.

Beck, U., Was ist Globalisierung?, Frankfurt a. M. 2007.

Bergmann, S., So fremd das Gleiche, in: Das Antlitz des „Anderen". Emmanuel Levinas' Philosophie und Hermeneutik in Ethik, Theologie und interreligiösem Dialog, Rehberg-Loccum 2000.

Bitterli, U., Die „Wilden" und die „Zivilisierten". Die europäisch-überseeliche Begegnung. Grundzüge einer Geistes- und Kulturgeschichte der europäisch-überseelichen Begegnung, München 1976.

Bloch, E., Atheismus im Christentum. Zur Religion des Exodus und des Reiches, Frankfurt a. M. 1968.

Bloch, E., Das Prinzip Hoffnung, 3 Bde., Frankfurt a. M. 1959.

Boff, L., América Latina: da conquista à nova evangelização, Campinas 2004.

Boff, L., Civilização planetária. Desafios à sociedade e ao cristianismo, Rio de Janeiro 2003.

Boff, L., Crise. Opportunidade de crescimento, Campinas 2003.

Boff, L., Dass ich liebe, wo man hasst. Das Friedensgebet des Franz von Assisi, Düsseldorf 2000.

Boff, L., Do iceberg à arca de noé, Rio de Janeiro 2003.

Boff, L., Espiritualidade, caminho de realização, Rio de Janeiro 2001.

Boff, L., Ethik für eine neue Welt, Düsseldorf 2000.

Boff, L., Ethos mundial, Rio de Janeiro 2003.

Boff, L., Ética da vida, Rio de Janeiro 2004.

Boff, L., Ética e eco-espiritualidade, Campinas 2003.

Boff, L., Gott erfahren. Die Transparenz aller Dinge, Düsseldorf 2004.
Boff, L., Die Logik des Herzens. Wege zu neuer Achtsamkeit, Düsseldorf 1999.
Boff, L., Novas fronteiras da Igreja, Campinas 2004.
Boff, L., Princípio do cuidado e da compaixão, Petrópolis 2001.
Boff, L., Saber cuidar: ética do humano – Compaixão pela Terra, Petrópolis 1999.
Boff, L., Und die Kirche ist Volk geworden. Ekklesiogenesis, Düsseldorf 1987.
Boff, L., Zärtlichkeit und Kraft. Franz von Assisi mit den Augen der Armen gesehen, Düsseldorf 1995.
Brunello, P., Pioneri. Gli italiani in Brasile e il mito della frontiera, Rom 1994.
Buber, M., Ich und Du, Leipzig 1923.
Bücken, H., Das Fremde überwinden. Vom Umgang mit sich und den anderen, Offenbach 1991.
Campbell, J., Die Masken Gottes. 4 Bde., München 1996.
Campbell, J., Myths to Live by, New York 1972.
Capra, F., Lebensnetz. Ein neues Verständnis der lebendigen Welt, München 1999.
Capra, F., Das Tao der Physik. Die Konvergenz von westlicher Wissenschaft und östlicher Philosophie, München 2000.
Capra, F., Wendezeit. Bausteine für ein neues Weltbild, München 2004.
Celano, T. von, Leben und Wunder des heiligen Franziskus. Einführung, Übersetzung, Anmerkung Engelbert Grau, Werl 1980.
Clausewitz, C. von, Vom Kriege, Reinbek 2007.
Concilium. Internationale Zeitschrift für Theologie, Themenheft: Menschen auf der Flucht, Heft 4 (August) 29 (1993).
Cortesão, J., A carta de Pero Vaz de Caminha, São Paulo 1943.
Crossan, J. D., The Birth of Christianity. Discovering what happened in the years immediatly after the execution of Jesus, San Francisco 1999.
Crossan, J. D., Der historische Jesus, München 1994.
Derrida, J., De l'hospitalité, Paris 1997.
Didaché/Zwölf-Apostel-Lehre. Übersetzt und eingeleitet von Georg Schöllgen (Fontes Christiani I), Freiburg i. Br. 1991.
Duchrow, U./Liedke, G., Schalom. Der Schöpfung Befreiung, den Menschen Gerechtigkeit, den Völkern Frieden, Stuttgart 1998.
Dussel, E., Ética communitária, Petrópolis 1987.
Einstein, A./Freud, S., Warum Krieg? Mit einem Essay von Isaac Asimov, Zürich 1972.
Eggensperger, T./Engel, U., Bartolomé de las Casas. Dominikaner – Bischof – Verteidiger der Indios, Mainz 1991.

Eliade, M., Aspects du mythe, Paris 1963.
Elias, N., Die Gesellschaft der Individuen, Frankfurt a. M. 1999.
Engelhard, P., La Troisième Guerre Mondiale est commencé, Paris 1999.
Die Erdcharta. Deutsche Übersetzung hg. von Ökumenische Initiative Eine Welt und BUND, Diemelstadt-Wethen 2001.
Fante, C., Fenomeno Bullying, Campinas 2005.
Frei Betto, A obra do artista. Uma visão holística du universo, São Paulo 1995.
Frei Betto, „Null Hunger" – ein ethisch-politisches Projek, in: Concilium 41 (2005), 125–128.
Freire, P., Bildung und Hoffnung, Münster 2007.
Freire, P., Erziehung als Praxis der Freiheit, Stuttgart 1974.
Freire, P., Pädagogik der Autonomie, Münster 2008.
Freire, P., Pädagogik der Unterdrückten. Bildung als Praxis der Freiheit, Reinbek 1973.
Fuchs, O. (Hg.), Die Fremden, Düsseldorf 1988.
Fürst, A., Identität und Toleranz im frühen Christentum, in: Orientierung 66 (2002), 26–31.
Garcia, P. R., Comida e dignidade, um banquete cristão, in: Tempo e presença, September/Oktober 2005, 20–25.
Girard, R., Das Ende der Gewalt, Freiburg i. Br. 2008.
Girard, R., Das Heilige und die Gewalt, Düsseldorf 1999.
Girard, R., Ich sah den Satan vom Himmel fallen wie einen Blitz, Frankfurt a. M. 2008.
Görgen, S., u. a., Riscos dos transgenicos, Petrópolis 2000.
Göttner-Abendroth, H., Das Matriarchat, 2 Bde., Stuttgart 1988/1991.
Gonçalves, R., Empresas transnacionais e internacionalização da produção, Petrópolis 1992.
Gotteslob. Katholisches Gebet- und Gesangbuch
Gutiérrez, G., Dios o el oro en las Indias, siglo XVI, Lima 1989.
Habermas, J., Die Einbeziehung des Anderen. Studien zur politischen Theorie, Frankfurt a. M. 1996.
Habermas, J., Theorie des kommunikativen Handelns, 2 Bde., Frankfurt a. M. 1987.
Hawking, S., Eine kurze Geschichte der Zeit, Reinbek 2001.
Hawking, S., Das Universum in der Nussschale, Frankfurt a. M. 2002.
Hegel, G. W. F., Vorlesungen über die Philosophie der Geschichte (Werke Bd. 12), Frankfurt a. M. 1986.
Hobbes, T., Leviathan, Hamburg 1996.
Hobsbawm, E., Das Zeitalter der Extreme. Weltgeschichte des 20. Jahrhunderts, München 1998, 720.
Hollis, J., Rastreando os deuses. O lugar do mito na vida moderna, São Paulo 1998.

Houtard, F, Délégitimer le capitalisme, reconstruire l'éspérance, Brüssel 2005.
Huntington, S P., Der Kampf der Kulturen. Die Neugestaltung der Weltpolitik im 21. Jahrhundert, München 1996.
Illich, I, La convivialità, Mailand 1974.
Irmazinhas de Jesus, O renascer do povo tapirapé. Diário das Irmazinhas de Jesus de Charles de Foucauld, 1952–1953, São Paulo 2002.
Jelloun, B., Hospitalité française, Paris 1990.
Jonas, H., Das Prinzip Leben. Ansätze zu einer philosophischen Biologie, Frankfurt a. M. 1997.
Kant, I., Grundlegung zur Metaphysik der Sitten (Werke, hg. von Wilhelm Weischedel, Bd. VII), Frankfurt a. M. 1974.
Kant, I., Zum ewigen Frieden. Ein philosophischer Entwurf (Werke in zwölf Bänden, Bd. XII), Frankfurt am Main 1964.
Köster, H., The Historical Jesus and the Cult of the Kyrios, in: Harvard Divinity Bulletin, 24, 13–18.
Kuhn, T., Die Struktur wissenschaftlicher Revolutionen, Frankfurt a. M. 1967.
Kyrtatas, D., The Social Structure of the Early Christian Communities, New York 1987.
Las Casas, B. de, Bericht von der Verwüstung der Westindischen Länder. Hg. von Hans Magnus Enzensberger, Frankfurt a. M. 1966.
Leonardi, V. Para além das raízes, in *Entre árvores e esquecimentos.* História social dos sertões do Brasil, Brasilia 1996.
Leon-Portilla, M., A visão dos vencidos, Porto Alegre 1987.
Lesch, W., Alterität und Gastlichkeit. Zur Philosophie von Emmanuel Lévinas, in: Fuchs, Ottmar (Hg.), Die Fremden, aaO.
Levinas, E., Die Spur des Anderen. Untersuchungen zur Phänomenologie, Freiburg i. Br. 1997.
Lévi-Strauss, C., El triangulo culinario, in: Pingaud, B. C., Lévi Strauss: estructuralismo y dialectica, Buenos Aires 968.
Locke, J., Ein Brief über Toleranz, Hamburg 1996.
Loenhoff, M., Interkulturelle Verständigung. Zum Problem grenzüberschreitender Kommunikation, Opladen 1992.
Löwy, M., From Marx to ecosocialism, in: Rethinking Marxism, Bd. 13, Nr. 3/4, New York 2001.
Lovelock, J., Gaia. Die Erde ist ein Lebewesen, Bern 1992.
Maalouf, A., As cruzadas vistas pelos árabes, Lissabon 1983.
Madley, J., Food for All, the Need for a New Agriculture, London 2002.
Marx, K., Das Elend der Philosophie, in: MEW Bd. 4, 67–182, Berlin 1980.
Maturana, H./Varela, F., A árvore do conhecimento – As bases biológicas do entendimento humano, Campinas 1995.

Melluci, A., A invenção do presente. Movimentos sociais nas sociedades comlexas, Petrópolis 2001.
Melluci, A., Vivencia y convivencia, Madrid 2002.
Mesa, J. A., La ética del cuidado y sus implicaciones en la formación moral de la escuela, in: Educación desde las éticas del cuidado y la compasión, Bogotá 2005, 21–33.
Metz, J. B., Das Christentum und die Fremden. Perspektiven einer multikulturellen Religion, in: Balke, F. (Hg.), Schwierige Fremdheit, Frankfurt a. M. 1993.
Meyer-Abich, K., Wege zum Frieden mit der Natur. Praktische Naturphilosophie für Umweltpolitik, München 1984.
Moltmann, J. (Hg.), Friedenstheologie, Befreiungstheologie, München 1988.
Moltmann, J., Die Entdeckung des Anderen. Zur Theorie des kommunikativen Handelns, in: Evangelische Theologie 50 (1990).
Morin, E., L'identité humaine, Paris 2001.
Müller, R., O nascimento de uma civilização global, São Paulo 1993.
O' Murchu, D., Evolutionary Faith, New York 2002.
Noddings, N., u. a., Justice, caring, and universality. In defense of moral pluralism, in: Justice and Caring: The Search for Common Ground in Education, New York 1999.
Pacem in terris. Die Friedensenzyklika Papst Johannes' XXIII. Pacem in terris. Über den Frieden unter allen Völkern in Wahrheit, Gerechtigkeit, Liebe und Freiheit, Freiburg i. Br. 1963.
Polanyi, K., The Great Transformation, Frankfurt a. M. 2001.
Prat, E. (Hg.), Pensamiento pacifista, Barcelona 2004.
Ramonet, I., Géopolitique du chaos, Paris 1997.
Ricoeur, P., Das Selbst als ein Anderer, München 2005.
Santos, S. C., Os índios xoleng, memória visual, Florianópolis 1997.
Sarkar, S./Kern, B., Ökosozialismus oder Barbarei. Eine zeitgemäße Kapitalismuskritik, Köln/Mainz 2008, pdf-Datei und Bezugsadresse: www.oekosozialismus.net
Scalfari, E., Perché non possiamo non dirci laici, in: Adista, Nr. 84, 3–5.
Schmitt, C., Der Begriff des Politischen, Hamburg 1933.
Schopenhauer, A., Über das Mitleid, München 2005.
Schüssler-Fiorenza, E., Discipleship of Equals. A Critical Feminist Ekklesialogy of Liberation, New York 1993.
Schwager, R., Brauchen wir einen Sündenbock? Gewalt und Erlösung in den biblischen Schriften, München 1978.
Schweitzer, A., Kultur und Ethik, München 1960.
Schweitzer, A., Ehrfurcht vor dem Leben. Grundtexte aus fünf Jahrhunderten, München 1966.
Schweitzer, A., Was sollen wir tun?, Heidelberg 1986.
Schweitzer, A., Wie wir überleben können. Eine Ethik für die Zukunft, Freiburg i. Br. 1994.

Schoenborn, U., Gekreuzigt im Leiden der Armen, in: Beiträge zur kontextuellen Theologie in Brasilien, 1986, 41–75.
Sepúlveda, J. G., Tratado sobre las justas causas de la guerra contra los indios, México 1979.
Shiklomanov, I., Word Ressources at the Beginning of the 21st Century, St. Petersburg 1999.
Shiva, V., Protect or Plunder? Understanding Intellectual Property Rights, London 2001.
Spedicato, P., Anziosi di anare alla caccia del selvaggio, in: Suplemento Mosaico Italiano, September 2004.
Stolcke, V., „Lo espantosamente nuevo": guerra y paz en la obra de Hannah Arendt, in: Prat, E. (Hg.), Pensamiento pacifista, Barcelona 2004, 101–119.
Suess, P., Über die Unfähigkeit der Einen, sich der Anderen zu erinnern, in: Arens, Edmund (Hg.), Anerkennung der Anderen, Freiburg i. Br. 1995.
Sundermeier, T., Den Fremden wahrnehmen. Bausteine für eine Xenologie, Gütersloh 1992.
Sundermeier, T., Konvivenz und Differenz, Erlangen 1995.
Sundermeier, T., Den Fremden verstehen. Eine interkulturelle Hermeneutik, Göttingen 1999.
Swimm, B./Berry, Th., The Universe Story, San Francisco 1992.
Teilhard de Chardin, P., Der Mensch im Kosmos, München 1981.
Teilhard de Chardin, P., Die Zukunft des Menschen, Olten 1963 (darin insbesondere: Die Bildung der Noosphäre, 207–241).
Todorov, T., Die Eroberung Lateinamerikas. Das Problem des Anderen, Frankfurt a. M. 1985.
Toynbee, A., Erlebnisse und Erfahrungen, München 1970.
Tundesi, J. G., Água no século XXI: enfrentando a escassez, São Carlos 2003.
UNO, Konvention über die Biodiversität, deutscher Text im Internet: www.admin.ch/ch/d/sr/i4/0.451.43.de.pdf (aufgerufen am 12. 11. 2008).
Ward, P., Fim da evolução, Rio de Janeiro 1997.
Wege zur Toleranz. Geschichte einer europäischen Idee in Quellen. Eingeleitet und erläutert von Heinrich Schmidinger, Darmstadt 2002.
Wilson, E. O., Die Zukunft des Lebens, Berlin 2002.
Winnicot, D., A natureza humana, Rio de Janeiro 2001.
Wittgenstein, L., Logisch-philosophische Abhandlung. Tractatus logico-philosophicus (Werkausgabe, Bd. 1), Frankfurt a. M. 1984.
Woolger, J. B./Woolger, R. J., Göttinnen. Urbilder für eine Psychologie der Frau, München 1991.
Zohar, D./Marshall, I., SQ, Spirituelle Intelligenz, Bern 2001.